Angela Dembowski

Zauberwort Reisen

- Teil 3 -

Bibliografische Information der Deutschen Nationalbibliothek:
Die Deutsche Nationalbibliothek verzeichnet diese Publikation in der Deutschen Nationalbibliografie;
detaillierte bibliografische Daten sind im Internet über http:/ / dnb.dnb.de abrufbar.

Herstellung und Verlag: BoD - Books on Demand, Norderstedt

ISBN: 978-3-7519-5338-2

Inhaltsverzeichnis

Zauberwort Reisen

Der Grund zu reisen war für mich, die Lebensverhältnisse völlig fremder Menschen kennenzulernen, die Art ihres Umgangs miteinander, zu sehen was ihnen wichtig ist. So nutzte ich jede Gelegenheit allein herumzulaufen, wenigstens ein paar Worte der einheimischen Sprache zu verstehen und manchmal zu benutzen, auch Besonderheiten der Natur näher anzuschauen. Durch beobachtendes Lernen am Anfang kam ich dann gut zurecht und auch mit Glück in keine echte Problemsituation. Bald fühlte ich mich als Mensch unter anderen Menschen, die sich zwar unterschiedlich verhalten, denen aber auch so viel gemeinsam ist.

Kurze Strecken hatte ich schon früher hinter mich gebracht, z. B. nach Stuttgart, natürlich mit dem Ziel „Wilhelma", ein Geburtstagsgeschenk für meinen Sohn, der sich so sehr wünschte einen Flug zu erleben oder nach Basel, Bekannte besuchen. Dem Jungen und mir machte es dabei besonders Spaß, dass wir auf dem Züricher Flughafen in eine Maschine umzusteigen hatten, die wie ein größeres Sportflugzeug aussah. Ich beäugte das Gefährt ein wenig misstrauisch, dachte es schwanke in der Luft stark hin und her - nichts dergleichen, es war ein ruhiger, sanfter Flug mit herrlicher Aussicht auf die Landschaft.

Bevor ich in das schönste Abenteuer, das für mich vorstellbar ist, eintauchen konnte, mussten Vorbereitungen getroffen werden, zumindest in Form von Kofferpacken. Da dann meine Ausflüge meistens in Länder führten in denen man Vergessenes notfalls nachkaufen kann, ergaben sich in der Beziehung kaum Probleme, nur manchmal zeitlicher Art. Trotzdem existierte von Beginn an eine Liste über das was mitzunehmen war, nach jeder Rückkehr wurde die Aufstellung korrigiert oder ergänzt. Mit der Zeit kommt man auf diese Weise zu einer annähernd idealen Ausrüstung, bei Vermeidung von unnötigem Ballast und der Vergeudung knapper Devisen - aber das nur nebenbei, so wie dieser Hinweis:

Einheimische Bezeichnungen der jeweiligen Länder sind mit „..." versehen, phonetische manchmal in Klammern dahinter und gelegentlich eine Anmerkung, allgemein Geläufiges so '...', persönliche Bemerkungen von mir in dieser Form ‚...' und nun - reisen Sie mir nach:

„Faszination Italien" (März 2001)

Die Sizilien - ‚ersatzweise Apulienreise, fällt mangels Interessenten ins Mittelmeer, die Verwandtschaft ist anderweitig ausgelastet nur die „Schmetterlinge" haben zur gewünschten Zeit noch einen Platz frei - wird gebucht und bezahlt! Dieses Mal muss ich ‚in der Nacht' aufstehen, das heißt um 5 Uhr - geht aber ganz gut, war zeitig im Bett und habe dank Ohropax gut geschlafen; Koffer und große Handtasche mitnehmen, letztere für die sperrigen Papiere, zwei Geldbeutel, Wasserfläschchen und die ‚Fotografiermaschine', es regnet nicht, was für ein Glück - habe nur zwei Hände und die sind voll! Abfahrt pünktlich 6,42 Uhr mit ICE nach München - einfach eingestiegen da kein Wagenstandsanzeiger auf dem Bahnsteig und am Zug keine Wagennummer erkennbar, freundlicher Mensch schleppt meinen Koffer und lädt ihn an ‚meinem' Platz im Wagen Nr. 8 ab – denkste, Fahrkartenkontrolle: das sei der falsche Waggon, also zurück marsch marsch, den Koffer bringe sie - macht sie, bis alles geregelt ist sind wir bereits in Worms, dann folgen Mannheim, Stuttgart, Ulm, Augsburg, diesiger Nebel weicht der Sonne plus mehr oder weniger weiße Wölkchen am Himmel; Gelände überwiegend eintönig flach, Acker, Wiesen, Häuser, ein paar Bäume, knapp 10.30 Uhr Ankunft in **München** am Bahnsteig 2, junge Männer mit Gesellschaftsschildern da aber kein „Schmetterling", nehme Ausgang Busbahnhof, vor Hotel Kleinbus gefunden, Eindruck sehr schlicht, Koffer einladen, sechsten Sitz erklimmen, los geht's: große BMW-Verkaufs-Glashalle, alter einstöckiger Backsteinbau stattlicher Grundfläche hat zwei Flügel und gezackte ‚Burgtürme', Olympiastadion: die schwarz-grauen Zeltdächer wirken düster trotz Sonnenschein von inzwischen strahlend blauem Himmel, links runder Wohn- und Geschäftsturm à la 'Marina-Tower' Chicago, hübsches altes Rathaus mit Türmchen und Uhr, Autobahn: Meilenstein mit Berliner Bär, Industriegebiet, da sind tatsächlich ein paar Windrotoren auf dem Hügel, wieder flach aber am Horizont der ganzen rechten Seite taucht ein breiter Streifen hoher Berge auf, nur noch eine kleine Ecke ‚Quirle', Rastplatz und Umstieg in einen großen Bus – endlich, war schon reichlich unbequem mit Tasche zwischen den Füßen und Mantel auf dem Schoß; unsere Gruppe besteht aus 14 Leuten die nun viel Platz haben, sitze allein an einem Vierertisch und richte mich häuslich ein - doch nicht so günstig, direkt an der Küche, Kaffee tröpfelt durch, ich halte meiner Blase die Ohren zu; Bergkette geradeaus, fahren offenbar Richtung Innsbruck, breite Tannenwaldstreifen, Berge kommen schnell näher, Alm-Landschaft, Grasflächen seitlich von Bäumen begrenzt in sattem tiefem Grün, Berge mit und ohne Schnee - zauberhaft schön! Richtung Brenner: Inntal rechts, Mangfall-Gebirge links, verschiedene 'Kaiser' wilder und kleiner, Segelflugzeug; etwas dunstig geworden, wir fahren schnell, will knipsen, geht nicht Bäume davor, Lkws; passieren unbemerkt die österreichische Grenze, durchqueren die Berge, rechts Steilhänge gegenüber Ortschaft mit kleinen Kirchen die ‚Zwiebel- oder Bleistiftspitze'-Turm haben, Kapelle auf Erhebung, am Inn entlang, Tiroler Schloss früher beliebte Aufenthaltsstätte eines Fürsten namens Schnegg; Karwendel, Kitzbühler Alpen, wunderschöne Gebirgslandschaft, Häuser im Schwarzwaldstil, noch viel Schnee bis in die Mitte der Berge hinunter; Unterbrechung in **Wattens** um die Kristallerzeuger- und daraus Kunst herstellende Firma „Swarovski" zu besuchen bzw. die von André Heller und Co. geschaffenen Kristallwelten, Eingang: wasserspeiender Kopf eines Riesen, seitlich vom See vor seinem Maul, kostet tapfer Eintritt trotz großer Verkaufsläden am Ende der Besichtigung: Kristallwand 11 m hoch und 42 m lang in „blauer Halle", größter Kristall der Welt hat 100 Facetten und wiegt 62 kg, kleinster Durchmesser 0,8 mm hat 17 Facetten, Sattel- und Zaumzeug eines Pferdes, Lichtspielereien, Palast im Farbenglanz, Figuren, Tiere; Schmuck, auch mit Gold und farbigen Steinen zusammen verarbeitet, Eisenbahnen, Wiegen, Uhren, Schachspiel - Darstellungen von allem nur Denkbarem und einem Harlekin mit roter Rose; alle Produkte Edelsteinarbeiten nachempfunden, Firmengründung von geflüchtetem Urahn aus Böhmen - Ursprung also böhmische Glaskunst; kleiner Imbiss in Cafeteria gut und preiswert bekomme Schillinge heraus - nun habe ich drei Währungen in der Tasche! Draußen noch „Riesenkopf" ersteigen und Blick auf „Irrgarten-Hand" werfen - oh diese Berge in strahlendem Sonnenschein! Weiter: am Inn entlang, große Kirche links 'griechisch orthodox' mit frisch renovierter Fassade in beige/weinrot , rechts Kurort zu Füßen des stark gefalteten Bettelwurfmassivs das in den Hoch-Karwendel (Kalkalpen) übergeht, dazu stehen schräg die Stubaier Alpen - noch 2 km bis **Innsbruck,** erreicht: Kloster, Olympia-Sprungschanze nur vage zu sehen, der Inn ist verschwunden, sind im Sill-Tal, haben Blick auf den Patscherkofel den zweiten Hausberg Österreichs nach dem Großglockner; Europabrücke: ungefällig, klotzig, nur groß, nun herrliche Sicht ins Stubai-Tal, durchfahren Wipptal ein Hubschrauber flattert herum, Bergeinschnitte, stark besiedelt; rechts Skilift und Sportbetrieb, links Düsen-Jets überm Patscherkofel, wir schrauben uns höher in die Schneeregion, unter Brücken weißer Teppich oder weiß-grün gefleckter „Trullo" auf Parkplatz, Kirchlein und zwei Häuser am Hang, auf gegenüberliegender Seite Eisenbahnlinie; am Brennerpass in 1 370 m Höhe von Grenze nichts zu spüren, Brenner-See, Berghänge sehr steil, weiterhin ‚Fleckenteppiche', die Straßen sind aber frei von Schnee, Ohren gehen manchmal zu und wieder auf; geschlossene graue Wolkendecke, ganz hinten Sonnenglanz auf der weißen Kappe eines Bergkamms, da links liegt **Sterzing/Vipiteno** unser erstes Ziel, Schloss Reifenstein an dem wir vorbeifahren gehöre heute Familie Thurn und Taxis, Schloss Sprechenstein gegenüber sei im Besitz der Familie Auer, Seilbahn zum Roßkopf/Monte Cavallo, ca. 15.30 Uhr - wir sind schon da: bekomme Appartement, Koffer abstellen und nichts wie los - wo ist ...? Keiner an der Rezeption weiß es, also auf der Straße fragen nur keine Zeit verlieren! Anheimelnder zweisprachiger Alpenort: Zwölffingerturm, Einheimische bezeichnen ihn nur als „Zwölferturm", am Ende bzw. Anfang der Fußgängerzone, in diesem Altstadtbereich u. a. gotisches Rathaus an das sich ein Arkadengang mit altem Deckenfresko anschließt und einer erhaltenen Pflanzengirlande; viele hübsche kleine Geschäfte, gemütliche Schlendermeile - schon Mitbringsel gefunden, Einkauf erfolgt bei öfter Währungs- sowie Sprachwechsel; Pfarrkirche suchen mit berühmtem Hochaltar, dem „Sterzinger Altar" des Ulmer Meisters Multscher: „immer geradeaus die Hauptstraße entlang" - wollte eigentlich nicht nach Innsbruck zurück, schließlich gefunden: sehenswert, auch die Deckengemälde und das geschnitzte Gestühl, die bunten Glasfenster, Orgel und die Seitenaltäre; die zu Hause vorbereitete Wunschliste ist nun erfüllt, draußen alte Grabplatten und auf dem angrenzenden Friedhof eine lange Kreuzgang-Halle – nein, für das Heimatmuseum mit noch mehr 'Multscher' reicht die Zeit nicht mehr, es schließt um 17 Uhr, das heißt in 10 Minuten, es lohnt nicht; auf dem Rückweg Schneeglöckchen-Inseln im Vorgarten, zwei Fensterbänke voller Orchideen, hübsche schmiedeeiserne Zauntüren, Vorhänge mit Mondsicheln und Sternen zu sehen, Postkarten- und Edelweißerwerb; habe Küche, einen Wohn- und einen Schlafraum, dazu Diele und Bad für mich, ideal für längerem Aufenthalt, schaue aus dem Fenster - auf die Einkaufsmeile! Anweisung der Reiseleitung zurückzulaufen wie wir fahrend gekommen sind war leider großer Umweg, hätte viel einfacher sein können - nun was soll's; 19 Uhr Abendessen: 3 Gänge - dauerte immer fast zwei Stunden, bin ausgetrocknet, also Wasser nachfüllen, duschen, Bett - arg hell im Zimmer keine Läden und laut wegen der Geschäftsstraße, schade! Bis 6.30 Uhr schlecht geschlafen - hab' ich nur ein Paar warme Strümpfe dabei, dann muss ich bald waschen; Frühstück mit Honig und Saft, pünktliche Weiterfahrt um 8 Uhr, Busfahrer rangiert perfekt rückwärts aus engem Zugang in noch schmalere Gasse; alles grau in Grau, es regnet, der Bus ist kalt deshalb Mantel über die Beine legen, Stola-Schal und 'Balduin' mein Pelzchen über Rücken und Schultern; das da links auf dem Hügel ist die kleine feine „Sprechenstein-Kapelle", die vor Burg Reifenstein die „Erasmuskapelle", rechts schmaler rasch fließender Fluss; tief hängende Wolken ziehen wie Nebelschwaden, an den Steilhängen etliche Geröllschneisen, Eisack wird breiter und gestaut **Franzensfeste**, alpiner Querriegel, links **Brixen**: Kneipp-Kurort an Mündung der Rienz in die Eisack; Häuser am Hang oder auf Zwischenabsatz, ab und zu gespenstige Bilder: Oberteil eines Kirchturms, ein Fenster, Hausumriss, irgendwo schwebt ein Dach, auf langgezogenem Felsblock eine Burg schräg darunter Kirche, weiter unten Wachturmfeste; links Grödner-Tal, „Ladinische Pforte" der Zugang zu den Dolomiten deren Name vom französischen Geologen Dolomin stammen soll, ladinisch ist Sprachidiom, Luis Trenker stammte aus St. Ulrich in dieser Region; vor Tunnel Netz gegen Steinschlag, danach noch öfter welche bei großen Stellen am Berg die sehr rutschig aussehen, Kiesabbau, Steinbruch, Reben, kurz vor **Bozen** links Abzweigung zur italienischen Hochalm, dann auf gleicher Seite Tal mit Marmolada dem über 3 000er; Bus wackelt enorm, schreiben diesmal Schwerstarbeit bei forschem Fahrstil und abruptem Bremsen - viele Tunnel, Ginster blüht, Pfirsichbäume erkennbar, junges Grün an den Büschen, unter einer Brücke fließt die sehr breite Eisack in eingefasstem Bett und mündet bald in die Etsch, helles Grün der Trauerweiden, Steine der Abhänge haben frischen Moosüberzug; Obstanbau im Bozener Unterland - Südtiroler Weinstraße beginnt, gelegentlich fallen in Blüte stehende Bäumchen auf; unsere Reisebegleiterin macht viel Werbung für Orte die wir berühren, schon wieder spielt Volksmusik, im Moment von den „Kastelruther Spatzen" wenn wir an **Kastelruth** zwischen Brixen und Bozen gelegen auch schon eine Weile vorbei sind; **Cavalese** durch Seilbahnunglück bekannt geworden, Engpass „Salurner Klause", Ortschaft **Salurn,** die Grenze zwischen Tirol und Trentino ist ebenfalls Sprachengrenze, Schluss mit Deutsch; gestutzte Ginsterhecke am Parkplatz und erster frischgepresster Blutorangensaft - er bleibt von hier ab mein Getränk in den Kurzpausen morgens und nachmittags; am Himmel heller ziemlich zugezogener 'Vorhang' aber oben offen, sinkt der Nebel? Links **Trento** mit

Juxplatz; in dieser Gegend bis zum Gardasee viele Gefallenen-Friedhöfe, ein Hauch von Grün auf den Pappeln, am Flussrand Ackerfeuer, Straßenarbeiten - na hoffentlich, ist ja grausam! Berghänge auf beiden Seiten nur eine Ahnung, etwas mehr - gar nichts mehr; **Rovereto**, auf Höhe der Stadt Anfang des Monte-Baldo-Massivs, nun zwischen uns und dem 346 m tiefen Gardasee **Torbole**: sei Surfer-Paradies geworden; es hellt sich nicht auf, regnet, Sicht erheblich eingeschränkt, rechts Abzweigung der Autobahn zum See; Häuser zunehmend in italienischem Baustil die Kirchtürme noch nicht, Etsch nimmt an Breite weiter zu, hellgrünes Wasser manchmal schlammig grün, hin und wieder ein Baum in rosa Blüten und das Gelb des Ginsters leuchtet, Straße nutzt breiten Einschnitt in die Gebirgszüge; Kirchen haben nun eckige Türme und ebensolche Dächer, erneut über eine Brücke, Reben flächendeckend, ab und zu von großen Industrieanlagen mit sie umgebenden Wohnhäusern unterbrochen; Wasserlachen zwischen den Rebstöcken, Brücke, Kiesgrube - aus dem Bus zu fotografieren wird heute nichts schon wegen der Regenstreifen und -tropfen am Fenster - Pause: es ‚platscht‘, ‚Entwässerung‘ passend, doch der Platz dazu war für uns schwer zu finden, trotzdem reicht's noch zum Wiederauffüllen mit Saft und ab in den Bus: links noch Reben, rechts Felder und Obstplantagen - jetzt auch auf der anderen Seite, sind in Provinz Veneto angekommen; Italien habe wenig Bodenschätze, berühmt ist sein Marmor, die großen Industrien befinden sich im Norden, es gibt ca. 60 Sorten Pasta, mit einigen betreibt man Export-Handel - wie wir wissen; zwei ausgedehnte Nationalparks wurden inzwischen geschaffen, Mittelmeer sei wärmer und salzhaltiger als der Ozean auch viel ruhiger, Hochwasser mit entsprechenden Wellen existiert aber ebenso und kritische Überschwemmungen - gemäß privater Kenntnis; rechts Flugplatz von **Verona,** Stadt zu Füßen der Montesiniberge: „Romeo und Julia", Arena 30 n. Chr. gebaut; weiter südlich fängt die Blütenzucht an für Parfum - Pavarotti singt Volkslieder, Regen hat aufgehört, kleinere Orte, dann größere und wieder Reben; die Berge sind weggerückt, nun links von uns und niedriger geworden, auf der Gegenseite flach bis zum Horizont, herrliche Burg links, mit sauberem Zacken als jeweiligem Abschluss von Turm, Hauptbau und Mauer; Autobahn-SOS-Station, Hinweise in Leuchtbirnchen, Abfahrt Monte Bello; heller geworden aber Autos mit Licht kommen uns entgegen – aha, Scheibenwischer in Betrieb, frisch gewaschenes Grün, die paar Bäume die blühen tun das in weiß, beachtliche Ackerflächen, Plastikröhren-Gewächshäuser rechts, hinten strahlt die Sonne eine Kirche und einige Häuser an, blühende Bäume in einem Vorgarten und Sträucher, Industriegebiet - muss leider vorsorglich ‚Bord-Wurst‘ essen da wir durch die bis 14.30 Uhr geplante Dauer der Stadtführung in Venedig zeitlich gebunden sein werden; immer wieder mal Gewächsröhren, riesige Felder, Brachland dazwischen, oft steht Wasser auf dem Boden bis zu Teichgröße, passieren **Padua**; Berge weg, beiderseits tischeben hin und wieder irgendwo ein blühender Baum schöner „Campanile" von kleiner Siedlung, ausgedehnte Ackerflächen, eine Menge Masten für hohe Überlandleitungen - ach so da ist ein Kraftwerk, „Holiday-Inn" und Hochhausblöcke, großer Bahnhof und ebensolcher Güterbahnhof mit überdimensionalen Ladekränen, beiderseits Wasser, Damm für Straßen- und Schienenfahrzeuge, riesiger Parkplatz, im Hafenbecken auch für unseren Bus geeignet: „Tronchetto"-Platz; Abfahrt vom Festland 12.30 Uhr mit

„S. Salvador", haben Boot für uns alleine, begegnen einer blauen Fähre, rechts erstrecken sich enorme Industrieanlagen, es folgen kleine Inselchen, links stehen langgestreckte Gebäude die den Eindruck von Lagerhallen machen, wir fahren außen herum Richtung „Markusplatz", Schiffe von edelstem Aussehen mit drei Decks, bis zum 'Seelenverkäufer' alles unterwegs; altromanischer Schlossbau hat hanseatisches kleines Türmchen an der Stirnseite zum Wasser hin, gegenüber herrliches Bauwerk mit Statuen in der Verkleidung - kleines Segelboot, rechts grüßt Figur auf eingerüsteter Kuppelkirche, in der Lagune die historische Altstadt mit Wahrzeichen nach 20 Minuten zu sehen - das ist **Venedig**: Fundamentgrund für Bauten sind: aufgeschüttete Erde mit etlichen Lagen kreuz- und quergelegter Baumstämme darauf, Gebäude sanken innerhalb von hundert Jahren 2 cm ein, nun 4 bis 6 Millimeter jährlich, leider setzen Wasser- und Luftverschmutzung erheblich zu, Lagune 40 km lang und 50 km breit, drei Verbindungen zum offenen Meer sind erhalten, mehr nicht wegen zunehmender Versandung, Stadt in Sechstel anstatt Viertel eingeteilt; Norden der Adria war von Venetern besiedelt, frühe Demokratie: Doge (dux = Führer), großer und kleiner Rat als Regierung und Justiz; 'Hlg. Markus' Schutzpatron, Galilei ist zu erwähnen und Richard Wagner der hier 1883 starb; Spezialitäten u. a. Muranoglas, Spitzenarbeiten, Fächer und Masken: zur Zeit der Pestepidemie kamen die mit den langen Schnäbeln auf, die man mit Knoblauch und anderen Gewürzen füllte, Damenmasken mit Halteknopf im Mund verurteilte die Trägerinnen zum Schweigen; weiter, zum „Markusplatz" vorbei an „Chiesa di Vivaldi" mit Blick auf die ferne „S. Maria della Salute"; zwei Granitsäulen aus dem Orient auf einer befindet sich der geflügelte Löwe, Pfeilerhalle vorm „Campanile"- Platz erreicht mit „Markuskirche" oberer Teil der „Miracoli" sichtbar, Dogenpalast und Seufzerbrücke, Zisterne - eine von vielen, waren bezüglich Trinkwasser autark; Reiterdenkmal des Söldnerführers Colleoni, „Santa Maria Formosa" runder Turm mit Gallerie-Wendeltreppen-Aufgang, Rest von Palazzo, Baustelle des abgebrannten „Teatro La Fenice" dem Phoenix-Theater - passender Name, deutsches Handelshaus, „Rialto"-Brücke aus einem Stück Marmor, zweireihige Bogenbrücke aus dem 16. Jahrhundert; ca. 160 Kanäle teilweise als Straßenersatz, seit etlichen Jahren haben alle Gondeln laut Gesetz schwarz zu sein doch gelegentlich schimmert es wieder golden auf den Verzierungen, die Gondolieri tragen schwarze Kleidung ein rotes Halstuch und Strohhut; man lässt uns einmal kurz einmal länger ‚von der Leine', zwei andere ‚Einzeller'-Damen und ich sehen uns die „San Marco" näher an: wurde von byzantinischen Bauleuten errichtet, wohl daher innen durchweg viele Mosaike blattgoldverziert an Decken und Wänden mit Gemälden wechselnd, veränderter und erweiterter goldener Altaraufsatz aus 10. Jahrhundert, vor den Seitenaltären 'Ewiges Licht' in Lampen die an griechisch- oder russisch-orthodoxe Kirchen erinnern; Bodenmosaike zur Schonung mit Filzplatten abgedeckt - fotografieren nicht erlaubt, gutes Dia-Angebot ein akzeptabler Ersatz! Nun raus: außen vor dem großen Fenster in der Mitte die vier Pferde sind Kriegsbeute aus Konstantinopel; noch einiges erlaufen, arge Rennerei, Fotos erkämpft, bin nassgeschwitzt und fußmüde; es regnet wieder, wird immer diesiger, knipsen hat keinen Sinne mehr - sehr nett denn der Film ist voll, Barpause: „Tiramisu" gut aber teuer, Mädchen bringt ungefragt die Rechnung also kein Trinkgeld, Euro komme - diese verflixten Nullen, ist das jetzt ein Eintausender oder ein Zehntausender, ohne Brille geht gar nichts mehr; bummeln zur Anlegestelle, dort Zusammenfinden schwierig wenn ‚sie' bei dem Gewühl den Treffpunkt ändert, Abfahrt pünktlich 17 Uhr, viele Boote unterwegs und Fähren voll wie Wursthäute' - 'rush hour' auf venezianisch, überholen die „S. Salvador", sind diesmal erheblich schneller, füllen uns anschließend in den Bus zur Weiterfahrt ins Nachtquartier: flaches Land mit Struktur wie zuvor, danach Supermarkt, Schleuse, Wolken hängen tief Autos haben längst Scheinwerfer an, fahren Kanal entlang der rechts von uns verläuft, weit weg links breiter Lagunenarm, riesige Ackerflächen, eine Adria-Ausdehnung ist nun herangerückt und weist schmale bewachsene Landstreifen auf, jetzt Pappelreihen am Straßenrand, abwechslungsreiches Wassergebiet, schön anzusehen; erneut herrscht Land vor, manchmal enge Wasserwege mit Bootsanlegestellen, wieder Wasser, Wasser, bei Dammfahrt Sumpfgraskissen und -zungen dazwischen, sowie am Rand danach ohne, durch Stock markierte Parzellen im Wasser, am Ende großes Hafenareal; weit ausgedehnte Stadt **Piogia,** fahren am Strand entlang, Meer hat Brandung, die Promenadenstraße Sottomarina verläuft parallel aber ziemlich entfernt davon; 18.30 Uhr am wohl preiswerteren Vorort-Hotel angekommen, Reiseleiterin hat vergessen für mich ein Zimmer zu bestellen - soll warten, bekomme nun Schlüssel, suche den Eingang, trage den Koffer die Treppe hinauf, kein Mensch da - nachträglich Aufzug gefunden, sehr hellhöriges Haus und Straßenlärm aber Fenster zu verdunkeln - man kann ja nicht alles haben! Beim Abendessen Tische in Schaufelhöhe, so möglich Nahrung vom Teller direkt in den Mund zu schieben: Vorspeise Nudeln mit Miesmuscheln schmeckt vorzüglich, die darauf folgenden ungeschälten Scampi in einer Polentabrei-Soße weniger - wir pellen uns hungrig, als Nachtisch gibt's ein Stück Torte mit dem Suppenlöffel zu essen - öfter mal was Neues, umwerfend war's nicht; duschen, Haare waschen, überall jetzt ein Fön, angenehm – ach, Disco-Musik haben sie auch, wie schön! Über mir Krach wie zu Hause, Ohropax-Hilfe, ob das ausreicht zum Abdämpfen, Schlafversuch gegen 22 Uhr. - Kurz nach 6 Uhr muss ich wieder aufstehen denn - gleicher Rhythmus wie gestern; blanker Fußboden und kein Bettvorleger, gut dass ich Sandalen dabeihabe - war nicht viel mit Schlafen wegen Unterbrechungen, etwa vier Stunden zusammenbekommen, kaltes Wasser oben herum macht die Pumpe munter, Frühstücksangebot wie gehabt: Brötchen oder Müsli, heute zusätzlich Croissants, schwer für mich Tee zu bekommen - das bleibt so; Bus wieder sehr kalt, nehme eingemummelt meinen Stammplatz ein, Mitfahrerin müde weil sie unter der Küche schlief und ich anscheinend unterm Speiseraum mit rollenden Servierwagen; draußen überall sonntägliche Ruhe, Sicht sehr eingeschränkt alles verhangen, an der Küste haben zwei offene Hallen Beton-Zeltdächer, das eine glockig das andere wie ein hochgeschwungenes gefaltetes Handtuch, überqueren den Brenta, venezianische Musik vom Band mit Gesang und Tamburin; zunächst gleicher Weg zurück, etliche Felder mit Plastikplanen abgedeckt, große Sportanlage mit Eingangstor, Brücke über Etsch („Adige") - ihr Delta und das des Po würden sich ständig verschieben da sie viel Geröll und Schlamm mitbringen; Richtung Ravenna passieren wir den Po, Hauptarm breit wie ein See ziemlich verschmutzt wirkendes Gewässer; da blüht etwas rosa und weiß, zaghaftes helles Grün, Plastikröhren-Gewächshäuser rechts - oh diese Kassette, jetzt hängt sie, zu Ende - fein, das ständige Musikberieseln nervt! Nebel dichter geworden, die ersten Schirmpinien „aufgespannte Regenschirme", Zypressen werden mit zusammengeklappten verglichen, Po-Ebene: überall Ackerland, einige Reben, baumgesäumte Straßen, auch einseitig bewachsen mit Pappeln und Pinien oder umgekehrt, nun folgt unvermischtes Pappelwäldchen, hin und wieder eine Trauerweide, Bewässerungskanal, Fasan sucht Frühstück, zwei gestutzte Palmen; Nebel verschwunden, Sonne strahlt vom blauen Himmel, zwei Stauseen rechts und Industrieanlage, nun Brücke über Wasserlauf mit Booten und hochgezogenen Fischernetzen, Vogelversammlung auf Feld; wechseln über in Provinz Emilia Romana, Lido di Spina links Strandgebiet bis Rimini, viel Wasser rechts, allerdings nur Kanäle, alles fließt zur großen Lagune, fahren kurzfristig zwischen den Wassern dann abrupt Landflächen so weit das Auge reicht, Wasser wieder da, erneut Netze Schilfstreifen und -inseln dazwischen Reihersiedlung von grauen und weißen Exemplaren, beiderseits je ein Kanal, Moraststück, danach Äcker Rosenkohl! Carabinieri haben Kontrollstation auf der Straße - nach einer Stunde wird's nun langsam warm im Bus; **Ravenna,** früher Hafenstadt am Meer heute nur noch durch Kanal damit verbunden, ist Mittelpunkt der Mosaik-Kunst, kann in Kursen erlernt werden - von uns nicht, fahren nur vorbei; Musik ist wieder an, mal ganz schön aber dauernd ‚wudada', in italienisch auch nicht besser - Sparkasse wirbt mit riesengroßem Theoderich-Mosaik-Abbild, leerer Parkplatz vor Einkaufszentrum rechts; Autoscheiben-Putzer nutzen Rotphase an der Ampel, Autobahn weniger wacklig – denkste, Straße zwar besser doch Mann fährt schneller! Obstplantagen auf beiden Seiten, Bäume blühen tiefrosa – wunderschön, dann andere Sorten dazwischen, erneut Pflanzungen weiß-blühender Streifen; jetzt am Rand oder zwischen den Feldern Bewässerungsgräben, Bäume zwei- und mehrstufig geschnitten stehen wie Armleuchter da, auf beiden Seiten Hügel; verlassen Po-Ebene, fahren hinein in den Apennin: Tannenkultur, Gewächsröhren, dieses Rosa betört die Augen! Radler-Trainingsgruppe parallel in Gegenrichtung unterwegs, Landschaft lieblich gewellt grün in etlichen Schattierungen, Fluss rechts Wasser hell, lehmig, zwei Angelteiche, Fluss Savio begleitet uns mal rechts mal links - landschaftlich sehr schöne Strecke: felsiges Steilufer, Viadukte, Tunnel, hohe grüne Kuppe hat fast senkrechte Steinrinne - sind schon wieder zwei Stunden unterwegs, Straße furchtbar, Netze gegen Steinschlag vorhanden; fahren auf Säulen-Autobahn, also in gewisser Höhe, haben so zwei Blickdimensionen - nach unten und oben; Hochautobahn-Abzweigungen, Industriefläche, Kiesabbau, tiefe Einschnitte zwischen den stark gefalteten Erhebungen darin, zum Teil schmale Wasserläufe die oft in kleinen Fällen herunterrauschen, Ohren klappen zu, Netze, Tunnel, Felsstellen, Tiber, erreichen Toskana-Nase: Kätzchen blühen, Pause am „Autogrill": herrlich der Saft von naturreifen(!) Früchten; rollen wieder: Erd- und Steinbefestigungen, Blick in idyllisches Tal: eine Handvoll Häuser an zwei sich kreuzenden Flussärmchen, braunes Pferd liegt auf Rasenstück und ruht sich aus, ‚Kumpel' in schwarz frisst Grünzeug ab - was riecht denn da so intensiv, ah ,sie' macht Glühwein! Tiber führt hier wenig Wasser im breiten Kies- und Geröllbett, plötzlich sieht er ganz anders aus, uferlos und übervoll - durch Stauung heißt es; viele Wolken sind aufgekommen, Sonnenstrahlen malen partiell, helles Grün leuchtet auch auf diesem erheblich weggerückten Hügel, Äcker, gelegentlich ein Haus - wir sind in Umbrien dem Land der Heiligen; Motorradfahrer- ,Bienenschwarm' überholt uns sausend, Kiesabbau, Felder, Neubaugebiet links, nun ebenfalls rechts stärker besiedelt, da blüht viel Gelb an hohen Stengeln auf einer Wiese, weiße Blumentupfer am Hang, Hügel links hat sich sehr abgeflacht, der rechts ist noch kräftig, beachtlich die in der zweiten Reihe; Teich und Schäfchen bei zwei/drei Häusern, Wolkendecke zieht sich zu, nur noch einige freie blaue Stellen; drei Reihen Hügel, Teich und Schafe, alter Turm mit Zackenkrone, Plantage in rosa, massenweise Löwenzahn, jetzt Höhen spärlicher, erste Zypressen auf Erhebung links, kleine Burg, die nebenan trägt Kirche - schon wieder Essen im Bus, wollte eigentlich keine Wurst-Kur machen! Olivenbäume, **Assisi** zieht sich über die Höhe und an den Hängen vom letzten Ausläufer des Subaio entlang - großartiger Anblick, Besuch der „Klosterkirche von Giotto": Fresken und die Gebeine von 'S. Francesco' befinden sich hier, Altar byzantinisch, die Bogenverzierung unter der langen Platte jeweils mit Lampe in durchbrochenem Gehäuse wirkt arabisch, Licht darin schimmert grünlich, auf einer Seite ein Sessel der anderen eine Matratze, wunderschöne 'Rose'; „Kathedrale S. Rufino": Taufbecken auch für 'Hlg. Franziskus' und 'Kaiser Friedrich II.' gewesen, wuchtiger viereckiger Glockenturm, „Marienkapelle" Brunnenplätzchen davor; auf dem Rathausplatz junge Männer in hübschen Landsknechtsuniformen weinrot und blau, grüne Zweige waren auf der „Piazza del Comune" verteilt worden – schade, Fest gerade zu Ende, der Abfall wird aufgesammelt, alles gefegt und abgespritzt, was war da los „per favore"? Nettes Mädchen mit großem Hund gibt Auskunft: nächste Woche ist Frühlingsanfang, Feier dafür wurde vorgezogen, Fernsehen war da - das erklärt auch die Fahnen überall; bin ich vorhin so viel hinaufgelaufen, komme auf dem Rückweg jetzt zu weit nach unten? Mann auf der Straße kennt den Bus-Parkplatz nicht aber Frau im Geschäft weiß Bescheid: Richtung stimmt, immer weiter bergab, bin durchgeschwitzt, pünktlich am Bus; fahren hinunter zu gleichnamigem Ort um die „S. Maria Degli Angeli" aus 4. Jahrhundert mit „Portiunculakapelle" zu besichtigen, die siebtgrößte Kirche der Christenheit, Franziskusorden wurde hier gegründet, drei Tugenden: Armut, Keuschheit, Gehorsam - Heiliger starb dort 1217, Rosen ohne Dornen wachsen auf seinem Grab; Weiterfahrt: Straßenführung so dass wir die Kathedrale noch öfter sehen, anmutige Landschaft hat grüne und braune Flecken außerdem besteht Farbenspiel durch Sonnenstrahlen, Bäume heben sich dunkel ab, Ortschaften; schon wieder großes Neubaugebiet aus Hochhauskästen, **Perugia** dehnt sich aus, nun links flach bis an Höhenzug, Äcker auch auf der rechten Seite, Hügel sind bis an die Straße herangerückt, „Agip" der schwarze Hund mit sechs Beinen an Tankstelle, danach großer Schrottplatz, Schafherde; Siedlungen vorwiegend an und auf Erhebungen, immer wieder einmal der Tiber der links bei **Todi** Zufluss erhält; Stadt **Terni,** südlich davon die „Marmorwasserfälle" - weitere Gegend wie gewohnt, wenige Häuser, Bar „Da Carlo", großer Alimentari

„Bernardi" Magnolienbaum, Tiber jetzt recht wasserreich erreicht schon gewisse Breite, Schafherde, typisch schwarz-weiß gefleckte Holstein-Kuh, Pferd - da grasen Kühe und Ziegen in kargem schlammigem Tal, gegenüber Schafe auf ausgedehnter Weidefläche, Gänseblümchenwiese! Neues Blattwerk schon ziemlich weit vorgetrieben, Schirmpinien-Allee weiter oben, rechts Einschnitte in den Boden - wird da Ton abgebaut? Segelflugzeuge, Pappelrechteck, Hügelkette geht zu Ende, zwei hohe Bergkuppen entfernt vorab, verschieben sich nach links, Herde dunkelbrauner Schafe zwei schwarze Lämmchen dabei; Weiden haben ausgeschlagen - hier Natur noch weiter gediehen, saftiges Grün und überall ‚Rasenmäher' am Werk, ein paar Pferde im Gelände, jetzt Blattgrün deutlich ausgeprägt und die junge Saat steht bereits eine Handbreit hoch - das frische Grün ist eine Freude, Tiberbreite beachtlich geworden, Hochhausviertel aus Blocks zwischen ‚Silo'türmen; sind auf der Ringstraße um **Rom** das in der Campagna liegt: Name stamme von etruskischer Adelsfamilie (?) welche die Stadt möglicherweise 753 gründete („7/5/3 Rom schlüpft aus dem Ei"), seit dem Jubiläumsjahr gäbe es eine starke Einschränkung für Touristenbusse: Kontrollstelle eingerichtet die Erlaubnis erteilt für Tages- oder Nachtfahrten, Parken hier oder da oder sonstwo bei positiver Entscheidung zum Hineinfahren wird's teuer, Ablehnung bedeutet öffentliche Verkehrsmittel benutzen, auch Metro, das soll dadurch angekurbelt und der Verkehrsstrom in der Stadt entlastet werden - also außen herum weiter, rechts: „Radio-Televisione-Italiana" (RAI) Station, Angler, am Fluss Neubauten à la Bienenkästen, unschöne Klotzhäuser; Industriegebiet, alter baufälliger Turm in größerer Lücke, langsam wird der Baustil typischer - in Muße zu beobachten da im Stau, doch wir bewegen uns, „Iveco", „Romana-Diesel", Glaspaläste sehen nach Direktionszentralen aus, links graue und gelbe ‚Silos', rechts Blocks - hässlich! Moderne Kirche einem Schiff nachempfunden, annehmbar, erinnert an die von Reykjavik; sind am Ziel „Ibis-Hotel", im Außenbezirk: Zimmer, Futter und - auf zur „Lichterfahrt": zum Zentrum besteht offenbar Bus- und Straßenbahnverbindung nehmen erstere: kommen vorbei an Krankenhaus mit Erste-Hilfe-Station, dann hohem Dreieck mit Leuchtbirnchen-Doppelreihe vor Zelt, „Porta Maggiore" der Aurelianischen Stadtmauer, Anfahrt bis zum Termini ca. 45 Minuten, etwas staubedingt; großzügig angelegter Glasbahnhof: riesige Halle, haben örtliche Begleiterin abgeholt außerdem „Separa" die futuristische Rakete draußen auf dem Seitenplätzchen angeschaut da erwähnenswert; Weiterfahrt: Platz der Republik von 'Gaetano Koch', Najadenbrunnen vom Großvater des jetzigen Bürgermeisters, Sprichwort „mangiare, dormire e belle donne" stamme aus Trastevere; „Maria Maggiore Kurie", Forum Trajanum und erstes Kaufhaus der Welt von Syrer erbaut der damals Lieblingsarchitekt war, am Palazzo Venezia „domus aureus" ehemals mit Gold und Elfenbein verziert; Wasserleitungen anfangs noch unterirdisch dann Aquädukt, Palatin umfasst 250 000 m², Ruinen der kaiserlichen Paläste, Circus Maximus Obelisk von dort steht heute auf dem Petersplatz, den habe damals 'Caligula' aus Ägypten mitgebracht, evangelische „Valdeser-Kirche" am Piazza Cavour; Magnolien in Tontöpfen vorm Haus, „San Rocco" Friedensaltar wird restauriert, Mausoleum Foro Italico und Olympiastadion, Marineministerium,

Piazza del Popolo Obelisk dort 3300 Jahre alt; „Villa Borghese" mit Park und Zoo, am Eingang zum Gebäude Goethedenkmal, danach Beginn der Via Veneto: Magnolienallee, Platanen folgen, „Tritonenbrunnen", Via Tritoni eine Geschäftsstraße, „Mosesbrunnen" - steigen aus und gehen zum „Fontana di Trevi", dieses Mal ohne Gerüst jedoch wieder im Dunkeln daher erneut kein Foto - aber wie versprochen Münze für Derya eingeworfen, Eis gekauft das prima schmeckt! ‚Unsere' Hamburgerin, mit einem Römer verheiratet, am Termini wieder abgeliefert, Bahnhof sei 1950 eingeweiht worden - „bis morgen!" - Spät ins Bett früh wieder raus, Stadtrundfahrt: zunächst dünn besiedelt bis freie Fläche am Stadtrand, Wohnblocks deren kleine Balkone wunderschön mit Grünpflanzen und Blumen dekoriert sind manchmal flattert da auch nur Wäsche, Kinderspielgeräte und Bänke, Gras steht hoch auf breiten Streifen - wo sind die Schafe? Ach so im Bus, Palmen-, Eukalyptus-, Oliven-, Magnolien-, Mimosenbäume, letzteres Vermutung da noch in Knospen, links entsteht großes klotziges Wohnbaugebiet neu, ein Hund schnüffelt im Grünzeug am Boden nach ‚Mitteilungen', für Menschen Todesannoncen an Plakatwänden gelegentlich ebenso Hochzeitsanzeigen, Stadtmauer habe einen Umfang von 19 km und 14 Tore, die Wehrtürme seien jetzt als Künstlerateliers vermietet, „Konsularstraßen" wird erklärt sind die Verbindungsstraßen von und nach Rom, Baum mit lila Blüten, fahren über Eisenbahnbrücke, an Warenhalle Schild „vietato fumare", Werbeplakat für „Divani divini", in Kästen blühen Primeln, Maßliebchen, Stiefmütterchen und Alpenveilchen - ein Auto vor Kurve auf dem Dach gelandet; bisher schien die Sonne und die wenigen Wolken waren weiß nun trübt sich's ein – nein, heute bitte nicht, hab' keinen Schirm dabei! Wir hängen fest weil ein parkender Pkw blockiert, aber Bus weicht auf Straßenbahnschienen aus, Vittorio-Emanuele-Platz vorm Zaun Reihen von Marktständen und Lieferwagen - Millimeter-Rangierarbeit; jetzt erneut tapfer hinter der Straßenbahn her, die Sonne wieder klar vorhanden - bleib ja da! Sind am Fünfhunderter Platz und der Rakete aus Aluminium mit Abschnittsringen - ab in die ‚Wursthaut'-Metro bis „Colosseo"; „Titusbogen", „Forum Romanum": Akanthusblätter als Modell für korinthische Säulenkapitäle (man erinnert sich), in Ecke Lorbeer-, Zitronen- und Orangenbaum, auf dem Weg stehen sich zwei Bronzestatuen gegenüber: Caesar mit Lorbeer bekränzt und Augustus ohne; Piazza Venezia: „Nationaldenkmal" für Vittorio Emanuele II., „Pantheon" mit u. a. Grab von „Umberto I. Re d'Italia"; Busfahrt zum Mittagessen dann an „Engelsburg" vorbei zum „Petersdom", werden darüber informiert das Autokennzeichen SCV heißt ernsthaft „stato della cita Vaticano", 45 freie Minuten für Besichtigung zum Durstlöschen und Geldtauschen: die Wechselstuben sind seriös, Hotels weniger, wenn sie den Service überhaupt noch anbieten, an den seltenen EC-Automaten bilden sich ständig problematische Schlangen; im Petersdom darf man nicht mehr fotografieren wie bisher, außerdem wurde der Bereich um die „Pieta" per Vorhang mit einem Abstand versehen, im Mittelgang Größe anderer Kirchen zum Vergleich mit Bronzemarkierungen verdeutlicht, Hauptteil des Mosaikbodens durch barrieregesicherte Bestuhlung verdeckt doch - Sonnenstrahlen fallen schräg auf Altar und Alabasterfenster - unwirklich schön! Will zur Sicherheit und Ergänzung einen Satz Dias kaufen - was 60 (!) Stück jeweils eine Serie: Rom, Vatikanstadt, Sixtinische Kapelle jede extra? Ooch nee dann lasse mer das;

17.30 Uhr, per Bus zurück zum Reisebus - war das heute eine Hetzerei, mit Leerlauf dazwischen von einem Ziel zum anderen gerannt, um dann an uninteressanten Stellen herumzustehen Mitteilungen lauschend die man nachlesen kann - also unnötig, lediglich auf dem Wanderweg konnte man gelegentlich anhalten zum Knipsen und Hinterherhecheln, die ,Örtliche' war zudem noch betulicher als unsere ,Ständige' die mit „wir geh'n jetzt ganz schnell über die Straße, die Römer fahren einfach darauf los" nervt - es stimmt nicht, sie fahren flott doch wer zügig geht wird beachtet, sie sind ja nicht blind; Erstere warnte „nehmen Sie ihre Tasche unter den Mantel, es gibt hier so viele Diebe" - ich tat das schon gestern Abend nicht und erntete deshalb von ihr böse Blicke, nun am Tag wo Frauen normal einkaufen gehen laufe ich erst recht nicht mit ,Atombusen' herum, unter den Arm klemmen geht auch - natürlich Vorsicht, aber nicht übertreiben! Doch wir erfahren auch dass der Piazza Navona ein Stadion war, daher stammt die Elypsenform, danach Bocciaplatz mit Schirmpinien und lernen das Schlagwort kennen „piano, piano - con pazienza"; ,unsere Diebe' sitzen im Café: Orangensaft im Reagenzglas, na ja etwas breiter, kostet 7 DM - Petersplatzpreise! Wollte so gerne noch diese neue Kirche nahe dem Hotel knipsen, ob dafür das Licht reicht und die Zeit bis zum Inklusive-Nachtessen? Schon 18.20 Uhr und wir stehen im Stau - lass alle Hoffnung fahren, 19.30 Uhr Ankunft husch - frischmachen, bin die Erste im Speiseraum, die anderen kommen glücklicherweise bald und die drei Gänge laufen recht schnell ab - habe Sonnenbrand im Gesicht und will nur noch ins Bett. - Noch früher aufstehen, Kirche fotografieren, japanischer 'Punk' vorm Aufzug hat rostrot gefärbte Haare - sieht der goldig aus; Koffer in Bus, Schlüsselabgabe - ich heiße auch mal „Obermeier" wenn man mir den Irrtum nicht glaubt aber niemand Geld von mir will, fahren zur U-Bahnstation, dieser Veterinär bietet eine „Toileta per animali" vor seiner Haustür an, Straßenabhang aus blühendem rotem Mohn dazu gelbe und blaue Blüten, nun freie Flächen, anschließend Industriegebiet, nur wenige Häuser, „Cinecitta" links, Ruinenfeld an Teilstrecke der Via Appia; Einsteigen am Anfang bzw. Ende der Linie A: Anagnina, sehr voll, 18 (!) Stationen bis Spagna, laufen zur Treppe und hinauf zur „Trinità Dei Monti": Aussichtsplattform „Villa Medici" - ohne Muschel, Denkmal; Theaterszene eines Dichters unterhalb Borghese-Park mit Büsten, von Terrasse schöner Blick auf die Stadt und den „Piazza del Popolo": Brunnen, Zwillings-Basiliken, Obelisk; auf dem Rückweg Innenhof des Schachclubs im Foto festgehalten, gehen ins berühmte alte „Café Grecco": preiswerte Getränke werden vorn an der Theke „a piedi" angeboten, gediegene Räumlichkeiten sind in drei Segmente aufgeteilt, zwei Seitengänge um ein Mittelstück, holzgetäfelte Wände, kleine Büsten und Statuen auf Simsen, Gemäldegalerien rechts und links, ein Bild à la 'Auerbachs Keller' dabei, am Ende in sich geschlossenes Zimmer, ausgestattet mit erlesenen antiken Möbeln und beachtlicher Satyr-Skulptur; ab in unseren Bus und weiter, hatte das Glück in Rom Neues zu sehen und zu erfahren, eine Menge Neubauten sind außerdem dazugekommen, bewegen uns in der Provinz Latium - da rennt ein gesatteltes und gezäumtes Pferd ohne Reiter - ist offenbar ausgebüxt! Schafe, Gartenanlage, geradeaus gefällige Hügellandschaft der Albaner Berge, Foto-Halt am Albaner-See, nun liegt er rechts, die Campagna mit Blick auf Rom links, im Hintergrund das Tyrrhenische Meer - sagt ,sie', letzteres glaube ich ihr sehen kann man nichts, zu diesig, **San Marino**: alter

Turm, hübsche Kirche, **Grottaferata**, **Frascati**: deftiger Imbissteller diesmal beim Nachbarn von damals, „Trattoria Bocca" gleicher Inhaber sagt ‚sie' und - Wein zum Essen; „Pinocchio" vor der Pizzeria noch da, Frau freut sich dass ich ihren Obststand knipse, Villa immer noch einsam sieht inzwischen vergilbt aus; Campagna links weit ausgebreitet, wir fahren tiefer in die Berge hinein, idyllisches Plätzchen mit voll ergrünter Trauerweide, Brünnchen plätschert darunter das bei besonders festlichem Anlass Wein spende; bergab beiderseits natürlich Reben, Ebene geht in bergiges Land, über wird zu langem Gebirgszug; Villa unter Pinien, Obstplantagen, Pappelstreifen - die Sonne heizt ein, Holsteiner Kuhherde, Straßenbaustelle, hier ist der Frühling schon ausgebrochen, wir bewegen uns in der Senke zwischen zwei Höhenzügen, die teilweise im Dunst mal näherrücken mal zurücktreten; voll erblühte Stauden in weiß - heute ist richtiges Aprilwetter, aber dankenswerterweise ohne Regen! Da frisst ein brauner Rassehengst saftiges Grün, große Ortschaft links, diese Seite überhaupt stark besiedelt, nun auch die andere, wieder ‚Holsteiner' und ein Gaul, große Stadt links, Straßenschild „occhio ai segni", Bergketten manchmal doppelt oder sogar dreifach, hie und da Schafe, Kuppen teilweise blanker Fels ebenso die Hänge, links Baumfläche wie Dreiecktuch, Hochstraße im Bau, auf Hinweisschild auch Montecassino erwähnt, unsere nächste Station unten mittelgroßer Ort **Cassino**: neugebaute Villen am Hang, sehr schmale Serpentinenstraße windet sich hinauf, in Kurve archäologisches Ausgrabungsareal, auf Bergkamm wird alte Burg mit Wachturm wiederhergestellt; entweder stützen Steinmäuerchen in Stufen oder massive Mauern das Erdreich, ab und zu ein Netz, wo kaum Pflanzen wachsen sieht's auch sehr rutschig aus, Bewuchs nimmt zu, zuletzt ist er ganz dicht, **Montecassino**: Benediktinerabtei, Mutterkloster des abendländischen Mönchtums, Reliquien des 'Hlg. Benedikt', wurde 1944 innerhalb von drei Stunden völlig zerstört durch die Bombardierung der alliierten Engländer und Amerikaner, zudem trafen hier noch gegnerische Truppen aufeinander, wochenlange erbitterte Kämpfe - blutgetränkte Erde; Rekonstruktion des Klosters erfolgte nach den Originalplänen, 1964 die Einweihung: im Kreuzgang Vorgarten mit Plastik des 'Hlg. Benedikt' von Adenauer gestiftet, Skulpturen des Heiligen und der 'Hlg. Scholastika' seiner Schwester stehen am Aufgang zur Kathedrale - er im Original, sie in Kopie nach Erdbebenbruch, trotz Gottesdienst Blick in die dreischiffige Kirche erlaubt: prachtvolle goldverzierte Ausstattung, Deckengemälde; wieder draußen: achteckige Zisterne mit korinthischen Säulen an den Seiten und Abschlussaufsatz, wundervoller Ausblick auf die Ausoni-Berge und das Tal davor, mittendrin „Fa. Fiat"; etliche Soldatenfriedhöfe für: Italiener, Franzosen, Deutsche, Inglesi = Engländer und Amerikaner, für Polen besonders eindrucksvoll angelegt: in Kreuzform am Fuß des Monte Cairo, auf dem Berg steht ein weißer Marmor-Obelisk mit der Inschrift, dass die Polen ihren Körper Italien gaben, ihr Herz Polen und ihre Seele Gott; es grünt und blüht überall auf der Fahrt hinunter, Flüsschen am Ortsrand - die Senke hat uns wieder; Eukalyptusbäume mit den langen, schmalen, spitz zulaufenden Blättern die lahm herunterhängen, dann kurzes Stück gleichen Weges wie vorhin, erneut auf die Autobahn, nun geht's in die Berglinie hinein: links kahle Doppelkuppe davor und dahinter Pappelwäldchen, rechts noch flach,

Höhenzug folgt der halbhohe Bäume hat, links karg bis magerer Überzug, wieder Straßenneubau und Tunnel, auffällig die vielen Bautätigkeiten - hoffentlich dauern sie nicht so furchtbar lang; Erhebungen in mehreren Schichten, die letzte da hinten ist schon beachtlich hoch, erneut diese hellgelben Büschel, links Häuserruinen vor Abbau am Berg, Höhen mal nah mal fern - ausgelaufen; Querkette vor uns am Horizont kommt unaufhaltsam näher, rückt nach links, begleitet uns, wird schließlich von neuem Bergzug abgelöst, rechts völlig eben, im Dunst liegt noch irgendeine Begrenzung nun ist auch die weg - und immer mal wieder ein halbverfallenes Gebäude oder eine Turmruine in der Landschaft; **Capua** die Stadt der damals zweitgrößten Arena und der Gladiatoren-Schule (Spartakus), Obstplantagen, schöner hoher Spitzkegel - ach was viele Steinbrüche; endlos erscheinende Schirmpinien-Allee, bestimmt eine Strecke der alten Heerstraße, Bäume waren zum Schutz der Soldaten vor der Sonne gepflanzt worden; Flachbau-Siedlung, auch die Neubauten von dieser Art, wenige mehrstöckige Gebäude - wir sind am Stadtrand von **Neapel,** der Hauptstadt Campaniens, nea polis (griechisch) = neue Stadt; Vesuv links, so nah wirkt er mächtig, hübscher Faltenwurf am Hang des Doppelvulkans den ein Zug „Circo Vesuviano" umfährt, den Monte Somma und Monte Vesuvio, Wolke hüllt im Moment seine Oberkante ein, letzter Ausbruch 1944, Lavaströme von seinerzeit noch erkennbar; „Torre Annunziata", Golf von Neapel mit Sicht auf drei Inseln: Procida, Ischia - dort gibt es einen Ort Fango wo mit den Packungs-Anwendungen begonnen wurde und das nahe Capri; in der Ferne Höhen und querverlaufend vor uns Straßenbau; Monte Faito, Hausberg von **Castellamare,** ab dort geht ein Sessellift zu ihm hinauf, der höchsten Erhebung der Region mit ca. 1 300 m, Verladehafen wichtig; da drüben eine Ortschaft in der Bergmulde, hier lebte der Tankerkönig Achille Lauro; nach Tunnel Blick auf Bucht mit Hafen und Vesuv eingehüllt in sanften weißen Wolkenschal, wie gemalt - traumhaft schön; trutziges Kastell, Felsbrocken im Meer, Paddelboot vor der untergehenden Sonne, noch ein Tunnel, mit Stau, bis wir herauskommen ist die Sonne weg - Betrug! Stecken zwischen den Höhen und schrauben uns weiter nach oben, stehen schon wieder, andere Busse vor uns zwischen Pkws, es bleibt eine Stotterfahrt; freier Vesuv in der Dämmerung, erste Lichter im Amalfi-Küstenbogen entzündet, schöner Anblick, **Sorrent** zu Füßen - wunderbar, erstaunlich große Ausdehnung, danach Tuffsteingelände auch -hochebene, zudem Zitronen-'Dorado': Palisander-Holzgestelle errichtet zum Schutz von Blüten und Früchten der Mandarinen-, Orangen-, Zitronenbäume die auch besonders wärmespeichernd sind; eine Menge parkender Autos verstopfen wiedermal die Straße, wir müssen nach **Aniello,** einen Vorort von Neapel, durchfahren enge Straßen mit eleganten Geschäften, Rathaus mit Denkmal davor und - das Band mit der neapolitanischen Musik, den typischen Mandolinenklängen läuft bereits zum zweiten Mal; nach 19 Uhr kommen wir an, Koffer ins Zimmer schaffen, „in 20 Minuten wird gegessen."

6.15 Uhr Wecken, 7 Uhr Frühstück, 7.45 Uhr Abfahrt - Zeiten täglich gleich: Kleinbus zum Hafen, „Ischia Jet" nach Capri besteigen, vollgestopfte Fähre und es strömt immer noch - ich staune, ist doch ein ganz normaler Werktag, viele junge italienische Mädchen unterwegs und ein paar Buben dabei - es sind keine Schulferien, Klassenausflug? Fähren-Pendelverkehr: 8.20 Uhr abgelegt, Meer bewegt, an ungünstigem Standort duschen gratis, nach etwa 15 Minuten erste Möwen, mehren sich, Anfangserhebung Monte Tiberio zu sehen und die Villa Jovis (Jupiters), erste Treppe von den Phoeniziern angelegt führt heute noch vom Hafen bis hinauf, Seeräuberburg des Sarazenen 'Barbarossa' am Berg (zwei Algerier hatten diesen Beinamen), weitere Informationen: Capri Name von „capros" = Wildschwein, damals noch echte, zur Zeit Christi Geburt regierte Tiberius das Römische Reich von hier aus, daher noch die nach ihm bezeichneten Parks, eine Menge Grotten: Smaragd-, Korallen-, Weiße Grotte, Besuchermagnet die berühmte 'Blaue' 1826 von Kopich wiederentdeckt, sie anzuschauen wird zusammen mit Inselrundfahrt per Boot offeriert - heute leider nicht wegen des zu starken Seegangs; nach weiteren 10 Minuten erreichen wir **Marina Grande** und wühlen uns durch die Menge, auf der Insel ausschließlich Elektro-Autos erlaubt als Verkehrsmittel sonst nichts, auch keine Fahrräder, Piazetta mit Uhrturm, „Villa San Michele" passiert, Blick auf Halbinsel Sorrent und den Golf von Neapel, „Quisisana" heute elegantes Hotel, früher Sanatorium: Gorki z. B. hatte Lungenprobleme und war deswegen hier; Kloster dessen Mönche seinerzeit Franzosen verjagten; Wahrzeichen: Faraglioni-Klippen im Marina Piccola („fara" = Licht, „glioni" = Zwillinge örtlicher Dialekt) - Bucht Punta di Mula, „Torre Sarazena", „Villa Krupp" mit der von der Familie angelegtem Serpentinenweg zu den Badebuchten, „Lenin-Gedenkstein" dieses Mal gefunden; Spezialitäten: alles um die Zitrone, nun auch weiße Schokolade mit ihrem Saft versetzt und dem von Orangen, die Zitronen werden bis zu einem Pfund schwer und grundsätzlich mit Schale verzehrt, Keramiken; Schild „smörkas svenskt kaffe"! Essen im „Ristorante Pizzeria Barbarossa" zum Abgewöhnen: Fisch war niemals Kabeljau, sah eher nach Hecht aus und schmeckte nur nach Chili-Soße, Pizza sei auch nichts Gescheites gewesen sagen andere, die sie gewählt hatten, man war wohl in Sorge wir äßen heute Abend nichts mehr - dem wurde erfolgreich abgeholfen; Inselbesuch beendet, wieder per Bus an der Amalfiküste entlang: gelb blühende Johannisbrotbäume, Granatapfel-, in lila, purpurrot der Judasbaum, Ginster und Mispel, Lorbeer, Zwetschgen- und natürlich Zitronenbäume, Palmen, Riesenkakteen, ein blauer Salamander sei hier heimisch - schläft wohl noch; **Sorrent**: bekommen ein wenig freie Zeit um uns etwas umzuschauen; mich ziehen die sauberen schmalen Gässchen an mit Obst- und Gewürzauslagen und da steht ein Blumentopf auf jeder Stufe der Treppe am Haus, „Franziskus-Denkmal" vor Kirche, langgestreckte Terrasse bietet herrliche Sicht auf Bucht und Vesuv, erobere das Herz des Toiletten-Mannes der mich mit Handkuss - nicht 'Kusshand' verabschiedet; sehr schöne Holzeinlegearbeiten im Angebot und um 1/3 billiger als auf Capri, Gemmen- und Kameen-Zentrum, entsprechende Kunstschulen, traditionell ebenso Korallenschmuck aber Rohmaterial dafür schon lange nicht mehr von hier; "Tasso-Denkmal", ab und zu eine Art Majolika-Dach à la Burgund im Ort, in der Gegend auch Kuppeln; Brett aus dem Bett, auch so noch hart genug, erbetene zweite Decke hat Löcher und Fädenfransen, ,sie' meint das sei halt eine Jugendherbergsdecke, Mitreisende haben zusammenklappbare Bettgestelle - ich dachte wir wären in einem Hotel?! - Heute Morgen habe ich nicht nur einen Frosch im Hals, eine ganze Familie, 8 Uhr ab nach **Meta** einen ,Örtlichen' abholen: Peppino, wie sich später herausstellt Neapolitaner, mit einer Lübeckerin (!) verheiratet, er erzählt: im

Winter regnete es sehr stark, die Berge mussten deshalb „bereinigt" und mit Stahlnetzen befestigt werden die Dreirad-Karre, welche gängiges Transportmittel ist, heiße „tre-oro-lima" = Dreikantteile oder „Mafiabiene", Ergebnis des Telefongesprächs mit seiner Frau in Lübeck: Temperatur -7°C wir haben bestimmt um die +16°C herum - unglaublich; örtliche Erfindung Pizza Meta", bis zu 2-Meter-Ware, herrlich links die Bucht, Capri in Wolken; **Vico Equense** (vicus equensis) Pferde-Raststation gewesen, daher der Name, hier gibt's Walnüsse; Straßenbau-Stau, Küstenstreifen voller Olivenbäume - wieder rote Baustellen-Ampel, Meer heute ganz ruhig, Hochstraßen an den Felsen kreuzen sich, unter uns Schlucht, vor uns Tunnel, **Castellamare di Stabia** voller Name, früher Stabia, Altstadt heißt noch so; bisher schien die Sonne wunderbar jetzt ist's dunstig, „Torre Annunziata"; **Pompeji,** italienische Schreibweise „Pompei", Schild an geschlossenem Zaun: Mitarbeiterversammlung bis 10.30 Uhr, au wie, zurück zum Bus und weiter in Richtung Neapel: ganzes Gelände war überströmt mit Lava, inzwischen mit Häusern bebaut und Nutzgärten versehen, Fruchtbarkeit und mildes Klima ermöglichen bis zu drei Ernten pro Jahr, Villa der „Pompeia", „Torre del Grecco" Ein- und Ausfahrt des Nationalparks vom Vesuv-Massiv - also erst Vesuvbesuch und dann Pompeji, einfach umgekehrt wie geplant? Nein, erneut nach **Neapel:** Obstplantagen am Weg aber anders blühend als in der Po-Ebene - zum Fotografieren wieder keine Gelegenheit, werde vertröstet, erfahren Ursprung des Liedes „Funicoli, funicola" stamme von Deutschen welche die Seilbahn = funicolare zum Vesuvgipfel bauten und „O sole mio" sei aus Heimweh in Russland entstanden; Neapolitaner empfinden sich intensiv als Süditaliener, es gäbe Trennungsbestrebungen vom Norden, auch eine entsprechende politische Partei aber - im Grunde profitiere ein Landesteil vom anderen, charakteristisch für die Einwohner der Stadt seien ein großes Herz, stark schwankende Stimmungen, breitere Toleranz als im Norden, sie wehrten sich damals gegen die Inquisition aufgrund der (griechischen) Tradition von Menschlichkeit und Demokratie; Marokkaner arbeiten beim Straßenbau, etliche Illegale schlagen sich mit Handreichungen durch, z. B. Ampel-Autodiensten, werden akzeptiert, schicken Geld nach Hause für eine spätere Existenzgrundlage; Stadt seit ca. 8 Jahren weniger problematisch und nicht mehr so schmutzig, außerdem bestünden Sperrzeiten für Pkws ohne Kat, ab 2002 gar keine mehr ohne erlaubt; Landstrich, „Magna Greca" genannt, war von Kämpfen der „polis" der Stadtstaaten untereinander geprägt, wie nea-polis und paleo-polis paleo = alt, erstere sei „Athen des Westens" gewesen wo beispielsweise der Architekt Phidias und der Philosoph Epikur lebten, 476 n. Chr. ging das Römische Reich mit dem letzten Regenten, Romolo Augusto, hier zu Ende und der letzte Stauferkaiser Konradin liegt hier begraben - geschichtsträchtiger Boden! Fahren wieder auf Straßenbahnschienen, links der Hafen hat verschiedene Abschnitte: für Fährschiffe nach Malta, Tunesien, Sizilien, Sardinien usw. sowie für kleine Inselpendler- und Tragflügelboote, außerdem einen Zoll-, Marine- und großen Verladehafen; bewegen uns weiter an Küstenanlagen entlang, amerikanische Flotte liegt vor Anker, es gibt Anlegestellen für Kreuzfahrtschiffe; Wahrzeichen der Stadt die Burg „Castell Nuovo" und das Kloster „San Elmo" auf einer Anhöhe gelegen; Theater, auf schönem Platz alter

Bourbonen-Palast „palazzo reale" mit einer Menge lebensgroßer Herrscherstatuen in Fassadennischen, von dort großartiger Blick auf Bucht, Stadt und Vesuv; im „Café Gambrinus" gibt's Blutorangensaft und P. P., laufen zur Burg, Foto möglich und genussvoller Anblick: Teile des Unterbaus haben Schuppen wie Tannenzapfen; Piazza della Victoria, Gebäudezeilen ohne Freiräume dazwischen Hauptstraße etwas breiter als in Rom und weniger Bäume, Mispel mit reifen Früchten; Santa-Lucia-Burg, im Wasser, Lucullus wohnte da, Landzunge trägt seinen Namen, erneut Magnolien und richtige Gummibäume, keine Besenstiele mit Blättern, Pfefferbaum rechts, Fußballstadion „San Paolo", der damalige Ankunftsplatz von 'Apostel Paulus'; riesiges Stahlwerk wird demontiert da verkauft, an der Stelle Ferienanlage mit Yachthafen geplant, ‚Bonbonburg' direkt an der Straße, Zitronenbäume, schemenhaft Ischia zu ahnen; lukrativer Fischfang, nicht mehr üppig aber geschmacklich besonders gut durch das mineralreiche Vulkanwasser bedingt, insbesondere „Mercelino" (phon.); die „Pizza Margherita" wurde hier erfunden und die 'Lollo' habe zwei Mozarella in der Bluse, die Loren stamme aus Pociolo in der Nähe; jährlich wird ein Schwimm-Wettbewerb ausgetragen: Strecke Neapel - Capri 36 km; fahren parallel zur Promenade aus der Stadt hinaus, Neapel liegt lt. Peppino „zwischen Kanone und Maschinengewehren": Vesuv und den Phlegräischen Feldern im Westen, wo Magma sporadischen Flämmchenaustritt verursacht und in Campanien würden geeignete Müllbeseitigungs-Einrichtungen fehlen, man schaffe deshalb den Abfall in die Toskana für 0,30 DM pro Kilo - noch ein Problem das genauso drückend sei; Vesuv liegt links, kommt immer näher, sieht wunderschön und friedlich aus, wir essen Würstel mit Brot die Bordverpflegung, Suppe oder Kaffee nicht herstellbar wegen Gewackel, normale Alternative fällt wegen Zeitmangels aus - da steht ein alter Eisenbahnwagen im Garten mit Treppe zum glasüberdachten Eingang-Vorbau; Stauden für dicke Bohnen: frische werden roh gegessen, mit Speck, Schafskäse und Rotwein - kochen kann man sie auch; hier gibt es speziell Aprikosen und Pfirsiche, von letzteren eine besondere Sorte, fest und gelb, sie sind rar, teuer und es erfolgt kein Export, Sommergetränk: Pfirsich in Weißwein mit Zitronenscheibe von der Amalfi-Küste; rechts auf Anhöhe „Oservatorio Vesuviano", hier Evakuierungsplan deponiert – oh, was für ein Anblick dieser Berg! Da wächst „Lacrimae Christi", überall Vulkangestein - Ohren zu, Nationalpark-Jeep unterwegs, links Lavastrom von 1944, fast kahl noch gut erkennbar, kam kurz vor Neapel zum Stehen, ganzer Höhenzug mit Wäldern in den Tälern davor; Seilbahnstation vom Vesuv zerstört, Sessellift-Einrichtung eingestellt - wie schade, Ginster blüht hier noch nicht; 13 Uhr Ausstiegsparkplatz erreicht: „wir gehen jetzt alle erst zur Toilette" ertönt ‚sie', ich frage - „wo ist der Einstieg", „wir gehen jetzt alle" ... „wo ist der Einstieg bitte" - böses Gesicht, ein Finger deutet und ich bin schon weg, 14.30 Uhr wieder am Bus sein; die Zeit ist knapp, Peppinos empfohlener Rentner mit selbstgeschnittenen Stöcken am Standort, Miete dafür sein Zubrot, der breite Zugangsweg der sich in Schlangenlinien hinaufwindet hat auf einer Seite ein Geländer, die Füße mahlen in einer dicken Schicht Lavasand und je höher ich komme desto strammer bläst der Wind - so mühsam hatte ich mir das nicht vorgestellt; an den Hängen viel helles und rötliches Gestein, Geröll, weiter oben Brocken, gelange ans

Kassenhäuschen und bezahle Eintrittsobolus, noch ein Steilanstieg und ich kann in den ersten Krater hineinsehen - bin alleine, der Wind rauscht und in der Caldera zischt es beständig, woher - gehe weiter bis ans Ende, da die schmale Fumarole verursacht das Geräusch, der Vesuv ist offensichtlich nicht tot! Ein Blick auf die Uhr und ich weiß dass ich den zweiten Krater nicht mehr anschauen kann; der Abstieg in dem rutschigen Sand wäre ohne Stab äußerst riskant, das war ein guter Tip, halb geschlittert halb gelaufen bin ich geradeso pünktlich am Bus, brauchte und brauche keine To alles herausgeschwitzt - ach so war das: von der Gruppe sind nur wenige oben gewesen, eine der Einzeldamen kehrte nach ein paar Metern traurig und gestresst um wegen zu wenig Zeit! Vesuvstaub noch im Gesicht aber tucherfrisch und gekämmt steht vor mir Bus-Milchkaffee - auf nach Pompeji; sehr schönes Landschaftsbild, 79 n. Chr. wurde ein Gipfel des Vesuvs abgesprengt, Asche- und Bimssteinwolke erstreckte sich 20 km hoch, am 24.08. gegen 13 Uhr bedeckte sie **Pompeji** das ein Jahr nach dem Erdbeben zuvor noch nicht vollständig wiederaufgebaut war, Herkulaneum und Stabia wurde ebenfalls mit einer ca. 8 m dicken Schicht überschüttet; etwa 1/4 dieser großen Stadt hier ist inzwischen freigelegt: Stadtmauern und Tore, abschüssige Straßen, damit durch das Gefälle kühlendes Wasser in den Rinnen hinunterlief, auch Abfall jedoch keine Fäkalien, breite Steine dazwischen zur Regulierung und zum Überqueren, Kanäle anzulegen war wegen des hohen Meerwasserniveaus nicht möglich; Brunnen bis 30 m Tiefe gegraben um Quellen zu erschließen, das stark kalkhaltige Wasser hat man durch Bleirohre geleitet, eine Ablagerungsschicht band das giftige Blei (pharmakon = Gift), später Aquädukte gebaut, Heizungsböden mit Zwischenraum z. T. auch an den Wänden sogen. Abstandshalter, von den Griechen übernommen - Peppino ist sehr ehrlich! Erste Besiedlung im 6. Jahrhundert v. Chr. durch den Volksstamm der Osker an der Mündung des Pompe, kurz darauf kamen Samniten, dann die Römer, sie stuften den Berg als aus Vulkangestein bestehend ein erkannten ihn selbst aber nicht als Vulkan; Samniten bauten mit Tuff, Römer mit Ziegeln, deshalb Gebäude durch Baustil leicht zeitlich zuzuordnen, Bindeglied für Ziegelsteine cemento = Kalkgrieß aus Fluss, war eiweißhaltig, sie hatten bereits Häuser bis zu sechs Etagen und Fußgängerzonen; Absonderung und Erkundung auf eigene Faust nicht möglich also Gang durch die Ruinenstadt in Gruppe, Forum: enorm großer Platz mit Bühne als mittlerem Abschluss einer Seite, Geschäftszeilen rechts und links, von der Basilika sind nur die Seitenschiffe überdacht - Name von 'König Basileus' abgeleitet der im Justizpalast auch Recht sprach; Kirchen dreischiffig und bedeckt, in der Hauptstraße „Haus der Vettier" mit Wildschwein-Mosaik, Stuckarbeiten; Hundeknochen dem ein Ende fehlt als Wegweiser für Krieger-Hausherrn der lange abwesend war, Latrine, Stabianer Therme - eine von etlichen; 'Senecca' verglich die Stadt unmittelbar vor ihrer Zerstörung mit 'Sodom und Gomorrha' wegen des ungezügelten Lebensstils: Freudenhäuser = lupanari Wolfsgeheul der Frauen war Erkennungszeichen, Angebote als Wandfresken zum Aussuchen des gewünschten Dienstes da Schreiben und Lesen nicht Allgemeingut, geräumiges Haus mit Steinliegen in Einzelzimmern, durch Graffitis kennt man Offerte von Exotinnen wie Ägypterin, Jüdin, Griechin, das Atrium mit Öffnung im Dach hat hübsche Wasserspeier; 'Gott Priamus', nahe der

Haustür muss Riesenfallus mit Kette halten damit er nicht umkippt, Euter und Fallus seien die wichtigsten Symbole des Altertums gewesen, sog. Priapismus, Männer trugen Fallus-Amulette als Glücksbringer, ehemaliges „Geheimkabinett" heutzutage im „Neapolitanischen Museum" zugänglich, Fresken von Perversitäten - Besichtigung des Freudenhauses und alle damit verbundenen Informationen sind für mich verlorene Zeit denn Pompeji hatte ein Odeon - komme von odeo = ich singe, das wir nicht sehen und das erste Amphitheater mit 2 000 Plätzen das man auch nur erwähnt; Sesterzen wurden hier geprägt, Blumen- und Rosenparfum exportiert, es gab ein Eichamt: mensa ponderaria = Eichtisch, an der Seite Kontrolle der Gewichte durch runde Öffnungen im Marmortisch, in der Mitte sind die für Amphoren; Körperhüllen der Menschen, die bei dem Vulkanausbruch umkamen, von Fiorelli mit Gips ausgegossen erhalten, Weinlagerungsrechteck mit Amphoren darin, „Sklavenmühle": Mahlsteine die gedreht werden mussten, Taverne - übrigens trank man gern warmen Wein mit Honig; Mosaikbrunnen, damals in Mode, hat Form wie Giebelaufsatz, Hunde-Fußbodenmosaik, Apollo- gegenüber Diana-Tempel auch einer für Isis vorhanden; an den Ständen draußen unter den Anbietern erheblich unfreundliche Zeitgenossen - mag nicht mehr, bin müde; fahren zurück, Gesicht immer noch verstaubt und graue Schuhe an den Füßen die eigentlich schwarz sind; Fahrer verfranst sich, landet in schmalster Allee, zurückstoßen in Millimeterarbeit, blühender Säulenkaktus versöhnt, jetzt Stufenkirchturm, auf seinen Absätzen Statuen u. a. Engel mit Trompeten, überall blühen die Obstbäume, angestrahlte Burg auf der Höhe, zwei Türme mit kleinem Abstand zwischen ihnen, eine Kirche „Gesù" - hier waren also auch die Jesuiten, fahren mitten durch die Ortschaft mit ‚Hängen und Würgen', Bus schaukelt wie bei hohem Seegang - wundervoller Sonnenuntergang, nun Straße etwas besser - wackeln erneut, hier gibt's „Milupa" und „Nestle" - und da Käse und ich kann nicht dran! Seit einer 3/4 Stunde irren wir durch enge Gassen, es sieht so aus als habe man keine Ahnung wo's langgeht - Ussis ‚Gickel der im Mondschein sucht' lässt grüßen, der Fahrer wollte wohl die enge Bergstrecke meiden und kam vom 'Regen in die Traufe'; rechts sehr breite großzügige Promenade, links Platz, erleuchtete Kirche, noch ein Platz, Kirche dunkel, rechts Hafen, Ufer wird erneuert - Straße frei es wird gerast, am Wasser entlang, herrlich die Lichterkette der Bucht am Fuß des Vesuvs, Streifen zieht sich bis Neapel hin wie deutlich zu sehen, endlich Serpentinenstraße am Berg erreicht jetzt läuft's normal - meistens; schön die Orte mit Nachtbeleuchtung - wir stehen um 19.17 Uhr herum, heute wird mein Notwasser-Fläschchen ganz leer! Lichter von **Sorrent**: wunderschöne Illumination der Häfen und kleinen Promenaden, gehen letztes Stück zum Hotel zu Fuß, Nachtessen sofort denn morgen soll schon um 7.30 Uhr die Abreise sein. - „Arrivederci" Sorrent, Zitronen- und Orangenplantagen ihr schützend umhüllten, „buon giorno" Vesuv! Serpentinenweg, Dunst überm Meer, Fetthenne-Bäumchen, hübsch das zarte Gelb der Blüten, ein Ruck - mein Schreibstift fliegt fort, Hand an die Tischkante geknallt weil ‚Dussel'-Bus in die Quere kam und deshalb Vollbremsung nötig war; zusammengerollte schwarze Netze sind zwischen den Stämmen der Olivenbäume langgestreckt aufgehängt, Ein-Mann-Fischerboote draußen in der Bucht, Zitronenbaum mit schwarzem Netz abgedeckt, Küstenstraße: ganze Schlange gepresster Müllballen vor Schilfecke mit einer Bahnlinie hintendran, große und kleine Gewächshausröhren, schwarze Netze wurden darübergezogen, rechts nochmals Pompeji, Vesuv-Massiv - das Mandolinenband läuft schon wieder, es ist ganz schön aber so langsam reichts! Leb wohl Vesuv, sei freundlich zu den Menschen hier - gelbe Blütenteppiche, Obstbäume voll aufgeblüht - herrlich; nach zwei Stunden Fahrt haben die Gewächshäuser wieder einen hellen Plastiküberzug, Bergkette rechts mit Schneefeldern, dichtes Gelb auf den Wiesen, Steinbruch, gegenüberliegender Höhenzug, jeweils am Fuß stark besiedelt; kurze Pause mit für mich obligatorischem Blutorangensaft, Luft maiwarm, Mandelgebäck mit Orangenschale oder Anis wird zum Test angeboten - sei Spezialität, etwas merkwürdig im Geschmack und hart, ach so wird normalerweise in „Lacrimae Christi" gedippt, aber den Wein gibt's nicht dazu; ‚sie' liest aus Buch über Italiener vor: zuerst Lokalpatrioten, dann Italiener, engere Heimat ist Mittelpunkt der Welt, Hauptnahrungsmittel: Mais, Reis, Butter, Pasta - also Nudeln, Olivenöl, gibt Sprachunterschied zwischen Norden und Süden, auch Separatisten-Extremisten, doch die Konsequenz wären erhebliche wirtschaftliche Probleme: der Norden brauche die Industrie- und Land-Gastarbeiter aus dem Süden und der Süden den Finanzzuschuss des Nordens; große ‚Spielzeug'-Lok im Garten, Pferde auf der Weide mit Wassertank, Metalltüren verschließen Höhleneingänge, Teich, Blütenzweige tief lila und - Musik! Informationen: Via Aurelia verband einst Rom mit Frankreich, Hafen Civitavecchia baute Michelangelo nach Plänen von Bramante - und wenn Caesar auf seine Frau gehört hätte, die ihn wegen eines Traumes warnte in den Senat zu gehen, könnte er noch lange gelebt haben - Rudyard Kipling: „Die Ahnung der Frau ist meist zuverlässiger als das Wissen des Mannes", las ich neulich; 12-Uhr-Pause, keiner will mehr an die Würstchen - mir sehr recht, im „Spuntino" zusammengeklappten Pizzaboden mit Schinken und Käse dazwischen verzehrt, dazu einen Cappuccino getrunken, alles gut und preiswert für knapp 12 DM - man vergleiche nicht mit Preisen an unseren Raststätten! Baum über und über mit weißen Blüten bedeckt sodass man keine Blätter und Zweige mehr sieht, Kühe, Felder, Reben, Obstplantagen noch im Winterschlaf nur gelegentlich, wie da hinten, ein rosa Schimmer, riesige Flächen in Gelb soll Kleesorte sein laut Peppino; Bus schlich bisher, nun legt er los, heute bin ich richtig müd', mache daher ab und zu intensives Nickerchen und hab' dauernd Hunger, nasche Kleinkram wie Mini-Croissants; links rückt das Tyrrhenische Meer heran, entfernt sich, bleibt sichtbar, Nekropolengebiet; oft abschnittweise Mautstationen, meist Kartenabbuchung, Geburtstagstoast für Mitreisende per „Kleinem Feigling": Wodka und Feige, toller Geschmack; flaches Land, Äcker, hie und da ein Haus ein paar Kühe, blühende Reihen gemischter Obstplantagen, links eine Menge kleiner Gewächsröhren; wechseln von Provinz Latium in die Toskana, Provinzen wetteifern um bestes Olivenöl, im Moment ist es das hier natürlich, grüne und braune Farben herrschen vor, typisch besonders viele Schirmpinien, Hügellandschaft rechts am Horizont, mit Häusern überzogener Bergrücken dann flach, Höhen sind Begrenzung, links sei das Meer; auffällig auf den Routen die unzähligen Haus-Neubauten überall, auch hier - Wasser muss nah sein da Möwen in der Luft, Boden wird langsam wellig; links Monte Argentario, eine hohe Insel mittlerweile durch drei Landzungen mit dem Festland verbunden, Schnellbahntrasse

Schild: Fahrtdauer Rom - Neapel drei Stunden, durchqueren Ebene, Erhebungen rechts ziemlich weit entfernt, Insel verschwindet, macht endloser Weite Platz; Naturschutzgebiet, zwischen Lagune und Meer auf Felsvorsprung an der Küste kleine Trutzburg, Pinienwäldchen ziehen sich längere Zeit am Ufer entlang, **Maremma,** Wortanteil deutet auf „mare", war im 15. Jahrhundert Sumpf- und Malariagebiet geworden, Küstenstraßenteil der ehemaligen Via Aurelia stand unter Wasser, menschenleere Gegend bis zur Trockenlegung und dem Einsatz von DDT ca. 1930, danach verschwanden Nässe und Mücken, Menschen siedelten sich schnell erneut an; fahren in die Erhebungen, **Grosseto** liegt mitten in den Hügeln, üppig weiß blühende Büsche gibt's hier, links weiter weg Bergkette in Doppelreihe parallel zu uns, rechts ebenso entfernt davor wellig, sonst flach, Artischocken-Anbau sie haben lange gezackte Blätter; unendlich scheinender Autozug: Neuwagen-Transport, Flussüberquerung, Reisfelder, Steinbruch am Hügel, links endlos tischeben, Straße ändert wieder die Richtung jetzt links die Insel Elba; wellig, dann lange weite Ebene, rechts wechselnd desgleichen oder gegeneinander versetzte Höhen, ab und zu ein Steinbruch für roten Marmor, Landschaft läuft in allgemeinen Wellen aus, Richtung Livorno: links Meer zum Greifen nah und Ufer-Waldstreifen, Pinien manchmal mit Laubbäumen vermischt, Küste weggerückt ebenso die Berge, wir rollen durch abwechslungsreiches Gelände mit verschiedenen Feldfrüchten, auch neuem Saatgrün und Kohlgemüse, Baumstreifen, ein paar Häuser, Olivenbäume, Kleefeld, Bewässerungskanäle, zeitweise wurden Häuser auf Hügel gestellt - da wächst Chianti-Wein; Erde frisch gepflügt, Äcker hellbraun oder grau, schmaler Fluss, Richtungstafel Livorno, Genova, Firenze; weg vom Meer und der Via Aurelia ins Land hinein, Livorno sei „cita ideale", nach Reißbrettplan gebaut; befinden uns mitten in den Hügeln, P. P. nach knapp drei Stunden unterwegs, wird ständig wärmer draußen, bekommen nichts zu trinken wieder Selbstversorger-Fläschchen nötig; nun Baumreihen quer und längs wie Grenzstreifen, Ginster, über Arno gefahren, vor uns die Pisaner Berge Teil des toskanischen Apennin und erster Blick auf Pisa, deren grau-rote Kuppel des Baptisteriums, die weiße des Doms und den Turm; um 16 Uhr stehen wir im Stau vor der Stadt, Sonne hat leichten weißen Schleierüberzug, den ganzen Tag über war's bedeckt, allerdings mit hellen Wolken an hohem Himmel - erneut Via Aurelia und Arno, reichlich Wasser, ab und zu ein Kanal, feuchtes Quadrat im Ackerland, nasse Rinne zwischen den Feldern, rechts Altauto-Ablageplatz, fahren durch Allee, ausgedehnte Äcker, rechts großer Friedhof und Parkplatz auf Schwemmland des Arno, deshalb gibt der Boden leicht nach; **Pisa,** Wort aus dem toskanischen = Mund, Mündung des Arno in das Tyrrhenische Meer, Stadt war zur Zeit der Kreuzzüge Seemacht; benutzen Zubringer-Bus zu von Mauer umgebenem Areal; 16.45 Uhr glücklich angekommen, Gebäude werden um 17.40 Uhr geschlossen: schiefer Turm, Kathedrale, Baptisterium, Camposanto - große Rasenflächen jeweils dazwischen, Eintrittskarten? Am anderen Ende des Geländes, doch zunächst ziehen sich die Informationen am Dom zeitlich hin und „hier können Sie am besten fotografieren" - für mich schon viel zu nah, Vortrag am mit Drahtseil fest vertäuten nicht zu besteigenden Campanile: „alle drei Gebäude schaffen Sie sowieso nicht mehr", halte ‚ihr' trotzdem an der Kasse das abgezählte Geld dafür unter die Nase weil sie blockiert und rase dann los: herrlicher „Dom": Deckengemälde in Apsis, freistehende Kanzel von

Pisano hat man im 14. Jahrhundert abgebrochen und weggepackt, erst 1926 wieder entdeckt, „Baptisterium": Taufbrunnen für damals übliches Taufbad, freistehende Kanzel auch hier, Echo-Akustik; „Camposanto": vier Bogengänge, Auffüllung dieses Bereichs mit Erde aus dem Hlg. Land um in der Ferne verstorbene Pisaner würdig zu bestatten, 1944 vieles zerstört, Fresken restauriert aber auch ein paar ganz alte Original-Rotstiftzeichnungen freigelegt, Sarkophage, Statuen, in Seitenräumen riesengroße beeindruckende Wandflächen mit Freskenzyklen; während ‚ihres Palavers' mit der Kassiererin musste ich schnell einen Film nachkaufen - zu Hause stellt sich heraus man hat mir einen schwarz-weißen angedreht, schade und er kommt mich bei der Weiterbearbeitung noch teuer zu stehen, wirklich alles ist zu kontrollieren! Zurück zum Parkplatz, Weiterfahrt: dreifache Bergkette rechts schemenhaft in der Abenddämmerung wirkt imposant, wir biegen dorthin ab, in die Colli Pisani Richtung Florenz, Abbau von Carara-Marmor unweit von hier in den Alpi Aquane (phon.) wegen der schroffen Zacken so genannt nicht wegen der Höhe, Steinbruch rechts direkt an der Straße, links Abbau in Stufen - die machen ja alles kaputt, sieht furchtbar aus, tragen einen ganzen Berg ab, durchwühlen ihn; alte Wachtürme auf Halbhöhen, kleine Festungsruine, Pappeln säumen Arno; links Kirche auf Hügel, Häuser an Hang und Fuß, fahren zwischen den Bergzügen, stets wiederkehrende Pappelwäldchen, links vollständiges sehr langes Aquädukt, alte typisch italienische Kirche gegenüber dem Friedhof, rechts noch eine mit Burgzackenturm, die links romanischer; kitschiges Burg-Hotel, rechts erneut Kuppeln und Turm - den Kirchturm kenn' ich doch schon, fahren wir wieder wie 'die Katze um den heißen Brei'? Stau - noch 'ne Runde, 19.10 Uhr Ankunft im Hotel „Country Club", ebenfalls ohne Koffer-Service – verflixt, wo ist denn mein Nachthemd? Hinter der Tür des letzten Badezimmers, dem Kontrollblick entzogen, na ja war billig - übrigens ist das der einzige Verlust auf all meinen Reisen gewesen; Essen 19.30 Uhr in ganz nett ausgestattetem aber ungemütlichem Raum: großes Flaschenboard an der Wand, Sattel, Zaumzeug, antikes nachproduziertes Küchengerät, Lampen tragen breite lange 'Krinolinenrock'-Überzüge in weiß. - Heute Granatapfelsaft im Angebot (!) sonst Frühstück spärlich - wie gewohnt, 8 Uhr pünktlich ab nach Florenz, „ciao" **Capannori** bei Lucca: zurück zur Hauptstraße, geradeaus auf die Berge hin sind, parallel zu ihnen eingeschwenkt, rechts ein ganzes Dutzend Antennen auf Erhebung, daneben noch zwei wie Zahnstocher, wieder so ein Zackenturm, Gemüse- und Getreideanbau im Schwemmland des Flusses außerdem bewaldete Hügel, links **Monte Catini Terme,** Heilbad mit gutem Ruf; alte Kirchen und Türme, Ruine kleiner Burg; nun auch häufig Zypressen, weite Felder, Berge links noch recht deutlich, rechts im Dunst verschwunden bis auf vage Umrisse, moderne Verwaltungsblocks davor Industriegebiet, erreichen Eintrittspunkt von **Florenz**: immer wieder „Pinocchio" hier auf Plakat; Magnolien, Ginster, Wohnblocks, Baukräne, in Säulenhof an Gebäude Wandmalerei bezüglich Münzprägung; Alleen aus ‚Pilzkopf'-Bäumen die filigrane gelb-grüne Blätter haben, öfter mal eine Tanne mit waagerechten Fingerästen; Bus parkt, wir laufen und sehen links den Bahnhof - die Stadt ist eine großflächige 'Medici'-Festung, breite Straße führt zum ausgedehnten Freiheitsplatz mit beachtlichem Triumphbogen, da sind Gräber von Engländern, kommen über Brücke des Arno zu einer Aussichtsterrasse und den

San-Nicolo-Hügel hinauf zum Piazzale 'Michelangelo', seiner David-Statue und dem Blick auf die Stadt; nun auf dem Weg zu Parkplatz „A Basso" an Fortezza di Medici mit Zoll- und Zackenturm vorbei, davor blauer Fesselballon, passieren Nationalbibliothek und Kirche „Santa Croce" das Pantheon von Florenz, erreichen die Ponte Vecchio: älteste Brücke der Stadt, breit und mehrstöckig mit Juweliergeschäften auf beiden Seiten; Uffizien, Menschen posieren als Maskenfiguren auf der Straße, Pferdekutschen, „Piazza della Signoria" traditioneller politischer Mittelpunkt; „Palazzo Vecchio" war Regierungssitz, heute Rathaus, ehrwürdiger burgähnlicher Backsteinbau, davor ein üppig mit Standbildern ausgestatteter Brunnen, quer zum Palast offene Vorhalle „Loggia di Lanzi" mit Statuen, darunter Raub der Sabinerinnen und Perseus der abgeschlagenes Medusenhaupt emporhält; Etrusker oder Tusker siedelten hier, die Blütezeit der Stadt war unter den 'Medici', ihr Baumaterial Marmor, sie ist Wiege der Renaissance und italienischer Sprache, mit Iris im Wappen (nicht Lilie!), Blume die hier in Mengen wachse; Zünfte „arti" hatten großen Einfluss auch auf die Politik; Florenz, in der Provinz-Hauptstadt der Toskana leben 500 000 Einwohner, sie liegt 12 km vom Meer entfernt, Arno verursacht häufig Überschwemmungskatastrophen, Majolika- und Mosaik-Handwerk werden hier betrieben, Leder- und Strohwaren hergestellt, Modezentrum, Mai-Musikfestival; Dom drittgrößte christliche Kirche, „Maria del Fiore": weißer Marmor von grauen und schwarzen Elementen durchzogen oder als Rahmen genutzt, maurischer Stil, erste Kuppel mit einer Spannweite von 42 m, Bronzetür, innen: Pietà, Jüngstes Gericht; kleines Findelkindhaus „Pigalle" nahebei, sowie romanisches Baptisterium in „Pisaner Baustil" und Verkleidung aus weißem und grünem Marmor, goldenes „Tor zum Paradies": Campanile di Giotto mit bunten Marmorinkrustationen und 1173 war das Jahr des Beginns der Fähigkeit freistehende Glockentürme zu bauen; 45 Minuten freie Zeit für uns: habe ‚Einzellerin' Geld geliehen da sich unsere Reiseleiterin dazu nicht in der Lage sah und den 100 DM-Schein auch nicht zerkleinerte um den Wechsel eines 50er-Scheins zu ermöglichen - freundliches Mädchen in Wechselstube löst unser Problem, mein Konto wieder ausgeglichen, lechze jetzt nach frischem Salat also ab in preiswerte Snack-Bar, schnell noch einige Fotos machen - Schluss; zurück zum Bus und weiter: Mini-Flugplatz für kleinere Maschinen und Sportflugzeuge, gleich danach Hubschrauber-Landeplatz, lange Straßenbaustelle mit enormen Erdbewegungen, Tankstelle dazwischen, dann Baustelle für Gebäude: Rohrleitungen liegen bereit, Wasserbecken sind ausgehoben; heute ist's sehr warm, entsprechend grünt und blüht es hier explosiv; nun Weg durch hügelige Mittelgebirgslandschaft wo die Bäume noch etwas zurückhaltender sind, seitlich hinter uns auf einmal größere Wasserfläche, Brücken im Gelände und ein Tunnel nach dem anderen in die wir eintauchen - Ohren zu; gäbe direkte Verbindung zwischen Florenz und Bologna - sind über Scheitelpunkt des Passes gefahren: Ende Toskana, Anfang Provinz Emilia Romana, vernehmen dass inzwischen auch in Italien Anschnallpflicht im Pkw besteht und ein schlauer Geschäftsmann die Abneigung gegen diese „Freiheitsberaubung" nutzte: er brachte T-Shirts mit aufgemaltem Gurt auf den Markt, die innerhalb der Städte toleriert werden, auf der Autobahn ist Bußgeld fällig; wunderschöne Alpenlandschaft mit herrlichen Matten zwischen den Baumflecken, hier ein Haus und danach auch mal ein paar mehr, Flussbett rechts mit viel grobem Kies, wenig Wasser, Gelände karg, Stein- und Kiesabbau, steile Geröllhänge; langsam mehr Wasser im Fluss, Kiesgruben, Abbruchkanten evtl. Reste von Steinbrüchen dabei, Dunst kommt auf, Felsen sehen manchmal wie versteinerte Dünen aus mit etwas Pflanzenbewuchs, angelegte Fischteiche an denen Angler sitzen, Kuppelkirche auf der Höhe, Wohnblocks beiderseits der Straße, Randbezirk von **Bologna** der ältesten Universitätsstadt, Tradition betrifft speziell Medizin, besonders Chirurgie und Hygiene; durchfahren Po-Ebene, die Obstplantagen stehen größtenteils in voller Blüte, rosa und weiß - zauberhaft schön; Pappeln, viele Soldatenfriedhöfe, nochmals über Fluss, Kleefeld in leuchtend gelb; es trübt sich ein, Äcker jetzt kahler oder darauf halbhohe Saat Wiesen, ganzer Streifen blühenden Ginsters, an **Modena** vorbei: Automobil-Herstellungszentrum z. B. 'Ferrari'-Haus mit ständiger Ausstellung über Motorsport, Luciano Pavarotti und Mirella Vreni sollen von hier stammen; Reben, Felder, wenig zersiedelt, überqueren den beachtlich breiten Po, „Gesundheitsstop" - für die Raucher, diese 20 Minuten waren nur eine Viertelstunde; Magnolienbäumchen über und über mit Blüten bedeckt, Pappelwälder in Reih' und Glied, gelber Blütenteppich unter den Bäumen wie bei uns im Wald von weißen Anemonen, Ruine, Neubaukran und Rohbau, links Industrieanlage mit „Caltex"-Türmen, Stadtbezirk schließt sich an, **Mantua**: Andreas Hofer wurde hier erschossen, hübscher Teich und quer dazu ein Wassergraben der sich im Gelände verliert, danach verläuft ein Kanälchen parallel zur Straße, weißblühender Schwarzdorn häuft sich, abermals eine Menge Angler an einem Teich - ach so, es ist ja Samstag Nachmittag und schönes Wetter, na klar! Der Dunst hat sich noch einmal verzogen, das komische Grau liegt vor uns im Irgendwo - Gewächshausröhren und Obstplantagen wechseln sich ab, Kirche links hat Spitzturm-Campanile wie ein Finger; Flugplatz von **Verona,** rechts die Stadt, Arena schemenhaft zu sehen; nun zwei tiefe voluminöse Kieslöcher, endlos aneinandergereihte Obstplantagen, auch von Kiwis, schlafen noch winterlich; Gardasee, den sich drei Provinzen teilen, heißt es, liege links - zu sehen ist da nichts, Valpolicella fließt hier rechts durchs Tal, Wein danach benannt - Schnulzenband eingelegt! Sonne hinter einem Vorhang nun umhüllt uns Dunst, vor uns der 2 200 m hohe „Monte Baldo" von **Malcesine** am Gardasee mit Seilbahn zu ‚erfahren', Etsch wird in den Gardasee geleitet und per Kanal wieder hinaus in ihr Bett, sind am Fluss entlang unterwegs, nette kleine Kirchen mit und ohne ebensolche Ortschaften, dann haben uns die Berge wieder, viele blanke abrupte Felshänge mit unten Büschen und Bäumen in Kleinformat, jeder winzige Erdvorsprung wird zum Wurzeln genutzt, aber nach oben gibt es immer weniger Bewuchs bis karg; „San Maria Corona" Wallfahrtskirche in den Felsen nur von Seeseite her zu erreichen; sind in Provinz Trentino: Brücke über die „Adige" mit Staustufe links, es ist schon 16.45 Uhr, um 17 Uhr schließt bekanntlich das „Multscher-Museum" in Sterzing - das wird also wieder nichts, d. h. gar nichts mehr; etliche Kies- und Steingruben, rechts auf vorgelagertem Hügel hat italienische Kirche Campanile mit ‚bayrischer Haube', danach komplettes ‚Zwiebelturm'-Kirchlein und ein paar Häuser, Steinbruch - Neuschnee auf dem Monte Baldo! Die Glocke in **Rovereto** läutet jeden Abend um 21 Uhr zum Gedenken an die Gefallenen beider Weltkriege - ade Gardasee-Region; rechts Rundbau-Tempelchen auf Anhöhe, Feld, Feuerqualm am Hang, Schnee auf den Bergen, links, auch Bergrücken und -rinnen davon bestäubt, Statue auf Felskante, rechts großflächiges Kastell auf Tafelerhebung, schroffe Schneegipfel in der zweiten Reihe, verschneite Spitze mit vermutlich Sendemast und Beobachtungsstation zumindest -turm; **Trient** und Standbild des italienischen Freiheitskämpfers Cesare Battista den die Österreicher erschossen, links – was für Steilhänge; fahren schon die ganze Zeit Richtung Brenner, massive Eisenbahnbrücke mit etlichen Bogen über staubtrockenem Flussbett, die nächste führt über Wasser, ab und zu blüht ein Bäumchen sonst tut sich aber frühlingsmäßig noch nichts, links drei Bergketten, die Gipfel der letzten reichlich verschneit, Taleinschnitte in größeren Abständen meistens besiedelt, die Salurner Berge sind Grenze zwischen Trentino und Tirol; rechts Felsnase, wieder Almen, links oft Geröllhalden, im Moment auch auf der anderen Seite eine sehr breite, links **Bozen** mit vor uns 'Albins Rosengarten': zunächst der Schlern, dann die sechs Zacken des ‚Gartens' in der Dämmerung, ohne ‚Rosen'; an windgeschützter Stelle Ginster- und Baumblüte, überall wird viel Erde bewegt und Kies geschürft, jetzt Schneeberge weg, steil ansteigendes Almgebiet links ganz hinten weiße Kuppen, Schloss, eine Stufe darüber Kloster, rechts begleitet uns ständig bewaldeter Hang, Berggipfel kräftig verschneit, links auf halber Höhe Wasserfall - Bus in Schneckentempo verfallen, warum? Keine Ahnung, rechts **Brixen**, eine Menge Neuschnee geradeaus, verrutscht nach rechts, dann wieder nach vorn; **Franzensfeste**: enorme Flachbau-Anlage wirkt funktionell nicht trutzig, danach Kuppen voll bewaldet, rechts See, links Schneeberg mit Wasserrinnen in denen es fließt, ausgebuddelte Erdmassen, die letzte Reihe rechts ist bis in halbe Höhe hinunter verschneit, kleine Kirche auf Berg, erneut „Sprechen"- und „Reifenstein" mit Kapelle Roßkopf voller Schnee; steigen am Hotel „Sterzinger-Moos" aus - sehr kalt! Morgen früh erst um 10 Uhr Abfahrt? Ach so, nach Sommerzeit die inzwischen gilt, na immerhin!

Alle Filme verknipst, noch einen nachkaufen? Früher aufgestanden, es ist frisch aber nicht allzu kühl; 'Christophorus' sehr häufig, fiel mir schon beim ersten Hiersein auf, scheint örtlicher Schutzpatron zu sein – nein, ist der von Tirol! Alle Läden zu? Ha ha - es ist Sonntag! Endgültiger Abschied, werden zum „Isarko" zum Einkaufen gekarrt: Parmesan-Käse da, mitnehmen - Mandelmilch keine, wie in Sterzing auf dem Hinweg; weiter: rechts über uns Autobahn, durchfahren ganz schmales Tal, viel Schnee auf den Bergen, Zungen reichen bis herunter an die leicht grau-weißen Flecken, Skigebiet folgt, rundum Steilhänge, fächerförmiger Wasserfall, Ohrenreaktion, Brenner und -See, Gipfelschnee leuchtet, Wolken ziehen tief daran vorbei; ständig umgeben von sehr hohen senkrecht ansteigenden Felsen, Orte mit 'Lüftl-Malerei' an den Hauswänden, Brücke über Sill; verhangen und trüb Regenwolken dabei, links wunderschöne Bogenbrücke nochmals Sill das muntere Gebirgsflüsschen, es regnet; ‚Zwiebelturm'- und ‚Spitzturm', plump wirkende Klosterkirchen, jetzt diese hier in gotischem Stil ockerfarben, die Außenkanten dunkelrot bemalt - beeindruckend! Berge in Wolken versunken, Fotostop an der Europabrücke doch alles ist grau in Grau - brauche nicht zu bereuen dass keine Aufnahmen mehr möglich: sie ist ein gerader Strich auf mächtige viereckige Pfeiler gewuchtet, kann ihr nichts abgewinnen; ‚Hasen kochen' kräftig, links hellgraue Kalkfelsen haben zum Teil blanke Stellen und ebensolche 'Nadelspitzen' - langsam wirds warm im Bus nach 1 1/2 Stunden, zuzementierte Erdkante zur Straße hin, da unten blühen Kätzchen! Wieder hübsche Bogenbrücke von großzügigem Schwung, rechts **Innsbruck,** Sill mündet kurz davor in den Inn, Olympia-Skisprungschanze wurde nach 40 Jahren Existenz heute gesprengt, können also nicht mehr hin wie bei Reisebeginn beabsichtigt; Pfarr- und Wallfahrtskirche, imposante Bauwerke mit schöner Fassadengestaltung; Kloster mit Triumph-Pforte der 'Maria Theresia', Kachelverzierungen an Hauswand: einmal Blumen und Ranken und blattgoldumrahmtes Madonna-Gemälde mit Kind erwähnenswert; haben 'rote Welle', links der Inn - Unterbrechung der Reise in der Stadt, Regen-Spaziergang: an die Seilergasse schließt sich bis zu größerer Freifläche Arkadenpassage mit Geschäften an, Blick aufs „Goldene Dachl", Veranda darunter wurde von jeweiligen Herrschern für Ansprachen benutzt; gotisches Eckhaus das später im Barock ein Wessobrunner Stukkateur üppig verzierte und die Arbeiten pastellfarben bemalte - wirkt kunstvoll nicht überladen, Hof, rechteckiger Gebäudekomplex; „Hofkirche", überlebensgroße Bronzestatuen darin: „Die Schwarzen Mander", je 12 zwischen den Säulenreihen die das Mittelschiff von den Seitenschiffen trennen, außerdem vor Zugang zum Hauptaltar ein paar aus Marmor auf hoher Galerie darüber, frontal kleinere Figuren 5 - 13 - 5 mit Trennsteinen dazwischen, Grabmal Hofers; sehr schöner Dom: herrliche Wandmalereien, goldbelegte Bereiche, Altar hat wie gotische Kirchenfassade gestalteten Silberaufsatz der wirkungsvoll glänzt da beleuchtet für Gottesdienst der im Gange ist; Hunger: Pizza und Cappuccino - Geld nicht wert und bekomme eine Masse Münzen zurück die ich nicht mehr verwenden kann, Einwand interessiert nicht - gut dass es italienische sind, die kann ich gelegentlich nutzen mit Schillingen hätte man mich total hereingelegt! Wieder im Bus, bin durchgeweicht, weil ohne Schirm gewesen der schon im Koffer war, breite meine Sachen zum Trocknen aus, hab' ja genug Platz; Neubauviertel, entsprechend Wohnblocks und uniformierte Hochhäuser, Wolken hängen tief in Schichten deren Abgrenzungen häufig zerfließen, Zillertal, kommen in die Wolken hinein, Blick zum Inntal verdeckt durch komplette 'Waschküche' - na reißt ab und zu einmal auf; „Panorama-Restaurant": schlauer Wirt zog Zaun um Haus und Plattform, verlangt Eintritt, Gipfel tief verschneit, Schneerinnen bis auf unsere Höhe, rechts „Rofan-Seilbahn", links der 9 km lange und 1 km breite Achensee, Wasser in sehr schönen Grünschattierungen, zur Zeit niedrigster Stand; Gasthausschild „Ganztägig frische Küche", Altschnee beiderseits der Straße in teilweise noch geschlossener Decke, Waisach begleitet uns mit heller grau-grüner Farbe des Wassers wie oft bei Gebirgsflüssen, Schneeauflage überall noch beachtlich; sind zurück in Deutschland bzw. Bayern, plätschernde Wasserrinne rechts und links, Achenpass, Wildbadkreuth, Rottach-Egern, typische Bauernhäuser mit Holzbalkonen über eine ganze lange Hauswand hinweg und an den Seiten noch welche, auch erneut 'Lüftl-Malereien', Tegernsee links, rechts hellbeige Kapelle mit schwarzen Schieferdächern; Rast an wunderschön gelegenem See gegenüber von Bad Wiessee, der Apfelstrudel schmeckt sehr gut und die Bedienung ist so nett; trüb und arg kühl aber es regnet wenigstens nicht, wieder einfüllen und los, Miesbach: große Wiesen, Wälder frei von Schnee, auf vereinzelten Erhebungen links leuchtet er noch goldgelb in der Sonne,

Lerche flattert überm Fels, der Himmel ist hoch Lücke zwischen den Wolken stahlblau, Schafherde rechts blökt jetzt in Heimatsprache, links schöner großer bunt bemalter Wetterhahn auf Hausdach - Schluss: Autobahn München, noch 35 Minuten bis zum Umstieg in den Kleinbus in **Vaterstetten**, rechts letzter Blick auf die so wunderbar nahen Alpenberge, deren Zacken deutlich voller Schnee; 17.20 Uhr vor Hauptbahnhof **München**, Abschied von der Gruppe, Victor möchte meinen Koffer zum Bahnsteig tragen, darf nicht - „wir fahren gleich weiter"; Zeit reicht mir gemäß Anzeigetafel zum Wagensuchen, wieder schlecht gekennzeichnet, pünktliche Abfahrt 17.42 Uhr: zwischen München-Pasing und Augsburg Lagerhalle eines „Herrn Pfleiderer", große Wiesen und Ackerflächen - herrliche Wolkenformationen, da stehen viele Wasserlachen im Gelände, es muss sehr viel geregnet haben; Sonne schlüpft in einen grauen Sack, kommt kurz noch mal raus - oh oh, links hängen schwere dunkle Wolken die nach Gewitter aussehen, wir kurven hinein, fahren über Fluss, links wieder ein 'Marina-Tower', Augsburg; Wolken nun rechts, passiert ist gar nichts, weder Gewitter noch Regen, aber ganze Seen in der Wiese und große Pfützen auf den Äckern, Lerche steht in der Luft, Straße nass, auf Feldwegen Fahrrinnen voller Wasser und nun heftiger Regenschauer - vorbei, verfrühtes Aprilwetter macht seiner Tradition alle Ehre, wie zur Zeit der Abreise vor zehn Tagen; links wenig Grau, Sonne ‚zieht kräftig Wasser', rechts Wolkenbank und vor uns massive Front, weiße Schwaden rechts sind Wasserdampf aus zwei Meilern, Laubbaum- und Mischwälder haben noch sehr kahle Zweige, Günzburg, Ulm: Münster zu sehen das eingerüsteten Turm hat, Fluss überquert - wo war denn die Sonne die ganze Zeit? Jetzt versinkt sie in grauer Wolkenbank, alles noch gräulicher, Geislingen (Steige) sanfter Schauer und - durch, rechts Burg auf Hügel bei Süssen; heller Sonnen-Zwischenstreifen im Vordergrund - man glaubt es nicht, Göppingen, wir sind exakt in der Zeit und es dunkelt langsam, Plochingen, in etwa 15 Minuten muss ich umsteigen, völlig bedeckter Himmel mit einer hellen ausgefransten Stelle links, **Stuttgart,** raus: 5 Minuten enttfernter Bahnsteig nur durch Hasten zu erreichen und dann von Abteil zu Abteil bis Zugmitte, wegen des reservierten Platzes, geschafft - ich bin's auch, glücklicherweise nahmen sich junge Männer nacheinander, ohne viel Umstände, hilfsbereit meines Koffers an, sonst hätt's ganz übel ausgesehn! Mit „Rheinfels" über Heidelberg, Mannheim nach Worms - was wurde uns eigentlich an italienischen Spezialitäten geboten? Außer zwei bis drei Nudelsorten und einmal großzügig rumgetränktem „Panetone" als Nachtisch nichts, keine „Lasagne" oder „Risotto" kein „Tiramisu", schade, denn die Gruppe bestand überwiegend aus Erstreisenden von denen allerdings einige schon am zweiten Tag wegen der Nudeln maulten, außer mir kein Original-'Wessi' dabei wenn auch etliche schon vor längerer Zeit die Seiten gewechselt hatten: Thüringer, Sachsen, Schlesier etc. waren vertreten, ein Berliner Ehepaar mit typischer 'Schnauze' und ein ganz liebes russisches Pärchen, anfangs extrem schüchtern, dessen zunehmende Sicherheit richtig Freude machte und am Ende sind die offenkundigen Vorbehalte einiger Mitreisender ausgeräumt gewesen; nächster Halt **Mainz**: Koffer runter- und Treppe raufwuchten, nee nicht noch den Buckel hoch bis nach Hause ziehen, Taxi bringt uns, Koffer und mich, Nachbar stürzt herbei - nun bin ich das Gepäck endlich los!

Wir haben viel gesehen, aber diesmal war es ‚Stretch' pur wie meine Ex-Nachbarin sagen würde, die Schrift meiner Notizen könnte ein Uneingeweihter mühelos als die eines schwer Geisteskranken diagnostizieren, sie ist kaum zu entziffern; die rote Haut von nochmaligem Sonnenbrand weicht bald einem milden Braun das dann rasch verblasst - die Erinnerungen noch nicht! Übrigens klappte es mit den Sprachkünsten auf dieser Reise wirklich besser, das gab Sicherheit, vielleicht trügerische aber das Gefühl sich völlig frei bewegen zu können tat gut, außerdem erwies sich ein „scusate" mit Lächeln verbunden im Gedränge als hilfreich.

Hawaii - Island - Hopping (Mai 2001)

Gegenüber-Nachbar bringt mich zum Flughafen um sicher zu sein dass ich reise – nein, in Wirklichkeit handelt er sich bei meinem Abwurf ziemlichen Ärger ein, weil man da angeblich weder fahren noch halten noch sonst was darf, deshalb flüchtiger Blick auf den Flugschein: Rückkehr 19.05.? „Ich hole Sie ab"; es sind 13°C schnell ins Gebäude - Schlenderzeit ohne Koffer, Päckchen auf der Post aufzugeben kein Problem, Abflug 12.25 Uhr – denkste, aber 1 Stunde später, der große Vogel von „United Airlines" setzt sich gut gefüllt in Bewegung nur noch ca. eine Handvoll Plätze frei, bin mittendrin eingekeilt, nicht unbequem nur mit Hinausschauen ist's nichts, Flughöhe 10 000 und 11 000 m; beim ersten Orangensaft mit etwas Salzgebäck haben wir schon die Küste erreicht, sind Richtung Großbritannien unterwegs: Aberdeen, Faröer-Inseln, Island, Grönland - noch 7 1/2 Stunden bis San Francisco, Geschwindigkeit fast dauernd 930 km/h, geringfügiger Gegenwind - angenehm der eigene Monitor, unangenehm das Einmummeln wegen des ständigen eiskalten Gebläses, ist doch erstaunlicher reiner Nichtraucher-Langstreckenflug, warum also? Über offener See zeitweise etwas unruhig und sofort müssen wir uns anschnallen, haben's anscheinend sowieso nicht gern wenn jemand herumläuft, der ideale Passagier steigt ein, bleibt angeschnallt sitzen, isst und trinkt nach Plan, ansonsten schläft er - á propos nach Plan, es gibt drei warme Gerichte zur Wahl und genug zu trinken - wer mich kennt weiß, letzteres ist wirklich ausreichend; eingenickt, ca. zwei Stunden fest geschlafen, von Kindergeschrei geweckt das von nun an wachhält so wie die ‚Eisbeine'; Baffin Bay muss sehr breit sein, wir brauchen mehr als meine Schlafenszeit zum Überfliegen, queren gleichnamige Insel Richtung Foxe Basin; sind wegen des starken Gegenwindes langsamer geworden, bleibt stundenlang so, über verstreute Landbrücke oberhalb der Hudson Bay geht's nach Fort Mc. Murray - gucke Cartoons oder Tierfilme. ein Eisbär springt von Scholle zu Scholle, kratzt mit seinen einwärts gedrehten Tatzen Schnee zusammen, liegt im Schneesturm herum oder rudert durchs Wasser lediglich die Vorderpfoten benutzend; oh passionierte Raucher entdecken die Toilette als Zufluchtsort, na ideal ist die Rauchverbot-Idee also nicht; Wind nimmt zu, unsere Geschwindigkeit entsprechend ab, Land unter uns völlig mit Seen durchsetzt oder Gewässer gelegentlich von festem Boden unterbrochen, u. a. dem Großen Sklavensee, Fort Mc. Murray um 21.45 Uhr erreicht am Fuß von Ausläufern der Kordilleren gelegen, Edmonton; Gegengebläse lässt nach und wir legen an Schnelligkeit zu, in den Ohren knackt's - wieder mal, aha sind auf fast 12 000 m gestiegen - der Tiger schleicht erneut im Unterholz umher und badet in schlammigem Fluss, langsam kenne ich die Filmbänder auch auf den anderen Kanälen - fliegen wir geradewegs in die Berge hinein? Das machen die glatt! Jasper National Park, auf Seattle zu abgebogen, nun senkrecht nach unten mit Rückenwind („Tail Wind") machen wir 964 km/h - schön nichts wie voran! Indianer-Reservat vor Yokima, 23.15 Uhr das nächste Essen noch 1 Stunde 20 Minuten jetzt aber schlapp schlapp - ach so, ein armseliges Sandwichlein für den ‚hohlen Zahn', na denn; Crater Lake, vorbei an den Klamath Falls, Santa Rosa - Motore werden gedrosselt, Maschine sinkt langsam, oh ich hasse diese Landeanflüge die sich elend lange hinziehen auch wenn die Ohren diesmal gnädig sind, Ankunft für mich um 0.35 Uhr - Ortszeit: 15.35 Uhr; durch die Verspätung schrumpft der knapp vierstündige Aufenthalt in **San Francisco** auf gut 2 1/2 Stunden, in diese Zeit fallen die ganzen Einreiseformalitäten: mein Visum auf Lebenszeit wird für ungültig erklärt, Touristen-Visum für alle und jeden mit entsprechendem Schreibkram erledigt, dann Wechsel zum Inland-Flughafenteil ähnlich angelegt wie der Airport in Pittsburgh und ebenso rauchfrei; altes Flugzeug, engste Sitze, schmalste Gänge, ungereinigt also schmuddelig, Kissen und Decken liegen da als wäre gerade jemand herausgeschlüpft - es geht los, habe nun Fensterplatz: die Stadt liegt rechts im Dunst, links zwei Höhenzüge hintereinander vollständig von sattem Grün überzogen, davor Bucht mit mehrfach geschwungenen Ufern - wunderschön nur viel zu dicht besiedelt, sind bereits über ausschließlich Wasser mit Schaumkämmen, freie Sicht: vereinzelt ‚Schäfchenherden'-Wolken in Querreihen zu uns und da ist ein Schiff unterwegs! Wolken entwickeln sich zu wulstigen ‚Warzen'-Inseln, flachen ab, rücken enger zusammen, ziemlich dichter Teppich geworden - ständig diesen kalten Füße! Hatte sie heute (gestern?) schon in eine Plastiktüte gesteckt jetzt decke ich sie mit dem Kissen zu, obenherum ist's nicht so arg wie vorhin; winzige To, Mikrophon des Kapitäns hat penetrant knarrendes Nebengeräusch und der Flug nach Honolulu dauert noch 4 Stunden 50 Minuten - hab' ich mir das antun müssen? Oh oh, Augen auf und registrieren: Wolkendecke in Grätenmuster, lockert auf, nimmt wieder zu und rein in die ‚Waschküche', nun in der Tiefe einzelne weiße Tupfer zu sehen und zum ersten Mal einen Abendhimmel - für mich, nach meiner Uhr 5.30 Uhr; wieder nur Dunst, fliegen in klarer Luft, Tiefe ganz durchsichtig, in der zweiten Etage ‚weidende Schäfchen' die zur Herdenstärke anwachsen aber auf Abstand achten, nun lauter ‚Blumenkohlköpfe' neben- und hintereinander, zerfließen zu ‚geplatztem Hefeteig' en gros, am Flugzeugflügel brennt eine Lampe, dunkle Wolkeninseln und -landzungen mit hellem Rand am Horizont, Mond über der linken Schulter; auf den Gang-Monitoren läuft ein scheußlicher Luftwaffen-Film; nach ganz ruhigem Flug haben wir gegen 21.30 Uhr Ortszeit sehr sanft aufgesetzt - das 'Paradies' ist offensichtlich am Ende der Welt, ohne die Anfahrt mitzuzählen dauerte die Reise 20 1/2 Stunden, gut dass ich das vorher nicht so exakt ausgerechnet hatte! Etwas Positives ist sofort erkennbar: Armbanduhr und Wecker braucht man während der Sommer-Uhrzeit bei uns nicht umzustellen, nur die 'innere Uhr' - um genau 12 Stunden rückwärts, Angleichung zunächst kein Problem da hier Abend und ich zum Umfallen müde, was hervorragend passt! Schwülwarm, Koffer da, Reiseleitung nicht, nix mit „Aloha" und Blütenkranz, Menschen sehr freundlich und hilfsbereit, ab zum Informationspult, Reisebüro in Honolulu? Weiß ich nicht, raussuchen, er telefoniert, inzwischen sammelt sich eine ganze Gruppe Verlorener unterschiedlicher Reiseveranstalter an, von ‚meinem' kommt ein Ehepaar dazu, schließlich bringt uns ein Bus ins - wie sich herausstellt für alle vorgesehene „Waikiki Beach-Comber Hotel", über 30 Leute, trockene Bemerkung des männlichen Teils von dem bereits erwähnten Paar: „Genau so habe ich mir die Ankunft in Hawaii vorgestellt", alle lachen; Reiseleiterin trudelt nun dort ein mit den „leis" = Blütenkränzen, wegen des Streiks der Lufthansa-Piloten habe niemand von unserem Kommen gewusst - sämtliche Hin- und Rückflüge bei „United Airlines" gebucht, betrifft uns also gar nicht, ich denke mir mein Teil, möchte nur spätestens 23 Uhr in einem Bett liegen denn um 7.45 Uhr soll Abfahrt für die Stadterkundung sein: „von 6 Uhr an gibt's Frühstück ab 5 sind Sie sowieso wach durch die Zeitumstellung" - die kennt mich nicht! Muss noch 50$ für „etwaige Extras" an der Rezeption hinterlegen, Quittung nicht vergessen versteht sich, weil ich mir das Geld komplett wieder abhole! - Der Wecker wirft mich aus tiefstem Schlaf, in der Halle übergibt ‚sie', nach „aloha", jedem eine Menge Unterlagen in einem dicken Umschlag der nicht in die Handtasche passt, ab in den Bus und los: Alawai-Kanal trennt **Waikiki** von **Honolulu** auf Oahu, das sei sehr deutlich ablesbar an den Mietpreisen diesseits und jenseits der Brücke, erster Eindruck: unendlich viele Palmen und Blüten, sonnig, mindestens 23°C, Wolken über den Bergen gegenüber dem Meer, „Aloha-Tower" links das architektonische Wahrzeichen Honolulus, Hafen tiefster der Inseln deshalb Hauptstadt geworden, in voller Blüte viele rote Flammen- und weiße Götterblumenbäume (Frangipani oder Plumeria aus Singapur), orangefarben oder rot blühende afrikanische Tulpenbäume - ich bekomme den Mund nicht zu, bin restlos fasziniert, kann mich nicht sattsehen; riesiger Golfplatz, Brücke zum „Fort Shafter" ältestem und größtem Marine-Stützpunkt, Stückchen weiter „Pacific Submarine Museum" und **Pearl Harbor**: „Arizona Visitor Center" mit Memorial, für dessen Besichtigungstour und Filmvorführung über den Angriff ca. 1 1/2 Stunden nötig - ohne mich, Kriegsgeschichten ansehen bauche ich nicht, könnte selbsterlebte erzählen, zudem soll doch die „Überraschung" gar keine gewesen sein, da man mit Hilfe der Sprache der Navahos den japanischen Code entschlüsseln konnte, es wird auch gemunkelt die meisten der vielen dort vor Anker liegenden Schiffe und Flugzeugträger hätten noch aus dem 1. Weltkrieg gestammt, deshalb soll es einigen Militärs nicht unangenehm gewesen sein dass die Ersetzung durch neue notwendig wurde; streife lieber fotografierend in der wunderschönen Anlage herum: Johannis- und Affenbrotbäume, Blumen auch lila und gelb, Kokos- und andere Palmen; erholsam und interessant hier: die ganze Vielfalt der Menschheit vertreten, bezüglich Rassen, Verhalten und Kleidung auch, vom schwarzen Südwester bis zum Strohhut, von Designer-Oberteil mit Shorts in rosa bis zu ‚Schlapperzeug' ist alles vorhanden - und viele Korpulente, och was bin ich so schlank dagegen! Ein süßes asiatisches Mädchen mit Mittelscheitel und ‚Rattenschwänzen', Zehenlatschen, Hemd und Höschen jagt voller Vergnügen und wenig Erfolg Vögel, zwei Negerinnen stellen sich für Filmkarten an: die eine stöckelt wie ein ‚Bopserkäfer' herum was den in straffen Jeans steckenden Po enorm betont, die andere extrem unauffällig angezogen hat eine Glatze, offensichtlich überwiegen jedoch japanische Besucher; ständig wird gefegt, Schwarze mit Besen und Schaufel unterhält sich mit weißem Aufseher, er bietet ihr von seinen Keksen an, sie nennt ihn Freund - tut mir gut den netten Umgang miteinander anzusehen, so erfreulich locker und selbstverständlich - na also, es geht doch! Fahrt geht weiter Richtung „Veteranen-Kraterfriedhof", am „Stadion" mit 50 000 Plätzen vorbei das als Sportstätte z. B. für Football benutzt wird aber auch für Shows: Michael Jackson war schon da und früher Elvis, im Sommer dient es als Flohmarkt-Gelände; Jahreszeiten: Einheimische leben sie alle, machen sie fest an dem was saisonal blüht - irgendetwas immer, und an der Regen- und Trockenzeit, man bezeichnet die Monate April bis Oktober als Sommer weil da die Sonne am höchsten steht: Baden, Schnorcheln, Tauchen, Surfen im Angebot - November bis März als Winter: Skilaufen zumindest auf den Viertausendern, hoher Wellengang ideal zum -reiten; die Passatwinde blasen regelmäßig das ganze Jahr über mal stärker mal schwächer, durchschnittliche Lufttemperatur 22 - 27°C, zwischen Tag und Nacht ergibt sich ein Unterschied durch abendliche Abkühlung, besonders in Küsten- und Bergregion, doch der Sonnenaufgang auf dem Haleakala (auf Maui) kann auch im Sommer bei Gefrierpunktnähe stattfinden; üppige und vielfältige Blütenpracht überall in allen Farben und Formen, darunter Hibiskus mit handtellergroßen Blüten, die gelbe sei Staatsblume - oder doch die rote? Bougainvillea, Bromelien, auf linker Seite „Kamehameha-Schule" zur Pflege hawaiischer Kultur, von Nachfahrin des ersten Königs gegründet, rechts nepalesischer Palast; Grund und Boden auf den Inseln teuer da nur begrenzt verfügbar und weiterhin kleiner wird durch die ständig starke Brandung, sowie gelegentlich sintflutartige Regenfälle - da hängen Litschis am Baum! Natürliches Wahrzeichen der Insel „Diamond Head" links, 232 m hoch von Lava aufgetürmt, Name des Tuffsteinkegels durch den erheblichen Anteil hellgrünen Vulkanglases entstanden, das Glitzern in der Sonne verlockte anfänglich Seefahrer und - enttäuschte sie: Glas, keine Diamanten, jetzt dicht überwachsener ‚Zuckerhut' war für Polynesier heiliger Ort „laeahi" = die Braut des Thunfischs; „Krebsforschungszentrum", Honolulu habe außerdem eine sehr gute Universität; in Stadtmitte rechts Regierungsgebäude und ‚Ewige Flamme' gegenüber Gouverneurssitz, auch drei Kirchen völlig unterschiedlichen Stils nebeneinander, noch eine und wieder anders; kurzer Fotostop nahe Justizpalast wegen der davorstehenden Statue von 'König Kamehameha I.', dem Großen, der die einzelnen Inseln zum gemeinsamen „Hawaiischen Königreich" vereinigte, gegenüber Königspalast der Iolani, letzter Regentin; ein Stück weiter Kirche aus Korallenblöcken und auf demselben Gelände „Mausoleums-Kapelle", Yachthafen, elegantes Hotel, danach das „Hilton Hawaiian Village"; Hauptstraße: Kalakaua-Avenue mit Läden und Boutiquen: weite lange Kleider seit der Missionierung üblich sog. „Wundertüten"; Belehrung dass bei hohen Geldstrafen verboten ist Sand, Korallen, Steine oder Pflanzen mitzunehmen, angeblich wegen zu viel Abbaus und Verschleppung von Erregern; esse etwas an Bude, ab 13 Uhr „Planungskonferenz" der ganzen Gruppe: alle Unternehmungen auf sämtlichen Inseln sind Angebote die jetzt gebucht werden müssen oder man macht Bade- und Schlenderurlaub - was zeitlich unterzubringen ist will ich wahrnehmen, so viel wie möglich, bis sich jeder entschieden hat wird's 16 Uhr - endlich frei, nichts wie raus Ortsteil erkunden: Geschäfte wie „Prada" oder „Bananan-Republic" für elegante Kleidung, auf der Hauptstraße links hinunter, rechts Läden auch für ‚Futter' und Getränke, leider kein frisch gepresster Obstsaft zu bekommen, wohl nach Ansicht der Amerikaner zu bazillenanfällig; menschliches Straßenbild ähnlich wie am „Visitor Center", noch bunter gemischt bezüglich Hautfarbe und Kleidung, eleganter bis salopper, mit und ohne Hängebauch - übrigens wurde diese Hauptstraße nach König 'David Kalakaua' benannt, er regierte als die Kamehameha-Linie mit einem Junggesellen endete, er war „der fröhliche Monarch" der eine Weltreise machte, auch die USA besuchte und für seine Schwester „Iolani" den Palast bauen ließ, er beobachtet die Straße als Standbild weiter; Strand, Wasser sauber und klar, unzahme

Brandung, Damm aus Vulkansteinen ein Stück hinausgebaut für Angler - verflixt die geschlossenen Laufschuhe drücken, reiben und setzen mir zu, außerdem ist's zum Zerfließen heiß, der Wind vom Meer her kühlt, weht aber zu unregelmäßig um ein angenehmes Gesamtempfinden zu erzeugen, manchmal droht mein Sonnenhut wegzufliegen, auch knabbert mich Müdigkeit erheblich an denn bin oft hin- und hergelaufen auf der Suche nach der besseren Fotoposition, Schluß jetzt - bestimmt Blasen an den Fersen, Salat und Pommes aus „doggy-bag" in lauer Abendluft auf dem Balkonstuhl sitzend verzehren, ist erholsam trotz blutig gelaufener Zehen, kann in der schmalen Gasse zwischen Hotel und angrenzenden Gebäuden das Treiben vor den Verkaufshütten der Koreaner beobachten die dort dicht an dicht aufgebaut sind, noch duschen, Füße versorgen, Bett - Inselrundfahrt beginnt morgen erst um 10 Uhr - schön! Vorbereitung: Oahu = Sammelplatz, günstige Lage in der Mitte der Kette, sei drittgrößte Insel mit 1 574 km², Formgebung und Prägung durch die Gebirgszüge Koolau Range und Waianae Mountains welche parallel zueinander nordwest-südöstlich verlaufen, Hochplateau, dazwischen Reste alter Vulkane, Ebenen am Meer aus Korallenkalk, sichelförmige Buchten, bedeutende Entwicklungen fingen immer hier an, z. B. damals der Ananas-Anbau - schlafen!
Sechstüriger Cadillac verspätet aber da, ihn gewählt statt Bus, hoffe auf mehr Knipsmöglichkeiten bei nur fünf Mitfahrern - klappt auch, nicht alles aber mehr: links Zoo, Eisenbäume von Australien stammend eignen sich für Holzarbeiten, Mangos rechts, Strand, dann Villengegend, zementverputzte Häuser selten meistens welche auf Metallgerüst, sieht alles toll aus ist aber nicht solide gebaut; gibt insgesamt 30 Golfplätze hier, Temperaturen steigen bis auf 30°C, Luftfeuchtigkeit 60 bis 65%; einzelne Bungalows, überall herrliche Gärten, Privatschule, „Naturreservat Hanauma Bay": hübsche Rundung, Steilwände eines ehemaligen Kraters, warmes und klares flaches Wasser voller Korallenbänke, reiches Fischleben in den Pools und rechts liegt in der Ferne Maui; frühere Opferstätten der Hawaiier „Makapu'u", karg, nur Kakteen und Büsche, sauberer Picknick-Platz; Bergkette links zu Ende, Hügellandschaft ohne und mit Kühen, Wohnhütten der Arbeiter von Bananen-Plantagen, Holzkirche, alte Zuckermühle mit Turm, Maisfelder, nun rechts Zuchtbecken für Garnelen und mehr, Militärgebiet: 25% der Inseleinwohner sind Soldaten und deren Angehörige, jeder fünfte Arbeitsplatz befindet sich bei Armee-Stationen; „Ti"-Pflanzen: Blätter als Dachbelag zur Abdeckung der Erdöfen („imu") und Essensservierung, auch für Hula-Röcke um böse Geister abzuwehren und Benutzung als Sandalen, Stiele waren Trinkgefäße, Wurzel ist zuckerhaltig - entsprechende Verwendung und Destillation zu Alkohol; angepflanzter Streifen Zuckerrohr zum Schutz der Bananen gegen den Wind, Uni-Versuchsgelände für Gräser und Schafe, da angestrengte Suche nach neuen Einkommensquellen erfolgt, z. Zt. Erwerbszweig Anfertigung von Quilts mit traditionellen Mustern zu für mich irrsinnigen Preisen, Holzschnitz- und Flechtkunstverkauf von Hüten und Körben, Folklore, illegaler Anbau von Marihuana; Militärwohnungen, Oleander, Bougainvillea, Engelstrompeten, Rucksacktouristen-Abschnitt, links „Peter- und Paul-Kirche" rechts herrliche Bucht, üppige Blüten, Dattelpalmen, Eisenringe um Kokospalmen gegen Rattenbesuche, zu ihrer Vernichtung wurden Mungos angesiedelt, doch das funktioniert

nicht da zu unterschiedlichen Tageszeiten aktiv, letztere dezimieren lieber die bodenbrütenden Vögel; Ortschaft im Westernstil, rechts Sportplatz und Veteranen-Denkmal, links „Crazy Shirts"-Laden und Kirche, jetzt rechts Saloon mit Pferdeanbindevorrichtung, Bäume übersät mit gelben Blüten, „McDonald's" natürlich und „Pizza Hut" - anscheinend unvermeidlich, „Kaihia Beach": Paradies der Windsurfer, Kahaluu-Banyan wächst hier eine Feigenbaumart mit wuchernden Luftwurzeln, 1873 aus Indien hergebracht, Bananen, Ananas, Papaya, Blütenpracht, Meer am Bootssteg rötlich durch die Erde, weidende schwarze und braune Kühe; die uns fahrende Informantin erzählt vom Banzai - (röhrenartige Wellen) Beach, dort 'Pipeline-Surfen' das anspruchsvollste dieser Sportart, außerdem gäb's Blaslöcher wo Meerwasser durch Lavagänge gepresst wie ein Geysir herausschießt - die Küsten haben so ihre Besonderheiten; „Chinaman's Hat" 450 m vom Ufer entfernter Tuffkegel im Meer, Stückchen weiter Rabbit Island gleichen Ursprungs; landeinwärts mächtige Klippen (= „pali") des Koolau Range, passieren abgeerntete und umgepflügte Zuckerrohrfelder: eisenhaltige fruchtbare Erde, nach 15 bis 17 Monaten Zuckerrohr erstmals erntereif, Abbrennen um Ratten zu vertreiben und Stengel abschlagen, werden in Fabrik siebenmal gewaschen dann durch Walzen gepresst zur Saftgewinnung, eingedickt geht er schon lange zur weiteren Verarbeitung nach Kalifornien, kommt als Zucker zurück (!), Pflanze wächst einige Male nach, danach Boden vollständig ausgelaugt, umgepflügt, mit Mineralien angereichert, wird eine Erholungspause eingelegt; Kaffee und Ananas teuer wenn schonend per Hand geerntet und nicht mit Pflückmaschine wie wir sie gerade sehen, die auch noch Lampen hat für die Nachtarbeit; Obst-Naschpause im Anblick von - für uns neu dazukommenden Fächerpalmen und sehr großen Farnen; viele Eukalyptusbäume säumen nun den Weg, sie wurden ebenfalls von Australien eingeführt, Besuch des „Dole Pineapple Pavillon": Anlagen mit Beeten verschiedener Ananas-Sorten, gelbe Früchte verlören etwas gesalzen an Schärfe und die seltenen weißen seien die schmackhaftesten, zart und süß - kann ich bestätigen, stimmt! Krone der Frucht ist Pflanzmaterial, ca. 15 Monate später entsteht scharfblättrige bis zu 1 m hohe Pflanze mit Knospe in der Mitte, Ernte erster Frucht nach 18 bis 22 Monaten, Gesamtwuchszeit 13 bis 14 Monate, später die bessere zweite Frucht, zwei bis drei Ernten möglich, Bearbeitung des Bodens ähnlich dem für Zuckerrohr, auch mit Ruhepause und Neuanbau; auf Macademia-Nüsse von australischem Ursprungsbaum aufmerksam geworden den inzwischen industriell vermarkteten Exportartikel: Natur-pur oder geröstet, mit und ohne Salz, auch schokoladeüberzogene Sorte; erneut unterwegs: Oleander in allen Farben, Baumwollseiden- und rot blühende Ohiabäume letztere ein Myrthengewächs, liefern hartes Holz für Möbel, Gebrauchsgegenstände und Baumaterial, **Ka'a'awa**: Bergformen „schlafender Riese" und „ruhender Löwe", oberhalb Rast-Gaststätte des Ortes wo der Rundfahrt-Bus mittags pausiert - wir sparen diese Zeit ein fahren weiter, Regenwaldgebiet: Riesenphilodendron sowie Bambus in dem völlig zugewachsenen Blattwerk auf die Schnelle identifizierbar, Überpflanzen (Epiphyten) ohne Bodenwurzeln schließen gewesene Lücken vollständig, Besonderheiten: Schlangen gäb's auf den Inseln keine, früher eine besonders behaarte Fledermausart auf dieser hier, auch Wildschweine und Känguruhs; Mormonenwohngegend in der Nähe des „Polynesian Cultural Center" das sie gegründet haben, stabile Redwood-Häuser, Ferien-Unterkünfte oft aus gleichem Material: dem importiertem Holz aus USA; über Weimea Valley mit Brotfrucht- und „Rühreier"-bäumen zum Sunset Beach, Surf-Wettbewerbe finden hier statt wegen optimaler Bedingungen: im Winter Wellen bis zu 9 m Höhe, Pupukea Beach ist eine durch Lavariffe geschützte Badebucht, Soldatenstädtchen **Haleiwa**, Einwohner von Berlin hierherversetzt: auf einer Seite Bergkette der anderen heller Sandstrand, Einheimischen-Viertel besteht aus Nissenhütten, links Sportanlage für Polo, rechts Golfplatz, Norfolk-Pinien und Litschibäume; besiedelte Bucht, weiße Reiher, wild wachsende Orchideen, gepflegter Friedhof: Rasen mit Blumenvasen, Militäranlagen vor und im Küstenbogen, botanischer Garten, Pflegeheim-Neubau, riesiger Supermarkt - drittgrößtes Einkaufszentrum der Inseln, beflaggt wie üblich zusätzlich mit hawaiischer Fahne: weiße-blaue-rote Streifen im Doppelpack + 'Union Jack' in der rechten Ecke - sie fühlten sich England stets verbunden; Schluchten haben andere Vegetation, fahren auf Hochstraße darüber, schauen aufs Blätterdach der Bäume und die grünen Überzüge der Steinkanten, Blick zum Meer mit Pearl Harbor, trockenes Gelände; enorm ausgebautes Verkehrsnetz, nun sechsspurige Straße, mit Öl betriebenes E-Werk, ein paar Silos und ein Turm mit Eigentumswohnungen bestückt, privates „Bishop"- und das „Bowfin-Museum", Kultur- und Kunstschatz-sammlung derselben Nachfahrin von Kamehameha I. die auch die Eingeborenen-Schule gründete, links Offiziers-Club rechts Fußvolk-Siedlung, Kleinindustrie, modernes Gefängnis im Bungalowstil; Viertel der Philippinos - es gibt etliche andere gemäß Abstammungszugehörigkeit, Sicht auf Hochhäuser von Honolulu: Stadt ist Mittelpunkt des Sirenen-Warnsystems für Erdbeben sowie Vulkanausbrüche und Riesenwellen oder Taifune, ein Problem ist die hohe Arbeitslosigkeit durch Billigproduktionen, hauptsächlich von den Philippinen in verschiedenen Branchen verursacht, z. B. Ananas und Kleidung, ein zweites dass die Sozialhilfezahlung oft höher sei als der Verdienst für einfache Arbeiten - ‚Paradies' mit ein paar Webfehlern! Unsere heutige Reiseleiterin, eine Deutsche („hauli" = Weiße, bedeutet auch bleich kränklich) eine „mahini" (= Neuankömmling, Tourist) war mit einem „Shop-Sue"-Mann verheiratet d. h. er hatte von etlichen Rassen seine Mischung, als er sich absetzte blieb sie da; **Waikiki** (= sprudelndes Wasser), ehemaliger Sumpf gespeist von Flüssen und Bächen aus dem Hinterland, Entwässerung erfolgt durch besagten Alawai-Kanal, oft Plantsch-Lagunen dazwischen; Geschäft „Fritz's" verkauft deutsche z. T. selbst hergestellte Waren z. B. Schwarzbrot, alter Bahnhof vom Zucker-Zug, 'Chinatown' wenig markant, Finanzecke mit etlichen Banken - längst wieder auf der Kalakaua-Avenue unterwegs zweigen wir zur Königsstatue ab - für mich erneut und hören: Zweitanfertigung da Original angeblich auf Transport zwischen Paris und Honolulu verlorengegangen, tauchte später zufällig wieder auf, steht nun in abgelegenem kleinen Geburtsort des Königs: **Kapaa,** im Norden von Big Island - und dass er einen Potsdamer Kapellmeister namens Berger kommen ließ, um hawaiische Musik komponieren zu lassen, daher stamme der Marschrhythmus - steht noch 'was an? Nein, nur die Verteilung auf die Hotels - dann bleibe ich in 'Down-Town', zurück mit Bus Nr. 2? Ok - ab in den Park um den „Iolani-Palast" herum mit Pavillon und großem Banyan, dahinter „Hawaii State Capitol": Säulen wie Kokospalmen tragen das weit vorstehende Dach, Brunnen und Teiche symbolisieren das Meer, im Inneren dominiert die nach oben geschwungene Form welche Vulkanismus bedeutet - Gebäude ist Sinnbild des Archipels; auf der Gegenseite der Beretania Street „Cathedral of Our Lady of Peace" von französischen Missionaren gebaut, daneben die jüngere „St. Andrew's" Kathedrale in englischem Stil errichtet, diese drei Besonderheiten waren mein Ziel - noch zum „Aloha-Tower"? Meine schon wieder blutigen Füße sagen nein, Bus-Haltestelle - da kommt alles mögliche nur keine Nr. 2, beim nächsten einem B-Express wird gefragt, Fahrer nickt, Einheitspreis für sämtliche Stecken 1 $ bezahlt, er sagt mir wann ich aussteigen muss, denn er fährt nicht auf der Hauptstraße sondern an der Küste entlang - klappt, bin in der Nähe des Endes der Korea-Verkaufshäuschen beim Hotel, an diesem Rolltreppen-Reparatur, muss durchs Parkhaus hinein - heute will ich in den Swimming-Pool – wunderbar, einsam und alleine, oh tut die Bewegung im Wasser gut! Der Hunger treibt mich raus: morgens amerikanisches Frühstück, handfest Warmes um diese Zeit vertrag' ich nicht, bleibt nur das blöde graue Toastbrot das am Gaumen klebt wie Kleie, heute Mittag lediglich Obst also los in den „Food-Court" preiswert sattessen: Fleisch süß-sauer und Reis - hervorragend; gestärkt Bummel über nahen Internationalen Markt und bei ersten Einkäufen Geld auszugeben macht Spaß, „mahalo" = danke, ist noch gebräuchlich stelle ich fest, „aloha" nicht; blutige Socken auswaschen, wird jeden Abend die letzte Handlung denn die wunden Stellen heilen nicht und ständig habe ich blaue Flecken an Armen und Beinen - komisch. - Gut geschlafen, mittags erst Programm - was ist das für ein Gebäude da drüben in auffälligem Rosa? Ergründen: es ist das „Royal Hawaiian Hotel" von 1927, ehrwürdig und teuer, anschließend Fototour durch die Stadt, suche Denkmal des „Duke", Menschen auf der Straße wieder sehr hilfsbereit und bemüht, haben keine Ahnung, laufe hin und zurück weil's nicht stimmen kann - genau wie in Mexiko, aber Sicherheitsbeamter weiß es wirklich! Standbild des „Duke Paoa Kahinu Hilukohola Kahanamoku" gefunden des direkten Nachkommen vom ersten König, ein verdienter Leichtathlet und Wassersportler, Idol, da erster und bester Surfer, der seine Bretter selbst herstellte und mit seinem Können Menschen aus Seenot rettete, Surfen inzwischen Volkssport geworden mit eigener Zeitschrift; „Pacific Beach Hotel", darin ein Aquarium über drei Etagen: großer und kleiner Manta, großer weißer Fisch der hornartigen Fortsatz auf dem Kopf hat, kleiner Hai, dicker Koloss und eine Menge andere mehr; es empfiehlt sich etwas zu essen, 12.15 Uhr Abfahrt zum „Kulturzentrum": Akazien blühen lila, rote Tulpenbäume und Plumerias, fahren am „Kamehameha-Einfaufszentrum" vorbei, durch **Kali** - wieder Leute mit Schirm als Sonnenschutz unterwegs, links „Hawaiian Homelands", es regnet auf der Ostseite - dort immer sagt der Fahrer, das sei „flüssige Sonne", öfter ein Sechs-Minuten-Schauer, Inseln haben alle eine windzugewandte (= hana) und eine windabgewandte (= kona) Seite deshalb Vegetation verschieden und durch Bergzüge verändert sich das Landschaftsbild; „Likelike-Tal" zwischen Vulkanbergen, echter ‚Bilderbuch'-Dschungel rechts und links, „Wilson-Tunnel", „Kane-Ohe" (kane = Mann), Apfel-Bananen-Plantage, es gibt 70 Bananensorten hier, Mangos wachsen wild; alle Inseln hätten rundum öffentlichen Strand – na, manche Hotels grenzen für sich ab wie ich sah, vielleicht woanders anders; noch größere und üppigere Blütenbäume dann total zugewucherter Regenwald: oberstes Stockwerk liefern Giganten, Philodendren ranken an ihnen hinauf, jetzt stark gefaltete Berge deren Abhänge scharfe Bruchkanten haben; „gucken sie hier, gucken sie da, hören sie zu, wissen sie das noch" der hier lebende uns fahrende ostdeutsche Reisebegleiter mit zwei „schwarzen Perlen" daheim hat ‚Babbelwasser' getrunken, ich bin doch kein 'Perpetuum mobile'! Was, mit dem wart ihr gestern auf Inselrundfahrt - und ihr lebt noch? Heute Gruppe fast komplett, sonst sieht man ab und zu Teile beim Frühstück; Polizei hat durch Radarkontrolle einen Sünder erwischt - eine Universität gibt's hier und den Mormonen-Tempel von 1919, Mormonen zweitstärkste Glaubensgemeinschaft auf den Inseln nach Katholizismus; „Polynesisches Kulturzentrum": Freilichtmuseum auf 42 ha: original nachgebaute Behausungen der Ureinwohner von Samoa, Neuseeland, Fiji, Hawaii, Marquesas, Haiti, Tonga, 13.45 Uhr sind wir am Eingang - zuerst noch nebenan Tempel besichtigen? Für „Ungläubige" nicht gestattet aber Besucherzentrum - natürlich, danke nein, da bleibe ich hier: kleine Show unter Einbeziehung von Zuschauern und junger Mann spielt Affe, holt eine Kokosnuss vom Baum, weiter zur Kanu-Show: Ufer bereits in mehreren Reihen von Menschen dicht besetzt, fremder Gruppenanführer verliert aus Jackentasche ein Bündel Eintrittskarten für die Abendveranstaltung, als Dank für die Rückgabe hilft er mir auf ein hohes Mäuerchen was Sicht ermöglicht und Knipsversuche; bekommen Zeit die einzelnen Häuser sowie Hütten anzusehen - allerdings gemeinsam, häufig bleiben die meisten hängen wegen Darbietungen an Musik und Tanz, ich ziehe bei Blickkontakt individuelle Foto-Kreise, übe mit einem einheimischen Aufpasser-Studenten das deutsche „Dankeschön" das er erfragt hat und genieße den herrlichen Park, neben den bereits genannten Blumen, Pflanzen, Bäumen stehen hier viele die ich nicht kenne: wilder rosa statt rot blühender Ingwer, Flaschenbürsten- in weiß und ein Lamiabaum an dem glatte grüne Früchte hängen, sei Feigenbaumart zur Bastgewinnung, „lahaula" = Touristen-Ananas, Papierbaum aus dessen Rinde Papier hergestellt wird und - „naomi"-grün gegen Durchfall und Fieber, Tulpenbäume für „leis", früher hat man auch Rebenblätter oder Federn verwendet, Auswahl der Zusammensetzung und die Anordnung haben bestimmte Bedeutung, auch z. B. Blüte am Ohr: links = verheiratet rechts = noch frei; Taro-Beet: davon „poi" in Form von „aa" einem grauen Brei den zu versuchen angeboten wird - schmeckt nach nichts, Konsistenz ähnlich fein geriebener Kartoffeln oder Tapetenkleister; der braune Vogel den man so oft sieht heißt „maina" weiß das ‚Babbelwasser' - also doch etwas Positives, durch dichte Laubwälder fliegen gelegentlich kleine Papageien; kann man mal was essen, trinken und das Gegenteil - sogar Buffet, wer sagt's denn; Aufführung etwas später ist an Folklore orientierte Show in recht aufwendiger Kleidung, jede Insel liefert einen Beitrag, die Akteure von/für Neuseeland sind dieselben wie am Nachmittag auf dem Kanu, die Mädchen tragen Poi-Beutel rund um die Baströckchen - manche Darstellungen decken sich mit Bräuchen der Indianer; Fackelschwinger und andere Feuerkünstler riskieren sehr viel wegen des Nervenkitzels - mir zu viel, aber die Masse honoriert entsprechend, glänzend vermarktete tolle Show von ca. 1 1/2-stündiger Dauer, könnte allerdings überall gezeigt werden, zu lautem „aloha" wurde heute öfter aufgerufen klingt dadurch abgegriffen, verstehe nun warum es im täglichen Umgang kaum noch benutzt wird; Zeiteinteilung vernünftig: gegen 22.30 Uhr zurück, in Honolulu sind selbst die Stämme der Bäume mit Lämpchengirlanden umschlungen, ab und zu ganz hübsch wenn ständig - mir zu viel; Kartenschlüssel funktioniert problemlos - den Bogen ham se raus, „lei" verbreitet im Zimmer immer noch intensiven Duft der an Jasmin erinnert - morgen mitnehmen, gute Nacht! - Heute geht's nach richtig Hawaii: Big Island, gestern leichten Sonnenbrand erwischt, sogar durch die Löcher vom durchbrochenen Pulli - Haut braucht Pflege; auf dem Frühstückstisch steht ein ‚Petersilien'-Bonsai, um 9 Uhr herum ‚alle Mann' Busbesteigung zum Flughafen: ‚Nasenfahrrad' aufsetzen, Mantel umhängen, wir verschwinden bevor die Anti-Demo wegen des Internationalen Treffens der Bänker beginnt - es gelingt uns ihnen zu entgehen; diese herrlich rosa, lila, weiß blühenden Bäume, Berge ziemlich verhangen wie immer, aber heute auch Wolken am Meer bei schwachem Wind, Tulpenbäume wie gemalt, die Dächer der Häuser sind in indonesischem Stil, es regnet ein paar Spritzer; ‚sie' informiert dass die Wale die man im Winter beobachten kann schon fortschwammen und zwischen den Inseln Flugzeug-Pendelverkehr besteht analog Omnibussen, d. h. keine Platzzuteilung erfolgt; angekommen, erste Aktion: Flugscheine, zweite Wartezeit - immer mit der Ruhe, in kurzen Abständen fliegen drei Maschinen weg, ‚unsere' erhebt sich gegen 11.30 Uhr: Route parallel zum Wasser, Wachtschiff liegt draußen vor Anker, unmittelbar unter uns häufig dicke weiße Wolken sonst schleierhaft bis klar - unschwer zu bemerken ich habe einen Fensterplatz, rote Faltenküste, wieder blaue See mit vielen Schaumkronen, jetzt immer mehr Wellenzeichnung dann ganz glatt - da sind große Fische die auf- und abtauchend dahinziehen! Möwen, mehrfach Streifen wie Korallenbänke im Wasser; es gibt Guava-Saft und Knabberzeug auf dem 20-Minuten Flug, sinken bereits und landen auf dem „Kona-Airport" von Big Island der sich mitten in einem alten Lavastrom des Maunaloa an der Küste befindet, Transfer zum „Royal Kona Resort Hotel" erfolgt mit der Reiseleiterin die auch für die Sonderbuchungen verantwortlich ist: hellgrünes Wasser in einer Art Sinterbecken, Nebel sei aus Vulkangasen, auffällig die schwarzen Lavabrocken und -steine, karg, wenn Bewuchs dann gelbe Gräser, angelegte kleine Baumschonung mit ein paar Häusern dabei; mal ein Busch mal ein Bäumchen, Gestrüpp, Blüten in Siedlung sonst keine, erreichen **Kailua Kona**: „Tesoro", Tankstelle, Obstmarkt, „Ferrari-Kaffee", Hotel am Ende des Städtchens: Raum verwohnt, Ablagen nicht sauber, Teppichboden zum Wegsehen, habe aber wieder Doppelzimmer und diesmal Balkon der diesen Namen verdient - alles für mich allein, außerdem sehr schön der gläserne Lampenfuß mit verschiedenen Muschelschalen gefüllt; besorge mir als Mittagessen Obst auf dem Markt, Angebot: Passionsfrüchte, Guavas, Avokados - aus Südamerika herverpflanzt, Papayas, Litschis, Granatäpfel, Bananen in gelb und rötlich-braun - ei fein, Mangos, Orangensorten, Melonenarten, Ananas und Kartoffeln, auch süße „kumara" die aus den Anden eingewandert worden sind; übliche Vegetation dazu Kapokbäume und wieder „mamane" die gelbblühenden; Schlafnachholbedarf abdecken, danach Stadtbummel zur Orientierung: hier ist viel „verboten", in den USA sieht man solche Schilder nicht allenfalls „nicht erlaubt", meistens Hinweis mach' das nicht z. B. „rauch nicht" oder „spuck nicht"; über dem Wasser ein Gleitschirmflieger in der Luft, Restaurant bietet Shrimps-Fisch-Muschelgericht auf Nudeln - na endlich etwas aus dem Meer und frisch gebackenes Brot mit Knoblauchbutter vorweg, hübscher Tisch direkt am Wasser wo Fackeln Fische anlocken und Krebse durch den Sand wuseln, beleuchtete Schiffe liegen vor Anker, Lampen am Ufer - muss ins Bett, morgen früh meldet sich um 5.30 Uhr der Wecker, Inselrundfahrt steht an; im Innenhof rauscht der Wasserfall draußen das Meer - wieder keine Verdunkelungsmöglichkeit, na denn gute Nacht! - Angenehme Überraschung beim Frühstück: unterschiedliche Müsli-Flocken zur Wahl, außerdem warme und kalte Milch - das bleibt so bis zum Schluss, damit ist der Vormittagshunger ausgestanden, Müsli hält länger vor; Big Island sei die abwechslungsreichste Insel, am „Alii Drive" entlang alte Tempel, Stein-Plateaus deren Material von weit hergebracht wurde und die man zum Berg (= mauka) oder zum Wasser hin (= maika) anlegte, drei Hauptgötter: „Kane": Vater aller Lebewesen, gegenwärtig in der Natur, besonders im Sonnenlicht in Flüssen und Seen, etwa Odin oder Zeus vergleichbar, „Ku": Kriegsgott der Menschenopfer verlangte ist aufgehende Sonne, Himmel und zuständig für Regen, Fischfang, Nachkommenschaft, seine Frau „Hina" für die Erde und die untergehende Sonne - zusammen bilden sie die kosmische Ganzheit, „Lono": Fruchtbarkeitsgott mit Existenz im Wind, in Wellen, ertragreichen Feldern - und viele andere Gottheiten mit Sonderbereichen, wie „Pele" die Göttin der Vulkane die das Feuer beherrscht oder der Halbgott „Maui"; Hulatanz war früher den Männern vorbehalten, diente der Ergänzung von den Liedern der Priester (= kahunas) zur Verehrung der Götter, Tanzschulen, Kulturanteil außerdem: Kunst, Handwerk, Sport, Spiel und Gesänge zu Instrumenten wie der vielsaitigen aus Spanien oder Portugal (man streitet sich) stammenden „Ukulele" (= Springfloh); Klopfinstrumente: Trommeln aus Holz mit Haifischhaut überzogen und Kürbisse/Kokosnüsse mit Steinen oder Muscheln gefüllt, die wechselweise als Rasseln dienen, Händeklatschen; Sprache besteht aus fünf Vokalen und sieben Konsonanten, aloha = willkommen guten Tag auf Wiedersehen alles Gute; kane = Mann, wahine = Frau, mahalo = danke, imu = Erdofen, nul = groß und bedeutend, pali = Klippe und Abgrund, mauna = Berg; soziales Rangsystem bestand als Könige mit Federhelm und schillerndem Umhang ausgestattet regierten: adlige Krieger die den Hofstaat bildeten führten an, „Unberührbare" und Sklaven waren Schlusslicht, ohne Rechte, wurden als Götteropfer benutzt; die Gesellschaftsordnung regelten hauptsächlich „kapus" (tahitianisch tapu - zu unserem tabu geworden) Verbote die heilig waren, wer sie verletzte wurde rituell hingerichtet zur Versöhnung der Götter - auch zur Beseitigung eines Rivalen um die Macht benutzt; wichtig zudem „mana" die spirituelle Kraft der Gemeinschaft ebenso des Einzelnen und der „aloha spirit": Freundlichkeit, Menschlichkeit und Gelassenheit umfassend, gilt bis heute als einzuhaltendes Gebot, habe sich auch im Motto „hang loose" erhalten: Daumen und kleinen Finger nach oben zeigend verbunden mit einem freundlichen Lächeln würden jedes ‚Fettnäpfchen' wiedergutmachen – glaubhaft, zum Aufregen ist's ja viel zu heiß, wandernde Geschichtenerzähler erhielten die zahllosen Legenden am Leben; „Big Island" sei die größte der Vulkaninseln mit ca. 10 450 km², früher voller Sandelholzbäume die man gerodet hat für den Verkauf in den Orient zur Möbelherstellung etc., danach erzeugten Ranches Pökelfleisch, nun hauptsächlich Kaffee-Plantagen besonders im

Hügelland von Kona, umgeben von Kakaobohnenanbau für hawaiische Schokolade; sind zunächst an kleinen Strandstücken mit hellem Sand vorbeigefahren, dann nach links abgebogen, vor uns jetzt größtes Bergmassiv „Mauna Loa", 30 km Fußweg bis zum Gipfel in ca. 4 170 m Höhe letzter Ausbruch 1868; rechts wie europäische Mittelgebirgslandschaft von Grasflächen unterbrochen - Abbiegung dahin, benutzen einzige Rundum-Straße die Beltroad, 'Captain-Cook'-Bucht, danach auf beiden Seiten der Strecke Kaffee-Plantagen für grüne Bohnenernte im August, Kaffeebäume tragen nach zwei Jahren erstmals Früchte dann mehrfach, werden bis zu 100 Jahre alt, viel direkte Sonne mögen sie nicht, 30 km langer Streifen Anpflanzung von aus Guatemala eingeführtem erlesenem Spezial-„Kona"-Kaffee, entwickelt speziell säurearme rote Kirschen, von Hand gepflückt folgen etliche Arbeitsgänge bis nur der innerste Kern übrigbleibt, ein Pfund kostet um die 25 $, es gibt verschiedene Geschmacksrichtungen, Export hinüber nach Festland-USA läuft langsam an; Lava-Schüttfeld zwischen hohem wildem Gestrüpp, rechts Steilküste, noch eine andere Sorte Pinien, frisch angelegte Waldschonung von „Ohia"- (Pele geweiht) und „Lehua"-bäumen: „Lehua", der „Pele" verschmähte, seiner „Ohia" treu blieb, die Göttin verwandelte die beiden daraufhin aus Zorn in Bäume „Ohia" in einen Eisenholzbaum; Lava-Trümmerfeld, Ohren knacken, Macadamia-Nuss-Plantage: dauert 15 Jahre bis die Bäume tragen, Nüsse werden vom Boden aufgesammelt, Information: es wird bestätigt dass sich die Original-Statue des berühmten Königs hier auf der Insel befindet und erwähnt dass es eine zweite in Honolulu gibt - uns bekannt, zudem eine in Washington D.C. als Staatssymbol bei den anderen 49, eine vierte in Hilo der Bezirks-Hauptstadt von Big Island; rechts ab zur Südspitze: Landschaft wie im Mittelgebirge aber nicht lange ohne Palmen, halten am südlichsten Punkt der USA, es weht ein angenehm frischer Wind: schwarzer Sandstrand, grüner in der Nähe mit Olivinen bedeckt, den Halbedelsteinen - wenige starke windgebeugte Bäume auf kurzem Gras, andere Seite völlig überwachsenes Hochplateau; das Leben auf den Inseln ist von Vulkandämpfen belastet, sie reizen die Augen und erschweren das Atmen, hätten jedoch nicht nur negative Wirkung, würden manche Allergien zum Verschwinden bringen und/oder etliche sonstige Beschwerden; öfter Naturkatastrophen-Sirene zu sehen - fällt ins Auge wenn man's weiß, **Naalehu**: einige Kirchen, Theater, einfache Holzbauten, hier gibt's gutes Schoko-Nuss-Eis, die Früchte der Manilla-Palme dagegen sind ungenießbar, Brandung ziemlich kräftig, rechts langgezogener steiler Hang mit Gras und Büschen links Bäume und halbhohe Sträucher auf Hochebene, durchgehender Höhenzug, abgeplattete Vulkankegelstümpfe - Material für Aschenbahnen wurde früher hier abgebaut, rechts Golfplätze, Bucht hat Süßwasserbecken; heute wechseln ständig Sonne und dichte Bewölkung - nachmittags zöge es sich hier auf Hawaii immer zu, die Passatwinde treiben massive Regenwolken heran, wenn sie sich entleeren gibt's rasch Überschwemmungen, Gebirgsbäche werden zu reißenden Flüssen die von den Bergen mit ungeheurer Wucht herunterschießen, Bäume entwurzeln, Häuser unterspülen und tiefe Furchen hinterlassen; links „Pahalá" und Krankenhaus, Nussbäume von windbrechenden Baumreihen beschützt, wir sehen breiten vom Regenwasser verursachten Schneisenschaden mit weggerissener Brücke, eine Auswaschung wie

Schlucht - betrifft die Zerstörung die Hauptstraße als einzig existierende Verkehrsader bricht diese Verbindung völlig ab; vulkanische 'Blubbertöpfe', links alles in Vulkannebel gehüllt grau in Grau, rechts neues Grün nach Brandschaden, abgestorbene Bäume verätzt von schwefelhaltigem saurem Niederschlag, drei Vulkankegel tauchen auf am Beginn des Vulkan-Parkgeländes das so groß ist wie die Insel Oahu, links noch wie Mittelgebirge rechts Blocklava dazwischen, grün überzogene Tälerspalten und ‚Besenstil'-Bewuchs, Ankunft am „Vulcano House": Mittagsstärkung, Amerikanerin gefällt mein Pulli; atemberaubender Blick in einen Krater des Kilauea der wie die anderen Vulkane seine Basis 5 000 m unter dem Meeresspiegel hat und noch bis etwa 4 200 m in die Höhe ragt, Kraterlänge 4 km - Breite 3,2 km, eingesunkener Kessel; fahren zum nächsten Aussichtspunkt durch Aufreiß-Faltenzone, kleinere Erdbeben die unbemerkt nur die seismographischen Messstationen registrieren gäb's ständig; Schwefelablagerungsgelände, Regenwasser verdampft auf beiden Seiten, Militärbereich rechts war Internierungslager für amerikanische Japaner im 2. Weltkrieg; tiefe Täler, durch Abbrüche entstanden die Tsunamis auslösten, von Höhenzügen begrenzt, Ohia-Wälder auf Hochplateau links, Parkplatz des „Jagger-Museums" in 1 243 m Höhe, Terrasse am Rand der Caldera der man weiter unten noch näher kommen kann, Heimat der Hawaii-Gans „nene", des Wappenvogels, sie fliegt durch das kahle Gelände - weiter auf Kreisroute: noch Vegetation, fast nichts mehr, aufgeschichtetes Steintürmchen als Wegzeichen - wie in Island, große und kleine Gruben im völlig nackten braunen Boden, chemische Wüste; steigen am Halemaumau-Krater aus wo „Pele" wohnt dem die Einheimischen Blütenkränze bringen, Schwefeldämpfe steigen fauchend und zischend aus vielen Löchern des angrenzenden Bereichs - kurze Besichtigung; Risshügel von 1974, schwarze aufgebrochene Platten des Fladen-Lavastroms von 1981 wie geplatzter Hefeteig, Erdbewegungen bewirken Sprünge und Risse, langsam gibt es Farne und wieder Ohiabäume; tropischer Regenwald - für uns ohne Regen, gehen Waldpfad zur und dann durch die 160 m lange Lava-Tunnelröhre mit unscheinbarem Ein- und Ausgang, Höhe der Tube zwischen Kopfeinziehen und 6 m, an Bäumen längliche Grasbeutel wie Webervögel-Nester; am Bus qualmendes Loch: ‚Beschwörung' des Fahrers führt zur Steigerung (Bodenerschütterung durch dosiert laufenden Motor) - rein in den Bus und raus aus dem Park; glühende Lava laufe zur Zeit seitlich durch erkaltete Röhren ab bis zum Meer, auch per Helikopter könne man außer der Dampfwolke am Wasser nichts sehen; á propos Lava: dünnflüssig und gasarm fließt sie schnell, bildet nicht sehr steile Abhänge eines Berges dessen Höhe dann leicht unterschätzt wird, Fladenlava = „pahoehoe" ist tiefschwarz, breiig, wirkt weich, erzeugt Schichtvulkane, aus Blocklava = „a'a" die zu zerrissenen scharfkantigen Formen und Blöcken erstarrt, entstehen Stratovulkane mit Kratern, enthält Explosivstoffe - im „Vulkano-National-Park" oft beide Vulkanarten direkt nebeneinander, doch Schildvulkane dominieren auf den Inseln etliche davon gelten als „tot"; erkaltete Lavaströme schwarz oder braun werden zuerst von Moosen besiedelt, sie bilden eine dünne Humusschicht, auf der gedeihen Gräser gefolgt von Büschen und Bäumen, hier vor allem Ohia, sonstiger Auswurf ist lockeres Material aus Bims und Asche bestehend; fahren bereits die ganze Zeit bergab

Richtung Hilo: wilder Ingwer, Farne und Ohia ohne Blüten, also überall Grün in für Hawaii üblicher Baumhöhe - schwer zu fotografieren, ham se's nicht en bißchen kleiner? Schon wieder Blick aufs ferne Wasser mit Sonne, kein Schnürl-Regen, der sei selten; Japaner gründete Orchideen-Farm die wir besuchen: „Akatsuka Orchid Gardens", erwerbe zwei eingeschweißte Ableger für meine Schwester, **Hilo** = Mondsichel an gleichnamiger Bucht, die erheblich tsunamigefährdet, oben qualmt ein Krater; rechts Inselverwaltungsgebäude der Hauptstadt, Kirche, Einkaufszentrum, Industriegelände, im Wohngebiet exotische Blumengärten - anheimelnde kleine Stadt, gelegentlicher Treffpunkt ursprünglich Deutschsprachiger, aber kein engerer Kontakt untereinander wie oft im Ausland üblich; hier 25% der Energie aus Erdwärme sonst Öl, Hafen für Schiffe mit Tiefgang: Containerschiffe; auf der Strecke jetzt Bambus, ab und zu ein Streifen Nadelbäume, Anturien-Gewächshäuser unter schwarzer Überdachung oder Zeltplanen für Pflanzen die als Zierde in Hotelgestecken Verwendung finden, Palmen mit herzförmigen Blüten in Regenwaldhöhe, unten Gestrüpp und wie so häufig - Palmen mit und ohne Kokosnuss, Ohia-, Johannisbrot- und natürlich Tulpenbäume, letztere seien mittlerweile Unkraut geworden, vermehren sich rasend schnell und breiten sich überall aus, hier wuchern allerdings Kriechpflanzen und Rankengewächse die Stämme verbinden und alles mit einem dichten Netzvorhang überziehen bis an die Kronen der Bäume, nun hie und da ein Jakaranda, die Schirmakazien blühen lila, Brücke über Meeresarm, dicht gedrängt Taro in Buschhöhe, gelegentlich von Bäumen überragt, schilfartiges Zuckerrohr Überreste von Plantagen; **Honomu** war eines der Zucker-Industriezentren: gelbe Blüten am Tulpenbaum, Heckengrün zu Tiergestalten gestutzt, rechts Papayas und Bananen links Macadamia-Nussbäume, große Flächen für Plantagen gerodet; Anbauer gesucht mit Durchbruchsidee die fehle, Kaffee anzupflanzen laufe aus, Anreiz: Wohnrecht auf Lebenszeit bei 1 $ Miete pro Tag, um die „Green Card" zu bekommen müsse man allerdings bestimmte Bedingungen erfüllen oder einen Bürgen haben - die Krankenversicherung ist zu 80% abgedeckt wenn man mehr als 20 Stunden Beschäftigung bei einem Arbeitgeber hat, Eigenzahlung mit 2 500 $ limitiert; biegen nach links ab, gelegentlich führen herrliche schmale Täler in die Höhe, kleine Ortschaft: hohe Fassaden über den Läden nach Wildwest-Manier, diese Hochebene ist unseren ähnlich nur andere Vegetation; einheimischer Künstler 'Kane' zeichnet die hawaiische Geschichte, ein anderer Hula-Tänzer und -Tänzerinnen erfahren wir, weltbewegende Erfindungen kamen nie von hier, man meide gern Verantwortung und Anstrengungen, Nahrungsmittel wachsen wild, hungern muss man nicht, also wozu, das Klima lähme Denken und Schwung - verstehe ich vollkommen! Jetzt nieselt's kurzzeitig, wir sind unterwegs zu den 150 m hohen „Akaka-Falls": das runde Becken unten kann man nur über einen steilen Serpentinenweg erreichen, schmale Brücken und dem Durchqueren von Regenwald, Kolekole-Bach speist unter anderen Wassern diesen Fall - hier stehen ‚Plastik'-Palmen mit hellgrauem ‚Zement'-Stamm wie in Mexiko, Papaya-Plantage: Baumspitze wie Schirm, Früchte direkt darunter am glatten Stämmchen ähnlich Kalebassen; links zauberhaftes Tal, im nächsten kleiner doppelter Wasserfall, in dem folgenden noch einer - schon einige Nieser und Huster unter uns, oh diese Klimaanlagen! Bergeinschnitt mit Haus, auf dem Land Wasserversorgung mittels Zisternen, Metallvergiftungsgefahr durch Abbau des Materials vom Behältnis sowie den Nägeln; links Eukalyptusbaum-Anpflanzung die man für eine so gute Idee hielt, aber die Öle verderben den Boden, etwas anderes wächst dort nicht mehr, links **Laupahoehoe** mit „Eisenbahn-Museum", Tal rechts, fahren Hochstraße an Steilküste des Meeres entlang, erneut Tal, schlanke Bäume mit zarten Nädelchen, schwarz-weiße Kühe auf der Weide; Schlucht und Hänge zum Meer sind völlig begrünt, links Wellblechhütten danach ausgedehnte Eukalyptuswälder, **Waimea** = rotes Wasser (durch die Erde verursacht), Ursprung: Wohnort von Angestellten der Parker-Ranch, in der Umgebung stark gewelltes Weideland mit verschiedenfarbigen Rindern darauf und einigen hübschen hellbraunen Pferden, hin und wieder Streifen von hohen Bäumen dazwischen, Kaktusfrüchte, Cowboys nennt man hier „paniolo", nach den ersten die Mexikaner waren; weiter zum Norden hin erstrecken sich die Kohala Mountains, rechts See mit Prahms und Schleppern, **Kawaihae** mit Hafen für Flachboote; es gibt zwei Versorgungshäfen, da auf den Inseln wenig Produktion besteht sind ständig Schiffstransporte nötig, selten solche durch Flugzeuge - zu teuer; wunderschöner grüner ‚Buckel', es regnet leicht, Wolken rechts hängen sehr tief; viele Jakarandas die nur im Frühling blühen, links Gasthaus „Edelweiß", Koralla-Berge wie Alpenvorland, bricht abrupt ab, plötzlich karger brauner Boden und gelbes Pili-Gras, Mauna Kea (= weißer Berg) zu sehen der andere 4 000 m (bzw. ab Meeresboden 9 000 m) hohe Nebenkrater des Kilauea, hat Sternwarte darauf, im Winter ebenfalls monatelang eis- und schneebedeckt, „schlafend", Auffahrt nur im Geländewagen zu bewältigen mit Zwangspausen, Wasserbohrstellen; riesige Weite, gegenüber ansteigendes Plateau mit drei Erhebungen im Hintergrund, an Küste windgebeugte Bäume, auf Wasser silber- und goldfarbene Glanzstellen, zwischen Lavaboden rechts und links Grasinseln, Hubschrauber-Landeplatz der „Blue Hawaian"; Sonne voll wieder da, wie „Mauna Lani Hotel" sind auch andere Luxushotels in künstlich angelegter Oase erbaut auf Gelände mit 200 Jahre alter Aquakultur: großer Fischteich den Lavafluss fingerförmig strömend zerteilte, Tiefseewasser für: Hummer, Königsfische, Steingarnelen, Malaysian Prawn, Krabben etc., sanfte Tötungsmethode daher besonders frisch; weiße Korallen-Schriftzeichen auf schwarzem Grund, rechts Lagunen mit Mineralien-Auswaschungen dahinter Steinbrechmaschinen und Planierraupen: Baustelle für 1400 Wohneinheiten vor zwei Aschenkegeln mitten im schwarzen Geröll - Klimazonen: Regen und Wind wechseln plötzlich, Temperaturen kaum; rechts Flughafen Keahole-Kona, links Kraftwerk und Agrarland, jetzt rechts steiler Bodenabfall vor der Küste - heute liegt dort das Kreuzfahrtschiff „See-Prinzessin", nun neues und altes Industriegebiet; sind zurück in Kailua Kona, deutsche Wahl-Hawaianer scheinen sich irgendwie durchzuschlagen, nehmen gerne das angebotene Trinkgeld! Bin total überhitzt obwohl ich wie immer viel getrunken habe und den ‚ständigen Begleiter', das eigene Wasserfläschchen, restlos leerte - Trinkwasser fließt aus dem Hahn, klar und rein vulkansteingefiltert, angenehm und kostensparend - noch kalt abwaschen, langsam wird's besser; zwischen 19 und 20 Uhr dunkelt es, also los fotografieren gehen, gestern waren die Straßenlaternen schon störend an - heute steht die Sonne falsch! Marktstände bereits alle weg - wie schade, die braunen Bananen schmeckten soo gut, also Einkauf im „ABC" (Alcohol Beverage Control) - Laden der überall anzutreffen ist mit überschaubarem und preiswertem Angebot, z. B. bekommt man für 99 Cent frische Scheiben weißer Ananas; auf dem Rückweg sieht schlanker Bräunling meinen skeptischen Blick auf die dunklen Wolken am Himmel und meint „only a bit", „hope so", er behält recht, mir kommt noch ein einheimischer ‚Wurzelsepp' entgegen; nun Essensverzehr auf dem Balkon: Segelschiffe und ein erleuchteter Katamaran liegen vor Anker, Uferpromenade ist illuminiert, Leuchtturm blinkt - das abendliche Attraktionsangebot, leider anhaltend schwül obwohl die Sonne längst bilderbuchmäßig unterging.

Es wird Zeit etwas Allgemeines über die Inseln anzumerken: Der Archipel liegt isoliert mitten im nördlichen Pazifik, gehört nicht zur Südsee - wie betont wird, erstreckt sich über 2 436 km, geologisch junges Land dessen Entstehung vor 70 Millionen Jahren begann und nicht abgeschlossen ist bei langsam nach Nordwesten wanderndem „hot spot", der Driftbewegung der pazifischen Platte entsprechend, gerade baut Magma wieder eine neue Insel vor der Ostküste von Big Island auf die in etwa 10 000 Jahren bewohnbar sein dürfte; die Inselkette hat auch untereinander Verbindung, durch Tunnelgänge, die Länge der Wasserstraßen „Channels" zwischen den Eilanden schwankt zwischen 11 und 11,5 km; Staatsblume Hibiskus, Staatsbaum „Kukui"-Nuss, Staats-Tiere: Wal, Buckelwal ist Ursprungstier und „Nene" die Hawaigans die nach ihrem Schrei heißt, Fische: „Mahi mahi" und „humuhumunukunu-kukua-puaa"; Geschichtliches: erste Besiedlung der Inselgruppe erfolgte etwa 500/750 n. Chr. durch Polynesier, insbesondere von Tahiti und den Marquesas aus, die nächsten Festlandküsten sind alle mindestens 4 000 km entfernt, seemännische Erfahrung verhalf zum Erfolg, die Männer orientierten sich an den Sternen, Meeresströmungen, der Farbe und Temperatur des Wassers, Richtung des Windes und der Wolken, den Zugvögeln die den Schluss zuließen dass irgendwo Land sein musste, sie benutzten Katamarane, 20 m lange Doppelrumpf-Kanus mit Paddeln und Segeln aus geflochtenen Pandanusblättern, brachten Bananenpflanzen mit, Taro für „poi", Brotfruchtbäume, Kokos- und Kukui-Nüsse, Ti-Wurzeln für Kleidung, Körbe und Matten, an Tieren: Schweine, Hühner, Hunde, sowohl Ratten als auch Mäuse waren blinde Passagiere und veränderten damit die ursprünglich vorhandene biologische Struktur; die Entscheidung für eine Dauerniederlassung im Klima, in dem fast alles gedeiht, fiel nicht schwer, zusätzliche Nahrung bot das vielseitige Angebot von Meerestieren, auch Mönchsrobben und Seeschildkröten sowie Vogelarten, bald entwickelte sich lebhafter Handelsverkehr innerhalb des Polynesischen Dreiecks mit dem nördlichen Punkt Hawaii, dem süd-östlichen der Osterinseln und Neuseeland dem südwestlichen, es umschließt unzählige Eilande gemeinsamer Kultur, mit ähnlicher Sprache, Religion und Arbeitstechniken; etwa 1535 erste Entdeckung, vermutlich durch Spanier offiziell durch Captain Cook 1778, er ging in der Waimea Bay nahe Kauai vor Anker, wurde bekanntlich 1779 von Einheimischen umgebracht, ab 1786 zunehmend Handel mit England, Frankreich, Spanien, Russland und Amerika, europäische Seefahrer prägten die Bezeichnung 'Sandwich Islands', außer neuen Pflanzen und Tieren: Ziegen, Katzen, Rindern, Pferden, Schafen brachten diese auch

Krankheiten mit wie Pest und Lepra welche die Ureinwohner stark dezimierten; größere Inseln regierten Könige bis Kamehameha I. Krieg gegen die Nachbarn führend den Archipel rigoros vereinigte, wobei ihm der Ausbruch des Kilauea 1790 als „göttliches Zeichen" half, ab 1795 gesamthawaiische Königsdynastie, 1810 kommt Kauai noch dazu, Hauptstadt war Lahaina auf Maui, 1816 russisches Schutz-Zwischenspiel - ohne Folgen, 1819 stirbt Kamehameha I., hoch verehrt bis heute, weil er seine ganze Kraft für sein Volk einsetzte, Witwe und Sohn Liholio als Kamehameha II. traten die Nachfolge an, sie schafften die „Kapus" ab; erste Walfänger, die wirtschaftliche Entwicklung nahm durch die Walfangschiffe rasch Aufschwung, Höhepunkt dieses Zeitalters war 1843 - 1860, Überfischung setzte dem ein Ende, ziemlich schnell fand man Energieersatz für Tran in Naturgas: Öl aus Kohle, Kerosin und Petroleum, Einnahmequellen dann Zuckerrohr, breitflächiger Anbau ab 1860 später auch Ananas, dadurch Mangel an Arbeitskräften, Anwerbung aus fremden Ländern: China, Portugal, von den Philippinen, letztere heute noch Plantagenarbeiter und Straßenkehrer; nach 1886, der Lockerung von Auswanderungsbestimmungen in Japan, strömte man von dort herbei, haben bald einen Bevölkerungsanteil von 1/4, später folgten Amerikaner, Deutsche, Skandinavier, Briten, Iren, Franzosen, Mexikaner, Puertoricaner, in jüngerer Zeit Thailänder und Vietnamesen; 1820 kamen Missionare welche das nackte Herumlaufen der Eingeborenen entsetzte, ab 1825 bis 1854 weitere Könige in Folge, 1836 erstes hawaiisch-englisches Wörterbuch das ca. 5 700 Begriffe enthält, 1843 erklärt sich Hawaii zu Großbritannien gehörig - für 5 Monate, gemäß Landverteilungsgesetz, die „Große Mahele", Landerwerb für alle Bürger möglich, 1845 wird Honolulu Hauptstadt, 1849 Überfall eines Franzosenanführers der ohne etwas zu verändern bald wieder ging, 1852 neue Verfassung; 1866 Einrichtung der Lepra-Station auf abgelegener Landzunge der Insel Molokai, 'Lepra'- oder 'Hansen'-Krankheit nach norwegischem Entdecker des Erregers benannt erst seit 1946 behandelbar, unvergessen 'Pater Damien' (de Veuster) der zivilisierte Verhältnisse in der Station schaffte und für Betreuung sorgte bis er selbst Opfer der Krankheit wurde, aber Nachfolger waren bereits da und Spenden sowie Hilfsgüter flossen ständig, 1887 bilden weiße amerikanische „Zuckerbarone" eine provisorische Regierung - Einheimische längst Minderheit, ohne jeglichen Einfluss, Gegenputsch scheitert, Königin Liliuokalani („Iolani") von Rechtsanwalt aus Kiel verteidigt wird 1889 für abgesetzt erklärt und zu Hausarrest im Palast in Honolulu verurteilt, arbeitete an einem Quilt dessen Symbole bis heute nicht völlig entschlüsselt sind, komponierte u. a. „Aloha Oe", ihr Wahlspruch „onipa'a" = bleib standhaft, ist jetzt Name der Partei von Einheimischen die ihre Heimat zurückfordern; nochmals neue Verfassung 1894, Hawaii Republik mit Amerikaner als Präsident, 1895 Königin endgültig zur Abdankung gezwungen, stirbt 1917; Einverleibung der Inseln durch die USA 1898, 1900 offizielle Erklärung dass sie zum amerikanischen Territorium gehören, 1901 Ananas-Gesellschaft gegründet, von da an zügiger Aufbau der Infrastruktur: Unterseekabel, Straßen, Radiosender, Universitätsgründung usw., 1922 Ausbau der Ananasplantagen, Tourismus beginnt; 1924 soziale Unruhen, 1949 Hafenarbeiterstreik, 1959 Hawaii wird 50. Bundesstaat der USA: „Aloha State" - Schmelztiegel der Völker?

Doch nicht ganz, ursprüngliche Herkunft oft nicht aufgegeben siehe Stadtviertel, allerdings kaum Konflikte da viele aus ethnischen Mischungen stammen, so gut wie keine Kriminalität es existiert ein kleines Gefängnis - für alle Inseln; die heftigsten Auseinandersetzungen gab es zwischen Plantagenbesitzern und Gewerkschaften, die mit Hilfe der 'Nationalgarde' niedergeknüppelt wurden, im Zweiten Weltkrieg und noch einige Zeit danach Problem mit den „nisei", den Insel-Japanern, häufig erfolgte die Internierung weil man ihre Loyalität anzweifelte; das alltägliche Leben wurde allmählich verwestlicht, die Infrastruktur völlig übertragen, Militärstützpunkt, vor allem Flottenbasis, brachte Arbeitsplätze in der Zeit des Niedergangs; James Michener schrieb den zweibändigen Roman 'Hawaii', absolut an historischem Ablauf orientiert erweckt er Personen und Ereignisse wieder zum Leben; Tourismus jetzt vorherrschend, Hawaiier und Philippinos dagegen weil sie nicht davon profitieren können sagen sie, rangieren gesellschaftlich tatsächlich an letzter Stelle; Insel Niihau in privatem Besitz der amerikanischen Familie Robinson, 189 km² groß, ca. 250 Einwohner, Refugium für die letzten 'reinrassigen' Hawaiier: ohne Einladung darf niemand die Insel betreten und wer nach draußen heiratet kann nie mehr zurück; auf allen anderen Inseln zurzeit Weiße und Japaner mit 24% die stärkste Einwohnergruppe aber auch sie Minderheiten, zunehmend selbstbewusst erstreben die Ursprungsbewohner einen unabhängigen Staat, erreichen allenfalls Reservate. Unerwähnt blieben bisher Lanai ehemals „Pineapple Island", heutzutage Golfer-Paradies und Kahoolawé: nördlich von Big Island, 135 km² groß, ist Übungsfläche der US-Marine gewesen für Minen und Bomben usw. heilige Plätze der Hawaiier ignorierend, Rückgabe an Ureinwohner erfolgte 1992, wird von Amerikanern mühsam entsorgt, in etlichen Jahren sei eventuell Wiederbesiedlung möglich; Molokai liefert nun Steaks von dortigen Herden und Weiden, Wildlife-Park und Rodeos im Angebot.

Das Meer war sehr unruhig heute Nacht, habe aber länger geschlafen denn heute Morgen hab' ich frei, die Schnorcheltour fängt erst um 13.45 Uhr an; bummele in die Stadt, immer ca. 40 Minuten bis ins Zentrum, möchte „Mokuaikaua" aufnehmen von 1820 (1838), die älteste christliche Kirche aus schwarzen Lavasteinen mit Korallenmörtel gebaut, hat Ohia-Dachbalken und Holz-Turmhelm, „St. Michaelskirche" die weiße nicht weit davon, seitlich davor Marienaltar aus Korallen, große Proteas am Marktplatz - ein Müllmann freut sich „da interessiert sich jemand für unsere Babys", hier wachsen auch Wasserhyazinthen und ein Säulenkaktus; bin schon wieder total verschwitzt: der natürliche Asphalt, die plattgewalzte schwarze Lava, ist wie ein Backofen, glühender Atem kommt von unten, vorn, hinten und oben brennt die Sonne - etwas viel des Guten! Auch hier ein „Crazy T-Shirts", einige Boutiquen mit sehr teurer Ware, durch die Transportkosten bedingt - übrigens es gibt Bier auf Hawaii, sogar unter von den Amerikanern ‚adoptierter' Markenbezeichnung, fühle mich abgeschlafft, „Red Bull" der Energiespender (steht drauf) pumpt mich jeweils wieder auf, begegne zweitem ‚Wurzelsepp', nicht so hübsch wie der gestern und - da liegt ein Hund im Schatten, sein Herrchen in der Sonne, kluger Hund! An der Hafenmole befindet sich das Boot welches zur Schnorchelbucht fahren soll, man lässt uns in der Sonne stehen und auf die Erlaubnis warten an Bord zu gehen - das dauert, dann Fahrt von etwa 45 Minuten in weitem Bogen, Delphine begrüßen uns springend, Freudengeschrei der Menschen - weg sind sie, wirklich intelligent diese Wasserakrobaten! Bin schneller und tiefer im Wasser als gewollt weil Wellental erwischt, macht nichts aber dass der Schnorchel nicht funktioniert, Gerät kein Hartgummi sondern aus Plastik trifft auf Gaumenplatte vom Gebiß, nachgeben unmöglich, so läuft ständig Wasser in den Mund, habe Sorge es einzuatmen - aufpassen, die lange Alternativ-Plastikschale auf der ich liege macht Gucken nach unten möglich: ein Fischschwarm, auch riesige Seeigel und erstaunlich große Lavabrocken zu sehen - schade es ist mühsam, kann nur mit den Armen steuern und die Wellen treiben vom Boot weg intensiv auf die nahen Küstenfelsen zu, außerdem macht das harte Plastik dem Magen wenig Spaß sowie das Wassergewackel bei gesenktem Kopf - interessant war's jedenfalls, steige also, den Versuch nicht bereuend, aus dem Wasser „kann ich bitte ein Badetuch haben", „haben wir nicht", „ein Handtuch" - Kopfschütteln, „leihen, ich bezahle dafür", bedauernd „wir haben nichts hier", beträpfelt und tropfend steh' ich da, unsere Reiseleiterin hatte gesagt es werde alles gestellt, was nun? Zur Damen-To', ein paar Papierhandtücher reichen, es ist ja warm, aber Umziehen wegen des Fahrtwindes notwendig; Rückweg fällt noch weiträumiger aus um Kreuzfahrtschiff „Patriarch" nahezukommen, große Schildkröte weidet im Hafen an der Kaimauer Algen ab, seelenruhig und ungestört, sie weiß dass sie naturgeschützt ist, ein Kinderruderclub trainiert; Pizza und Salat zum Mitnehmen in „Michelangelo's Sea Food Restaurant" kaufen - ohne Fischgericht im Angebot (?), junger Mann an Theke spricht mit ‚Kumpel' italienisch oder portugiesisch (?), frage ihn danach und - stehe mit zwei Füßen im Fettnäpfchen: sie sind Amerikaner und ich hätte mich verhört! Heute werden außer den blutigen Socken auch die Haare gewaschen, letzteres egal ob sinnvoll oder nicht, Shampoo ist da aber kein Föhn? Ah so, kann man leihen - es werde so viel geklaut meint die Dame an der Rezeption, sogar Tresore und Kühlboxen aus den Zimmern; heute noch mehr Segelschiffe im ‚Balkon-Fernsehen' während des Essens und die „Patriarch", habe erfahren was es hier noch an Fischen gibt: Schmetterlings-, Trigger-, Falken-, Eichhörnchen- und Kuh- sowie die Staatsfische, insgesamt 700 Arten, Haie sehe man selten, aus Muscheln und Schneckenhäusern würden ebenso Ketten gemacht wie aus den weißen, dunkelbraunen und schwarzen Kukui-Nüssen, letztere kann man auch essen: 1 tut gut, 2 'flotter Otto', 3 - richte dich in der To' häuslich ein, noch etwas Wichtiges: Küstenabfall teilweise abrupt auf 5 000 m und die Schönheit der Unterwasserwelt komme für Taucher voll zur Geltung; Ausbruch des Kilauea wie erwähnt 1790, 1977 erneut, 1990 zerstörten Lavamassen den Ort **Kalapana** an der Küste, Erdbeben- und Taifungebiet, Tsunami-Verwüstungen in und um Hilo 1946 und 1960. - Samstagmorgen: viele kleine Tauben um den Frühstückstisch auf der Hotelveranda, frech wie die Spatzen die gestern in der anderen Hälfte waren, teilen die sich die Örtlichkeiten? Abfahrt zum Flughafen 9.45 Uhr pünktlich wie immer; fliegen verspätet ab, erst gegen 11.30 Uhr: Flughafenbahnen sehen aus wie ausgewalzter Hefeteig, Buckellava überall, Baukräne und sonstiges schweres Arbeitsgerät im Einsatz, nach typisch amerikanischer Manier wird die Natur dem Planziel unterworfen nach dem Motto: Alles ist machbar; Wasser hellgrün, nun breiter hellblauer Streifen an der Küste dann dunkles Blau, Insel Maui rechts, Teile geschlossener Wolkendecke - der Passionsfruchtsaft schmeckt hervorragend; rechts zwei große Landzungen, noch eine und im Hintergrund ein Küstenstrich, da unten fährt im ruhigen Meer ein Containerschiff, von links schiebt sich felsige ‚Krokodilschnauze' ins Bild, Ankunft Honolulu, am „Bus"-Halteplatz Stop für 45 Minuten: Leute steigen aus andere ein, Gepäck-Entladung per Fließband, manchmal helfen behandschuhte Hände durch Ziehen nach wenn etwas hängenbleibt, jetzt Nachfüllen des Flugzeugbauchs mit Koffern und Taschen - so viele Passagiere?! Maschine wird voll, schön dass wir sitzenbleiben durften, auf diese Weise behalte ich den Fensterplatz nahe der Düse am Beginn des Flügels über den ich wegfotografieren kann - prima, auf Militärflughafen werden Transportflugzeuge von der ‚Maul-Öffnung' her beladen, sie ist aufklappbar und der Frachtraum nimmt sogar Lkws auf; immer mal ein Landstreifen oder -klecks zu sehen, Wolkenverhältnisse wie vorhin, diese senkrechte Erhebung von etwas Boden umgeben und Wolke dahinter wirkt wie ‚eben geboren', denkt man sich die Wolke als Dampf, ‚Schlagsahne-Wolkenturm'; nach 35-Minuten Flug Landung auf Airport der Hauptstadt **Lihue** von Insel Kauai, also kurz nach 13 Uhr wieder in einem Bus - nahtlos in Bewegung: fast geschlossene Wolkendecke und windig, Brackwasser vor allem mit Schellfisch bestückt, hier gibt es eine Blume die morgens gelb blüht, mittags rosa, abends rot und dann abfällt; gerade angefangen Vorsorge-Futter zu vertilgen da steigen wir um in ein Boot auf dem Wailua = zwei Wasser, weiterkauen am Pizzarest und „Cesar's Salad" von gestern Abend; Fußweg durch Park mit üppigster Vegetation - wie gehabt, was wir vergleichsweise in Winzigformat in unseren Gewächshäusern bewundern wächst hier wie Unkraut und Anthurien, Aron-Rankengewächse massenweise an den Stämmen von Eukalyptusbäumen, denen mit den langen schmalen Blättern; Koloa, Akazienart, vielseitiges Nutzholz auch für Öl, Gewürze und medizinische Zwecke brauchbar; unser Ziel ist die "Farngrotte": große Auswaschung enormer Felswand mit besonders guter Akustik heißt es, Flora sehenswert, Hühner, stolze Hähne und lebhafte Küken laufen herum - hier demnach keine eingeschleppten Mungos; es stinkt nach Abgasen, wir nähern uns unverkennbar wieder der Zivilisation am Fluss, es ist ein Kommen und Gehen, eine Menge Menschen werden durchgeschleust, auf der Bootsstrecke und an der Grotte unterhalten hawaiische Gesänge und Tänze auf amerikanische Art; Rückweg: links Highway, auch wieder luftwurzelbreite Banyanbäume am Weg zum Hotel „Kauai Coconut Beach Resort": Name zu Recht, ausgedehnte Palmenanlage davor, tolle Fassade und Lobby, hübsches Zimmer aber Bädchenlein, macht erneut alles einen abgewohnten etwas schmuddeligen Eindruck, ist auf jeden Fall nach letzter Abreise nicht grundgereinigt worden und ich frage mich wo die in den amerikanischen Hawaii-Serien die sauberen Zimmer hernehmen! Raus, wandere nach links barfuß am Strand entlang, viele weiße Reiher leben hier, eine Menge blau-grauer Täubchen, richtige Tauben, Spatzen und braune „maina" mit schwarz-weißer Flügelzeichnung, ebensolcher am Schwanz, gelbem Schnabel-Klecks; wenig Bäume und die vom Wind offensichtlich in eine bestimmte Richtung gedrückt; zweiten Hund gesichtet - wenn die Polynesier sie schon mitgebracht haben sind kaum noch welche übrig! Nur Strandstreifenstücke öffentlich, das Privatgelände der Hotels grenzt unmittelbar daran sodass man weder weiter- noch herauskann, lediglich hin- und zurücklaufen, es sei denn man umschwimmt einen beträchtlichen Haufen von Lavasteinen und angeschwemmtem Holz oder klettert darüber dann erreicht man die Straße - beides keine echten Alternativen für mich, also irgendwann, so bald wie möglich - ist nicht bald, quer hinaus zur Straße und dann Richtung Ortschaft - ich sag's ja, immer vor und zurück, und das Ganze noch mal! Im Moment war's eine gute Entscheidung, lande im „Coconut Plantation Market Place", einer Großanlage bestehend aus Arkadengängen mit Ketten von Läden, Restaurants dazwischen, Essensbuden und eine Bühne im freien Zwischenraum, es gibt Schweinerippchen und Kartoffelsalat vom Stand, preiswert und gut, bin angenehm satt, Knabe mit T-Shirt-Aufschrift da sinngemäß: Alt und weise musst du jung und dumm gewesen sein; ah - dort werden Steaks angeboten, also ein nächstes genussvolles Ma(h)l schon gesichert, nur jetzt noch Nahrhaftes für anderntags besorgen denn Inselrundfahrt steht an, am Muttertag würde ein Gasthaus-Aufenthalt sehr viel Zeit kosten und glücklicherweise stimmten alle Beteiligten für Selbstversorgung; Fotoapparat neu laden, Unternehmen vor- und nachbereiten, auf Kleidung Flecken beseitigen, wunde Füße verarzten, Socken waschen, bis alles geordnet ist vergeht Zeit, darf dann endlich duschen und ins Bett - die singen und klimpern schon wieder am Pool mit Gitarre und Geige, Ohropax sei Dank sonst Schlaf ade! - Kauai sei die westlichste und älteste der größeren Hawaii-Inseln, 1 433 km² groß, taifungefährdet, 1982 und 1992 wurden ganze Landstriche mit Häusern, auch Hotels, zerstört, 'Cook' landete hier wie erwähnt und ein deutscher Arzt vermittelte den angeblichen „Schutz des Zaren", König Kaumuali wagte die Lossagung - Widerruf nach einem Jahr Betrugsspielchen beendet; Kleinbus gestern, dasselbe heute, immer zwei Plätze zu haben ist fein - allein zu reisen muss ja nicht nur nachteilig sein, Studentin-Tochter kommt, ihr wird da hinten übel - na denn doch einschränken: Kokosnuss-Plantage mit 1 500 Palmen war schon königliche Cocosnuß-Insel, Besiedlung erfolgte von den Marquesas aus mit Menschen von 63 cm Körpergröße, „menihuni" = Sklave; schmale Streifen schlanker Cook-Tannen, diese Sorte hatte sein Schiff mitgebracht, links Fluss, rechts Bergzug am Strand, Band von Seehunden, Wailua bildet „Opeakaa" (= Garnelen rollen)-Fall - früher lebten tatsächlich welche darin, Häuser aus Holz, nicht Lavasteinen, wegen der Erdbeben und des Heizeffekts, zugeschnittene Oleander-Mäuerchen, es regnet nicht obwohl der Mt. Waialeale in der Nähe die feuchteste Stelle der Welt sein soll; Zuckerrohr beiderseits, danach Parkanlagen mit Rasen entlang der Küste, Palmen, auch Pandanus- oder Schraubenpalmen, wieder Nadelbäume, altes Gefängnis, rechts Siedlung aus einfachen Häusern, nun links ebenso mit Ziegel- oder Wellblechdächern, Krankenhaus, Supermärkte, „Pizza Hut" (!), Zuckerfabrik - noch eine von fünf in Betrieb, Taro- und Blumenanbau, auch etwas Früchte und Kaffee, Salzgewinnung durch Hawaiier; Berge mit Phantasienamen belegt, ein typisch chinesischer Aussichtspavillon, üppig lila blühende Bäume, Filmindustrie-Insel - jetzt werden erst recht etliche Produktionen aufgezählt von denen man uns schon öfter vorschwärmte; Norfolk-Tannen folgen, zarte Laubbäume, Straße durch Felsgestein - freie Sicht: Eukalyptusbäume seien zum Landentwässern geeignet, bilden Tunnel; links Berge, rechts See, Grasflächen mit und ohne Kühe, Baum- und Buschstreifen,

Koloa: Flammen- sowie Johannisbrotbäume, afrikanische Tulpe, fremde Bambusart, Baum mit langen herabhängenden Traubengebilden, Emigranten-Monument aus Lavasteinen, Akazien, Goldlack, ab und zu Säulenkakteen, Golfplatz links rechts Ackerfläche, Poipu Beach eine hübsche kleine Bucht, etwas größere mit hellem Sand schließt sich an, Korallenbänke im Wasser, am Strand viele große Steine, Salzwasser-Geysir: erst Wal-Atemgeräusche zu hören dann sprüht's, die Einheimischen sagen „der Riesengecko schreit", Schildkrötenpaar im Wasser, ‚Plastikpalmen'; waren abgebogen deshalb auf derselben Straße zurück, nach Friedhof Gras- oder Buschland dazwischen gelegentlich von den zarten Laubbäumen und - hinein in die Hügelkette: Schafe, Pferde, „Adventisten-Halle", Mangobäume, rechts portugiesische links katholische Kirche und kleiner Außenaltar, Kaffee-Plantage - diese rote Erde! Bei der Erforschung der Hochebene zufällig Höhlengräber von Königen und Priestern entdeckt - eigentlich Erze im Vulkangestein gesucht wie Magnesium und Zink, wenig aber auch gefunden; geregelte ‚Handtuch'-Felder grün und braun, Küste links unregelmäßig, danach U-Tal wie Kessel, „Zen-Tempel", Tulpenbaum blüht orange - wir haben diesmal eine schneidige hawaiische Fahrerin! Erneut längere Strecke mannshohes Gras - Band das ab und zu läuft klingt wie Indianermusik, besonders das Trommeln, **Waimea**: Bronzestatue von 'Cpt. Cook'; herrlich die vollen Baumkronen, längster Strand, links die verbotene Insel Niihau, ein hohes Inselland mit langer flacher Zunge daran; freie Flächen zum Meer hin völlig offen, Grundstückverkauf, es geht hinauf, Tal mit am Berghang halbhohen Bäumen, Paralleltäler links zum Teil mit blanken Stellen, Büsche, niedrige Bäume, rechts ein paar senkrecht stehende Steine, darauf bewusst einen oder mehrere kleine gelegt, nun sehr enge Straße, Silbereichen, Liliengewächs „Banana Poka", Ohren knacken, Waimea Canyon „Grand Canyon of the Pacific", Vergleich passt durchaus, von mehreren Gebirgsflüssen eingekerbt ist er bis 900 m tief und 19 km lang, Büsche stehen hier mit kleinen gelb-lila Blüten, die „Morgenblume" - weiter: immer wieder mal abgestorbene Bäume zwischendurch und Bambus, rote Erde schön regelmäßig gefaltet, andere Seite fremde Art Baum und Büsche mit gelb-orangenen Blüten; nehmen Abzweigung rechts zum „Kokee State Park", mit gleichnamiger Lodge und Museum, einem Ausflugs- und Erholungsgebiet, Essensvorratsvertilgung am Wiesenrand, mexikanisches (?) Ehepaar mit Kindern und kleinen Hunden unterwegs, Hühner laufen herum, Wind kühlt angenehm, Flaschenbürstenbaum und Mimosenbüsche wachsen hier, Brombeerranken sowie endemisch weißblühende „Mokihana"-Büsche, ein Baum hat gelbe Hochblätter in Traubenform, anderer an Stielen hängende lila Blüten ähnlich unserem Klatschmohn - wer zählt die Sorten nennt die Namen, Hawaii du schaffst mich! Dicke Eisenholzbäume, bis zu zwei Männerspannen Umfang, Begrenzung der Wiese Nadelwald; im „Museum": Wildschwein- und Rotwildköpfe ausgestopft, zudem Falke und Eule, als Bild die Honigsauger „i'iwi" mit rotem langem gebogenem Schnabel und der gelblich-grüne „amakihi", außerdem noch Wiedehopf und roter Kardinal; fahren Serpentinenweg bergab, auf Erdabsatz am Straßenrand zwei Jugendliche mit Geländemaschinen, Meer in Sicht, weit und breit - wunderschöner Blick auf Lehau: Spitzer Hut und Buckel wie Mondsichel geformter Kraterrest Niihau vorgelagert;

durchqueren ‚Almlandschaft', Steinbrocken vereinzelt Bäume, Gräser, grobes Geröll; Überlandleitungen ungünstig da angreifbar für Taifune und Tsunamis, unterirdische Verlegung sei aber zu teuer (!) wird uns mitgeteilt; rosa Lupinenbaum, da hat jemand eine Menge Orchideen-Töpfe vorm Haus, „Rote- Erde-T-Shirt-Laden": einmal eingefärbt geht nie mehr raus - aus heller Kleidung die ungewollt mit der Erde in Berührung kommt ebenfalls nicht! Rechts ehemaliges russisches Fort Elisabeth, an der Küste nicht mal bedeckt, strahlender Sonnenschein, Meer dunkelblau mit Schaumkronen, grüne Stellen in kahlem rot-braunem Erdfleck und umgekehrt, ‚Spargel'-Nadelbäu**me** („Cook"-Tannen), „takoma" blüht lila, gibt's auch in anderen Farben, Baum hat senkrecht stehende Schoten wie Hand mit Fingern, ‚Bommel'-Baum, Mangoart - 16 Uhr Ausflug zu Ende: frisch machen, umziehen, vom Hotel rechts ab am Strand entlang, Spaziergang noch schneller fertig als gestern: Zeichen „Privatbesitz" und große Lavasteine unmittelbar am Ufer blockieren, seitlich versperrt eingezäuntes Gelände ein Weiterkommen - wieder ‚retourli'-zurück wie am Vortag, langsam krieg' ich Zorn auf das angeblich so freie Amerika - es ist frei soweit man Freiheit erlaubt, erneut auffällig weitere Schilder: „Bleib draußen", „Wachhunde", „Betreten verboten" - nichts mit amerikanischer Höflichkeit wie auf dem Festland! Laufe Hauptstraße entlang an **Wailua** und dessen Einkaufszentrum vorbei nach **Kapa'a** über den Uhelekawawa-Fluss und zum dortigen Supermärkte-Platz, etwas weiter Laden mit massiven lackierten Rohrmöbeln aus Bambus und stabilem Flechtwerk - wunderschön! Essen von „Heißer Theke" im Großmarkt mitnehmen? Genug Auswahl an Fleisch, Gemüse, Beilagen, Duft lockt und den Füßen reicht's für heut', also ja; dieses Geräusch so einer Muschel kenn' ich doch aus dem Nationalmuseum von Mexiko City - ich gehe vom Abendfutter weg auf den Balkon die Ursache herauszufinden - na so was, genau dasselbe Signal: vom Pool her hält ein junger Mann mit Blätterkranz auf dem Kopf und Tuch um die Hüften Einzug, dumpfe Töne erzeugend indem er das große 'Muschelhorn' bläst, junge Frau hinter ihm hält eine Fackel und entzündet damit die anderen welche die Bühne umgeben, dann ziehen sie sich zurück, Musiker treten in Aktion; habe nur ein Paar Söckchen als Notbehelf mitgenommen, dachte ich kann ständig ohne gehen - gut dass ich intelligente Freundinnen habe: Karins Waschlotion und Inges Auswringmethode helfen die Strümpfchen bis zum Schluss zu erhalten, dann allerdings sind sie fix und fertig, weiß würden die nie mehr - ach diese niedrigen Waschbecken und To'-Schüsseln überall, wohl auf Japaner eingestellt die häufig ihre Wochenenden hier verbringen um Golf zu spielen, Entfernung nur sieben Flugstunden - aber Maschinen zur Eiswürfelproduktion in jedem Hotel vorhanden, das hiesige ist übrigens mehrfach über Eck gebaut, das bewirkt optimale Luftzirkulation! - Heute Morgen bin ich noch müde, spät eingeschlafen obwohl die ‚Bühnenmusik' nicht allzu lange dauerte, Hubschrauberflug steht an, mache eingeschliffene Nah-Fern-Brille sauber und - habe ein Glas in der Hand, Schraube ausgeleiert, nachziehen hilft nicht mehr - na denn ‚oben ohne'; 8.10 Uhr Abfahrt – warten, später geht's los: rechts ein Sumpftümpel sonst nichts Spektakuläres, erreichen Abflug- und Landeplatz - warten, werden dann in Maschinen gedrängt - was noch einer neben mir? Protest nutzt nichts, Tür zu und ab, so eingepfercht saß ich noch nie bei einem Helikopterflug, kann nicht viel sehen noch weniger fotografieren, davon noch Ausschuss - nicht nur ich fühle mich betrogen, schade denn der Pilot ist super, er fliegt in die Täler des Canyons nahe der Na Pali Küste hinein, in den Steilklippen befinden sich Grotten infolge von Auswaschungen der Meereswellen und Höhlen die Reste von Lavatunneln sind; Spuk nach knapper Stunde zu Ende, jeder erhält ein Videoband des Fluges geschenkt das eigentlich 5 $ kostet wird betont - daheim stellt sich heraus es handelt sich um Inselwerbung, meine Beschwerde dort bei der Reiseleiterin bringt mir ein paar grünstichige Foto-Postkarten ein (mache Dias!) - das gibt ein Nachspiel beim Veranstalter: statt vier Personen sechs, von wegen „Jeder hat Fensterplatz" und das zum vollen Preis - so nicht! Schrauben für Brille gekauft - kein Optiker vorhanden, viel Zeit mit Reparaturversuchen vertan, doch kein Gewinde des Sortiments passt, alles murks! Ersatz-Lesebrille kommt bei Bedarf zum Einsatz, bisschen Essen mitgebracht und erst mal 'ne Runde schlafen, tief und fest, 1 1/2 Stunden, prima; hier hat man nicht nur einen 'Pool' sondern auch einen 'Yakutsi', den lasse ich mir nicht entgehen, im Whirl-Pool mit warmem Salzwasser kann ich nur kurz bleiben - keine Sorge schwarzer Mann dei' Füß' seh' ich auch ohne Brill' und steig' drüber, dann ab in das Becken zum Schwimmen, das hat gutgetan! Anziehen, die Sommerhosen sind viel zu warm, hier trägt man lange luftige Kleider, das einzig Richtige, hätte ich das gewusst - zu Hause hängen etliche davon aus verschiedenen Ländern wenig nützlich im Kleiderschrank - zu spät und zu weit weg; auf zum „Market Place": heute möchte ich ein Steak - es ist der Tag des Wartens, das Tier für das Stück Fleisch muss anscheinend erst noch gefunden und geschlachtet werden, doch - 'was lange währt wird endlich gut' gilt noch; besonders kräftiger Wind, Drachen steigen lassen lohnt sich; Essen auf Balkon aus der Tüte, gestern die Mädchenstimme war etwas schrill, die Männer heute Abend singen schön - ach nein, aber nicht jodeln, das klingt ja grauenhaft, aha Applaus kaum hörbar, seht ihr?! 21 Uhr schon wieder Schluss? Na ja, es ist Montag, am Samstag war's am schlimmsten, laut und lang; also importiertes Obst ist hier genauso teuer wie bei uns, zum Beispiel Äpfel oder Pfirsiche, einheimisches manchmal billig, meistens preiswert, auf dem Markt sich günstig zu verpflegen stellt kein Problem dar, weitere Möglichkeiten bestehen wenn man an Ständen isst, von dort oder der „Heißen Theke" im Supermarkt etwas ins Hotel mitnimmt, sich mit irgendeinem fertigen Salat aus den Kühlschränken verschiedener Läden bedient, außerdem gibt es ebenso günstige Angebote von kleinen Gaststätten nicht Restaurants und natürlich „McDonald's" und „Pizza Hut"; bin angenehm überrascht, sehe allgemein kaum Unterschiede zwischen den Preisen hier und denen vom Festland der USA, selbstverständlich ist alles sehr teuer wenn man ständig umrechnet, wegen des für uns ungünstigen Wechselkurses, will man sich jedoch ein Bild über die Lebensverhältnisse der Menschen hier machen muss man - meine ich, ihr Einkommen und die Preise in Beziehung setzen, mir geht's bei der Nahrungsbeschaffung auch um Zeitgewinn, oft klappt's. - Schöner Morgen, Sonne scheint wie gehabt, na - wieder Geräusper? Im Bade-Klöchen zieht's häufig wie Hechtsuppe, den Luftstrom dort kann man nicht abstellen und dauernd gibt's Zugluft in Bussen und Gebäuden, wenn's nicht mehr wird als Räuspern bin ich zufrieden; die Blätter der Kokospalmen glänzen wie Seide nach der gestrigen Ernte der Nüsse und dem Abschlagen von verwelktem Laub, auch dürren Zweigen, schon wieder so heiß in der Sonne, der Wind ist schön böig, wehe wenn er eine Pause einlegt! Über Nacht liefen die Rasensprenger, wie so oft wenn es, wie zur Zeit, lange nicht geregnet hat; aus Kokosnüssen wird zusätzlich Öl, Seide, sowie Kerzenwachs hergestellt, in **Waikiki** darf keine davon am Baum hängen wird erzählt, aus Angst vor Schadenersatz-Forderungen; wir sind auf dem Weg zum Flughafen, die dort angebotene Lesebrille für 10 $ bringt mir auch die Ferne näher - guter Ersatz, nur leider passt mein Sonnenschutz-Aufsatz nicht drauf, man kann halt nicht alles haben! Stehe am Flugzeug ziemlich hinten in der Einsteigeschlange da öffnen sie die rückwärtige Tür und ich ergattere so noch einen Fensterplatz, sogar vorm Flügel: Abschiedsblick auf Doppelklippe, Wasser und Wolken, in dunkelgrauen Horizontstreifen hinein und weg, nur noch weiße ‚Inseln', Flocken, ‚Wattebäusche', manchmal kompaktere Flächen dazwischen; jetzt Sicht nach unten: Ortschaft und Küste, noch ein Ort, überfliegen **Oahu**, Hafen von Honolulu, Land - wieder dieser rot-braune Boden, das Wasser direkt an der Küste hellbraun, danach hellgrüner Streifen dann dunkelblau, ‚Bärentatze', rechts davon enorm bergig und schroffe Felsen, da hinten ist noch eine Insel - ‚Vorhang' vorne zu, haben überflogen nähern uns dem zweiten Eiland; heute Non-Stop mit „Aloha-Airlines" nach Maui gekommen, Landung nach ca. 1 1/2 Stunden in **Kahului** wo bereits ein Bus auf uns wartet: Wolken über den Bergen auch hier, rechts Sumpfgebiet mit Teich, sei sonst ganzer See war zu wenig Regen; zwei Gleitschirmflieger in der Luft, orangefarbene Tulpenbaumblüten, gelber (!) Jakaranda, schwenken ab in die Berge, hinein ins „IAO-Tal" in dem eine bedeutende Entscheidungsschlacht des streitbaren ersten Königs stattfand, mit Kepaniwai-(= rot wie Blut)-Fluss - wird wohl so gewesen sein und dem heiligen 675 m hohen Basalt-Lavafelsen „IAO-Neadle", Kessel begrenzt von Abhängen des Puu Kukui dem Wolkenfang, sie regnen sich hier aus; Richtung Hauptstadt Wailuku Granitmonolith, Steilhänge in massiven Falten, links begrünt rechts gelegentlich kahle braune Stellen, spezieller Platz mit Häusern verschiedener Nationen folgt, beliebt sei die Hochzeit im Abstammungs-Gebäude, auch Japaner aus dem Mutterland kämen dafür gerne hierher, **Wailuku**: „Kaumanu Church" rechts war Beerdigungsstätte der oberen Klasse, die nächste Kirche ist „Pater Damien's St. Philomena's Church" aus behauenen Lavablock-Steinen mit mittelalterlichem Burg-Glockenturm; habe nur Obst und ein paar Crackers zwischendurch gegessen und gehe nun an die Macademia-Nüsse mit Schoko-Überzug von „Ghirar"; Flachland, Wildwasser schufen Wasserfälle, Schluchten und sehr enge Täler die sich meistens zum Meer hin trichterförmig verbreitern, sie werden landwirtschaftlich genutzt hier besonders auch für süße Zwiebeln, diese und Jakarandas sind spezielle Markenzeichen der Insel, ihr vorgelagert das Schnorchelbecken „Molokini": mondsichelförmiger Stein-Erd-Bogen da restliche Kratermulde, nun rechts Blick in ein Felsental, links hat die Küste kleine Buchten, Wasser mit üblichen Farben und gewohnt kräftiger Brandung - sonnig und weiße Wolken, rechts tiefer kaum bewachsener Felseinschnitt, Berge wie riesige Dünen dahinter grüne ‚Spitzhüte', wieder tiefes Tal; drei Höhenzüge hintereinander, anderer ‚Hut' mit breiter gewellter ‚Krempe', langgestreckte ‚Rübenmiete' und ein paar kleinere, jetzt Felder davor, **Lahaina**: Straßenort entlang des Ufers, dehnt sich rechts ins Landesinnere aus, steht unter Denkmalschutz, auf der Anhöhe großes „L" zum steten Gedenken an die Verfechter hawaiischer Kultur, sehen darin ihre Aufgabe sie zu erhalten und in entsprechenden Schulen zu pflegen; grün überzogener großer Felsen, links Küstenstreifen immer breiter, **Whalers Village**, **Kaanapali**, Ankunft um 16 Uhr herum im „Royal Lahaina Resort": nach Erledigung aller Formalitäten erst einmal häuslich einrichten im hellhörigen Zimmer, Tisch feucht abwischen, sonst recht sauber, Ventilator mit Propelleransätzen aus Messing - wer sagt's denn! Ach sieh da - an den Leisten meines Koffers sind Stücke herausgebrochen, der hat bisher alles überstanden, das bringt ihn auch nicht um, aber sind schon rigoros! „Trolly Shuttle" fährt regelmäßig zum Einheitspreis vom Hotel nach **Whalers Village,** nichts wie hin: Wal-Skelett und -museum, in der „Rostigen Harpune" kann man für 80 $ dinieren, das „Hula" da hinten ist weitaus preisgünstiger, massenweise sündhaft teure Geschäfte, zwei bis drei Kitschläden übelster Sorte mit tief innen erstaunlich gediegenen Ecken und Geschäfte gemischten Angebots zum Stöbern, verbraucht Zeit, lohnt sich aber; selten - doch ab und zu stößt man auf Verkäufer- oder Kassiererinnen die ins 'Pidgin-English' der Inselprägung verfallen und nicht verstehen (wollen) was man sagt, einen anderen Preis eintippen und so - die verstehe ich dann auch nicht und gehe ohne etwas zu kaufen woanders hin; wieder „ABC-Laden", zum Auftakt „Red Bull", am Schluss Sushi-Röllchen und Obstsalat mitnehmen; Rückweg zu Fuß ca. 30 Minuten, Nachtessen auf dem Balkönchen: bin diesmal im 5. Stock, klarer Himmel mit so vielen strahlenden Sternen wie frisch geputzt, rechts Abendstern überm Meer, direkt vor mir der 'Kleine Wagen', links sind die Berge, „Maui oka heu" = Maui ist die beste, heißt es, Name von dem Halbgott der mit seiner Mutter in einem kleinen Haus am Meer wohnte und für sie die Sonne einfing; Insel aus Lava des Puu Kukui, 1 764 m und Haleakala 3 055 m hoch, entstanden, die Ergussströme schufen Ebenen die irgendwann aufeinandertrafen und allmählich bildete sich auch ein Verbindungssattel - das war der Eruptionsanteil, Erosion: Niederschläge, Wind, Salzluft und die Schichtenverschiebung taten das Übrige, wobei Sturzregengüsse nicht nur zerstörten sondern halfen eine farbige Lavalandschaft mit spezieller Flora und Fauna hervorzubringen, sei zweitgrößte und jüngste Insel des Archipels, westlicher Teil schwer zugängliche Bergregion, im Osten dominiert der Haleakala; die Inseln sind Winterquartier für Zugvögel aus Sibirien und Alaska, für manche sind sie Zwischenstation, sie gaben den Bootsfahrern Hinweis auf Land mit evtl. Bergen und Wolken die an ihnen hängenbleiben - so gut informiert beginne ich anderntags die „Hana-Tour" um 7.30 Uhr: Küste entlang passieren wir Olowalu, die einzige Schlucht die man durchwandern kann, zwei neue Tunnel, rechts Wal-Bucht für Beobachtung der Namensgeber im Winter, biegen ab, Wasser tritt zurück, Zuckerrohr rechts und links, Ananas, neuerdings Felder für grünen Spargel, Bewässerungssystem-Ende; links Krankenhaus, Flugplatz - nach Tankauffüll-Stop erneut Blick zum Flughafen und Auffahrt zum Hana-Highway, **Spreckelsville**: Gründung durch deutschen Plantagenbesitzer dieses Namens; heutige Reiseleiterin wirbt eifrig für Wassersportarten, nicht fürs Schwimmen wie die anderen, weil außer der Brandung starke Unterströmungen bestünden die weit hinaustragen, man sieht auch nur Badende oder Leute auf Brettern, enormer Golfplatz links, rechts

Zuckerrohrfabrik, Paia Touristendorf, **Lower Palai** ehemalige Zuckerrohr-Stadt, Ho'okipa Beach sei Dorado für Windsurfer; Wasser heute wenig bewegt, Wellenreiter dümpeln auf ihren Brettern und ,quasseln', geschlossene Wolkendecke über dem Meer nur rechts aufgelockert, wir schrauben uns den ca. 84 km langen Highway-Serpentinenweg mit Panoramablick hinauf und die Sonne kommt durch, Ananas-Pflanzungen, es regnet - nicht mehr, erneut und recht kräftig, Sonne sticht, Norfolk-Tannen, es kurvt sich insgesamt 617 mal, dazu kommen 56 zumeist einspurige Brücken (stimmt, habe mitgezählt!), Ausflug wird als „Abenteuer" bezeichnet das es zu überleben gilt - Rechtfertigung für die teilweise sehr schlechten Straßenverhältnisse? An Steilküste entlang Hochebene mit Buckel, hier leben Pendler in Selbstversorgungsmanier d. h. Nahrungsanbau und Ziegenhaltung; tropischer Urwald aus Bambus und „Regenbogen-Eukalyptus", da wächst dornenlose „Akala", eine Himbeerart, sowie Erdbeeren und nichtduftende Minze, Grün überwiegt, hin und wieder senkrecht stehende ,Bürstenblüten' (Ohia) und afrikanische Tulpenbäume, natürlich Cook-Tannen, Guavasträucher; erneut Bewässerungskanal rechts, man reguliert gelegentlich, ein Philodendron mit mächtigen Blättern rankt an hohem Stamm hinauf, Papayas, Papageienschnabel-Blumen und rote Ti-Blätterpflanzen im „Garten von Eden" an dem wir vorbeifahren, links Flussbett voller Felsbrocken, rechts natürlicher Pool mit Badenden darin, herrlicher Blick hinunter zur Küste - nur der Fahrer rast wie verrückt, fotografieren unmöglich außerdem rutscht alles durcheinander: Tasche, Kamera, Wasserflasche, Sonnenhut - sind schon wieder unten, Schiffschaukel-Tour! Landzunge Keanae mit Kliff und schwarzem Sandstrand zu sehen - wieder nach oben: „Mama's Fish House", vom Bordell zum Exklusiv-Restaurant mutiert, berühmt für erlesene Gerichte, allerdings munkelt man mit der „Mama" stimme etwas nicht, sie sei wohl früher ein Mann gewesen; bereits die zweite Baustelle, Astwerk wird abgeschnitten und gegen Steinschlag vorgesorgt, auch hier „Hau"-Bäume mit den Blüten welche die Farbe wechseln, ihr Holz dient als Ausleger an Booten und Schwimmkörper für Fischnetze - manche Baum- und Pflanzensorte könne zu medizinischen Zwecken verwendet werden - Forschung habe gerade erst begonnen; Camp von 'YMCA', bergab rechts Taro-Felder, links kleine Buchten mit großen schwarzen Lavabrocken und - formen, halten an einer Kirche und ein paar Holzhäusern: versuchen die Spezialität einer Familie die Bananenbrot bäckt, außerdem tun mir eine halbe Papaya und eine Apfelbanane gut, Wetter weiter wechselhaft aber - es regnet nie wenn wir aussteigen! „Wai" = Frischwasser „lua" = es sprudelt, überall, meistens in Stufen, oft rinnt es aus der Wand wie Silberfäden; in der nächsten Siedlung wohnen 150 Menschen zusammen, überwiegend Hawaiier, links ein durch Steine aufgestauter Pool, zwei Häuser, Wasserkressen-Anbau, Marien-Statue am Straßenrand, hinter uns und rechts Kaskaden-Wasserfälle, kurzer Halt am „Wailua-Fall", 30 m hoch, Becken ergießt sich über den nächsten Wasserfall - wunderschöne Aussicht auf die Küste, riesige weiße Engelstrompete und nördlich vom Wailua-Ort war ein Altar für Menschenopfer; wieder hinab und hinauf, Sonne und Regen im Wechsel, Wasserfälle sowie Taleinschnitte mit und ohne Abflüsse ebenfalls, im Moment besondere Engstelle, Sonne scheint auf frisch gewaschenes Grün, dicken Bambus, Passionsfrüchte und Mandelbäume, dann erneut Blick zum Meer mit Ufern aus schwarzem oder farbigem Sand, Flughafen-Streifen von Hana - nicht für Jets vorwiegend Hubschrauber, hier stehen Wochenendhäuser reicher Amerikaner; Lava-Strand, grüne Ti-Pflanzen verschiedene Sorten von blühendem Ingwer - alte Bekannte, ehemaliger Tempel in der Nähe auf Privatgelände, nur nach Voranmeldung zu besichtigen - für uns nicht, Mittagessens-Pause: esse ein vorzügliches „Mahi-mahi-Sandwich" am Rastplatz im „Hana-State-Park" - oh ha, die Disziplin lässt nach, Mitreisende gammeln herum, nicht gedrängt werden ist ja ganz schön aber Zeit vergeuden schlecht, endlich geht's weiter: Plantagen für kleine Bananen, Papayas, Blüten rot und lila, eine Farbenpracht, danach ausgetrocknetes Flussbett voll dicker Geröllsteine, **Hana** = Arbeit, hatte Zuckerrohrfabrik, nun kleiner Urlaubsort an der unteren Ostküste, Ananas am Baum und birnenförmige Avokados ein Lorbeergewächs, links Hügel im Meer, rechts Kulturzentrum, Schule, Kirche, vom Luxushotel bis zur einfachen Unterkunft alles da - sogar schwarze Ziege mit rotem Halsband; nahe der kleinen feinen „Palapala Hoomau Church" von 1857 Grab von Charles Lindbergh im „Kipahulu Point Park" mit wunderbaren Aussichten bei kleinem Rundgang; fahren anschließend über Holperstraße mit Tier-Barrieren, Rinderherden, sehen Agaven in zunehmend kargem Gebiet, breite trockene Landeinschnitte, ebensolche Flussbetten mit grobem Geröll, wuchtige Brocken dabei, nun Steinwüste, links tiefe Einbuchtungen und Unterspülungen, gelegentlich erkaltete Schlackenkegel am Ufer; rechts roter Steilhang, große ‚Muschel'-Fladen, danach links ausgedehnte Lavafelder - sagenhaft diese Steilhänge! Halten für eine Weinprobe und -verkauf, da hab' ich endlich wieder mal Gelegenheit nach Knipsmotiven Ausschau zu halten - Wein bei der Hitze! Es wird gefragt ob wir an den „Sieben heiligen Pools" waren die mehr als sieben und nicht heilig sind – nein, aber wahrscheinlich versäumten wir nichts, weiter: Tulpenbäume, Seideneichen, breitblättrige ineinandergewachsene Bougainvilleen in weinrot-lila-orange sowie Kakteen, hoch gelegenes Weideland, Blumenzucht, z. B. Königs-Protea, davon gibt's über tausend Arten, Jakaranda-Allee: vor lauter Blüten sieht man keine Äste und keinerlei Laubwerk mehr! Zwei andere Inseln deutlich wahrnehmbar, partiell glitzert das Wasser silbern, rechts werden die Berge langsam von Wolken eingehüllt die zur Straße hin wie Nebel herunterkriechen; haben den „Haleakala-Nationalpark" umfahren und kommen nach **Makawao**: man zündet gerade ein Zuckerrohrfeld an nachdem die Wasserversorgung abgestellt wurde welche durch Plastikröhrchen lief die mitverkokeln - entsprechende Rußluftschweinerei entsteht, dagegen schöner Blick auf Vulkans Fuß- und Spitzenpartie, dazwischen eine weiße Wolkenbank, um Bucht herum, Segelboot unterwegs; aus Tunnel heraus, Sonne heizt ein, Kaltluft zieht - heut' bin ich völlig durchgeweicht und erledigt, müd' und hungrig - nutzt alles nichts, muss für morgen noch Essen besorgen, die Vulkan-Fahrt beginnt um 7.15 Uhr, die einzig englischsprachige Unternehmung, Alternative gibt's nicht, mir ist's egal gucke sowieso deutsch - also duschen, kurz entspannen, Frisches anziehen und los, will doch auch noch die Fahnen am „Sheraton" fotografieren; laufe lieber den Weg: wundervoll die über dem Meer untergehende Sonne, fahre von **Whalers Village** aus zurück; Balkon-Mahlzeit: in den Bergen regnet's, ein doppelter Regenbogen entsteht mit intensiven Farben - wie schön! Also, in einem Punkt sind die Hotels sauber - es gibt keine Plagegeister, weder Kakerlaken noch Skorpione oder giftige Tausendfüßler, auch nichts Harmloses wie Eidechsen, Geckos oder Chamäleons kriechen herum, insofern ist ruhiger Schlaf garantiert - den ich nun genieße, es wird Zeit! - Aufbruch pünktlich, am Teich gegenüber dem Village laufen noch die Rasensprenger, wir fahren wieder die gleiche Strecke zum Hana-Highway, die Wolken über den Bergen heben sich langsam - da steht jemand auf einem Felsvorsprung und angelt im Meer, jetzt schleicht ein Transporter vor uns her und hält uns auf - unser Fahrer hat ihn überholt nun geht's flott voran: Sonne, Wolken, Nieselregen wechseln wie gestern, rechts die Zuckerfabrik arbeitet anscheinend denn die Schornsteine rauchen, moderne Kirche als Rundbau in Rippen mit luftigen Zwischenräumen, über dem Türsturz das schlichte weiße Kreuz wirkt filigran, hübsch, Haleakala geradeaus schon zu sehen, rutscht nach rechts; weiß-rote Hüte auf der Straße regeln den Spurenbedarf wie in den USA üblich - abgebogen rechts an Ananas-Plantage vorbei, quer durch **Pukalani** = Himmelslücke ist Abkürzung zu anderem Highway, erneuter Schlenker, Jakaranda wird „Duschbaum" genannt weil er die Blütenblätter verliert wie Duschwasser abläuft, links Weideland mit Rindern und Pferden - hinauf in die Berge und zu den grauen Wolken; begleitete Radtouren zur Gipfelplattform würden angeboten, offensichtlich sind radelnde Gruppen unterwegs, ziemlich ansteigend die Straße - na viel Spaß! Italienische Zypressen, Ohren knacken - machen Apfelbananen-Pause, dann rechts schöner Blick auf Abhänge und die Küstenebene, schlängeln uns weiter in die Höhe; Klimaanlage im Bus aus dafür Dach-Luftklappe auf um die angenehme Kühle hereinzulassen; die wellige Landschaft rundum ist überzogen mit kurzem Gras und darauf verstreuten gelben Blümchen, rechts verschließt ein Wolkenband jegliche Sicht, ab und zu kommt nun ein Wäldchen ins Blickfeld - Fahrer redet ununterbrochen, will wohl die Leute wach und bei Laune halten, erzählt von San Francisco und Australien - aha endlich von Vulkanen, der Feuchtigkeit an den Hängen, Geysiren und Lavaströmen; fahren in klarem Streifen zwischen Wolkenwänden, Gras nun höher, danach viele kleine Sträucher und Büsche wie gebundene Blumensträuße, wieder kleine, erneut große, es tauchen Baumstreifen auf - Regenwaldzone, Pinien und andere Nadelbäume folgen; am Park-Anfang strahlende Sonne, hügeliges Buschland mit dem endemischen „Silberschwert" das es nur in Höhen über 2 000 m gibt, nach fünf Jahren fähig ist zum Blühen, einmalig einen hohen Blütenstand bis zu 2 m entwickelt, Samen bildet und dann abstirbt; machen Station am Parkschild, Gebäude mit Souvenir-Laden und To', haben ausreichend Zeit Gegend genauer zu erkunden auch zum Akklimatisieren; weiter: nun größere Erhebung, mal hinter mal links neben uns wo die Wolken dahinziehen, sonst blauer Himmel, so viele unterschiedliche Blumen! Es wird karg, nur noch Moos, kleine Sträucher, Silberschwerte und natürlich Steinbrocken und Sand, Ankunft am „Besucherzentrum" in ca. 2 900 m Höhe um knapp 10.30 Uhr, nochmalige Ermahnung an uns keine Steine mitzunehmen (bei 20 kg erlaubtem Fluggepäck schleift jemand den halben Berg nach Hause ?!) und nicht querfeldein zu laufen - beides streng verboten da meistbesuchter Vulkan, man kann wirklich nicht dagegen verstoßen, überall Ranger unterwegs; leider nur 1/2 Stunde Aufenthalt: schade, reicht mir nicht um den Weg am Steilhang rechts bis zur Spitze hinaufzuklettern, bin aber schon froh und dankbar ohne besondere Atemprobleme an der Kante des Kraters zu stehen: der ist 12 km, lang 4 km breit, 915 m tief, eine Art Mondlandschaft in den unterschiedlichsten Farben insbesondere rot, gelb, grau, schwarz, Haleakala = Haus der Sonne, wo sie Maui mit ihren Strahlen die er als Lasso benutzte einfing und ihr das Versprechen abrang langsamer zu ziehen damit seine Mutter die Hausarbeit in Ruhe erledigen kann; letzter Ausbruch 1790 mit sehr heißer „pahoehoe" die zu flachen Bergen erkaltete, Vulkanbasis liegt 5 400 m tief im Meer; oben auf dem Nachbarhügel steht das Observatorium „Science City" das Himmelsforschung betreibt und „Pele" auf die Finger schaut, Überraschungen durch sie unwahrscheinlich - Staubmantel und Hut kann man hier gut vertragen im kühlen Wind. Rückfahrt in normale Luftdruckzone: Wolken- und Nebelgemisch, Sonnenstriche, jetzt ‚Professor'-Fahrer der Vorlesungen hält in Geschichte unter soziologischen Aspekten, über Mineralogie spricht, überlieferte Legenden werden erwähnt wie z. B. die dass der König die Inseln aus dem Meer fischte - so sind sie entstanden und nicht anders! Autos die uns entgegenkommen haben Scheinwerfer an, begründet - hinein in den dicken feuchten Dunst, wenn die Sonne durch eine Lücke bricht glänzen die Steine, wirken Farben sehr eindringlich in der indirekten Beleuchtung, dem unwirklichen Licht - atemberaubend schön, rechts Blüten- und sonstige Bäume auch „Kiawe", wieder alle so hoch und ausgedehnt, haben kurze Unterbrechung: diese explodierten Riesengewächse passen doch nie in eine Fotografiermaschine, erhöhe ich den Abstand dazu versperrt mir das nächste Ungetüm die Sicht! Rechts Hubschrauber-Landeplatz, auf der Straße wieder Metallrohre als Tier-Barriere, nun regnet's aber richtig stark und hält an - fahren schon über 15 Minuten so, zwei Fahrradgruppen auf dem Weg bergab unter ‚Natur-Dusche' - da links an der Küste Sonne und im Flachland dahinter, Druck auf den Ohren, zweimal kräftig gähnen - weg, wieder in ‚klaren Verhältnissen', Villa links mit Pferde- und Hirschstatue Eigentum von Tom Sellek - sehr hübsch; Wolken hoch, große blaue Stellen am Himmel, helles Licht und keinerlei Regen mehr, gelegentlich halten Straßenarbeiten auf, **Makawao**: 1 1/2 Stunden Mittagspause? Unsere Dauer-Reiseleiterin sagte doch man müsse sich etwas zu essen mitnehmen es gäbe keine Unterbrechungen, hatten schon drei und nun reichlich Zeit für einen Restaurantbesuch - die Frau weiß nichts! Was mach' ich nun mit meinem Salat, heute Abend ist „luau" Abschiedsbankett und morgen kann ich ihn wegwerfen, laufe also in Schwüle und Nieselregen durch den Ort auf der Suche nach einem verschwiegenen Plätzchen um abgelegen Mitgebrachtes zu verspeisen, zu blöd - an die Fußtritte die ich mir gestern verpasste um extra für den Essenseinkauf noch einmal aufzubrechen darf ich gar nicht denken; fahren wieder: geradeaus Geholper, Gestolper durch eine Wohngegend, etliche Straßenreparaturstellen - nicht immer günstiger, weg von der Hauptstraße ‚beim Schmitte-Fritzi hinnerum' zu fahren, aber so hätten wir mehr von der Vegetation meint der Fahrer, damit hat er recht wenn's auch nichts spannend Neues gibt, ein Orangenbaum - allerdings erst der zweite oder dritte auf dieser Reise, Norfolktannen-Anpflanzung für Weihnachtsbäume, sonnig, Haarnadelkurvenstrecke - Information: etliche Einwanderer von Baden-Württemberg ließen sich in Wisconsin/USA nieder; da sind Ziegen, inzwischen auch wilde, heißen hier „kau" weil ein Mr. Vancouver dieses Geschenk für den König aufwertend als Kuh bezeichnete die deshalb „pipi" genannt wird; Brücke wird erweitert, rechts ist die Küste, Einheimischer meldet mit erhobenem Daumen seinen Wunsch an mitzufahren, können Touristen- und Linienbus nicht unterscheiden, aber wer einsteigt bezahlt auf jeden Fall deshalb dürfen die Fahrer so wie ‚unserer' niemanden mitnehmen; riesengroße Ananas-Felder, viele aberntbare und einige neu eingepflanzte, heute stärkerer Wind am langgestreckten Surfstrand, Übungsmöglichkeiten für den großen Wettbewerb halten sich aber noch in Grenzen nur - beim kurzen Ausstieg muss ich auf meinen Hut aufpassen, da - Drachenflieger überm Wasser! Berge völlig in Wolken, Fahrer meint das ist ein Gewitter, auch in Makawao wo wir vorhin waren regne es jetzt sehr; Abstecher ins „IAO-Tal", wir haben Zeit, alles Hotelgäste keiner muss zum Flughafen, es regnet leicht, frage nach den Katzen die das letzte Mal hier herumstreunten und erfahre: 200 wilde würden hier leben heiße deshalb auch „Katzen-Tal"; fast 16 Uhr, um diese Zeit wollten wir eigentlich zurücksein - daraus wird wohl nichts, am Flugplatz: Gleitschirmfliegen sei Freizeitangebot, wunderschöne Grünanlagen überall – Kunststück, wächst ja alles wie verrückt, **Wailuku**: fast am Ende einer Supermarkt- und sonstigen Ladenkette Theater mit Dach wie aus kleinen aneinandergesetzten geschwungenen Pilzhüten, hawaiische Kirche hat grasgedeckte Dächer auf Mittelschiff und Glockenturm - hier noch was zeigen, da noch ein Schlenker - Mann ich bin soo müd' und um 17.30 Uhr treffen wir uns zum „luau" (nicht „lua" =Toilette), dachte ich könnte dazwischen eine Runde schlafen, die Zeitspanne dafür wird immer kürzer; weißer Leuchtturm auf Felsvorsprung an der Küste, ‚er' ergeht sich in epischer Breite über die Sprache der Hawaiier, trudeln schließlich gegen 16.30 Uhr bei den Hotels ein, erste Portion Leute steigt aus, ich bin bei der zweiten - also wie gewohnt: duschen, etwas ausruhen, umziehen und wieder los zur Massenveranstaltung: lange Tische, Stühle drumherum - mitten in der prallen Sonne, laufe ins Zimmer zurück um Sonnenhut und -brille zu holen denn man wies mir einen Sitz mit Blick aufs Meer zu darüber die Sonne, „die geht bald unter" meinte die EinteilerIn - ich weiß, in ca. zwei Stunden! „Mai-Tai" als Aperitif = Fruchtsaft mit Schüsschen Rum und Wasser, Unterhalterin und Combo aufgeboten - anscheinend starke Kalifornien-Gemeinde unter den Gästen, tischweise wird dann um 18 Uhr der Buffetgang eröffnet, die sich bildenden Schlangen dirigiert ein Mann, Gedränge, Geschiebe: „Poi" mit Lachssalat schmecke sehr gut wird empfohlen - finde weder das eine noch das andere, mit Mühe erdgegartes Schweinefleisch ergattert, unternehme nach schmackhafter ‚Vorspeise' einen zweiten Gang: von den drei Buffets gibt es nur noch eins, erheblich zusammengeräumt und geschrumpft - war's das schon? Ist ja ärmlich! Die Jungen hatten eine gute Nase als sie gleich ihre Tabletts zum Bersten vollluden - was soll's, steht aber wieder mal in keinem Verhältnis zum Preis, alles Fakultative ist purer Nepp - am günstigsten dürfte es sein, ein Auto zu mieten um selbst dahin zu fahren wo man hinwill, unterbrechen wo man kann und sich auf dem Markt oder in Läden zu versorgen; es nieselt ein bisschen, angenehm herrlicher Regenbogen; Show ca. 19 Uhr, beginnt mit einem Gebet was ich als herabwürdigend empfinde, die Tänze - es mag sein dass sie auf traditionellen der jeweiligen Herkunfts-Inseln beruhen und historischen Rückblick beinhalten sollen, aber sie sind zu üblicher amerikanischer Show in exotischen Kostümen geworden (verkommen), nein auch hier nichts Ursprüngliches mehr, allerdings tanzt ein neunjähriges Naturtalent wunderschön, ihre anmutigen Bewegungen, besonders der Hände, faszinieren und sie kennt offenbar auch den Text zu der Melodie! Mädchen sehen aus wie erwartet, Männer haben ganz unterschiedliche Gesichter, schätze: zwei Hawaiier, zweimal japanisch-chinesische Mischung, ein typischer weißer Amerikaner; hole mir zwischendurch ein Glas Kranenwasser weil ich am Verdursten bin - man hat nichts anderes mehr im Angebot, das ‚Bonbonwasser' mit Eiswürfeln vorhin am Buffet wollte ich nicht, aber seit Beginn der Show steht gar nichts mehr da und nach gut einer Stunde ist sowieso alles zu Ende, um 20 Uhr werden die Stühle zusammengestellt, Blick: ‚was sitzt ihr noch da herum', „ab in die Bar" heißt es dann, alle Getränke dort seien frei - das ist es also! Danke bin noch normal, ein „Mai-Tai" reicht mir - gute Nacht; noch an der Rezeption fragen ob ich mein Zimmer morgen bis 17 Uhr behalten kann, denn um 18 Uhr fahren wir erst zum Flugplatz - Reiseleiterin auf einmal da, hilft nach, es klappt ohne Aufpreis - na prima! Schlecht geschlafen, weiß nicht warum, 8 Uhr wach, nach dem Frühstück bekomme ich die Zimmermädchen/-frauen zu fassen - wissen natürlich von nichts, vorher saubermachen und nachher? „Nein, nein, nach 5 p.m. können Sie darin tun was Sie möchten aber bis dahin brauche ich Sie nicht - ‚mir gefreue sich alle' und mein Nachmittagsschlaf vor der Rückreise ist gesichert; jetzt habe ich Zeit und Muße für **Lahaina** = gnadenlose Sonne, „Shopping Express"-Pendler bringt für 1$ dorthin: ein paar historische Häuser aus der Walfängerzeit: hauptsächlich Buckelwale kamen und kommen von Alaska, damals wurde von ihnen alles verwendet: Tran für Lampen und Schmieröl, Fleisch als Nahrung, aus Knochen und Zähnen hat man Arbeitsgeräte hergestellt, die Pendelboote zwischen Hawaii und den Aleuten ankerten den Winter über im Hafen wie heute die Schiffe fürs „Whale Watching"; Hauptstraße, "Front Street", parallel zur Küste mit Geschäften, Näh- und Arbeitsstuben ein Stockwerk darüber, Wahrzeichen: ältestes Hotel und Gasthaus von 1901 das „Pioneer Inn" ein unscheinbares Holzgebäude, um die Ecke in der Seitenstraße das „Court House" mit 'Justitia' und einigen wenigen Arrestzellen, der ungeheuer ausladende Banyan = Feigenbaum schräg gegenüber ist mehr als 100 Jahre alt und mittlerweile 16 m hoch, sein Luftwurzelbereich bedeckt eine Fläche von etwa 60 m - erneuter Stoßseufzer mit Blick auf die Kamera fällig, „Wo Hing Temple" von 1912 unter Denkmalschutz, daneben chinesischer Friedhof; Stadt verfiel als Walboom vorbei, lukrativer Tourismus setzte erst 1966 ein; ganz interessante Kirchen, laufe die Straße wieder zurück bis zur breiten Stadtmitte: „Shopping-Center" mit künstlerisch geschnitzten Holzfiguren davor, auch eine der „Iolani nui", Kino, Bank, alte Zuckermühle - eine anheimelnde Ortschaft doch langsam macht er seinem Namen alle Ehre, gerate in die Mittagshitze, wer läuft da noch herum? Nur Touristen, genug - Rückfahrt ins Hotel, um 12 Uhr sollten die Koffer abholbereit vor der Tür stehen, bin dafür zu spät dran - was die befinden sich in der offenen Eingangshalle ohne dass sich jemand darum kümmert? Da bring' ich meinen nachher mit herunter, was hab' ich denn noch Essbares: geröstete Knoblauchbrot-Scheibchen, Ananassaft und eine halbe Dose Nüsse: Saft trinken duschen, noch Brot und Wasser, Bett - das hat gedauert aber dann eine Stunde fest geschlafen, nochmals duschen,

Aufgebrauchtes wegwerfen, Rest verpacken, Kühlschrank wieder anschließen - den hatte ich abgestellt weil er so laut war - alles bereinigt; Habseligkeiten komplett dabei, stelle meinen Koffer zur Sammlung, kein Mensch nimmt Notiz, gebe Schlüssel ab, geselle mich zur Gruppe die der am Anfang wieder entspricht - alle da, alle ‚hundemüde‘, gammelten seit 12 Uhr herum, hatten vorher Koffer gepackt und nachher nichts mehr unternommen, der zugesagte Ruheraum war nicht verfügbar; jetzt ist für mich noch Zeit genug für ein leckeres Yoghurt-Eis - warten, 18.10 Uhr ab: weißer Leuchtturm hat grünes Blinklicht, gute Sicht zu anderen Inseln und ans Ende von Maui, Berge langsam wolkenfrei, Silhouetten zeichnen sich gegen den hellen Himmel ab - sehr schön, Zuckerfabrik qualmt und der runde Teich daneben ebenfalls; nach wenig mehr als einer Stunde Ankunft am Airport Kahului an gleichnamiger Bucht, „Landwirtschaftstest" des Koffers, Kontrolle auf für Ausfuhr Verbotenes - Angler stellen ihre Stühle in Korallenstücke am Ufer das damit übersät ist, heller oder schwarzer Sand füllt die großen Aschenbecherschalen vor den Hotels aber davon mitnehmen darf man nichts - 'die spinnen die ...' ach so das war' n ja die Römer, manches sei möglich höre ich, im Handgepäck und am Körper sowieso; Koffer abgeben, geht durch bis Frankfurt - super, Bordkarten für die drei Flüge: San Francisco (FS), Chikago (C), Frankfurt - durchweg Fensterplätze? Danke braune Dame, 19.45 Uhr alles abgewickelt, Zeit für Flugsteig Abflug 21.50 Uhr - was? Die Reiseleiterin will um 20 Uhr ihr Flugzeug nach Honolulu kriegen, ei wie fein, das Hotel hatte wohl den gleichen Wunsch uns loszuwerden nun sitzen wir hier dumm rum - och nee: Bummel durch Geschäfte, Tee gefunden und eine Früchteschale mit saurer (!) weißer Ananas, Mango, Melonenstücken, Trauben - nochmals herumflanieren, Fluginformationen studieren; Inselpendler haben alle enorm Verspätung, Maschinen zum Festland werden offenbar vorrangig abgefertigt - mal sehen ob ich irgendwo noch ein Süppchen auftreibe, langsam Richtung Gate 29 schlendern, sieh da eine Snack- und eine Cocktailbar und In erster prima Schale Suppe, nebenan über der Bartheke runder Aufbau mit Netzen, Fischer- und Seeräuber-Puppen - nette Idee nur leider reizlos umgesetzt; pünktlich abgeflogen, die Lichter der Insel verschwinden schnell, Abendstern leuchtet in der Finsternis - und die Außenbirne an der rechten Tragfläche, schmale Sichel des abnehmenden Mondes gesellt sich dazu; Film läuft über resolute Ungeschickte die schließlich zur „Miss Amerika" gewählt wird - Inhalt erfasst man sogar ohne Ton; nach ca. drei Stunden fliegen wir sichtbar der Sonne entgegen: Morgenrot über dem ganzen Horizont - wunderbar, Wolkendecke lockert auf, verschwindet, unten liegt ein ruhiges Meer mit leichten Wellen, drei Reihen Höhenzüge und eine Küste kommen ins Blickfeld, Landeanflug zieht sich wieder hin wie Kaugummi - unten nach gut 4 1/2 Stunden in der Luft, die Uhr zeigt 3.05 Uhr + 3 Stunden = Ortszeit; diesmal bin ich am Verdursten kaufe große Flasche Wasser, die Gruppe bröckelt denn einige bleiben hier; um 7.20 Uhr Abflug nach Chicago an einem strahlend schönen Morgen, **San Francisco** liegt da in seiner ganzen Verlockung, die Rocky Mountains haben viel Schnee, überqueren einen langgestreckten Rücken in braun-rot, danach parallel verlaufende Bergketten, Wolken ziehen ‚Vorhang' zu; wieder Sicht diesmal auf parzellenweise surrealistische Zeichnungen in grün und beige mit großen und kleinen Ortschaften dazwischen - sitze am Flügelansatz, Fotos zu machen nicht möglich halt gucken: mehrere kleine und große Seen, einer davon hat gelb-grünes Wasser, aus dem Dunst tauchen die Umrisse von **Chicago** auf, die Türme zeichnen sich schemenhaft ab, riesige Fläche von wasserbegrenzten Wohnvierteln erkennbar, hübsche Umgebung: größerer See mit breitem Waldrand und bewaldete Inselchen; nach 4 Stunden Flug 1 Stunde Zwischenzeit ganz angenehm, zumal mit Terminal-Wechsel verbunden vom nationalen zum internationalen, laufe durch einen neuen Anbau mit Glasstab-Aufhängungen an der Decke, aus geometrischen Figuren die in wechselnden Farben beleuchtet werden, unser Häuflein erneut geschrumpft - und die anderen stehen schon wieder auf dem Beförderungsband, ich bin froh dass ich mich einmal bewegen kann! Pünktlich eingestiegen, Ortszeit + 2 Stunden - hat sie mir einen schönen Platz ausgesucht: links neben mir ein Mädchen dann kommt schon der Gang und rechts reicht der Abstand zum Fenster dafür die große Tasche hinzustellen, die zwei Einlegeschlitze der Rückenlehne vor mir nehmen sogar Kissen und Decke auf - also Raum genug, bequemer geht's nicht; Abflug selten ganz pünktlich, über Michigan-See, dann drei Inseln in zweitem See, wohl dem Huron, nahe beieinander: Schildkrötenform mit rechtem ‚Stummelarm' sowie ‚Manta' und ‚Rechteck', eine vierte in der Nähe der Küste ähnelt einem Seehund, nach drei Stunden immer noch Land; noch einmal so ein oberflächlicher Film, aber Monitor zu weit weg und Großleinwand schlecht zu sehen - versäume bestimmt nichts; am Himmel dicke Wolkendecke, durch die Lücken schimmert's blau bis weit nach hinten, der Horizont wirkt nun unendlich, wieder Wasser zu sehen, große Landfläche schließt sich an; als Hauptgericht hatte ich mir Lachs mit Spinat ausgesucht, letzterer verwandelte sich in Gelberüben-Streifchen und grüne Bohnen, zur Crew gehören eine ‚Indianer-Prinzessin' die etwas länger Sonne abbekam als die anderen und ein baumlanger - nach unserem, nicht hawaiischem Maßstab, ‚Pharao', es macht Freude die beiden anzusehen; draußen längst Nacht, das animiert, mindestens zwei Stunden fest geschlafen; noch über drei Stunden bis Frankfurt obwohl es dank kräftigem Rückenwind heimwärts erheblich schneller geht, auf Monitoren und Leinwand läuft ein neuer ‚Schinken', sind unterwegs Richtung Shannon-Islands - es ist eigentlich ganz einfach so viele Passagiere zu disziplinieren: der Kapitän braucht nur, wie jetzt, anzuordnen dass sich alle anschnallen müssen schon sitzt jeder brav ‚angenagelt' auf seinem Platz, Geschwindigkeit 1 000 km/h, Rückenwind 100 km/h, Zahlen schwanken öfter kurzfristig, Flugzeug wackelt auch häufig – nein, die legen denselben Film noch mal ein, deutsch synchronisiert macht ihn auch nicht besser! Hab' Hunger, gibt's nichts mehr? Vorhin nicht alles aufgegessen, greife also auf Sammlung zurück, aber 50 Minuten vor der Landung werden zwei Croissants zugeteilt, trocken; beleuchtete Städte - weg, Wolken, erneut Städte im Lichtermeer, wo - Spanien? Nun wohl Frankreich, noch 30 Minuten bis zur Landung die ziemlich sanft erfolgt – nach 8 Stunden 15 Minuten Flug und einer leeren Wasserflasche, Ortszeit + 7 Stunden; Koffer da, Nachbar auch, zum zweiten Mal: gestern war hier der 19.05. die jeweilige Angabe auf der Reiseausschreibung der Rechnung und dem Flugplan, heute ist inzwischen der 20.05. - und Sonntag früh 6 Uhr, die Datenverwechslung hatte hier zu Hause einige Verwirrung gestiftet! Halte zwar den ganzen Tag durch mit Auspacken - das Regencape war oft dabei, wurde aber nie gebraucht, nichts dagegen; noch Blumen gießen und so allerlei, liege abends zeitig im Bett - in einem endlich wieder mal dunklen Zimmer, eine Wohltat für die Augen und schlafe sofort tief ein, wache auf in schwärzester Nacht, habe keine Ahnung was das soll und wo ich bin, überlege krampfhaft welches Hotel es sein könnte - weiß es nicht, stehe auf, taste herum, aha eine Tür - greife in Handtücher, komisch bin fast am Verzweifeln da erwische ich einen Lichtschalter und die Lampe geht an - Mensch, ich bin ja daheim! Zwei Wochen lang helle Zimmer gehabt, dunkel war deshalb schon ungewohnt und trug mich im Schlaf weit fort, es heißt bereits im 'Waffenschmied' „das kommt davon wenn man auf Reisen geht!" Übrigens habe ich mir auf dem Rückweg erneut blaue Flecken geholt, die alten waren inzwischen verschwunden, das Ergebnis von Langstreckenflügen sei die Ursache werde ich von meiner Naturheilpraxis-Therapeutin aufgeklärt, ihr Kommentar nach der Blutuntersuchung: „Das hatte ich mir eigentlich schlimmer vorgestellt" beruhigt sehr, die Wiederanpassung dauert diesmal trotzdem extrem lange, freiwillig werde ich mir eine so weite Reise nicht mehr antun - hab' ich mir versprochen!

Sizilienreise mit Abstecher zu den Äolischen Inseln (Herbst 2001)

Es soll wohl das Jahr der Vulkan-Erkundungen werden und da der Ätna Monate zuvor wieder kräftig ‚gespuckt' hat besteht die Aussicht auf glühende Lavaflüsse - denke ich, im übrigen, was wusste ich bisher von Sizilien? In Syrakus gäbe es das „Ohr des Dionysos", irgendwo eine Meerenge die „Straße von Messina" genannt wird - und die „Maffia" habe alles im Griff; in Vorbereitung lesend beginnt das Staunen: Sizilien muss ein verlockender Anziehungspunkt zwischen Eurasien und Afrika gewesen sein, viele Völkerschaften hinterließen noch - oder heute wieder erkennbare Spuren in großen Mengen, Ureinwohner waren die Sikaner, dann kamen u. a. Sikuler, Griechen, Römer, Araber, Normannen welche an die Staufer vererbten, 1860 erfolgte der Anschluss an das neu gegründete Königreich Italien nach Garibaldi; 1916 vereinigte Ferdinand I. Neapel und Sizilien zum „Königreich beider Sizilien", seit 1946 ist es autonome Region von 9 Provinzen mit gleichnamigen Hauptstädten; das Land hat die Form eines Dreiecks, ein Kap an jedem Ende und wird von drei Hauptgebirgen durchzogen: Peloritani, Nébrodi, Madonie geht ins Sikanische Bergland über, ist von drei Meeren umgeben: dem Tyrrhenischen, Ionischen, Lybischen, außerdem gehören drei Archipele zum sizilianischen Verwaltungsbereich: die Liparischen oder Äolischen Inseln, die Pelagischen und die Ägadischen; Name zunächst Trinacria = die drei Vorgebirge, dann Sikania, Sikelia, Sicilia, Symbol behielt die erste Bezeichnung bei: drei beflügelte Beine mit ursprünglich Medusenhaupt in der Mitte gab es schon im 6. Jahrhundert v. Chr., später andere Bedeutung: Mädchenkopf, kleine Flügel vom Götterboten Hermes, der seine schützende Hand über Diebe, Lügner, Betrüger, Kaufleute und Reisende hält, drei angewinkelte Beine waren ein altes Symbol des Sonnenrades, für Römer galt sie als Abbild der Fruchtbarkeitsgöttin „Ceres" und - Schlangen standen für Weisheit von griechischem Äskulap. - Die Reiseunterlagen treffen ein, was - wann geht das Flugzeug, um 3.55 Uhr? Die spinnen ja, nächstens muss man das auch noch vor der Buchung erfragen! Viertel vor 2 Uhr setzt mich ein Taxi mitteilungsgemäß am Terminal 1 in Frankfurt ab: Halle fast ausgestorben, beide Informationsschalter unbesetzt, es heißt 'wer sucht der findet' - also herumlaufen, aha ein LTU-Zeichen und darunter - Leere, jemand lässt sich blicken, „zwei Stunden vorm Abflug wird sich wohl etwas tun" meint er, Sitzplatz suchen, warten ... Student aus der Karibik will Zorn loswerden: er fliegt nach Hause - um 8.30 Uhr, aber zwischen 22 und 6 Uhr gibt es keine passende Zugverbindung von Göttingen zum „Internationalen Flughafen Frankfurt" - lächerlich, nun sitzt er hier herum, kein Restaurant, kein Café, keine Bar hat geöffnet, peinlich, peinlich und die wollen vergrößern, wo ist das Angebot für die Flug-'Gäste'? 2 Uhr längst vorbei, an ‚meinem' Schalter ‚tote Hose', der ‚Jemand' weiß nicht, ich erst recht nicht - da fällt ihm ein „es gibt noch eine Abfertigung in Terminal 2 - vielleicht dort?" Na fein, nix wie los dass es stäubt, Strecke zieht sich, Uhr läuft, tatsächlich da stehen Leute und Flugpersonal ist ebenfalls da, anstellen - dieser Flugschein, er stutzt, fragt telefonisch nach - geht in Ordnung, Flugnummer war falsch eingetragen; bin nassgeschwitzt, müde und durstig, letzterem ist nicht abzuhelfen, der schwarze Mensch hatte recht, alles geschlossen sogar die

Geschäfte, unglaublich! Einreihen in die Endlos-Schlange zur Handtaschen- und Personenkontrolle, es dauert und dann - nichts Neues, wie üblich, sogar mein Taschenmesser wird nicht beanstandet trotz Behauptung von Veranstalter und Reisebüro; pünktlich abgeflogen, steigen bis auf knapp 5 000 m und sind ca. 700 km/h schnell, Ohren tun weh und knacken, Flughafen riesig, hübsch das Lichtermeer unten, auch der Städte und Ortschaften, ab und zu recht unruhiger reiner Nichtraucherflug, über Zürich hinweg, der großflächige leuchtende Fleck dürfte Rom sein, dann Küstenstreifen erkennbar, später Neapel unter uns - Informationen auf zwei Bildschirmen an Trennwänden rechts und links in Briefmarkengröße, Städtenamen auf Landkarte nicht auszumachen; ein wenig geschlafen, ‚Bisschen' gefrühstückt, Ankunft in Catania nach 2 1/2 Stunden Flug, bei der Abholung etwas Listenverwirrung, wir werden miteingesammelt da nur zehn ‚Figuren' und nachher abgespalten vorm Hotel ausgespuckt, morgen Kurzbesuch der Stadt und Weiterfahrt nach Syrakus, ich sollte daher die freie Zeit hier ausnutzen - die Anziehungskraft des Bettes ist stärker, gegen Mittag dann los: wie fuhr der Bus heute Morgen, wo war der Dom? Kein Stadtplan im Zimmer, auch an der Rezeption nicht, also - ‚Nase', finde Dom mit Elefantenbrunnen davor, „Garden Bellini", „Garibaldi-Denkmal", „Amphitheater"-Ausgrabung: gebaut im 2. bis 3. Jahrhundert am Nordosthang des Akropolis-Hügels: Platz für 16 000 Zuschauer; hinter Fassade Kapuzinerkirche, „Botanischer Garten", „Justizpalast" mit Kolossalfiguren, Laden „Elefant qui parla" und „Kid's Planet"; erstes gemeinsames Abendessen mit Reiseleiterin: Archäologiestudentin die an ihrem Doktortitel arbeitet. - Um 7 Uhr aufstehen, 8.30 Uhr Abfahrt - wird zur Regel, der Brunnen-Elefant aus schwarzem Basalt stammt aus dem „Amphitheater", darauf ägyptischer Obelisk und das Siegeszeichen die Palme, Dom „Sant' Agata", benannt nach Schutzpatronin der Stadt, mit Normannen-Restquadraten und -Spitzbögen, auf der Fassade Figuren und Bänder - Kirchen dreischiffig wie früher die Justizpaläste der Römer, im Dom: Sarkophage aus grünem und rotem Porphyr, dem Königsmarmor - für eben diese, Grab von 'Bellini' an seinem Geburtsort, Bischofsglassarg; seitlich zum Dom Gotteshaus des gleichnamigen Nonnenklosters welches Fenster wie Schießscharten hat, gegen die Neugier von innen und außen - an Mönchs-Stiften normaler Ausguck, um Wissbegier nicht zu schmälern (!); „Bellini-Park" mit immer aktuell eingepflanztem Datum, an den Häusern kleine Balkonverzierungen, schöner Platz mit mehreren Springbrunnen, Hafen, **Catania,** griechisch ursprünglich Katane, 1669 vom Ätna zerstört danach 1693 durch ein Erdbeben, im Barock wiederaufgebaut; „Kastell Ursino", wuchtige Trutzburg aus Lavagestein mit Falkenfigur an Eingangsseite, der Staufer Friedrich II. war Experte bezgl. Falknerei, seine Aufzeichnungen darüber heute noch führend, Bau von 1239 lag früher direkt am Meer, Ätnaausbruch veränderte aufgrund enormer Lavamassen die Küste radikal, füllte Meeresboden auf, Festung heute mitten in einem Wohnviertel, in ihr „Stadtmuseum"; Giovanni Verga lebte in der Nähe, der Schriftsteller und Librettist, schrieb z. B. die Novelle 'Cavalleria rusticana' vertont von 'Mascagni'; schon wieder so heiß, mehr als 30°C, Bus auf eiskalt klimatisiert, mein Einwand der Unterschied sei zu groß fruchtet nicht - auf nach Syrakus! Eukalyptusbäume werden neuerdings durch Pinien (Baum des Zeus) oder andere Nadelbäume ersetzt, rechts Bergzug mit Ätna der kräftige weiße Rauchfahne produziert, unterhalb Brachland, ab und zu Sträucherstreifen, danach links Büsche sowie begrenzte niedrige Nadelwäldchen, Wasserlauf, kleiner Ort, fahren durch Eukalyptus-Allee dann über Gewässer, Siedlung mit viel Bougainvillea, einigen Palmen, Trattoria und Tankstelle folgen, halten auf Hügelkette zu, winden uns hinauf, oben eine Menge Indianerfeigen-Kakteen und Agaven, wunderschöne Meeresbucht links; auf Hügel, kleine feine Burgruine, hat vier Türme mit Zackenkronen, Oleander, geht in Allee davon über, Wacholder, Olivenbäume gelegentlich schließen Obstplantagen an, dazwischen ein Stück Lavaland aus mittelgroßen Steinen oder groben Blöcken, gelbes Gras, gegenüber ausgedehntes Industriegebiet mit vielen hohen Schornsteinen: Raffinerien für arabisches Öl - eigene Förderung aus dem Meer war und ist nicht ergiebig; halb rechts Auftauchen eines Gebirges, kommt näher, grasbewachsene Erdwälle beiderseits der Straße, nun rechts - die Stadt auf der Anhöhe hat schwarze Rauchfähnchen, da sind Kalkfelsbrocken mit Büschen, karges Land, Steinbruchstellen, niedriger Baumbestand rückt näher, jetzt nackte Steinfelder mit hin und wieder einem Grashälmchen darauf, links Strauchwerk, rechts Observatorium, erreichen Vorort von **Syrakus:** viel Hibiskus in den Vorgärtchen der Häuser; reich beladener Obst- und Gemüsetransport-Kleinlaster unterwegs, Serpentinenstraße hinauf ermöglicht Blick zum Meer, mal rechts mal links, dann überall massiver grauer Fels, angelegte Palmenallee, rechts grüne Ebene bis hinunter zum Wasser, hohes Schilfrohr - wieder ebenerdig, erneut Palmen und Hibiskus, Oleanderbäumchen im Wohnviertel des Stadtteils **Tyche**, Laternenkakteen, rechte Seite archäologische Zone: Aushöhlungen im Kalkstein für typische frühchristliche Grabstätten, und Grab des Archimedes behaupten manche - er hat allerdings hier gelebt, wie auch Pythagoras und Lyriker Ibykus sowie Dichter Theokritos, die hier außerdem geboren waren - kulturgeschichtlicher Boden; Museumsbesuch fällt wegen geschlossener Pforte aus, dadurch etwas mehr Zeit für die 76 m hohe Kirche „Der weinenden Madonna", in Form eines langgezogenen umgestülpten Blütenkelches die aus den 80er Jahren stammt und aus Beton ist, die senkrechten Lichtschlitze betonen die zum Himmel strebende Richtung im Inneren - Geschmacksfrage betreffend scheiden sich die Geister ganz erheblich, jedenfalls ist es die modernste Wallfahrtskirche Siziliens und ich finde sie schön; Besuch des antiken griechischen „Amphitheaters" (Name von amphi = doppelt) im Areal „Parco Archeologico della Neapoli", Neapoli = neue Stadt, in anderem Stadtteil, Erkennungszeichen dieses Theaters: sauberer Halbkreis mit Blick zum Meer, weniger der Aussicht als der Brise wegen, 61 Sitzreihen für 15 000, Zuschauer vollständig erhalten, sind aus dem Fels gemeißelte Steinblöcke waren daher nicht anderweitig nutzbar - übrigens die Theater der Römer haben Elypsenform; in anderem Bereich „Nymphaeum" mit Quellwasser, Altar für 450 Stiere, er sei der größte überhaupt, Steinsärge, Sarkophag = fleischfressend, verwendeten Verwesung beschleunigende Steinsorte; römische „Arena", darin Wasserbecken für Bootskämpfe, alter Steinbruch mit Hausruine auf Abbruchkante im Gelände auf dem Weg zum „Ohr des Dionysos", nach Tyrann des Stadtstaates benannt (Schillers 'Bürgschaft'), der Herrscher von ca. 430 bis 367 v. Chr. ist sikulischer Abstammung gewesen, Plato war bei ihm zu Gast, künstliche Höhle: außen Form von langgezogenem ‚Spok'-Ohr, innen hohes muschelartiges Gewölbe das 40-fach den Schall verstärkt, soll zum Belauschen gefangener Staatsfeinde gedient haben, beeindruckender Halleffekt! **Syrakus**: gegründet 734 v. Chr., aus fünf Stadtteilen bestehend, sei damals doppelt so groß gewesen wie Athen (1/2 Million Einwohner), fruchtbar durch zwei Flüsse aber auch sumpfig, Malaria plagte, bei Ankunft zunächst Holzhütten gebaut, wichtig waren vor allem große Tempel, „Ortygia", „Wachtelinsel", ältestes Viertel, hatte schon immer Brückenverbindung, bis zum Parkplatz davor geht's durch die Stadt: „Jolly-Hotel", unser Nachtquartier in Catania, gibt es hier auch, scheint Kette zu sein, Gedenkturm für Gefallene aus Stein und Glasstreifen, Glocke in Laterne obendrauf; Einbahnstraßen-Viereck, ein hübscher Platz mit Spielbereich für Kinder; überall Oleanderbäume vor den Haustüren, Hafen - aussteigen: gegenüber einem Wassereinschnitt schöner Palazzo der Altstadt mit Spitzbogen-Fenstern, unser Ziel fürs Mittagessen, Mitteilung: Busposition wechselt zur Wegersparnis für uns; ums Wasser herum zum Palast, Muschel-Risotto enttäuschend, weil mitgekochte Schalen und Splitter herauszulesen mühsam, aber nun zum „Apollo(n)-Tempel": Monolith-Säulen (!), Säulen = Baumsymbole, Götter auf Bäumen vermutet, vier langgestreckte Eingangsstufen in gerader Linie, Halle mit abgeschlossenem Raum für die Priester zu götterverehrenden Kulthandlungen, die „Cella", weiße Katze streicht in ihm herum im ältesten dorischen Tempel Siziliens - wurde byzantinische Kirche, dann Moschee, später normannisches Gotteshaus, schließlich spanische Kaserne, heute wachsen im Ruinengelände Palmen, Papyrus, Oleander; Spaziergang am Strand entlang: gigantische Gummibäume mit Wurzelgeflecht wie Banyans, Vergnügungsanlage für Kinder, z. B. kleines Eisenbähnchen von gemalten Disney-Figuren umgeben, Stand mit gelesenen Büchern zur Weitergabe, Angebot heißer Maronen; Segelboote vor Meerenge in der Athens Flotte 413 v. Chr. von Syrakus vernichtet wurde - Griechen gegen Griechen - hätten gemeinsam den ganzen Mittelmeerraum beherrschen können; Süßwasserquelle der „Nymphe Arethusa" nahe am Meer, Teichbecken mit Vögeln und Papyrusstauden in der Mitte - ein liebliches Plätzchen, Läden bieten Papyrus-Malereien an, laufen durch „Via della Sirene" hier Adelspalast mit schönem Innenhof - wie üblich, dazu gemustertes Pflaster aus schwarzem Lavagestein und hellen Steinchen; Kirche und Statue der Schutzpatronin „Santa Lucia", Schale mit ausgestochenen Augen in der Hand, dann am Ufer der anderen Seite kleine Kapelle; unter großen Kirchen seien jeweils Katakomben, Dom: unverkennbare Überbauung alter Säulen eines heidnischen Tempels, angeblich dem der Athene, Verehrungsorte wegen der Gewöhnung an diese Stelle gerne beibehalten, außerdem neuer Bau Triumphzeichen des Sieges, „Santa Maria delle Colonne" bekam barocke Fassade nach Erdbeben 1693, hat alte Holzdecke und Alabastervase von kleinen Bronzelöwen gestützt als Taufbecken; weiträumiger Domplatz sehr belebt, auf der Tribüne Sängerin - es ist Sonntag, Zeit reicht noch für einen entspannenden Kakao; zurück zum Treffpunkt über Archimedes-Platz, vorbei an anderen Mauerresten - der ‚Tapsi-Bär' unserer Gruppe fehlt, Handys sorgen für Zusammenführung von Bus und Mann der natürlich doch am Ausgangspunkt steht, war nichts mit Wegverkürzung für ihn; Wohnwagen „Pegaso" unterwegs - haben Bus erreicht, einsteigen: Vegetation nimmt zu, Mispeln, Stein- und Korkeichen gäbe es hier, Häuser, für uns am Ortsrand „Hotel Relax" mit Swimmingpool - allerdings im Freien, fühle mich total überhitzt und lasse mich gerne locken, Wasser ‚kocht' beim Füßeeintauchen! Begrüßungsumtrunk vorm Essen, bei Tisch „sind Sie aus Mainz - der Hauptbahnhof jahrelang eine Zumutung und Katastrophe" - kann ich nur bestätigen, danach Abendspaziergang ‚um drei Ecken': wunderschöne Laternen-Kakteen eine mit Blüten á la Königin der Nacht, Palme in Ananasform etwas schlanker im Stamm; erneut nur eine Übernachtung und wenig Komfort, mal sehen wie's weitergeht. Zunächst mit dem Bus ab 8.30 Uhr wie gewohnt, die zeitweise Benommenheit der letzten zwei Tage durch die Hitze ist behoben, dafür zieht sich die Kieferhöhle merklich zu; Kapern blühen, wieder an archäologischen Stätten vorbei, große Schilfbereiche hoher Gewächse rechts, auf Gegenseite Gemüsebeete, Güterbahnhof, Industriegebiet: Citroen, Mercedes, Alfa Romeo etc., übrigens seien die Autonummern in Italien vereinheitlicht worden um die Herkunft zu verschleiern, wegen der oft am Fahrzeug aggressiv ausgedrückten Nord-Süd-Antipathie; überqueren zwei Flussarme, siehe da - wieder viel Schilf, links große gepflügte Ackerflächen die Getreide trugen, besonders Hartweizen = grano duro für Nudeln und Brot, zudem Gemüse; Plantagen von Olivenbäumen links welche die Araber mitgebracht hätten, so wie Reben, „Sarazenenöl" vom heiligen Baum des Zeus hier sei ein besonders leichtes; rechts ebenfalls flach, Hügelrücken aus hellem Kalkstein steigt schräg vor uns auf, gestaffelte Anhöhen dahinter, fahren in die ‚Tafelberge', Oleanderbäume säumen Straße in Ortschaft, wieder Olivenbaum-Gebiet, Brücke, rechts löst sich Rücken in einzelne Berge auf; Pinien, Zypressen, ab und zu eine Palme, eine Handvoll Häuser, Gemüsetransporter hat lange Gurken und roten Blumenkohl geladen, eine Menge Mandelbäume, Schilf, Indianerfeigen, **Noto**: nach bereits erwähntem Erdbeben 1693 an etwas sichererer Stelle wiederaufgebaut - Weltkulturerbe, überall Gerüste oder abgestützte Gebäude, März 1996 brachen zentrale Kuppel und Seitenschiffe der Kathedrale ein; hier gab es einmal 32 Kirchen, sie gehörten meistens zu Klöstern - Beginn von Abteien soll in Ägyptens Wüste gewesen sein, als sich christliche Eremiten erstmals mit Arbeitsteilung zu Bruderschaften zusammenschlossen; sehenswert die einschiffige „San Francesco", über große Freitreppe erreichbar: Seitenaltäre, zwei beeindruckende Statuen, Kreuzstationen entlang der Wände; Weihnachtskakteen vor Blumenladen, Kirche der die zweite Etage fehlt – entbehrlich, da sie wegen der Enge der Straße sowieso nicht zu sehen wäre, Bougainvillea, Karatpalme mit gelben Kügelchen, davon jede Kugel genau 1 Karat; Profanbau, mit Phantasie-Tieren und Ornamenten darunter als Balkonkonsolen; Bus in Bewegung: Nadelbäume, Obstplantagen, Zitronen brauchen viel Wasser und sizilianische Spezial-Blutorangen viel Pflege, kein Export, teuer, wir bekommen nie welche nicht mal zu Gesicht, auch keinen Saft - erinnert mich an die Balinesen die ihren speziellen Reis selbst essen (allerdings auch an Besucher in einheimischer Gaststube abgeben), Herstellung ätherischer Öle aus der Fruchtschale, es werden keine Strom-Wind-Rotoren benutzt weil es Nebelverteiler seien, durch das Einsetzen von Sensoren wird per Sonnenenergie bei Bedarf aufgeladen, Zitrusfrüchte empfindlich bezüglich Feuchtigkeit von oben; Zitrone, Dattelpalme, Zuckerrohr und Papyrus wären auch arabische Mitbringsel, Orange und Tabak spanische, verdorrende Agaven stehen da sie blühen nur einmal im Leben; gestern Abend bereits Wolken, jetzt ebenfalls hier - na ja in den Bergen, Plantagen ebenso von Mandelbäumen, durchqueren Ebene, hin und wieder einige Häuser, Wasserturm rechts, Ortschaften offensichtlich aus Neu- bzw. Rohbauten bestehend - für wen? Arbeitsbeschaffung oder Profitbefriedigung der Materiallieferer (?), ziemlich undurchsichtiger Zweck da bewohnbare Gebäude leer, Olivenernte im Gang: Netze unter die Bäume dann wird gerüttelt, erste reife Orangen, rechts wunderschöner poröser heller Kalkfels für Höhlen-Steingräber genutzt, Ort darauf, sind ruck-zuck oben: links weiter Blick bis zum Meer, Stadtdurchfahrt auf breiten Straßen, sehr sauber auch die schmaleren Querstraßen, runter: ansteigende Hochebene in der Ferne, umgepflügtes Land begrenzt von Mauern aus aufgeschichteten Natursteinen, wenig Brachflächen dazwischen - sind erneut oben, zweigen nach rechts ab, noch 23 km bis Ragusa; vor uns große Siedlung mit etlichen Hochhäusern, links reiche Ländereien bis an die Wohnstätten, hier ist weiträumig alles zugebaut - sehr große Stadt, wieder mit vielen Neubauten, an den Verkehrsampeln die üblichen Kaufangebote und Scheibenwischdienste illegaler Einwanderer, rechts blau-weiß gestreiftes Zirkuszelt; Örtchen in den Tälern ziehen sich die Hänge hinauf, rundum Anhöhen, links auf hohen Pfeilern Autobahnteil, Netzausbau stückchenweise, Raffinerien, Natursteinmauern gegen Erdrutsche, ferne Täler, rechts Steilhang, Steinschlagnetze, links Erdöl-Pumpe, Korkeichen, dann tiefe Einschnitte mit und ohne Brücke, mehrere Höhenzüge hintereinander, rechts unten Bahnstrecke, befahren Serpentinenstraße auf Terrassenstufen, Wasser sprudelt herab, gegenüber Nadelbaumbewuchs und da liegt **Ragusa**: Gässchen des älteren Teils nur zu Fuß erkundbar, wir Eilige bleiben in der Oberstadt: arabischer Ursprung in den Bauelementen aufspürbar, restaurierte Gebäude; „Santa Maria delle Scale" am Beginn des Treppenweges hinunter zur Altstadt, barock mit untypischen schlanken Statuen statt der dieser Zeit entsprechenden üppigen - hübscher Blick abwärts; Dom „San Giorgio", eine barocke Basilika, mit klassizistischer Kuppel die stets in dieser Kunstrichtung aufgesetzt wurde, sonst Kirche als unvollständig empfunden, nun wechselt teilweise dichter Mischwald mit blankem Stein, kaum Gras, Brücke über Fluss der flaschengrünes Wasser führt, Stausee in den eine Felsenzunge hineinragt - schöner Anblick schnell vorbei, Wasserlauf hat kaum Ausdehnung da zum größten Teil ausgetrocknet; immer wieder einmal Olivenbäume, links kontrolliertes Abflämmen von dürren Gräsern aus Angst vor Waldbränden, jetzt Büffelfarmen, Granatapfelbäume, Höhenzüge in Schichten - wir fahren durch die „Getreidekammer": teilweise drei Ernten möglich, trotzdem decken alle Erträge der Insel den Bedarf nur zu 60%; stufiges Gebirge weiterhin rundum mit sonst abwechslungsreicher Landschaft, Felsen und karge Stellen, verschiedene Baumsorten auch Mimosenart und viele große Indianerfeigen sowie meine Lieblingstannen, die mit den akurat waagrechten Ästen und strammen Nadeln; Dom im Pausenort **Modica** sehenswert, die hausgemachten Ravioli mit Büffelkäse in zugigem Restaurant ohne bleibenden Eindruck; Bus klettert weiter aufwärts, links zwei Terrassenhügel mit Äckern, den unten aufgeschichteten Steinen abgerungenes Land, vereinzelt Nadel- und Laubbäume, ein Wäldchen, dann rechts nur grobe Steine und gelegentlich ein Busch, Hochplateau folgt, an einer Seite tiefe Taleinschnitte hintereinander, eine Menge Maste und Türme von einer Sendestation zu sehen, rechts Nadel- links Laubwald dann gemischt - jetzt geht's stufenweise hinunter, sehr schöne Lichteffekte durch Sonnenstrahlen hinter ausgedehnter grauer Wolkendecke, Roh- und Neubauten, karges Brachland manchmal mit Baumstreifen, Brandstelle, Gestrüpp und Steinflächen, rechts Rinder in Senken, Massen von riesigen Findlingen; auf Sattel Häuser, dahinter erneut Bergzüge diesmal vier - Landschaft lange davon geprägt, gelegentlich schroff abfallende Kanten, fahren an ihnen entlang, schließlich zur Hochebene hinauf, Foto-Halt: teilweise Fels durchlöchert, sieht aus wie Bienenwaben, ca. 5 000 Kammergräber der Necropole von **Pantalica**: Totenstadt der Sikuler aus der Zeit 2500 bis 750 v. Chr., laufen Stück zurück, Wanderung zu weiteren Höhlen vorgesehen auf unwegsamem Schafspfad mit hohen Steinstufen und rutschigem Geröll, ab und zu hinauf meistens aber und danach ausschließlich hinunter, links Steilhang rechts tiefe Täler - ich breche das Balancieren ab, bleibe da und erfahre nachher, ganz unten war das Gleiche zu sehen wie hier - nun selbe Strecke rückwärts; die Straßen sind, wie anderswo schon gesehen, genauso mit groben Steinmäuerchen eingefasst, aber den Abschluss bilden hübsch abgerundete Natursteine; bei einsamem Haus zwei herrliche braune Pferde auf Grasfleck, schroffe Felswände von Feigen bewachsen, türkisfarben blühenden Sisal-Agaven oder Strauchwerk, Baum krallt sich zäh in Felsspalt fest, Pflanzen stehen in Rissen, Rankengewächse ziehen sich von unten hoch; kurze PP in Bar - ‚schlicht und ergreifend' wie fast immer, Nachfüllen mit Kakao für nur 2 000 Lire = 2 DM! Manchmal Rinder im Gelände, das gelbe Gras (?) fressend, bekommen sonst „silage" = eingesäuerte Silo-Futter; wässrige Sonne schlüpft in grauen Wolkensack - kommt wieder heraus, hochbeiniger hellbrauner Hund mit spitzen Ohren läuft herum, ein lustig zusammengestellter Vierbeiner, Einzelgänger-Bulle grast - was nur, kleine Herde ebenfalls auf spärlichstem mehr braun als grünem Gras; erneut Ansammlung einer Unmenge von offenbar aus dem Boden entfernten Steinen um Ackerland zu gewinnen, Elster im Bäumchen, zwei braune Pferde, Autobahnstück, links Brachland und von Steinen geräumtes Feld, rechts steinübersätes Areal - was für Brocken dabei, später Bäume, ab und zu Grünbewuchs, danach bereinigtes Gelände mit den üblichen Steinhaufen, genutzte Äcker; blutrote Sonne jetzt strahlend, links lange einwandfrei kultiviertes Land, vereinzelt Häuser dann Siedlung, Versuch dort Einkommensquelle zu erschließen durch gezielten Anbau von Indianerfeigen - gescheitert, zu großer Pflanzabstand ist nötig und Ernte nur einmal im September; Sand- und Steinbrüche, lediglich einer für Marmor und der hat bröselige Qualität, Material zum Mogeln verwendbar: gemahlen und mit Klebstoff versetzt auf Säulen aus Ziegeln verstrichen sehen diese wie echte Marmorsäulen aus; schöner Blick auf zart begrünte Kuppen, davor Matten mit einigen Zypressen, dunkelbraune Erde und etliche Abstufungen bis ganz hell - nun lange Zeit ausschließlich letztere Bodenfarbe zu sehen, rechts Sandsteinbruch, Häuser am Hang, Nutzpflanzen und Obstbäume;

es dämmert, Schürfgrube für hellgelben Sand, weites Gebiet genutzter Flächen insbesondere für Reben, hin und wieder ein Steinhüttchen; Abenddunst verstärkt sich, ganz da hinten brennen unten Lichter, Reben, anschließend raue harte Gegend ohne menschliches Einwirken - scheint mühsam erarbeitet zu sein wo ein bisschen was gedeiht, überqueren in kurzer Zeit zweimal eine Eisenbahnlinie, **Caltagirone**: „Qualat al Ghiran" (arabisch) = Burg über den Höhlen, ergießt sich ähnlich über die Hügel wie 'Gordes' in der Provence - da müssen wir durch, halten einen Moment an der Majolika-Kuppel; Schiffschaukeltour den ganzen Tag, Gebirge angeblich nur im Norden - irgendwie stimmt's schon, im Süden eher hügelig; unten ehemalige Bahnstrecken nach Erdbeben stillgelegt, umgestaltet in rote Tartanstraßen für Fahrräder; beiderseits von uns Nutzflächen, in der Ferne Lichter einer Stadt und Wald - soweit noch erkennbar, denn fast dunkel, Übernachtung in **San Michele di Ganzaria**: steiler 15-Minuten-Aufstieg heute krönender Abschluss? Hotel auf Anhöhe, Abendessen im dazugehörigen Restaurant rustikalen Stils unterhalb - also runter, danach wieder rauf, nachts große Hunde-Konferenz voller Diskussionsbeiträge. - Ab heute Morgen Müsli-Zutaten oder wenigstens Flakes und Milch im Angebot, nicht nur Brioche, Hörnchen, Brötchen - alles süße Luft die schnell verfliegt, Vormittagsflaute von nun an behoben; Ausflug zur „Villa Romana del Casale" bei Piazza Armerina die ein Erdrutsch meterdick unter einer Schlammschicht begrub: Geranien, wunderschöne Bougainvillea in lila und rot, allgegenwärtiger Oleander, ebensolche ‚Feigen der Indianer' und hohes Schilfrohr, bergig, ein paar Hühner im Freigehege, kräftig hügelig, Brachland, nun Obstplantagen, dann viele Pinien, riesige Flächen der stacheligen Feigen und wieder Elster - ausschließlich, sonst nichts? Fahren in den Nebel, weiter oben überstrahlt die Sonne herrliches Hügelland gemischter Vegetation, rechts erneut auf einer Erhebung Kuppelkirche mit Ort drumherum: **Piazza Armerina**; Nebel unten, Bus fährt steil bergab auf schmalster Straße, dem normalen Maß hier, Tal entlang, Eukalyptus-, Affenbrot- und Johannisbrotbäume - Nebel hat sich aufgelöst; in Sizilien bisher drei römische Villen gefunden u. a. die „del Casale" eines Kaisers (?): enormes Bauwerk, eigene große Badeanlage, Zutrittshof Eingangs-mit sich anschließender Empfangshalle, an deren Ende Sitz des Hausherrn, zu dem eine abgestufte Schräge hinaufführt - psychologisch geschickt gemacht, natürlich Atrium und viele verschiedene Räume, z. B. Saal „der kleinen Jagd", „der vier Jahreszeiten", für Gymnastik, Prunkraum, Wohn-, Kinder-, Schul-, Spiel-Zimmer; Säulengang in ovalem Hof, ein Speisesaal, Basilika, Aquädukt, Latrinen - ohne überlieferte Parolen, im Haus bis zu 6 000 m² Mosaikböden, Wandmalereien: Tonerde hat je nach Wasserverdünnung unterschiedliche Farbnuancen; Säulen oft um Holzpfahl herum oder aus rundgeschnittenen Ziegeln erstellt jedenfalls verkleidet mit diesem ‚Marmor-Pulverbrei'; Römer aßen drei Stunden, Kochbuch überliefert, Wein hatte 40% Alkohol, wurde deshalb mit Wasser vermischt getrunken; Ausgrabungsstätte touristisch erschlossen, übliche Stände aller Art vorhanden auch für Postkarten, Beschreibungshefte mit Abbildungen in verschiedenen Sprachen erwerbbar, Erdnüsse, erstmals frisch gepresster Orangensaft (!) - natürlich nicht der exklusive, aber immerhin - bleibt Ausnahme. Durchqueren mit unserem Dauergefährt das in Höhen eingebettete **Piazza Armerina**: auch hier wie bisher in jedem Wohnort bombastisches „Gefallenendenkmal"; Hochebene mit - Elster, fast ausschließlich Nadelbäume, links weiter Blick über das gewellte Land, rechts geringe oder keine Aussicht wegen Abhängen; „Maar Peruga-See" hellgraues bis weißes Schlammloch, ohne Zu- und Abfluss, kaum noch Wasser, umgekippt nach ständiger Abwasser-Einleitung, jetzt Motorrad- und Auto-Rennstrecke am Ufer entlang angelegt da sowieso kaputt, kein Rettungsversuch - schade, könnte Freizeit-Paradies sein in dieser wunderschönen Mittelgebirgsgegend; vier dicke runde Zement- und acht schmalere Metalltürme mit Zeltdächern, links eine Ölmühle, nun Landschaft wie geschaffen für Mythos von der Demeter-Tochter 'Persephone' und deren Ehemann 'Pluto' dem Herrn der Unterwelt, die ihren Aufenthalt wechselt und damit die Jahreszeiten schuf: Frühling und Sommer weilt sie oberirdisch bei der Mutter, dann gedeihen Feldfrüchte, besonders Getreide und Obst, darunter Granatäpfel! **Enna** = Nabel Siziliens, alte Sikulergründung, in der Mitte vom dreieckigen Felsen gelegen, wegen Platzmangels oft altes Haus für Neubau abgerissen - teuer, Enna basso: Neubauviertel am Fuß, wenig bewohnt, an steilen Hängen Erdrutschgefahr - schon wieder Bauruinen der Entwicklungsgelder für den Süden; ‚serpentinen' uns hinauf auf ca. 900 m, Dom: anstatt der zwei nur ein Turm, schöne Holzdecken, reichlich Skulpturen an Säulenkapitellen und -basen, geschnitztes Gestühl; „Castello di Lombardia" mit Wohnturm: wunderbarer Rundblick von dort oben nach etwas halsbrecherischem Hinauftasten, mit Stielaugen zu den Stufen die Treppe wieder hinunter; an der Kastellmauer Bronzeplastik von Eunus dem Syrer, Führer einer der Sklavenaufstände im 2. Jahrhundert, Rest „Demeter-Tempel" gab's auf dem Rocca di Cerere, 'Ceres' bei den Römern, sein früheres Aussehen auf Münzen erhalten, jetzt nur noch Felsteil und Aussichtsplattform; weiter: 45 Minuten bis zur Ausgrabungsstätte Morgantina, zunächst Auffahrtsstraße wieder runter, Antennenansammlung auf Felsvorsprung, große abgeerntete Äcker, an Hügelschrägen wird Gras abgeflämmt, passieren erneut verdorbenen See, fahren zwischen Bergrücken unterschiedlicher Höhe, Vegetation wie zuvor, links zwei Höhlen im Felsstreifen, Rebenfeld zunächst, großer Mischwald rechts danach, lediglich Laub- oder Nadelbäume von Buschgelände unterbrochen, Schafherde grast friedlich, Acker, Pappelwäldchen - unter Hochbahn durch, wieder Mischwald auf beiden Seiten, viel Eukalyptus; Netze gegen Steinschlag, fahren an Bergkante entlang, links tiefes Tal, halbhoher Wildwuchs aus Schilf und Pflanzengestrüpp, Oliven, Feigen, ab und zu eine Zypresse, nun überwiegt dürres Gras, **Morgantina,** nach griechischem König Morges benannt: erschwerlicher kilometerlanger Zugang über sehr lückenhaftes altes Pflaster, am Rand schwarzes Lavagestein, Sikaner lebten hier, Griechen kamen als erste Neusiedler dazu, barbaros = der Fremde, brachten hohen Kulturstand mit; Archäologie vermittelt meistens Erkenntnisse über die Lebensweise der Reichen und Art der Religionen, weniger den Alltag der einfachen damaligen Bevölkerung - hier schon: Redner-Forum, griechisches Theater, Altar mit Goldgrube für Spenden, Getreidespeicher, ausgedehnte Wohnbereiche, Röhrensystem für die Abwässer, Brennofen; auf Fußweg zurück verschwindet die Sonne in dunkler Wolkenbank sich mit glänzenden Rändern und Strahlen umgebend, ohne Pause einsteigen – nein, morgens und tagsüber ausreichend zu trinken empfiehlt sich nicht! Rückfahrt ins Hotel: anfangs auf gleicher Strecke, Sonne schlüpft noch einmal heraus, Feuerball verbreitet üppig Abendrot, spitzer Kegelberg fällt auf und Feigen-Plantagen dehnen sich entlang beider Seiten aus; Aufstieg zum Hotel, duschen, umziehen fürs Abendessen, Samtkatze sammelt auf dem Weg dahin Streicheleinheiten zur ‚guten Nacht'; Vorbereitungen für morgen wegen erneuten Hotelwechsels. - Pünktliche Abfahrt wie immer, Madonnen-'Marterl' am Straßenrand; links ansteigendes Gelände, rechts zuerst weiter Blick über Täler und Hügel dann verschließt ihn eine Erhebung, im Anschluss Sicht wechselnd, noch dunstig, Landschaft hat abgeerntete Äcker in Längsstreifen, rechts ganz kahler Bergrücken dazwischen kleine Steinhaufen, wieder enorme Flächen von Feldern am Horizont, beiderseits Bergbegrenzung; Erde jetzt fast schwarz, Sprenger sind angestellt da es viel zu lange nicht regnete, links drei massive Natursteingebäude; ‚sie' liest moderne Kurzgeschichte vor, von Pirandello dem Nobel-Preisträger der aus Agrigent stammt; oberhalb von Oliven-Plantagen großes Anwesen rechts, Friedhof am Hang auf Kuppe, Kirchenruine vor uns - sehr fern die Industriestadt **Gela** (Mutterort Rhodos), Aischylos der Tragödien-Dichter starb dort; nun weiträumige Ebenen rechts und links, erreichen ausgedehntes Wohngebiet, breite Straße führt hindurch, an Meeresküste sehr schmaler sauberer Sandstreifen regelmäßig von genau aufgeschichteten Steinmolen unterbrochen, draußen liegt ein großer Dampfer vor Anker, Berge von Kalksteinen zur Tetrapoden-Herstellung gelagert, Hafen: bisher ausreichender Uferabstand nun Steilkante, passieren Rand eines Neubauviertels, Abstand zum Meer vergrößert sich, rechts offene Ebene, ab und zu Agavenblüte, Elster auf Busch; Hügel nahegerückt - fahren erneut ins Land hinein, Erde hat wieder helle Kalkfarbe, Unmengen von Reben in weitem Flachland zwischen Anhöhen, nun riesige Plastikröhren-Gewächshäuser überall, vorwiegend für Erdbeeren, die Außenfarbe wurde durch Spritzungen von weiß auf gelb verfärbt, wieder Reben hier auf dunklem Boden, gehäuft Bunkerreste - sonst gelegentlich, sind parallel zum Meer eingeschwenkt, Blick dahin frei auch auf die Patrouillenboote hie und da, Bohrinsel (?) im Hintergrund, gegenüber wechseln sich Erhebungen und Ebenen ab, Straße schlecht außerdem in Windungen; hübsche Bucht, schade dass eine Seite total besiedelt ist, noch ein Wohngebiet und erneut ‚alter Bekannter' - der schwarze Hund mit sechs Beinen Symbol von „Agip", links Einzelgebäude auf Hügelkette, rechts Ebene, entfernt braune Bergrücken, Artischockenfeld - noch eine Stunde zu fahren; manchmal eine Ruine, ein 'Marterl', kaum Bäume - Reizhusten macht zu schaffen, Serpentinenstraße aufwärts: schöne Aussicht aufs Meer, Horizont verschwimmt im Dunst, runter: Autobahn im Bau durchzieht wie Ader das Land, wir wieder mittendrin berühren Neubauviertel mit etlichen Rohbauten und neuen Gebäuden - wie gehabt, Straße verläuft erneut zwischen Anhöhen, ein paar Feigen, Reben, Palmen, rechts Steinschlagnetze links aufgetürmte Felsbrocken mit hartnäckigen Klammerpflanzen in den Ritzen, Olivenbäume an sehr schrägem Hang, Tunnel; rechts blanker Rillenfels wie große Tatze, noch so einer, hinter dem nächsten Bergrücken liegt vor uns auf einem Hügel am Meer **Agrigent,** Stadt von zwei Flüssen umgeben: „Akrágas" (Akra geia), Name davon abgeleitet und „Hysas" die sich vereinten und längst versandet sind, griechische Gründung, wichtiger Binnenhafen nach Empedokles, Naturphilosoph und Arzt benannt, der Sumpfgebiet durch Drainagen malariafrei machte und den Ätna bestieg, vermutlich Zeitgenosse von Euripides sowie Sophokles, im 18. Jahrhundert Trümmer des „Zeustempels" zum Ausbau des Hafens als Großanlage verwendet; erste hochgelegene Tempel zu sehen, lehmbefestigte mauergesäumte Straße, Einfassungen mit Netzfolie überzogen in die Agaven eingepflanzt wurden zur Befestigung - sind in der Stadt, „St. Nicolai", ganz alte Kirche aus Naturstein: in fünf Bogenkapitellen antike Gemälde, transportables Kruzifix, kleine Bilddarstellungen - wirkt alles typisch orthodox, römischer Marmorsarkophag der Phädra, hübsche große hellgraue offene Hand als Weihwasserschale; draußen geflügeltes Pferd, angeblich dorisches Mitbringsel, nebenan „Archäologisches Museum", Eintritt durch Kreuzgang eines alten Klosters: wunderschöne griechische Keramik, Vasen, Gebrauchs- bzw. Vorratsgefäße, Krüge und Töpfe, zu Beginn verzierte man mit schwarzen Figuren auf rotem Grund, später umgekehrt da schwarz nicht korrigierbar: Alltagsmotive, Mäanderband und/oder Blätterranken, eine Goldschale mit Stieren vorhanden (Replik, Original in London), ovale Siegelringe, Tonfiguren und -köpfe, Amphoren; älteste „Trinacria" vom Ende des 7. Jahrhunderts v. Chr., Fischteller mit runder Vertiefung in der Mitte, für Wein „zum schwimmen lassen", Marmorkopf als Grabstele, Giebelfigur knieender Krieger: öfter als Motiv weil gut ins Dreieck passend; Löwenkopf-Wasserspeier und andere, zum Teil ulkige Typen, sind Einzelarbeiten verschiedener Steinmetze, Menge Tonskulpturen und da kniet ein Mann mit Schale zwischen den Beinen eines Pferdes, Öllämpchen auch solche wie kleine Kännchen, hochbeinig mit richtig langer Zotte; Tempelhalle: Korkmodell des Zeus-Tempels, 7,20 m hohe Plastik-Nachbildung eines Atlanten, das Original war für das Gebäude zu schwer, zwei Köpfe von Giganten; Torso-Statuen-Saal: schlanker Mann mit von Athleten-Band hochgenommenen Haaren, Aphrodite, natürlich aussehend, von späterer Epoche, Götter früher ohne menschliche Schwächen geschönt dargestellt; Sarkophage: griechischer Wannensarg mit Säulenverzierung und innen Schlitzchen und Löchern, wurde wahrscheinlich in die Erde eingelassen - unterschiedliche Arten, auch rechteckige und teilweise mit geschlossenem Boden, einer mit Deckel; römischer Kindersarkophag: figürliches Marmordekor an drei Seiten und ein großes Portrait-Medaillon von geflügelten Wesen gehalten - Kindersterblichkeit hoch, Namensgebung erst nach 10 Tagen, Tötung von Krüppeln; bei Ortsdurchfahrt erkennbar dass während der Zeit des Faschismus viel Infrastruktur angelegt wurde mit entsprechenden Gebäuden, z. B. dem Bahnhof in klassizistischem Stil oder die Post, ein wuchtiger Rundbau mit Säulenvorhalle über die ganze Vorderfront, im Zwischenraum zum Kernbau für Kriegerdenkmal etwa 4 m große Figuren; Mittagessen: Lachs-Schmetterlingsnudeln - endlich mal 'was Erfreuliches! Hupkonzert begrüßt uns nachhaltig am Busbahnhof - ein Gewühl, kurze Fahrt zum „Tal der Tempel": herrlich üppige Bougainvillea, immens großer Gummibaum rechts, links Friedhof; Tempel auf hohem Sattel und antike Stadt, Christen höhlten dicke Stadtmauer aus für Grabstätten deren Halbkreise verputzt und bemalt wurden; „Zeus-Tempel": gestürzter Atlant der nicht ins Museum passte liegt davor, auch sonst nur noch Reste, Baumaterial-Schwund des „unmäßig größten dorischen Tempels" überhaupt der nie fertig wurde, sollte 100 m lang, 32 m hoch, 30 m breit werden, hat 14 Säulen wie üblich, allerdings Durchmesser je Säule 4,5 m; ursprünglich 38 Giganten zur Stützung des Giebelgebälks geplant, Bau begonnen nach Sieg der Karthager bei Himera 480 v. Chr. die Karthager = Punier mit denen sich nachher die Römer ‚in den Haaren lagen', siehe 'Punische Kriege' - Tempel durch Erdbeben zerstört, Steine innen mit großem U versehen für eine Art Flaschenzug, gegeneinandergestellt verbaut war Hilfs-U nicht mehr zu erblicken oder sie ließen einen ‚Knubbel' stehen um ein Seil darumzulegen; drei Tempelgruppen: „Concordia-Tempel", einer der besterhaltenen ähnelt 'Akropolis' in Athen, lediglich Dach eingestürzt, 13 Seitensäulen: an der Fassade 6, die obligatorischen vier Stufen führen zur Halle, „Cella" für Priester hinten wie Apsis in Kirchen, drei Blockstufen aus Naturstein dienten als Altar, sieht ziemlich verwittert aus erstaunlich dass er sich überhaupt so lange gehalten hat; „Herakles-Tempel": Name durch Cicero verbürgt war Ringhallentempel, nur noch 8 Säulen und einige Steine übrig nach Erdbeben und - Karthagern im Gegenzug, Bauwerke meistens durch Brand geschleift, hatten Holzdächer, -türen, -stützpfeiler und Marmor verbrannte zu Kalk; großes Gelände, viel Unebenheiten und Steinmäuerchen, wieder rauf und runter - brrr, entfernt stehen zwei Säulen des ehemaligen Tempels von 'Castor und Pollux', der Dioskuren-Zwillinge von 'Zeus' und 'Leda', ein Stück weiter noch eine Säule vor einem Haus - ohne Ende und sicher weitere Altertümer in der Erde; Tempel immer parallel zum Meer, von da aus gut zu sehen, schreckte Feinde ab denn Reichtum ließ auf vorzügliche Waffen schließen, außerdem größer schöner herrlicher als in der Heimat wirkten sie enorm auf griechische Schiffe - 'reicher Onkel aus Amerika'-Effekt und Beweis des eigenen großen Erfolges als Bestätigung für den Auswanderungsentschluss; nutze Gelegenheit in Wechselstube Geld einzutauschen, Banken viel zu umständlich und Automaten unsicher: Angabe eines höheren Betrages als ausgespuckt, bekommt man in der Gruppe zu hören, die Lire reichen mir bis zum Schluss; wir fahren nochmals am Hafen vorbei, danach am Haus von Pirandello mit Parkplatz für Pilger-Fans davor, rechts hinten unter vertrocknetem Baum mit zwei himmelstrebenden Ästen seine Urne - ohne Asche, die wurde wunschgemäß über die Äcker verstreut; wunderschöne Bucht dient als Hafen für kleine Boote, dünn besiedelt – mehr, wieder weniger, ‚sie' liest Geschichte von Sciacca über Einwohner-Auswanderung nach Amerika, Landschaft abwechslungsreich: Obst- und Olivenbaum-Plantagen, karge Bergrücken, in Schichten abgeerntete Felder Brachland mit braunem Gras; da eine Kuppelkirche in Ortschaft - könnte Caltabellota sein, nun enorme Felsklötze rechts und links mit großen grünen Pflanzentupfern darauf, Nadelwald-Anpflanzungen auf Hochplateau - sizilianisches Musikband läuft: Bässe erzeugt aus Vasen oder Maultrommeln, hohe Flöten, Art des Gesangs klingt russisch; Reben, viele Hügelreihen mit landwirtschaftlicher Nutzung, schräge Rillen am Abhang, links flacher und bearbeiteter Boden, gelegentlicher Durchblick über Ebene bis zum Meer, rechts Tafelberg wie Sanddüne danach spärlicher Bewuchs, jetzt beiderseits Eukalyptusbäume, großflächiges Grün schließt sich an, links kleiner Teich, verstreut ein paar Häuser, rechts massives Abbrennfeuer; weit erschlossenes Gelände auf linker Seite bis zu den Steilhängen am Meer, Orangen-Gebiet, nun ragt ein kantiger Fels auf, an seinem Ende große Gebäude - Neubauviertel, Stadt vor uns, Straße teilt sie, Netze gegen Steinschlag - oh hat der Bus schlechte

Federung! Schon der dritte Tunnel, gelbliche Sonne wirkt wässrig, Hügel rechts, nun ganz weit hinten links das Meer sehr entfernt; freier Blick über leicht gewelltes Land, rechts Ruine auf Erdblock, erneut mittendrin und nach oben, benutzen eine der Hochstraßen auf mächtigen Pfeilern, tief unter uns ausgedehnte Ebene - kommen dorthin: völlig flach, Palmenallee links führt zu einem privaten Anwesen; Sonne hat sich zur Blutorange entwickelt, Terrassenlandschaft, erreichen Hotel nahe am Meer in **Selinunt** bzw. Marinella di Selinunte, Abendessen im 1., Frühstück im 4. Stock und Zimmer-Nr. + 1 = Etage - na ja mer sin ja findig. - Am Morgen im 4. Stockwerk gähnende Leere, trotzdem schließlich in einem Frühstücksraum angekommen; beginnen Besichtigung im Ort: ‚Katzensprung' - nach Kurve bereits erster Tempel zu sehen dann Behinderung durch hohe Böschung, ein Stückchen weiter drei hübsche Eingänge zum Ausgrabungs-Areal Tempelpforten nachgebildet - werden nicht benutzt da sie zu klein seien für die Besucherströme - auch wenn heute kaum welche ‚strömen', links Villa im Stil einer alten Burg d. h. mit Zinnentürmen; Straße stieg zunächst an, nun tischeben so weit das Auge reicht, es geht wieder mal nach unten: hügelig, große Olivenbaum-Anlagen dazwischen wegen Wassermangels vertrocknete und kranke Reben, erneut hinauf, links hängen unschöne graue bis dunkelgraue Wolken; Ölmühle: sein Betreiber wird wie andere in dieser Branche zusätzlich in Produktanteilen entlohnt, es besteht Mühlengemeinschaft die auch exportiert; blühende (!) Agave, große Brachflächen, illegale Müllhalden sogar für Autos, wieder alles flach, fahren im Schleicheschritt auf neu angelegter Straße mit Natursteinpflaster - sehr schön gemacht, Verzierung oben Laternchen, die leider zwecklos da ab 17 Uhr Zufahrt zum ehemaligen Steinbruch „Cave di Cusa" geschlossen; überall an Gräsern und Gestrüpp Unmenge von Schneckchen - sieht eklig aus, links Insel in großer Wasserfläche hübscher; sind in die Wolken hineingefahren die einfach weiterziehen, rundum Steinbrüche, alle spezialisiert auf ein Tempel-Zubehörteil, z. B. Kapitelle, dieser hier auf Säulen: 17 m hoch und 3,50 m breit, Entfernung zu den Tempelstätten 13 km, das war Arbeit! Gecko treibt sich herum und wieder hängen diese Schnecken wie aufgefädelt an fast jedem Gewächs, bei kurzem Ausstieg nicht zu übersehen, weiter: Feigen, Bauruinen rechts, da vorne ein Neubau, herrliche Fingertanne und zwei Fächerpalmen - sind mir vorhin gar nicht aufgefallen; nun auf Hauptstraße gleiche Strecke zurück, Fahrer meint Ölpressfirmen-Gebäude sähe schöner aus als die Häuser - stimmt, er ist ein wirklich netter und außerdem Profi, kurvt manchmal durch zum Atemanhalten engste Gassen ohne zu zögern, wir sind fast immer ganztägig unterwegs, aber in großem Bus Platz für jeden da zum Ausbreiten; machen nun Schlenker zu Privatmann mit bemaltem Auto und Tempelmodell, Bus mit Bildern von Puppenspiel-Szenen darauf steht vor seinem Laden; hauptsächlich Oliven in dieser Gegend, dunkle Wolken weg, Sonne brennt - es zieht sich wieder zu, Nadelbaumstreifen und danach Oliven, Oliven, Oliven! Agaven in allen Größen oft mit abgebrochenen Blüten, Schilf, etliche verdorbene Rebenfelder, Villensiedlung großzügig von freiem Gelände umgeben, häufig wachsen hier die Tannen die ich so mag und wegen der abstehenden Nadeln ‚Fingertannen' nenne; alter Bau einer Bahnhofsstation stillgelegter Linie von Kettenhund mit einem Welpen bewacht - man kann rund um Sizilien mit dem

Zug fahren aber ohne viele Haltestationen, seit dem letzten Erdbeben wurden einige davon und ein paar Strecken nicht wiederhergestellt; Ankunft an deutscher hoch gelegener Ausgrabungsstätte: doppelte Stadtmauer hat breite offene Streifen zwischen den beiden Teilen, in der äußeren befinden sich Ausfallöffnungen für Soldaten, **Selinunt** selinon = (wilder) Sellerie, Name von Pflanze die früher hier wuchs heute kaum noch, dafür Fenchel; Rundgang: Ruinentempel der 'Akropolis' = Oberstadt „0 bis D" also 5, Tempel „C" ältester und Wahrzeichen der Stadt, Säulen zunächst Monolithen danach aufeinandergesetzte Scheiben wegen einfacherer Handhabung, Reliefsteine gefunden: Negative - keine Statuen; Götter oft gleich so wie ihre Symbole z. B. Europa mit Stier - es gab auch eine griechische Göttin mit Stier; blaues ‚Alpenveilchen' ab und zu mit gekräuselten ‚Spinatblättern', Nadelbaum hat ganz gleichmäßig gewachsene kleine grüne Zapfen (Koreatanne?), über Graben zwei runde Wachtürme, Teil der Stadtmauer in Richtung Landesinneres war über Treppe begehbar, dreieckige Aufsatzsteine dienen als Geländer; östliche Tempelgruppe „E bis G"., letzterer allergrößtes unvollendetes Bauwerk: 114 m lang, 54 m breit, ein meterhoher Trümmerhaufen + eine Säule, im gesamten Gelände Erdbebenfolgen heißt es, aber nicht ausschließlich - denke ich, hier erstmals Farbmalereien auf weißem Kalkverputz gefunden, die zu der Erkenntnis verhalfen dass Mauersteine für Häuser oft aus zerstörten Tempeln stammten; Rest eines ehemaligen Bauernhauses aus kleineren aufgeschichteten Steinen, Starenschwarm (!), Mittagsblumen mit Speckblättern und etwas Ginster, am Ausgang Morgenblümchen, Hibiskus und stark duftender Oleander; gegen 13 Uhr im Hotel und frei, find' ich 'ne Pizza, mittags? Die gibt's, nicht umwerfend aber mal etwas anderes und dann - eine Runde schlafen tut der Kieferhöhle und dem Brummschädel gut; raus an den Strand, angeblich Hotel direkt am Meer, nach Überqueren der Straße mindestens 50 Stufen bis hinunter zu breitem Streifen sehr feinen tiefen Sande - weit draußen das Meer mit offenbar nur leicht schrägem Boden, viel Brandung und ganzen Algenteppichen, nein, reizt mich überhaupt nicht, geschaukelt werden wir genug; kaufe erneut Postkarten, habe immer noch keine Briefmarken um welche abzuschicken, für Geburtstagswünsche und so möchte ich's endlich gerne tun - erster Tabakladen geschlossen, im zweiten am Hafen haben sie keine, „nur auf der Post", „wo ist die", „ganz oben auf dem Berg weit weg aber sie öffnet erst morgen wieder", „mille grazie" besonders dafür dass die liebe Frau mir die vergebliche Kletterpartie erspart, morgen fahren wir schon weiter, also wieder nichts - denn in den Hotels kann man sowieso keine bekommen; hier sagen sich sowieso ‚Fisch und Angler' ‚gute Nacht', außerhalb der Saison ist der Ort wie ausgestorben: Läden zu, Häuser leer, Sommerresidenz und anscheinend Spieler-Paradies: Einarmige-Banditen-Hallen, Diskos - geschlossen aber vorhanden; teurer jedoch sehr guter Eisbecher gegen Durst und Frust schmeckt prima, treffe erneut hellbraunen ‚Freund', Hund der dankbar für Streicheleinheiten; Abendessen jeweils vier Gänge: kleine Vorspeise, erster Gang immer irgendwelche Nudeln mit - in der Regel Tomaten- oder ähnlicher Soße, zweiter Gang - ein- oder zweimal während der gesamten Reise nach Protest: Fleischscheibchenlein sonst Schwertfisch, wurde gesagt, voll in Gräten und stets gleicher Geschmacksrichtung, süße Nachspeise - nur in einem

Hotel stattdessen wahlweise Entscheidung für Käse und Weintrauben oder Obstsalat (mit Insekteneinlage) möglich gewesen - der Käse gut, die Trauben kaum gewaschen, arme Serviette! Nein, die Verpflegung war kein Ruhmesblatt wenn ich auch nicht der Mitfahrerin zustimme die „Touristen-Fraß" flüsterte - ich wollte ja keine Gourmet-Reise machen, essen kann ich zu Hause was ich möchte, also ab ins Bett. - Nächster Tag: Route kennen wir bereits, an ihr liegt eine private Zackenburg, Ebene, Horizont im Dunst, ein brauner (!) Vogel und - Elstern, schöne weinrot verputzte Gebäude, mickrige Rebenfelder, Eukalyptus-Allee; **Castelvetrano** in Privatbesitz mit wunderbarem Park den wir besuchen, normannische viereckige Kreuzkuppelkirche byzantinischen Stils, also arabisch beeinflusst, z. B. Sternengerüst-Fensterfüllung, Erbauung der Kirche 1140 bis 1160, spezielle Kuppelstützen sog. 'Trompen' machen absolut einsturzsicher, Familiensarkophage stehen in noch einwandfrei erhaltener Gruft; draußen Grabstelle für ein Kind, weiter: keine Südfrüchte sondern Reben, reine Regionalweine, vermischen nicht gestattet, Weinkellereien „cantine", in ehemaligen Thunfischbecken, früher Aufbewahrungsorte zum Frischhalten; es regnet, etwas wässrige Sonne zwischen grauen Wolken, durchqueren ehemaligen arabischen Landesteil („al aziz" = edel, vornehm) mit kürzestem Abstand zum afrikanischen Kontinent, nur ca. 140 km; Pinien-Allee aus halbhohen Bäumen, links hinten Zypressenstreifen, nun Ortschaft und Wasserturm, fahren über lange Hochbrücke auf riesigen Pfeilern aus dem gelb-beigen Naturstein - sind im Grau gelandet, jetzt regnet's richtig; wieder im Flachland, nächste Siedlung, grüne Agaven mit gelbem Rand, Brachland voller Steine, Müllgrübe, Abfallfeld, **Marsala** „marsa allah" = Hafen Allahs, karthagische Gründung Straßendorf-Stadt - sind durch, Fabrikgelände bzw. Weinproduktionsstätte „Cantine Florio" erreicht, von zwei Engländern und einem hiesigen Urahn eröffnet um Monopol des Portweins zu Beginn des 19. Jahrhunderts zu brechen - besichtigen: Umfassungsmauer mit eingebauten Tongefäßen verziert aus denen Pflanzen wachsen -'Petrus' hat freundlich Wasserhahn für uns zugedreht; Wein muss sowohl hier gewachsen als auch abgefüllt sein, 17 bis 19% Alkohol haben und ein Jahr in slowenischen Eichenfässern lagern, verschiedene Traubensorten, auch eine die Kochwein ergibt für Schnitzel oder Süßspeisen, ein besonderer Qualitätswein wird umgefüllt in französische Eichenfässer zur Reifung, normalerweise für weitere vier bis fünf Jahre, hier 5 Millionen Liter doppelt so lange; Luftzirkulation gewährleisten Sandboden und Tuffsteine; da ist ein Kupfer-Destillationsapparat, auf gemauertem hochbeinigem rundem Ofen für Holzfeuerung mit großer Öffnung wie Torbogen; draußen Pferdekarren, das Transportmittel des bernsteinfarbenen süßen Weines zum Markt, „Garibaldi-Gedenktafel" für ihn der am 11.05.1860 hier landete und den man unterstützte; alte Werbeplakate, Briefwechsel-Buch, Traubenpresse, verschiedenes Zubehör und natürlich Fässer in unterschiedlichen Größen bis zu Ungetümen, Weinprobe; Sonne scheint, wir fahren am Hafen entlang, erneut aussteigen: durch „Porta Garibaldi" zum Markt, billiger Picknick-Einkauf: Obst und ein Schinken-Käsebrötchen für 2,70 DM - solche Mittagsverpflegung ist wirklich immer außerordentlich preiswert; eigentlich 20-Minutenweg bis zur Bootsanlegestelle - Bus habe einen parkenden Pkw gestreift, eine halbe Stunde wird verhandelt, da braucht jemand wohl einen neuen Kotflügel, es ist lächerlich, Lupe um Streifen zu erkennen nötig - armer Guiseppe! ‚Sie' erzählt von „Pantelleria": sei deutsche „Aussteiger"-Insel, am Meer tauchen Salzbecken auf, neuerdings mit Plastikplanen ausgelegt zur Vereinfachung, Querbarrieren dazwischen, aufgehäuftes Salz wie Mieten, Abdeckung aus sauber verlegten Dachziegeln, Produktion für Mensch und Vieh, gemauerte Stege überall - etliche Arten, Boote liegen vor Anker, am anschließenden Ufer weite Flächen der „Salinen von Trapani" mit Windmühlen zur Beschleunigung des Trocknens – wunderschöner Postkarten-Anblick in Lagune, „Salzgärten" seit mindestens 500 Jahren, Phoenizier begannen mit der Gewinnung des „weißen Goldes" in einem Netz aufeinanderfolgender Becken, „Via del Sale" bis Marsala; etliche Inseln kommen ins Blickfeld und Gleitschirm-Wasserskiläufer, Überfahrt zur Insel „Mozia" dauert 10 Minuten, ganz früher Landverbindung, dann Furt, jetzt 3 m tiefe Fahrrinne, Sizilien sinke jährlich um 1 bis 2 cm, Mozia: Runde Insel mit Privathaus eines Mr. Whitaker, zunächst Stärkung durch das auf dem Markt Erworbene, danach Rundgang: **Motye**: im 8. Jahrhundert v. Chr. lebten Karthager hier, Phoenizier aus dem Libanon kamen danach, ca. 1 000 v. Chr. und nannten es Motya, ihnen folgten Griechen - siehe Wohnhaus mit Kieselmosaik; wilder abgeblühter Fenchel: trockene Stengel für Flechtwerk verwendbar u. a. Stühle, es gibt hier Linsensträucher, Aronstab und wieder Veilchen, jetzt in blau statt weiß; Wohn- und Tempelbezirke, Teichbecken, Nekropole: Kinderopfer- (für Baal?) Grabstätten, vier Steine und ein Deckstein als Urnen, Brunnen um Leichen waschen zu können; „Museum": berühmter marmorner Jüngling in fließendem Plisseegewand, Stelen, kleine Statuen, modellierte Köpfe, groteske lachende Spitzgesicht-Maske, Marmorvase, Steinfragmente mit Resten karthagischer Schrift, Toraufsatz von zwei Löwen und Handelsware wie ägyptischen Schmuck; gehe schon langsam zum Bootssteg - alte Frau die ich leider kaum verstehen kann spricht mich an, wir bekommen heraus dass sie feststellt ich sei nicht mit meinem Ehemann hier sondern einer Gruppe - Italienisch ist für die Sizilianer ähnlich ungewohnt wie für mich, haben ihre eigene Sprache, also Verständigung nie einfach aber möglich; vom Boot aus auf Festland, weit voraus Wettermessstation zu sehen und Nato-Flugplatz bzw. Stützpunkt der Amerikaner, drüben an der Mole in den Bus steigen: Reben, Wäldchen, Winzerbetrieb, Stadt, ein hoher Bergrücken der bisher im Dunst lag rückt näher, Ende einer schrägen Ebene enormer Felsklotz, Steilkante, Hang besiedelt, nun rechts und links wieder Salzwasserbecken und Mühlen; **Trapani** (drepanon = Sichel, griechisch) liegt auf Halbinsel in Sichelform an Doppelbucht, seitlich großer Felsbrocken im Meer, florierende Handelsmetropole, Wohnblock-Neubauten fünf bis sechs Stockwerke hoch, tonverputzt - hübsch, großer Hafen am Fuß des Erice; erst einmal Steilstraße hinauf dann in schmalen Serpentinen weiter zu gleichnamigem Ort, an einer Villa mit altem gezacktem Burgturm vorbei, noch einer - genussvolle Sicht auf Trapani, die Salinen Abhang und Felsklotz, **Erice** fängt gemäß Ortsschild im Wald an: zu Fuß noch steilere Straße zum Hotel als die schon mal gehabte, es ist bewölkt und kalt; die Thunfisch-Nudeln in Pfefferminzsoße skeptisch erwartet schmecken sehr gut, ein bemerkenswerter Lichtblick - Spaziergang machen, hier gäb's spezielle Mandelplätzchen, Nebel nasskalt und der Laden kommt und kommt nicht - denn nicht, aber Briefmarken gefunden, Postkarten gehen auf den Weg! Sprudelflasche auf dem Tisch vergessen, Ober noch da, verschafft sie mir ganz schnell aus der Küche - was für ein Glück, hab' schon ständig tagsüber Wasser in meinem Fläschchen dabei, nötig bei der Hitze und den wenigen Pausen; Rheumaschub: Fieber und in der Nacht wirds arg kalt, doch zwei Wolldecken im Zweibettzimmer für mich allein wärmen. - Anderntags Stadtrundgang bei feuchter Luft und geringer Sicht: Sommer-Erholungsort in Form eines Dreiecks entsprechend dem Felsplateau, Mittelpunkt von Kultur- und anderen Wissenschaften, Forschungszentrum, 1982 „Manifest von Erice" gegen das atomare Wettrüsten; antiker Charakter der Siedlung mit engen Gassen erhalten, Stadtmauer aus elymisch-punischer Zeit, Stadttor und auf der Felsnase Normannenkastell an Stelle eines ehemaligen Astarden-Tempels, mit Wappen und Schießscharten in der 1,50 m breiten Festungsmauer; im Park außerdem frühere 'Wohnburg', sei eine Zeit lang Mode gewesen - ah so, daher unterwegs andere gesehen; langsam nur noch frisch nicht kalt, dichte Nebelschwaden ziehen rasch vorüber, ist ein kleiner Ort, hat sieben Kirchen, Hauptkirche „Chiesa Matrice" Mutterkirche, 'Rose' daran verrate arabischen Einfluss, Keramik beliebt: Namensschilder, Kacheln als Hauswandverzierung, aber auch gestickte Fensterbilder in weiß und bunt oder Klöppelarbeiten - man treibt uns weiter: unten per Bus durchs „Val d'Erice", erneut ‚Fingertannen', herrlicher Gummibaum, die verschiedenen Farben der Landschaft leuchten in der Sonne, Nebel restlos verflogen, rechts Bergrücken zum Teil mit steilen Kanten, links Ebene bis zum Meer, Kreuzung: Trapani - Palermo 117 km, fahren zunächst zur Autobahn mit dem Ziel Segesta das Erice direkt gegenüberliegt, waren befreundete Städte die sich Funksignale gaben; Hügellandschaft, Äcker, Baumstreifen, Tunnel, etwas dunstig aber Sonne strahlt, Hügel in verschiedenen Brauntönen dann Grün dazwischen, Parkplatz ist Endstation: Aufstieg zum Tempel in **Segesta,** der gut erhalten, übliche Säulenzahl: an Front- und Rückseite je 6 und jedem Längsteil 14, soll ebenfalls unfertig geblieben sein, erbaut in rauher aber schöner Umgebung vor Pispina-Schlucht; Pendelbus fährt zur gegenüberliegenden Anhöhe, dem „Monte Barbaro", zu den Ruinen des Wohnortes und des Theaters, für letzteres natürliche Mulde genutzt, in den Fels geschnittenen Halbkreis, bei günstigem Wetter weiter freier Blick - für uns zwar frei, jedoch nicht bis zum Monte Erice; laufe bergab zurück an den Parkplatz mit Raststelle, Salat zu teuer erworben, Kassierer haut mich beim Herausgeben des Geldes übers Ohr was er natürlich bestreitet - was soll's, kann's verkraften, ‚Schlitzohren' gibt es überall; es geht wieder los: viele Bäume, besonders in Nadeln, überwiegend Pinien, danach massenweise Indianerfeigen, Schilfinseln, Büsche, üppige Vegetation, Mauerreste auf Hügel rechts, steil ansteigende Kuppen kultiviertem Land folgen, meistens Reben; landwirtschaftliche Erschließung manchmal bis an die Oberkante der Anhöhen, Pfade aus festgetretener Erde von Naturstein-Mäuerchen begrenzt, fahren zwischen zwei Hügelzügen hindurch - wunderschöne Gegend, **Gibellina** (Nuova) Erkundung zu Fuß: nach Erdbeben von 1968 20 km von der alten Stelle entfernt hier neu aufgebaut, gegen den Willen der Bevölkerung da Äcker zu weit weg, soll Museumsstadt moderner Kunst sein - für Sizilien untypisch angelegt: Reihenhauskomplexe mit kleinen

Vorgärten und Grünflächen, breite Straßen, Parkanlage mit sternförmigen Beeten - ohne Leben, kaum Menschen geschweige denn offene Läden oder Bars, leerstehende Behausungen werden teilweise bereits renoviert, Kunst als Anziehungspunkt gedacht: verrostete Lok, davor verrostete Plastik aus Kreisen und Würfeln, Pfeiler in geometrischer Metallstruktur oder Zementform, hübsch nur der große Beton-Stern (Stahlbeton?) „Stern des Glücks", „Porta di Ferra" = Eisentor das sich als Ein- oder Ausgang über die Hauptstraße erstreckt, Dom in Form eines überdimensionalen Tennisballes an einer Seite eingebrochen - nicht viel los mit dem Glücksstern! Schrauben uns eifrig weiter hinauf, rechts freier Blick über das wellige und abwechslungsreiche Land links Hänge; noch eine neue Stadt, weniger aus der Retorte, nun links wieder so ein vorgeschobener kahler Kalkfelsen, Olivenernte im Gange, Grotte, kleine Wohnburg; Reste der Betonterrassen für die damaligen Notunterkünfte, zwischen Bergspitzen geht's immer noch nach oben, Künstler goss Teil des Ortes der Katastrophe mit Beton aus: gigantische langgezogene Platte in Dreiecksform verschandelt furchtbar die Landschaft und die Menschen hier empfinden sie wegen der 236 Toten an die man nicht erinnert als 'Schlag ins Gesicht'; sehr schöne Hochebene die weit und frei wirkt schließt sich an, kleiner Teich, viele Reben, aber auch - Häuserruinen, Theatertreppe führt ins Nichts, Straße und Bahnlinie zerstört, Friedhof nicht und der Kirche ging lediglich das Dach verloren! Epizentrum war nur 3 km entfernt, man baut privat an altem Platz wieder auf, verwendet was noch brauchbar ist und bewohnt was ganzblieb, Bar in Betrieb, bekomme dort sogar einen Kakao; den gleichen Weg wieder zurück da nur eine Zugangsmöglichkeit und auf „Straße der Freiheit" vorwärts: Mafia wollte den Bau verhindern, nach Ermordung von Falcone und Bossellini schlug die Stimmung in der Bevölkerung um, Aussagewillige meldeten sich, nicht mehr das alte Motto „ich war nicht da, aber wenn ich da war habe ich geschlafen", Mafiosi hätten sich auf Müll-, Drogenhandel und Prostitution zurückgezogen, die „Ehrenwerte Gesellschaft" entwickelte sich ja anfangs aus „Reichen nehmen, Armen geben" was natürlich Anklang fand, verselbständigte sich dann blieb jedoch beliebt wegen Schutzes gegen Kleinkriminalität, wohnte ein 'Boss' im Viertel konnte die Haustür offenbleiben - die Verbindungsstraße nach Palermo wurde inzwischen fertiggestellt, Luigi Malerba „Das nachdenkliche Huhn": „Ein kalabrisches Huhn beschloss Mitglied der Mafia zu werden, es ging zu einem Mafia-Minister um ein Empfehlungsschreiben zu bekommen, aber dieser sagte ihm die Mafia existiere nicht, es ging zu einem Mafia-Richter aber auch dieser sagte ihm dasselbe, schließlich ging es zu einem Mafia-Bürgermeister und auch dieser sagte ihm die Mafia existiere nicht, so kehrte das Huhn in den Hühnerhof zurück und auf die Fragen seiner Mithühner antwortete es, die Mafia existiere nicht - da dachten alle Hühner es sei Mitglied der Mafia geworden und fürchteten sich vor ihm"; weiter mit Bus: rechts ehemaliger Steinbruch, wunderschöner glatter gelblicher Fels, passieren eine Bergkette nach einer anderen, links steht ein großer dunkler Block, sonst hellgrau mit Grünüberzug, jetzt braunes Gras, Dorf, danach grauer Stein mit weinroten Einlagen massiver kahler Block hat langen Ausläufer, rechts tauchen ein paar Zacken auf - müssen von der Autobahn ab wegen schweren Unfalls da vorne und beidseitiger

Sperre, später wieder drauf: rechts vor uns Monreale dahinter Richtung Meer Palermo und Zufahrt dorthin: rechts Bergreihe grau mit und ohne Bewuchs wie bisher, links nur kahl, rechts illegale hässliche Stelzen-Wohnblocks am Hang, in den Bergen kleiner versteckter albanischer Ort, sich bewusst isolierend; braunes Gras und Bäume, großes Areal des Staatssicherheits-Gefängnisses mit Erweiterungs-Rohbauten (!), Wachtürme, links größte Universität Siziliens, älteste befindet sich in Catania; schon wieder 17.30 Uhr, die Tage sind lang und erlebnisreichst! Tor der Stadt **Palermo** von zwei Karthager-Skulpturen mit Turban flankiert: „Normannenpalast", Dom, Flohmarkt, „Justizpalast"; Scheibenputzer-Anbieter an Ampel, Transporter mit schräggestellter Ladefläche für Obstverkauf ebenso - aufgeschnappt im Vorbeifahren, Ankunft am Hotel: unsere Dauerbegleiterin begeistert die Ausstattung mit Brokatvorhängen und -tapeten, mir gefallen die kunstvollen Muranoglas-Lüster, auch einer von farbigen Blüten mit weißen Stielen und mattgelben Blättern, Marmortreppen sind belegt mit roten Läufern, lebende Hängepflanzen begrünen Innenraum des Treppenhauses - letztere wirken irgendwie deplatziert in dem sonstigen Plüsch; Stilmöbel-Stühle und ebensolche Vierertische in unterteilten Essräumen, das Vorspeisen-Buffet von ‚ihr' bereits unterwegs schwärmerisch erwähnt ist wirklich einmalig und an drei Abenden stets etwas Neues dabei - offenbar Spezialist mit Können und Liebe am Werk; Stadtplan an der Rezeption zu haben, bekomme erneut ein Zimmer jenseits ellenlanger Gänge, immer ‚halbe Weltreise' bis zum Aufzug und diesmal nicht nur Verkehrsampel auf Hauptstraße vorm Fenster zusätzlich Straßenlaterne, also außer mit Ohropax auch mit Augenklappen schlafen - wie fein, kein Duschvorhang, Wasserhähne falsch herum installiert, kalt ist warm und umgekehrt - am Waschbecken richtig angegeben, aufpassen sonst gibt's Brandblasen, aber egal heute muss ich Haare waschen, Föhn ist da und - Shampoo aus Catania hatte ich in ‚schwarzer' Voraussicht eingesteckt als dort der Haartrockner fehlte. Palermo = Allhafen (arabisch palerm, griechisch panormos) ehemalige phoenizische Handelsniederlassung aus dem 8. Jahrhundert v. Chr., zwischen zwei Vorgebirgen natürliche Hafenbucht „Conca d' Oro" = goldene Muschel, von Gebirgszügen begrenzt bzw. umschlossen, kaum Luftaustausch, nur Wind vom Meer, fruchtbarer Boden, vor allem Orangengärten; Stadtrundfahrt: nochmals Justizgebäude, gut zu sichern, hier liefen Erpressungs- und Korruptionsprozesse der Mafiosi; „Normannenpalast", bedeutendster Profanbau „al Kasar" (el kasr arabisch = Schloss) ursprünglich arabisches Gebäude heute Sitz des Parlaments, „Porta Nuova" durch die wir gestern hereinfuhren, Unabhängigkeits-Obelisk, Befestigungsmauer mit kleiner Madonnen-Nische; nehmen in der „Capella Palatina" an der Sonntagsmesse teil um den atemberaubenden Anblick in Ruhe genießen zu können: absolut harmonische Mischung von römischer Basilika und byzantinischem Kuppelbau, üppigem Mosaikschmuck und bemalter arabischer Stalaktiten-Holzdecke, im Mittelschiff dreifache Sterne um Blütenblattrosette, unterbrochen von kleinen quadratisch angeordneten Stufenpyramiden, ausgesparte Mitte, keine Orgel sondern ein großes Harmonium (?) - klingt danach, Marmor-Armleuchter, Seitenschiffe haben Zwischendecke in halber Höhe, abgerundete Querrinnen und alles ist über und über mit goldgrundigen Mosaiken belegt; Christus in Kuppel über dem Altar, zwischen Petrus und Paulus, den

Schutzheiligen des normannischen Königshauses: Jesus hat die rechte Hand zum Siegeszeichen erhoben in der linken hält er die aufgeschlagene Bibel, je ein Engel in den Spitzbogen-Ecken, Kruzifix seitlich vom Altar, Mosaik: Maria flankiert von Jüngern, darüber Reliefband, Seitenwände haben ca. 3 m hohe Marmorsockel pur mit Sternenborte oder geometrischen Ornamenten im Wechsel, Streifen arabischen Mosaiks: ‚Bäumchen' – Zwischenräume, dann vier ‚Tannenzapfen', jeweils im Austausch geht bis an den Altar, zu ihm führen Marmorstufen; für Besichtigung maximal zehn Minuten wegen des Andrangs, außerdem ist die Aufsichts-Dame gegen das Fotografieren, man kann aber hier tatsächlich einen Postkartenstreifen von der Kapelle kaufen, greife gleich zu und Dias (?) - so etwas nicht, nirgends; laufen zur „San Giovanni degli Eremiti": im Eingangsgärtchen Philodendron mit Fruchtstand in Grün, ähnlich Bananenblüte geformt, fünfbogige maurische Kuppelkirche ursprünglich Moschee, nach Herüberströmen der Karthager/Punier sollen es insgesamt 200 gewesen sein - viereckiger Glockenturm ebenfalls mit ‚Haube', Kapelle im Gesamtgebäude abgesondert, sehr schöner Kreuzgang schließt sich an: Arkaden aus Zwillingssäulen, in der Mitte arabischer Zisternenbrunnen; weiter: zu Fuß den „Quattro Canti", vier sich gegenüberstehenden Barockhäusern mit konkav geschwungener Fassade und mannshohen Statuen in den Nischen; Stadt ohne Wasserknappheit dank zweier Flüsse und unterirdischer Kanalisation aus der Antike mit Auffang- und Staubecken, wird zur Zeit erstmals erneuert bzw. ausgebessert, Straßen verlaufen über dem System, es gäbe hier jetzt außer Miet- auch Eigentumswohnungen; Besuch des Rathauses am „Platz der Schande" wo ein Haus für ledige Mütter steht, das Rathaus ist ein schöner alter Palast, Stadtwappen Adler, großer Ratssaal mit Blick aus dem Fenster auf in Florenz gefertigten „Fontana Pretoria", Brunnen der renoviert wird, daneben drei rote orientalische Kuppeln sowie ein Glocken-Kirchturm, Kapelle unter den Kuppeln gehört Templerorden, Bodenmosaike bestehen erneut aus runden oder Stab-Formen sowie zusammengesetzten Sternen; um den Platz herum noch zwei Kirchen, in der „Chiesa La Martorana" neben Mosaiken Gemälde an den Seitenwänden und in den zahlreichen Runddächern, Mosaik-Engel in ‚Bobserkäfer'-Haltung die Hände mit Tüchern bedeckt, in Gold, wird vermittelt „ich bin das Licht der Welt" gemäß griechischer Inschrift hier, byzantinische Kreuzkuppelkirche, Nonnen-Empore vergittert, „martorana" = Marzipanfrüchte, erfunden als der Papst im Winter zu Besuch kam und die Frauen ihm Obst anbieten wollten; direkt nebenan „San Cataldo" dreischiffige Basilika mit arabischen Kuppeln und spitzbogigen Fenstern, Glockenturm, Kirchenfassade in normannischem kubischem Charakter; daneben „Archäologisches Museum": war Kloster, Innenhof noch mit Kreuzgang, in einer Nische Marmorsarkophage in Form von liegenden Frauengestalten, ca. 2,50 m groß und massiven Körperbaus die etwas grobschlächtige Gesichter haben, Statuen und Kapitelle; erster Raum: Säulen und hauptsächlich Tonwaren, auch eine Menge Amphoren, von den Münzen seien die schönsten aus Syrakus, zweiter Raum: Funde von Selinunt und etruskische Sammlung, Hieroglyphensteine, 1. Stock: antike Mosaikböden und -wände, römische Statuen und Figuren aus Marmor oder Bronze: Widder, mit Hirsch kämpfender junger Mann, Echnaton, Unmenge kleiner Keramiken, 2. Stock: griechische Gebrauchsgegenstände aus Ton, aller Art und Größen, bemalt mit schwarzen Personen - in älterer Zeit auf weinrotem oder hellem Grund, helle auf schwarzem Grund datieren später wie wir wissen, und Keramiken korinthischer, ionischer, römischer, attischer, etruskischer und latinischer Herkunft, kleine Gesichtsvasen, unförmige Deckelschüssel und -vase; Grottenfunde: Werkzeug, Muscheln, Elefantenknochen, Malereien bis zu 16 000 Jahre alt wurden teilweise ergänzt, schmiedeeiserne Tür, draußen ein paar Bananenstauden; nun per Gefährt zur „San Francesco d'Assisi", einer dreischiffigen Hallenkirche mit gotischen Arkaden und wunderschöner Fenster-Rose! Brunnen, am Bus-Parkplatz fliegende Händler hier echte „mercati volanti"; essen unter Normannenzinnen bei „Al Rigoletto" zu Mittag, gehen danach an Häuserfront vorbei mit zwei Marmor-Atlanten welche Medaillons in ihren Händen halten; alter Hafen heute für Yachten, zwei riesige Gummibäume mit Luft- und Flachwurzeln fallen auf und der Palast der Lavastein-Einlagen hat; „Porta Felice" Gegenstück zur „Porta Nuova" Beginn des „Foro Italico", Panoramablick zum „Monte Pellegrino" = Pilgerberg (djebel grin = Berg nah, arabisch), auf dem sich die Wallfahrts-Grotte der 'Hlg. Rosalia' befindet, der Schutzpatronin der Stadt; Ufer, Anfänge einer Anlageplanung zu erahnen, Armenviertel: teilrestaurierte Bischofs-Kirchenruine hat enorm großen Eingangsbogen war einmal dreischiffige gotische Hallenkirche mit je einer durch Wand getrennten Seitenkapelle, zwei Querbauten als Vorhallen, wurde danach als Lues-Krankenhaus benutzt, Postamt u. ä., zuletzt Armenhaus, zur kulturellen Wiederbelebung der Wohngegend für Veranstaltungen wie Konzerte oder Ballett-Aufführungen etc. hergerichtet, noch vieles reparaturbedürftig; erstaunlich dass fast überall, wie hier, nicht nur die Telefonleitungen sondern auch die für Strom lässig außen an den Häuserwänden entlanglaufen; Bus fährt am Meer entlang und passiert „Villa Giulia", hell lehmfarbenen Würfel mit Kuppel auf Rechtecksockel, am Eingang rechts und links je Römerin als Atlant, großzügige Parkfläche dabei; dann Platz mit Reiterdenkmal, rechts „San Domenico", Brunnen dahinter, Kirche „Santo Spirito" - es wird erwähnt sie sei der Ort der 'Sizilianischen Vesper' gewesen und Giuseppe Tomasi di Lampedusa, Verfasser von „Der Leopard", stamme aus parlermitanischer Familie, sein Grab ist hier, Lampedusa ist auch der Name einer Insel die zur Provinz Agrigent gehört; Zirkustheater und „Teatro Massimo Emanuele", letzteres eins der größten Opernhäuser Europas: runder Anbau zur Einfahrt für Droschken, dem früheren Transportkomfort, an Frontseiten die Allegorien für Drama und Lyrik, Büste Verdis im Vorgarten - übrigens begann der überregionale Erfolg Carusos auf Sizilien; Schauspielhaus „Politeama Garibaldi" darauf Quadriga und Denkmal davor, gegenüber Pavillon wie antiker Tempel, Dom: wuchtiges Stil-Konglomerat: enorme Länge, dreischiffig, Basilika mit verspielten gotisch spitzen Türmen, an den vier Ecken aufgesetzte Minarettchen - wirkt klassizistisch unterteilt, aus dieser Zeit auch Kuppel mit Laterne, an einer Säule der Eingangsvorhalle 'Sure' eingeritzt, Marmorportal, darüber Madonnen-Medaillon mit normannisch-gotischem Spitzbogen-Abschluss; im Hauptschiff an jeder Säule lebensgroße Marmor-Statuen, in einem Seitenschiff Altäre bzw. Kapellen, Sarkophage aus Porphyr oder weißem Marmor, einer davon überbaut durch auf Säulen gestütztes griechisches Tempeldach, auf der anderen

Seite: zwei Engel auf Weltkugel die ovalen Schild halten mit dem Kreuzeszeichen versehen, der Adler darunter hat die Flügel ausgebreitet, unter ihm griechischer Giebelsturz aus weißem Marmor; etliche Gemälde, altes Taufbecken mit Haubendeckel und goldenem Blütenaufsatz in Strahlen, Kreuzstationen rechts und links, mehrere Deckengewölbe, Tierkreiszeichen-Kalender am Boden, in Kuppel Loch für den Einfall von Sonnenstrahlen, griechisch-orthodoxer Altar, Aufbau und Verzierung in Silber, Apsis: Plastiken in Goldsäulenhalle, Christus im Strahlenkranz, reich verziertes langgezogenes rechteckiges Weihwasserbecken, kleine Atlanten halten diese Muschelschale, Baldachin-Oberteil und Figürchen darauf - und soo viel mehr; draußen: ein Seitenteil ist viereckig, Vorläufer maghrebinischer Bauweise der Araber in Afrika; meine Kamera setzt Blinkzeichen dass die Batterie leer wäre - versteh' ich nicht aber Vorsicht ist besser, oh weh, es ist Sonntag! Finde tatsächlich in der Nähe offenen Laden und Mann der sich mit Fotoapparaten auskennt außerdem jegliches Zubehör hat, mir wird geholfen, Batterie nicht teurer als bei uns, dafür der Film um so mehr - hab' für die Kathedrale alle Bilder aufgebraucht, ‚nur' noch Puppenspiel, dachte man darf da nicht knipsen aber es sei erlaubt, wer dumm ist muss bezahlen! „Teatro dei Puppi": „Der verliebte Orlando": er und Rinaldo kämpfen um Angelika, Kaiser Karl V. will sie dem geben der die meisten Sarazenen beseitigt - also hauptsächlich ausgedehnte Schlachtenszenen mit viel Getrampel und ‚orientalischem' Geschrei, einer wird gehälftet, einer geköpft, Drache faucht charmant und klappert mit seinem Gebiss, winkt sterbend mit dem Schwanz, am Ende bekommt keiner die Schöne weil - die Ehefrauen mit ihren Kindern auf der Suche nach ihren Männern am Hof erscheinen; gut 1 m große und 10 Kilo (!) schwere Stockpuppen sind die Akteure mit Metallführungen zur Bewegung der Hände, Köpfe, Schilde, Schwerter, tiefe Bühne, drei Personen arbeiten von den Seiten her; 360 Stücke im Repertoire, Familienbetrieb in der fünften Generation, stellen alles Erforderliche selbst her natürlich auch Gewänder und Waffen, Großvater des Inhabers Argento erfand das Drehsystem ohne Fäden - sind keine Marionetten wie in Catania wird betont, handgefertigte kleine Puppen-Unikate erwerbbar - preiswert wie sich bei späteren Vergleichen herausstellt; heute kaum noch Zwischenzeit bis zum Abendessen: Teller schlecht gespült, Kellner haben nie Geldtasche dabei können also nicht herausgeben, deshalb Getränke bezahlen manchmal mühsam - Schluss, Klappe zu! - Glaskanne auf Frühstücks-Buffet hat grüne Ausgussnase - Brille kann auch nachteilig sein; Abfahrt nach Monreale: rechts Haus von 'Falcone', Baum davor voller Dankesbriefe, Fotos, Blumen, momentaner Bürgermeister warb für sich nur mit dem Versprechen gegen die Mafia vorzugehen und bekam auf Anhieb über 50% der Stimmen; links moderne einschiffige Kirche, Eingangsturm wie Bleistiftspitze mit hübscher Glasrosette; Kapokbäume vor uns hoher „Monte Caputo", ziemlich kahler Spitzhut; fahren die ganze Zeit durch gutbürgerliches Viertel jetzt entsprechenden Vorort, langer Rücken bildet die Fortsetzung des Berges, Dorf in Mulde, jetzt links Häuser an den Hängen und auf kleinen Zackenflächen, ganz oben Castellagio-Ruinen, schlängeln uns langsam hinauf, links eine Menge neuer Wohnblocks rechts alte Häuser, Bus-Parkplatz - aussteigen **Monreale** = königlicher Berg, vor den Stadtkern haben die Götter eine lange Treppe und eine noch längere Steilstraße gesetzt – krauch, schnauf; dünner

‚Opa' mit 'Onkel- Sam'- Hut möchte fotografiert werden nimmt aber Geldschein gern auch ohne, „Kathedrale": dreischiffige kreuzförmige Säulen-Basilika, zweiter Turm unvollendet, an Frontseite Metall-Paradiespforte und Statue Wilhelms II. der Maria das Kirchenmodell darreicht, zweitgrößte Mosaik-Kirche nach der 'Hagia Sofia' in Istanbul: Granitsäulen und Steinkapitelle, Abschlussviereck bereits Mosaike ebenso die Verbindungsbögen und die Wände von oben bis unten: Baumgirlanden-Basis aus Zypressen sonst weißer Marmor mit Längsbändern aus Zapfen, Stalaktiten ähnlich verziert; wie überall Bibelszenen in Apsis, Engel hier ohne bedeckte Hände, Jesus in der Mitte, an der Decke: Dachrücken, Giebel- und Querstreben sind golden, blau, grün und rot bemalt, an Mittelschiffseiten über den Fenstern zusätzlich Medaillonreihe; kompletter Mosaikboden verschiedener Strukturen in unterschiedlichen Farben - das bisher Gesehene ist übertroffen was mir unmöglich schien, Fülle raubt den Atem, unfassbare Pracht! Draußen bettelt erbarmungswürdig ausgehungerter alter Mann - unbedingt sehenswert die Apsiden von außen: Arkaden dekoriert mit hellem Tuff und Lavaeinlagen in abwechslungsreichen Formen, wirken absolut arabisch; auch hier kann ich einen Postkarten-Streifen kaufen, nicht besonders gute Aufnahmen aber immerhin; neben dem Normannen-Dom der Kreuzgang, ein Quadrat von 47 auf 47 m: Bögen auf Doppelsäulen, Kapitelle von byzantinischen, arabischen, apulischen, sizilianischen Steinmetzen gestaltet: Menschen, Tiere und Fabelwesen in religiösen oder Alltagsszenen dargestellt - alle verschieden, zum Teil auch Säulen damit geschmückt oder mit Mosaik-Einlegearbeiten - wunderschön, ebenso der arabische Brunnen; „Belvedere", kleiner Park, von dessen Terrasse aus eindrucksvolle Sicht auf Palermo und die gegenüberliegenden Höhen; wieder zurück zum Kirchen-Vorplatz mit Brunnen um erneut bemalten geschmückten Pferdekarren aufzunehmen, etwas trinken, aber zunächst fürs Gegenteil sorgen - treffe beim Suchen nach Gelegenheit auf ‚Saarbrücker Bär' aus unserer Gruppe unter dem im Dom der Sitz zusammenbrach und nehme den ebenfalls Suchenden mit zur inzwischen entdeckten „Öffentlichen" - oh nein, das ist nicht mein Ehemann, ich bezahle nur für eine Person; Rückweg zum Parkplatz: alte Bettlerin zum Umblasen dürr wie die anderen - kann an keinem einfach vorbeigehen, wer weiß ihre Gründe, wenn man hier keine Familie (mehr) hat ist man unversorgt; Abfahrt, es wird immer dunstiger, nach 20 Minuten erneut in Palermo, auf dem „Normannenpalast" soll schon seit Urzeiten ein Observatorium sein erfahren wir; Akazienbäume mit lila Traubenblüten, an Toren und Pavillons oft Schmiedeeisernes, in den Straßen ein buntes Völkergemisch, auch Inder und Schwarz-Afrikaner, Asiaten fehlen, sonst alles da - zudem in sich vermischt; der Nachmittag ist frei, brauche Atempause dann los: Quadriga knipsen und den Tempel-Pavillon auf dem „Piazza Settima" der offensichtlich Treffpunkt nicht ausgeflippter und ausgeflippter Jugendlicher ist, auch von 'Punks', Polizei-Autostation hat Parkplatz direkt nebenan; lebhafter Feierabend-Autoverkehr, von Ampeln zwar geregelt aber Zeitschlucker - schade, andere denkbare Ziele auf dieser Straßenseite sind zu Fuß viel zu weit, auch kein gerader Durchgang zum Hafen vorhanden, stark verwinkelt, hat keinen Sinn, gehe in zwei Kaufhäuser - nichts Besonderes und teuer, keine kleinen netten oder appetitlichen Geschäfte, falls in Seitenstraßen dann sehr entfernt, irgendwo gibt's aber doch Eis? Freu' mich drauf, schmeckt nach Wasser und nicht nur der Verkäufer ist muffig - komischer Laden, haben gutes Gebäck nur - jetzt mag ich nichts mehr; andere Seite der Hauptstraße: Adlerbrunnen, Blumenkiosk, am Hotel vorbei, Park mit „Garibaldi-Denkmal" und Springbrunnen „Giardino Inglese" gegenüber: Putten, kleine Burg, blühende Yucca, Kinderspielplätzchen, großer Vergnügungsbereich mit Buden und Riesenrad in Kleinformat - da sind ‚Babys', das sei eine Dattelpalmart; duschen, essen, Bett, morgen steht der Koffer wieder abholbereit vor der Zimmertür.

Pünktlich fährt der Bus ab: gleich um die Ecke eine Schule, Kinder in Einheitskleidung, Falcone-Gedächtnisbaum - also dieselbe Strecke wie gestern; jetzt rechts am Hang „Hollywood" in Großbuchstaben wie in den USA, ab und zu heißt auch eine Bar „Manhattan" - passt irgendwie nicht; ‚sie' erklärt uns die verschiedenen Polizeibezeichnungen und meint: Bon von Einkäufen soll man noch eine Zeitlang dabeihaben wegen Kontrollen von Finanz-Polizisten; links das Meer, tiefe zauberhaft schöne Bucht, rechts Höhenzug, Kirchenruine, fahren im Bogen Küstenstraße entlang, zurückblickend liegt am Ende der Straße ein mächtiger Kalkfels mit zwei Zacken, nun viele Tunnel, **Himera** (= Tag): Ort der großen Schlacht zwischen Griechen und Karthagern, Hafen hat starke Kaimauern; Industriegebiet, u. a. Erdgas- und Raffineriebetriebe, zudem Scheinfabriken d. h. nie bezogene Gebäude oder Ruinen; Berge rücken ab liegen danach im Dunst, links Freizeitanlage am Meer, mal wieder eine Maut-Station: Fahrer hat Telepass für automatische Kontoabbuchung daher kein Aufenthalt; keine Reben mehr, Baumbestand wechselt zwischen spärlich und etwas mehr Bewuchs, Olivenbäume, Feigenstauden; **Cefalu** (von kephalos = Kopf), der ins Wasser vorgeschobene Fels sähe so aus, zunächst Areal ganz ohne sichtbare Reste der Normannenfestung, fahren Serpentinenumweg zum Aussichtspunkt des 270 m hohen Rocca, Eindruck: an den Stein gepresstes Städtchen bis unmittelbar ans Meer, auf dem Weg hinunter von der schroffen rauhen Erhebung jetzt Turm, Mauer und überall Normannenzinnen, links Friedhof und kleines Mausoleum sowie Bauten verschiedenen Stils; unten Yachthafen, halten am alten Leuchtturm, laufen in die Ortschaft hinein, die antike lag ganz oben, in Häusern oft unten das Geschäft und darüber die Wohnung, Kathedrale über große Freitreppe zu betreten, zufällig offen wegen Hochzeit - Glück muss man haben: Normannen-Dom mit mehrgeschossigen Türmen, einer diente stets als Herrscher-Loge, dreischiffige Basilika mit Säulen unterschiedlicher Größe und byzantinischen Kapitellen, wegen Renovierung viel eingerüstet, blonder Mosaik-Christus in Apsis kaum zu sehen, zwei Bögen mit Statuen und Pflanzensymbolen, der eine vor der andere hinter dem Hauptaltar; Stuckarbeiten bemalter Figuren, ähnlich Palatina, aber meistens mit Kalkmasse präpariert und darauf die Bemalung, also echte 'Fresken', Szenen aus dem Leben des Gott-Königs, Bischöfe zweitrangig; leider nur noch ein Mittelstreifen der Holzdecke vorhanden nach Brand, moderne bunte Glasfenster würden bei Sonne schöne Farben auf die kahlen Wände werfen - passen überhaupt nicht dazu nach meiner unmaßgeblichen Meinung, Madonnen-Erker; vor der Kirche schräg ansteigender Platz, hinter ihr ragt der Kalkfels empor; nur <u>eine</u> Toilette für alle im nahen Café, erneut, wie so häufig, Schlangestehen - wie funktioniert denn das in der Saison? 'Pfaff-Nähmaschinen' gibt's hier, uralte Gässchen und eine arabische Wäscherei:

Steinbecken durch die Wasser fließt, kleine hohe Waschschrägen am Rand und Laufstege dazwischen, das Ganze teilweise mit Häusern überbaut, hätten mit Sand gewaschen; hinunter, zurück zum Leuchtturm: Wasser hat verschiedene Grüntöne, große Steinbrocken ragen über die Oberfläche; einsteigen, weiterfahren: brauner Fels geht weit in die See hinaus, auf ihm gestapelte Turmreste, kurvenreiche Küstenstraße, weiterhin gelegentlich kleine bis sehr große Steinblöcke, im Meer erneut Felsvorsprung kleiner Unterstand obendrauf; wunderschöne Badebucht und ausgedehnte Freizeitanlage, kleiner Uferbogen von Natursteinen eingefasst; Gebirge rechts besteht zum Teil aus Giganten mit längs gefalteten groben Hängen, bewachsen von Büschen, Gräsern, selten einem Baum; erfahren für den Bau von Tunneln wurde ein Sondermaschinen-Monstrum der sog. „Wurm" eingesetzt und Berge des Hinterlandes sind im Winter Skigebiet - links am Horizont Äolische Inseln zu sehen; fahren an Strandstück entlang, es ist leicht bewölkt, bewegen uns nun etwas aufwärts für Abstecher in **Santo Stefano di Camastra** zum Mittagessen und Schwelgen in Keramik, „Paese delle Ceramiche" ganz intensiv: beiderseits der Straße bieten große Geschäfte und kleine Läden alles an was man sich denken kann: Vasen und Töpfe in allen Größen – Sonne, Mond und Sterne, Tier- und Menschenfiguren, Kopfvasen, Kacheln, Ritter als Mosaikarbeiten in Rechtecken und mehr - in den typisch sizilianischen Farben blau-rot-gelb; Hauswände, Sitzbänke und Zäune sind mit Keramikplatten geschmückt, Skulpturen damit verziert, es fehlt ein Versandangebot, von Terrasse Meeresblick; hinunter und in ursprünglicher Richtung weiterfahren also: links die Küste, rechts Berge, Tunnels in Doppelröhren häufig mit gelben Rändern, es stinkt nach Schwefel; Küste, entfernter auf einer Anhöhe französisches Dorf, ähnlich gewollt isoliert wie das albanische von dem schon die Rede war, längere Zeit folgt Strand aus groben Steinen, Autobahnstück endet, oben beginnt das nächste - drauf, der Beweis für die Mitteilung dass die Autobahn in Teilen gebaut wird, erneut Sandstrand und sanft abfallender Meeresboden, angelegter Hafen, weitflächiges Feriengebiet, ausgetrocknete Flussbetten, scharf eingeschnittene öde Täler - öfter anzutreffen da seit Jahren Raubbau am Baumbestand betrieben wurde; nähergerückte Inseln jetzt gut zu sehen, vor allem Salinas mit den zwei spitzen Hügeln, dem „Busen der Loren", vor uns der Pilgerort Tindari, beim Bau der Zubringerstrecke dorthin antike Villa entdeckt, Teilausgrabung erfolgte, Interesse gering weil man bisher nur schwarz-weiße Mosaike fand; fuhren zuletzt die ganze Zeit auf etwa halbhoher Linie, nun weg von der Autobahn und hinauf, **Tindari**: griechische Gründung, schon immer Tor zu den Liparischen Inseln, diese interessant gewesen wegen Obsidian zur Herstellung von Werkzeugen, speziell Messern, dafür gab es Süßwasser denn die Inseln waren von Beginn an auf Zisternen und Einfuhr angewiesen; bewegen uns zu Fuß in antiker Zone der römischen Stadt Tyndaris, Schulklassen besichtigen - oh ha, aber die Menge verläuft sich rasch im Gelände: Arena und griechisches Theater in einem, dreischiffige Mehrzweckhalle auch mit Justizpalast, Wohnungen offenbar ohne Küche und ohne Schränke, Gemeinschaftsverpflegung? Kleidung evtl. in hölzernen Truhen gelagert, Marmorbadewannen - übrigens sind Löwenfüße an Tischen und Stühlen in der Antike beliebt gewesen, also ein uraltes Motiv; Bodenmosaike z. B. Amazonen oder alte

„Trinacria" ohne Gesicht, dazu Stier mit gekreuzten Messern und Schalen, vermutlich Opferstätte, falsche Säulen d.h. hochgemauerte runde Ziegelsteine mit Verputz, Atrium mit Gulli; empfinde es als schwül aber nicht wegen des vorhin probierten „Limoncello-Likörs", wandern bergab bergauf zur neuzeitlichen „Kathedrale der Schwarzen Madonna", der legendenumwobenen Wallfahrtskirche, Statue stammt vermutlich aus dem byzantinischen Raum, von Terrassen davor hauptsächlich Sicht auf Sandlagunen, tief unten mehrere in und um eine riesige Sandbank – herrlich, leider wegen der Steilhänge ohne Landzugang, nur vom Boot aus erreichbar daher auch im Sommer recht leer; möglichen „Pilgerweg 4" oder „15" bergauf fahren wir hinab, Netzüberzüge am Rand der Straße trotzdem vor einem Jahr schwerer Erdrutsch, inzwischen eine Fahrspur wieder benutzbar, ausgetrocknetes Flussbett und wilder Müllplatz, viel Schilf, Sandabbau; wieder an der Küste: immer noch große Bucht mit ellenlangem Sandstrand, vor uns im Dunst weit ins Meer reichende Landzunge, Wolkendecke in hell- und dunkelgrau nimmt zu, besonders rechts über den Bergen, noch weit ab in der Abenddämmerung und letztem Sonnenlicht Halbinsel mit **Milazzo** darauf, dem heutigen Hotel-Zielort, kaum noch etwas erkennbar, dösen - angekommen: ‚Bilderbuch'-Gummibaum, rechts Hafenpromenade, im Meer Unmenge aufgestapelter Tetrapoden, nur morgens geöffneter Fischerhafen mit Fang-Verkauf folgt, Normannen-Kastell hoch oben weise arabische Reste auf und Nachbauteile der Staufer, wie uns inzwischen geläufig; steilen Hang ein Stückchen hoch liegt das „Eolian Inn", warten auf Koffer, das dauert - mir zu lang, gehe zum Aufzug und richtig, da steht er in einer ganzen Galerie und ein gelangweilter Mann dabei, schnipp – schnapp, ins Zimmer damit und raus - wo ist das Kastell? Treppe hinauf, weiter die sehr schräge Straße aufwärts, schon dunkel, nichts zu sehen, Festung offenbar unbeleuchtet daher nichts mehr auszumachen geschweige denn zu fotografieren, Friedhof anzusehen wurde empfohlen: Tor geschlossen, vorsichtig zurück – schade, denn morgen sind wir schon wieder fort; Zimmer furchtbar warm, Kakerlake begrüßt mich im Dunkeln und im Hellen, sperre sie mit Handtüchern und umgestülpten Papierkörben auf den Abwassersieben aus, Meeresblick endet bei gegenüberliegender Chemiefabrik mit strahlend hellen Lampen, zwei rauchenden Schloten und einem mit Fackel - schön ist anders, na denn Augen zu, schlafen! - Heute im Kleinbus aber mit unserem Fahrer: Papageienschnabelblumen am Ufer, Zement-Halbkugel, darauf hübsch gemalt drei Heilige unterm Kreuz; ein Brunnen mit vier Adlern welche die Flügel spreizen und Statue darüber, Fähre von „Fa. Sirema" und eine namens „Fata Morgana" - wir besteigen die „Filippo Lippi"; da unten liegt ein Boot der „Gardia di Finanza", aha es gibt sie wirklich; legen um 9 Uhr ab zu den Liparischen oder Äolischen Inseln: „sieben über dem Feuer" oder „sieben unter dem Wind", herrlich anzusehen die gestaffelten Gebirge, viele Gipfel, die meisten abgerundet, nur wenige spitz - leider im Dunst; Kaimauern von drei bis vier Reihen aufeinandergeschichteter Tetrapoden gesichert, am Landende Leuchtturm; Schiff hat enorme Wasserverdrängung, Gischt sprüht, die Inseln, durch leichte Bewölkung in Licht- und Schattenspiel getaucht, sind ein phantastischer Anblick, zwei Kegel fallen auf dazwischen ein ‚Knubbel'; Inseln bekannt und berühmt wegen der besonderen Farben von Wasser und Erde, **Lipari:** hier größte Inselstadt, entsprechend der Hafen mit regem Fährbetrieb, Rathaus im alten Palast, Festung und Stadtmauer erbaut nach Sklavenverschleppung der Einwohner z. B. durch Pirat 'Barbarossa' - man kennt ihn von Capri, Exportartikel: Kapern und Bimsstein, Künstler stellt Gesichter aus Naturstein her auch Pflanzentroge dieser Art, kleine Ausgrabungsstätte auf Burgberg nahe der „St. Bartholomäus-Kathedrale", archäologisch wertvoll da Besiedlungsgeschichten gefunden von der Steinzeit an; mehrere Museumsgebäude gegenüber: „ich möchte gern die Maskensammlung ansehen" sage ich, Antwort: „ja, die ist hier" aber es erfolgt der Besuch von „San Bartolo": Kirche des Inselschutzpatrons: Mischstil, wunderschöne Deckengemälde in den Spitzbögen sonst weiß getüncht mit hellblauen Teilen, langgestreckte Apsis: gelbe Streifen im Blau in der Rundung filigrane Goldornamente, bunte Glasfenster beiderseits des Altars wirken kitschig - sieht ziemlich zusammengewürfelt aus, jetzt ein schlichter schöner Seitenaltar, noch ein goldener und breite tiefe Nische mit Marmoraltar, rechts in einem Raum mittelgroße einfache Figuren für Prozessionen: Silberschiff, Ritterhand mit Schwert, zwei Monstranzkreuze in Vitrine, Holzschiff unter Glas; links Säulenaltar, geschnitztes Chorgestühl; heute wechselhaft wolkig, ständig Sonnenaufsatz für Brille auf- und abmontieren, sind wieder an der Anlegestelle - „und die Masken?" „Ich darf im Museum keine Führung machen" sagt ‚sie', „gucken kann ich auch alleine, wann fahren wir ab?" Mittagessen ist mir doch egal, aber zu Fuß reicht mir die Zeit nicht, das Museum schließt um 13 Uhr noch eine halbe Stunde! Taxis stehen da, in eins rein und ab: ‚er' darf nur bis ans Tor des antiken Geländes der Altstadt fahren, ich renne los - in welchem Gebäude sind die Masken, im zweiten in dem ich danach frage, Eintrittskarte gibt's aber ganz da vorne im Büro eines anderen Hauses, - grrr, der Kassenmann bedauert, er könne auf den großen Schein nicht herausgeben - was? Das darf doch nicht wahr sein, ich bin verzweifelt, alles vergebens? Wie alt ich bin soll ich aufschreiben sagt er, dann reicht mir der Mensch eine abgestempelte Eintrittskarte heraus - ich strahle „mille grazie" und bin schon fort, wo im ersten Stock? „Grazie" - noch 15 Minuten, aber nun mit Genuss und Ruhe: mittlere, kleine und ganz kleine Masken in Fülle, Grabbeigaben, Geschenke zur Erinnerung an Theateraufführungen - waren stets Nachbildungen, echte Theatermasken sind viel größer gewesen, aus Holz oder Leder und inzwischen zerfallen; Taxifahrer versteht auch nicht warum ‚sie' das zeitlich für uns nicht einplante, es ist die zweitgrößte Maskensammlung der Welt nach der in London; hole mir noch etwas zu essen und zu trinken an der Theke in der Bar, kann es ohne Hast verzehren – Schnaufpause, bin zufrieden die Zeit sinnvoll genutzt zu haben; mit Fischerboot nach Vulcano, zunächst an Limpari entlang und im Bogen herum: stark zerklüftete Küste mit Grotten dann offenes Meer, Fahrt vor zwei ‚Steilzähnen' im Wasser wird wegen hohen Seeganges abgebrochen weil einige protestieren - ich finde es herrlich, vertraue den Fischern völlig die leider abdrehen; anderes Schiff, Zeit verloren auf Vulcano (Vulcanello), an Land gehen: Schwefelgestank, am Ufer teilweise Rauchlöchlein oder es perlt im Wasser, Schlamm-Fango-Pool zum Baden ohne Umzug- und Duschmöglichkeit, Besteigung des Vulkans aus Zeitmangel nicht möglich, Landschaft betrachten und gutes hausgemachtes Eis genießen - mit Tragflügelboot in 10 Minuten zurück, Bus-chen erwartet uns schon, Nachmittagssonne erzeugt Erdteil zwischen zwei dunklen Wolken, sind auf Autobahn

Richtung Messina, hinter Bergen und rechts neben uns dunkle Wolkenbänke, links flach bis irgendwo ans Meer danach Hügelkette, Höhen und Täler häufig besiedelt, eine Menge Tunnel, wieder ‚Schiffschaukelstraße', wenn höher Wasser zu sehen; Örtchen mit für Italien typischem viereckigem Kirchturm, öfter Wohn-Flachbauten auf Hügel, **Messina**: Stadt hieß bei den Sekulern zankle = Sichel, kühl weht der Wind auf der Promenade beim Ausblick auf die 2 800 m breite und 1 000 m tiefe Meeresstraße, den trichterförmigen Grabeneinbruch der Sizilien vom Festland trennt, das Berg- und Hügelland der größten Insel des Mittelmeeres ist Fortsetzung des Apennin; die zahlreichen Untiefen und tückischen Strömungen im „Stretto" verhinderten bisher ein Verbindungs-Bauwerk, außerdem die Tide von 50 cm, Mythos von Skylla und Charybdis in der 'Odyssee' wurzelt hier, Stromleitungen sind aber verlegt und der Brückenschlag soll in den nächsten Jahren verwirklicht werden, jedoch wird auch folgendes von dem Mann erzählt der diesen Wunsch dem „Geist in der Lampe" vortrug: „Geist der Lampe baue mir eine Brücke zwischen Messina und dem Kontinent" - „das geht nicht, sage mir einen Ersatzwunsch", „ich möchte gern die Frauen wirklich verstehen" - „hättest du die Brücke lieber zwei- oder vierspurig?" 'Fata Morgana', ältestes bekanntes Dokument über diese Traumvorstellung ist eine Zeichnung von dem Mönch Minasi die Spiegelung Messinas im Meer betreffend, Morgana Name von 'Morgane' der Stiefschwester des Normannenkönigs 'Artus', die nach der keltischen Göttin 'Morgain' benannt war; zeitlich weit zurückreichende Handelsmetropole z. B. für Siziliens Versorgung mit Lebensmitteln, Obst, Möbeln, Ziegelsteinen usw., sehr großer natürlicher Hafen geschützt durch Halbinsel in Sichelform, sicherer Ruheplatz für Schiffe und Fähren nach Genua und Neapel, am Insel-Ende Marien-Statue und Leuchtturm an ehemaliger Zeltlager-Stätte Garibaldis; normannischer Dom und „Campanile", 1908 von Erdbeben total zerstört, heben sich ab vom Häusergewirr, 1943 Bombenschäden, deshalb so gut wie alles neu - nicht die „Chiesa degli Alemannl" da unten, die alles unbeschadet überstand, sie sackte um 3 m ab, blieb aber unversehrt - natürlich beliebte glückbringende Hochzeitskirche; es gab auch Seebeben und hier war ein Ausgangspunkt für die Pest, heute noch Seuchen-Krankenhaus vorhanden, auch Spezialklinik für Lepra und mehr; müssen nach Giardini Naxos unterhalb von Taormina - also weiter: links ganze Häuserzeilen völlig einheitlicher Bauten wirken zunächst nicht so hässlich, dann langweilig und - doch ja so auf die Dauer öde, rechts „Autogrill"-Rasthof; Wolken golden umrandet dann dunkelt es, Lichter überall, oben in einem Sattel zwischen zwei Anhöhen liegt Taormina, darüber auf einer weiteren Höhe **Castelmola** mit Burg, Nomen est Omen; am Hotel: kein Kofferdienst - bei 40% Arbeitslosigkeit, ‚Saarbrücker Bär' schleppt mein Gepäck die Treppe hoch, danke! Heute Abend fühle ich mich völlig ausgedörrt und trinke ausnahmsweise Bier zum Essen, Erkundungsgang nachher ergibt: Lido-Zugang gegen Bares, alternativ nur in großem Bogen über Bootsbereich an Strand zu gelangen - Baden im Meer kann ich vergessen, dafür Rückweg in kühler Luft zu lang, Blick auf die Lichter der beiden hochgelegenen Orte wunderschön und den vor Anker liegenden erleuchteten Dreimaster; dieses Zimmer lässt sich richtig verdunkeln, zum ersten Mal können die Augen wirklich ausruhen - och wie angenehm und das Bett ist mal nicht so hart - Abschiedsgeschenke!

Goldener Sonnenaufgang über dem Meer, sehe zum Fenster hinaus, an naher ‚Fingertanne' vorbei direkt auf den Kleinboot-Hafen; heute Fahrt auf Serpentinenstraße empor, an deren Rand Villen und mittelalterliches Kloster zum Luxushotel umfunktioniert, Spielkasino ist Rohbau, Genehmigung für diesen Zweck letztlich verweigert, sei unmoralisch; Schiff ankert vor Küste, Kleinbus-Standplatz-Station, einzige Verbindung nach Castelmola, Stadttor von **Taormina** Ende des Transports, unser Fahrer verabschiedet sich, seine Arbeit ist getan, Füße anschnallen! Besuchen antikes Areal hinter „Englischem Garten": griechisches Theater aus 3. Jahrhundert v. Chr., für 16 000 Zuschauer wie in Syrakus, mit besonders hohen Mauern für Sonnensegel die man über die Anlage ziehen konnte, Texte musste man nicht verstehen, Handlung kein Problem denn die Bösen traten immer von links auf, die Guten von rechts und die Chöre; Römer bauten um wegen Tierauftritten und installierten ein Becken für Wasserkämpfe - Stückchen weiter sehe ich nach unten: zauberhafte Bucht mit „Isola Bella" - nach oben: wunderbar der hohe Gipfel des rauchenden Ätna mit kräftiger langer rein weißer Fahne, unten erneut malerische Küste sowie Capo Sant' Andrea; **Taormina** (Tauromenion), der heutige Wohnbereich wurde auf Ruinen des alten Naxos errichtet, soweit bekannt des ältesten Wohnortes der Insel, seinerzeit von Dyonisos - der sich überall einmischte erobert und teilweise zerstört, es erstand stets wieder neu - häufig boten sich dieselben Stellen für eine Besiedlung an aus strategischen Gründen und/oder weil die Erde zur Nahrungserzeugung taugte, Stadt sei von jeher etwas rebellisch gewesen, glaubte aufgrund exponierter Lage sich eigene Meinung erlauben zu können, unterstützte z. B. die Sklavenaufstände (s. Enna im 2. Jahrhundert v. Chr.), dieser Geist wirke bis heute: Homosexuelle begegnen hier beispielsweise, langer Tradition gemäß, keinerlei Vorurteilen, sogar spezieller Fotograf für schöne Aufnahmen vorhanden; Terrassenstadt, Lavastein-Pflaster, eine der größten Fußgängerzonen: Corso Umberto, Läden und Bars, ein Geschäft übervoll mit Gebrauchskeramik aller Art, die Regale lückenlos bestückt vom Boden bis zur Decke und seitlich in die Schaufenster hinein, auch auf die Straße hinaus; kleinste Gasse, Dom wird restauriert, davor „Minotaurus-Brunnen", sei sauberste Stadt, habe sogar Hundeklos mit Besen und Schaufel; Alleingang bis 14 Uhr: kleine alte erdbraune Kirche am Ortsende zufällig gefunden: darin nachgebildet Alt-Taormina und gemaltes Gebirgspanorama, Apsis ausfüllend Grotte als Krippe - wunderschön; Seitenweg: handtellergroße Hibiskusblüten in eng begrenztem Park vor Palast „Badia Vecchia" mit Normannenzinnen, dort außerdem etwas kantige moderne Plastiken aus weichem grauem Stein - ansprechend; nettes Ehepaar und ich finden einige Stufen hinunter im Freien unter einem Schirm einladenden Tisch um eine Kleinigkeit zu essen: riesige Pizza vorzüglich, Regenschauer - wir sitzen trocken, um uns herum Flüchtende, Glück gehabt, danach merklich kühler; zurück zum Treffpunkt, füllen gemeinsam ein Taxi andere Verbindungen seien zu schlecht - stimmt: Seilbahn zum Meer existiert in kilometerweiter Entfernung von unserem Hotel; in **Giardini Naxos** trocken und schwül, im Zimmer stickig wie gestern, Fenster aufreißen nutzt ein wenig wenn Vorhang zu, da Hotelbau wabenförmig gebaut, mit vorspringenden Ecken kein Problem bei Mittellage des Zimmers im oberen Geschoss und glatter Wand rundherum, auch nach unten; schlafe eine Stunde ganz fest, Swimmingpool im Haus unter freiem

Himmel tut Rücken und Beinen gut, also kurz hinein, habe das Becken für mich allein, mannshohe Ritterrüstung bewacht Zimmerschlüssel, Regenmantel und Handtuch, anziehen, freie Zeit noch nutzen, Gespräch an der Rezeption ergibt: im Taxi zur 15 km entfernten Schlucht des Alcantara-Flusses zu fahren lohnt nicht zumal es da wohl regnet - Sizilien wartet schon lange auf das erlösende Nass, Ort erkunden: keine Uferpromenade, Gehweg entlang der Straße: Cafés, Bars, Restaurants, Läden, letztere überwiegend für Souvenirs, die meistens hässlich oder fehlerhaft sind, blauer Meerjungfrau-Brunnen, 'Bacchus'-Kopf über Eingang gleichnamigen Clubs, „Bocca della Verita", dem in Rom nachempfunden oder Feuergott-Symbol, „Naxos" steht auf griechischem Tor in Originalbuchstaben, auf alt zurechtgemachte Kirche und eine achteckige echte neue in Form einer umgestülpten Trompetenblume: langer spitzer Turm darunter breite Fächer, wirkt innen recht hübsch; auf Rückweg verwilderter Gartenrest, an abgeblühter Yucca Samen in grünen Kugeln, Pflanze mit großen Blättern, denen eines Kastanienbaums ähnlich, hat rote Blütenkerzen - schon öfter gesehen, sehr schön, auch kleine Statue, eine Art Neptun; da fällt mir ein: Mais-, Kartoffel- und Tomatenpflanzen stammen ursprünglich aus Amerika hat man uns erzählt, sowie Palmlilien, Agaven, Mimosen und Bougainvillea, Bananen werden nach wie vor eingeführt, hier nicht angebaut - sind vorhanden und nicht teuer, Lebensmittelgeschäft: sie haben Mandelmilch und -paste, Pfirsich- und anderen Tee, passt mir sehr! Noch Halbpension abessen untermalt von spanischen Liedern - in Palermo war's New-Orleans-Jazz, sizilianische Musik gibt's nur an Verkaufsständen - manches hier ist schon arg merkwürdig. - Heute Morgen Strümpfe anziehen, lange Hose, Pulli, Strickjacke mitnehmen und Mantel natürlich - wir fahren zum Ätna, im Sammeltransport und mit anderer Begleiterin: rechts grüßt der kokelnde Krater, verrutscht nach links, gegenüber nun Bergkette, schwenken direkt zum Gebirge hinein; Kirchenruine, verfallene Bauten der Alcantara (al kantar = Brücke, arabisch) die in den Nebrodi-Bergen entspringt, Ätnaquelle bringt Zufluss, hat konstant 12°C, führt nur noch wenig Wasser, wird ihm für Kulturpflanzen entzogen; Zitrus-Plantagen in Stufen, Mispeln, verschiedene Sorten Mandarinen, Nüsse, Pistazien, Pfefferbäume - Mineralsand aus Lava düngt; links eben bis ans Meer, rechts Felsenkessel - nach 30 Minuten Schluss mit der Autobahn, aufwärts geht's durch überwiegend Straßendörfer: Baumaterial Basalt und Zement, zerriebene Lava unter Mörtel gemischt als Verputz sei bester Schutz gegen aggressive salzige Seeluft; Stau von Pkws, Dreiradkarren, anderen Bussen, Transportern, Kathedrale mit pompöser Kuppel viel zu aufwendig für den kleinen Ort, weiter: über dem Eingang einer Votiv-Kirche im Halbkreis Madonna in Gelb auf hellblauem Grund aus Keramik, gehen hinein: Hemdchen von Babys, Medaillons und Zeichnungen von Operationen, Verkehrs- oder häuslichen Unfällen, einem bewaffneten Überfall, wir sind in **Nicolosi,** bekannt geworden durch Anhalten des jüngsten Lavastroms ca. 3 km vor den Häusern, hübscher Platz mit Drei-Steine-Springbrunnen, vor Einfahrt in eine Straße Verbotsschild für übliche Fahrzeuge und Pferdekarren; auf zur Bergsteiger-Station, eigentlicher Höhenanstieg beginnt, benutzen einzige schon oft erneuerte Zugangsstraße, andere Seite des Berges noch nicht wieder frei, auch Bummelzug-Umrundung wegen mehrfachen Wechsels von Schiene auf

Bus zur Zeit noch sehr kompliziert, Seilbahn ist zerstört; Gebiet mit dunklen Wolken überzogen, Ski-Hotel, Lavafläche mit Ginsterbäumchen und Riesenfenchel, Moose und Kräuter, danach Ginster als erster Bewuchs nach einem Ausbruch, Gebirge hat Vegetationsringe: unten Pfirsich- und Artischockenkulturen dann Reben, Ölbaum-, Obstpflanzungen, auch für Äpfel und spezielle Ätna-Birnen, auf 2 000 m Höhe Wald: Esskastanien, eine Verwandte der Rotbuche, Tannen, Eichen, Pinien, Steineichen, Büsche wie Wacholder folgen, Sauerdorn und sizilianischer Tragant teilweise Kissen bildend, gibt dadurch Schutz für bunte Veilchen, außerdem hier „spino santo" = heiliger Dornenstrauch, eine Wüstenregion - Ätna zu 3/4 Naturschutzgebiet; passieren Steinbruch für Sandproduktion, Geröllhalden, Bewuchs wechselt, eine Menge Bäume mit zarten Nädelchen, Ohren knacken, frischer Lavastrom vom Frühjahr mit fast versunkenem eingeschlossenem Gebäude, Ätna hat zähfließende Lava, ab und zu bilden sich aber explodierende Blubberblasen oder Fontänen, Verkokelstellen und Röhren; da links Erguss um Häuser und Kirche herum, ein Bauernhaus wurde mitgerissen, Hotel-Neubau, Schlittschuh-Halle; Ätna, (aid na = der Brennende, Sanskrit, griechisch aitne) sizilianische Bezeichnung respekt- und liebevoll „Mongibello = Berg der Berge, aus dem lateinischen mons und arabischem djebel zusammengesetzt, er bringt Unglück und Segen, letzteren erst nach 300 bis 400 Jahren so lange braucht die Lava zu fruchtbarer Erd-Umwandlung; der Berg ist das Ende einer Kette von See-Vulkanen - ich denke an die Inseln, er ist 3 300 m hoch bis zu 50 m mehr je nach Schlackenkegel, Fläche zweimal Bodensee, Umfang ca. 170 km, Durchmesser 40 km, außer Alcantara noch Quelle für Simeto-Fluss; verhältnismäßig gutmütiger Vulkan aber auch aktivster in Europa, unter ständiger Kontrolle des „Vulkanologischen Instituts" in Catania, Menschen fürchten Erdbeben in seinen Ruhepausen mehr als die Ausbrüche, haben jedoch gelernt mit beidem zu leben, fangen immer wieder von vorne an, bauen Zerstörtes jedesmal neu auf; Legenden und Mythen tief verankert: Efesto bzw. Dio Vulcano = Feuergott, haust dort oder der hinkende Hephaistos der in der Tiefe des Berges die Blitze des 'Zeus' und Waffen für die Bewohner des 'Olymp' schmiedet; erreichen Besucher-Plateau in etwa 2 500 m Höhe mit Andenkenbuden, Restaurants, Mess- und Seilbahnstation, letztere existiert als Relikt - Erkundung: Lava floss haarscharf an den Gebäuden vorbei, überall dampft es aus Ritzen und Löchern und bietet angenehme Wärmemöglichkeiten, eingeschobener Holzbalken fängt allerdings sofort Feuer, Italiener fasst aufs Gestein verbrennt sich die Finger und ist verblüfft, „souvenir di Etna" sage ich und wir lachen beide - Abkühlung der Lava dauere ein Jahr weiß er, meinte, nur so obendrauf sei sie nicht mehr so heiß; Zugänge zu Gebäuden, Ständen und Nebenkratern freigelegt aber den Vorsprung da oben zu erklettern ist für uns zeitlich nicht machbar, jedoch die Vertiefung da rechts hinter dem großen Haus mit Verpflegungs-, Verkaufsangebot und Klöchen - erst alten Krater umrunden, einen von über 300, seit letztem Ausbruch gibts übrigens vier neue: wunderbarer Ausblick auf etliche Nebenmulden in der Tiefe und das umgebende weite Land, welches manchmal alpinen Streifen dazwischen hat, reizvolles Skigebiet der nördliche Teil des Gebirges wird allerdings eher dafür genutzt da sicherer; Mischwaldkuppe in Herbstfarben große Fläche ausschließlich voll groben Gesteins - Päuschen und Kakao, „Trinacria" aus

Lavastein ist schön, die nehm' ich mit und spezielle Honig-Bonbons für die Kinder - die angebliche Spezialität „carruba caramella" aus Johannisbrot haben sie hier auch nicht, ist nirgends zu bekommen; Jeep-Tour näher zum aktiven Krater wurde angeboten, dass die Zeit dafür ausreicht erschien mir zweifelhaft, zudem sah ich keinen Sinn in dem zusätzlichen teuren Unternehmen wegen der weiträumigen Absperrung vorm Ziel und der ständig wechselnden Wetterverhältnisse welche die Sicht beeinträchtigen, der ‚Fernblick' endet dann in den Wolken und dem Ätna in den Bauch gucken kann man zur Zeit sowieso nicht; fahren dieselbe Strecke zurück in Ermangelung einer anderen, die ungeheuren Lavaflächen machen sprachlos: neue dunkel-schwarze Bahnen von helleren bis grauen älteren Datums gut zu unterscheiden, der breite Strom von Frühjahr und Sommer teilte sich in Zungen auf, die Dimensionen sind enorm; Ausflug hat geschlaucht, bin im Bus schon fast eingeschlafen, Ruhe nötig, nun duschen, umziehen, will restliche Fotos verknipsen auf bereits bekannter Ortsseite, den Teil rechts vom Hotel noch inspizieren - nichts Besonderes entdeckt außer dem Vogel-Schlafbaum nebenan, morgen ist Rückreisetag, Verabschiedung der Reisebegleiterin deren Aufgabe an diesem Abend endet steht noch an. - Abfahrt zum Flughafen von Catania erst um 14 Uhr, Zimmer jedoch früh räumen, abschließbarer Saal für die Koffer und ein nicht vermietbares Räumchen mit Bett, kleiner Nasszelle zum Ausruhen und Frischmachen verfügbar für jemanden der's möchte; á propos Verständigung: von wegen in Sizilien komme man mit Deutsch zurecht - nicht mal in den Hotels, Italienisch oder Englisch werden benutzt, in Taormina hätten sich viele Deutsche niedergelassen auch Ärzte und Zahnärzte, da krank zu werden sei am günstigsten, das kann ich glücklicherweise nicht beurteilen; gehe nicht auf der See- sondern der Rückseite aus dem Hotel, nach einer Gasse die breite Straße aufwärts: rechts vor allem viel Schilf, stilisierte Metall-Rittergestalt wirbt für die Disko die danach kommt, Vergnügungspark, links Turmruine, Ausgrabungsstreifen des antiken Naxos, Springfontänen-Platz mit dürftiger Wasserkraft und Flachbecken, erneut diese hübschen hellrosa-lila-weißen Kapokblüten und natürlich verschiedenfarbiger Oleander, Jasmin duftet intensivst; hier sind die eleganten Hotels, mit eigenen Strandabschnitten unmittelbar davor - die existieren also, nur für uns gab es sie nicht, erneut Wabengebäude von ein bis zwei runden Türmen unterbrochen, selten einer eckigen schmiedeeisernen Gitterumrandung der Balkone; Ristorante „La Spelonca", Supermärkte, Gummibaumriesen, zwei kleine Kätzchen davon eins auf der Fahrbahn - hole es auf den Gehsteig wo Futter und Milch für es steht, gerettet für wie lange? Pfähle der Straßenlaternen aus schwarzem Lavastein, Säulenkakteen, ein paar Bananenstauden, kleiner Gummibaum hat kinderfaustgroße grün-braune Zapfen aus denen rote ‚Bucheckern' wachsen - sieht schön aus, Fontänen nun abgestellt; habe eigentlich den Markt gesucht, ah da geht's ab ins Zentrum, wahrscheinlich ist er dort - mir jetzt egal, bin genug herumgelaufen, gehe weiter auf das Hotel zu: Pflanze mit enorm großen mittleren und kleinen ‚Kastanienbaum'-Blättern und Kerzen-Blüten in blau-lila; kleiner Schnell-Imbiss: „Pollo 10 000" hat außer Huhn Kartoffelecken und Peperonata als Gemüsemischung, fleischlos reicht mir vollkommen, schmeckt prima! Nutze als einzige den Ruheraum für kurze Zeit, frischmachen, Schlüssel holen für

Koffer-Depot, nach und nach trudeln die anderen ein, Schlüssel abgeben; fahren mit Kleinbus ab, der deponiert uns irgendwo an einem Platz und verschwindet ohne Kommentar, bringt noch zwei Fuhren Touristen die sich genauso fragend umsehen - bin wieder mal dankbar dass mein Koffer auch Sitzgelegenheit abgibt; nach über einer 1/2 Stunde liest uns ein bereits teilbesetzter großer Bus auf, los: Doppelzacke des Ätnagebirges von Hügeln umgeben, links Ebene bis zum Meer, an sog. „Zyklopenküste" entlang, auf Autobahn Oleander-Mittelstreifen seitlich dichte Baumreihen, Wohnblocks und Hochhäuser von **Catania**, Ankunft am Flughafen: vier Schalter zum Einchecken, geht schnell, bekomme für meine Münzen noch ein Wasser, außer Bar und '00' keine Angebote mehr - lassen uns wieder warten, Leerlauf, dann Öffnung einer von zwei Kontrollstellen, das dauert - Endlos-Schlange, dringender Aufruf für Flug nach Frankfurt, Vorgehen und Schieben beginnt - zweiter Aufruf, nun stoßen Keile von Menschen rechts und links in die Wartenden hinein, nur mit Hilfe von gespitzten Ellenbogen kann man sich einigermaßen behaupten, Passagiere für Stuttgart im Gewühl, Start eine Stunde später, warum das? Endlich zweiter Kontrollplatz auch in Funktion, Chaos gerade noch kanalisierbar - schlecht organisiert, junger Mann überlässt mir Sitzplatz im Zubringer-Bus, bin froh darüber nach dem Zirkus und der langen Steherei: Startbahnen sind aus festgewalztem schwarzem Lavasandboden, durch den Seitenstreifen wächst Gras; „Alitalia" darf vor uns abfliegen trotz unserer bereits 15-minütigen Verspätung, heben ab: herrlicher Blick auf die etwas dunstige Küste, an langgestreckten Stellen vorgelagert eine Handvoll spitzer Felsen und Kegel, wie hingestreut, die Felsbrocken des einäugigen Zyklopen Polyphem die er Odysseus nachwarf? Rein in die Wolken stoßen durch deren Decke und - da liegt er der „Berg der Berge" in der Nachmittagssonne wie der Rücken eines Riesenwals mit starker makellos weißer Rauchfahne - er ist beeindruckend! Überfliegen eine breite Insel direkt, die andere mit Doppelkuppen und zwei kleinen Kegeln sei Stromboli, sitze links am Fenster, Sonnenstand für mich nicht besonders günstig, nur mit Sonnenbrille etwas erkennbar: Neapel, ein wenig später zerklüftetes Eiland mit großem schönen oval geformtem See zwei Inselchen darin; steigen auf 11 000 m, Gesamt-Flugzeit 2 1/2 Stunden, Rom, bewegen uns auf Florenz zu - ärmlicher Imbiss müssen die sparen? Freu' mich auf eingefrorene Brötchen daheim, Film der läuft ist uninteressant, Erwerb des Zubehörs dafür hätte sich nicht gelohnt, außerdem, dann bei Flugreisen immer dabeihaben - was denn noch alles, leihen konnte man nicht; breiter Streifen Abendrot in verschiedenen Farbtönen darüber stets das übliche stählerne Blau - wunderbar, nun schiebt sich ein grau-blauer Streifen zwischen das Rot und die Sonne, rutscht langsam als Feuerball unter den Horizont; es schnieft und hustet ringsum manchmal kräftig, ungute Duftnote macht sich breit - Nichtraucherflüge sind auch nicht rein; Ansage: Einkauf sei in Lire und DM möglich, Nackenkissen wär' keine schlechte Idee und preiswert, Lire? „Nehmen wir nicht", könnten nicht umrechnen, dann will ich's nicht - hab' noch Tee auf dem Tischchen stehn, Tasche darunter die ich nach dem zweiten Geldbeutel durchsuchen müsste - och nee; zauberhaft schöner und langer Sonnenuntergang hinter Bergspitzenkette welche über die Wolkendecke ragt, wohl die Alpen; beginnen zu sinken, kurz vor Stuttgart erneut Gewackel, Flug war insgesamt etwas unruhig - im Fernsehen laufen Nachrichten, das reale Leben hat uns wieder; Höhe noch wenig mehr als 2 000 m, verstreute Lichteransammlungen zu sehen, auf sternenförmigem Straßengebilde sausen zweiäugige ‚Insekten' dahin, von blauen Lämpchen eingerahmte Dächer, angestrahlte Kirche, Ohren tun ekelhaft weh, Baby jammert, belebte Autobahnstriche in Sicht, überqueren „Fa. Holzmann", Direktanflug auf Frankfurt, sanft aufgesetzt aber jetzt hoppelt er den guten Eindruck kaputt; pünktlich gelandet um 19.30 Uhr, Fehlzeit eingeholt; warten auf den Koffer mit unendlich abverlangter Geduld, Flugzeug war fast ausgebucht; Nachbar treu und zuverlässig zum Abholen da, keine Probleme mehr, sogar die ungewohnte Temperatur von 13°C empfinde ich nach viel Hitze und Schwüle als angenehm.

Die Zusammenstellung dieses Berichts bereitete außerordentliche Schwierigkeiten wegen noch mehr Wirrwarr der Informationen als sonst und ein paar Zahlenangaben oder Bezeichnungen von Tempeln die gar nicht zu klären waren, denn sie differieren auch bei den gedruckten Reiseführern; mühsam erwies sich ebenfalls die Zuordnung der Dias da sich für mich archäologische Zonen und Tempelreste oft so ähnlich sehen, für Experten sicher nicht - aber nun ist es geschafft; wir haben auf der Insel ca. 1 400 km zurückgelegt.

Legende: Als Gott Himmel und Erde erschuf erlaubte er seinen Engeln auch noch etwas zu seinem Werk beizutragen, daraufhin ließen sie Sizilien aus dem Meer erstehen. Der Herr sah es und griff ein, weil es nach seinem Willen auf dieser Welt kein Paradies geben darf - darum erfand er den Sizilianer.

Trotzdem - Sizilien hat auf überschaubarem Raum derart große landschaftliche und kulturgeschichtliche Vielfalt zu bieten wie man sie sonst wohl nirgends findet.

Islandreise (Sommer 2003)

„Island Intensiv" entspricht von der Route her meinem großen Wunsch, Schnupfenbazillen erweisen sich als Abreisehindernis, mit Rheumaschub und steifem Genick als Folge - gute Planung lässt Hektik vermeiden - ich weiß, aber es kommt noch etwas dazwischen, z. B. irgendwo beim Einkauf in der Stadt die Brille liegengelassen oder so. Rechtzeitig von zu Hause weggekommen, werde langsam Experte für den Mainzer Hauptbahnhof wenn mit Koffer bestückt, ist es eine Wissenschaft, verspäteter Zug nach Frankfurt kommt auf Nebengleis, zugreifen und auf diese Weise mehr als 2 1/2 Stunden vor Abflug da, viel Zeit - denkste: es geht los mit ungünstig beschildeter Station - 'wer suchet der findet', alles nur eine Frage von Stunden: Terminal 2 Halle E, eigentlich wollte ich fliegen nicht laufen, nun Rolltreppen rauf und runter, Verbindungen rein und raus, Rolltreppen - selbst ich muss zweimal fragen, Flughafen Moloch geworden, man kann sich hoffnungslos verirren - und die wollen ausbauen? Am Eingang von „Islandair" Kofferröntgen, Batterie muss aus der Taschenlampe, separat einpacken, Röntgenauge erlaubt wenigstens zielsicheren Griff zum ‚Übeltäter', weitere Abfertigung erfolgt dann schnell, kaum Leute, Ausweiskontrolle, bekomme Fensterplatz; jetzt Informationsbummel und Süppchen gegen 12.30 Uhr, kaum Restauration an den Flugsteigen in diesem Anbau, nur in der Halle mehr, sonst komfortabel und bequem, übersichtliche Anordnungen und Toiletten überall - was ist heute los, die Männer sind alle so freundlich, sogar Wachleute mit und ohne Fahrrad lächeln mich an, ich freu' mich auf Island, sieht man das? Aufruf des Fluges, Gäste nur „requested to come to gate 21" nicht mehr „kindly requested", neuer Ton? Nein, ich brauche noch keinen Rollstuhl zum Transport an Bord meine Dame; interessant das gemischte Publikum - nicht der Nationen, es sind überwiegend Deutsche, aber was für welche, von 'Hippy' bis elegant, nobel bis Barackenmilieu; im Flugzeug, wir sitzen - sonst tut sich nichts, Bordlektüre informiert: Island ist 103 000 km² groß, Durchschnittshöhe über dem Meeresspiegel 500 m, höchste Erhebung Hvannadalshnjúkur 2 119 m, 11% des Landes von Gletschern bedeckt - wie war das noch mit der Geschichte: im 8. Jahrhundert siedelten irische Mönche, erster Dauerbewohner war dann der Norweger Ingólfur Arnarson ein Jahrhundert später, ca. 930 Gründung des Parlaments „Althing", 50 Jahre nachher entdeckt Erich der Rote Grönland, im Jahr 1000 sein Sohn Leifur Erikson Amerika, 1264 Ende der Sippenfehden, unter norwegischer Krone, 1380 lösen die Dänen ab, 1783 Schicksalsjahr: Vulkan Loki bricht aus, verursacht tausende Tote und Hungersnot, im nächsten Jahrhundert Beginn des Erstrebens von Unabhängigkeit, 1904 Selbstverwaltungsrecht, 1940 erst durch Briten dann Amerikaner besetzt, seit 17.06.1944 unabhängige Republik, Fahne: liegendes rotes Kreuz in weißem Rahmen auf dunkelblauem Grund, heute etwa 280 000 Einwohner, davon lebt die Hälfte in der Hauptstadt Reykjavik, Landessprache die der Wikinger, Familienname setzt sich zusammen aus dem Vornamen des Vaters und der Endsilbe „-son" oder „-dottir", 90% evangelische Lutheraner, das ganze Jahr über gilt Greenwich-Mean-Time; Snorri Sturluson (1178 - 1241), der Sammler von Legenden und Sagen, schrieb 1220 in Reykholt die „Edda", sonstige bekannte isländische Autoren: Jón Sveinsson, Gunnar Gunnarson und der Nobelpreisträger Halldór Kiljan Laxness - Abflug verzögert sich um 20 Minuten weil dauernd noch welche landen wollen, jetzt los: diesig, nichts zu sehen außer Stadtvierteln, Main und Baggersee mit hell giftig grünem Wasser, fliegen in die Sonne, unter uns weiter ‚Flusenwatte', nun ringsum über uns blaue Inseln in zerfaserten weißen Streifen, nach ‚Sahneturm' alles zu; lese Ratschläge für einen angenehmen Flug: Nacht zuvor ausreichender Schlaf - nur ohne ‚Trampeltier'-Nachbarn über eigener Wohnung möglich denke ich, viel trinken - na so einladend sind Flugzeug-Toiletten auch wieder nicht, man soll die Schuhe ausziehen und kleine Bewegungsübungen machen - nie mehr, das habe ich nur einmal gemacht, die dicken Füße kamen bei der Ankunft kaum mehr hinein, war echt Arbeit! Tiefes wunderschönes Blau am Himmelsrand, hohe dicke geballte Wolken, flauschige dazwischen und davor, unruhiger Flug - was soll das, ich will doch schreiben, da im ‚blauen Meer' ‚Schlagsahnetürme' und Wolkentupfer, dort unten sind immer wieder mal ein paar Häuser - auf einmal ziemlich klare Bodensicht: Teiche, Felder, Wälder, große Freiflächen in geringem Abstand, nun linksversetzt - anderes Flugzeug saust flott in entgegengesetzte Richtung, viel geballte Kumuluswolken; sauber begrenzter Küstenstreifen zieht sich in sanftem Bogen entlang - nur noch Wasser; seit Bordgang Durchsagen, Ansagen, Reden mit dem Personal ausschließlich in Englisch - für mich und Isländisch - nicht für mich, Flugdauer 3 Stunden 5 Minuten; großflächig dünne weiße Wolken- ‚Sandbänke' haben ab und zu flockige ‚Eiszapfensäulen' darauf oder lockeren breiten -berg, wir fliegen im Blau und in der Sonne; wie war das mit der Taschenlampe - und die Batterie im Reisewecker konnte bleiben, komische Vorschriften! Keine Veränderungen draußen, ‚gezupfte Schafwolle' in verschiedenen Etagen, oval oder großflächig bei blauem Untergrund ‚Streußelstreifen', unten ein Schiff im dunklen Blau; Wolken-Pufferbarriere- und Berghorizont, nichts mehr Meer Zwischendecke zugezogen, Essenspause sehr passend: Fleisch in Reissoße schmeckt nach Fisch und drei Gemüsefäden offensichtlich mit Pfeffer gewürzt, 1 Brötchen, Butter - aha in der Tasse und ein Nachtisch 'Mousse au Chocolat' - alles verzogen! Auf leicht gewelltes Meer werfen kleine Wolken schräg ihre Schatten - wie schön, leider nicht durchweg so verschiedene Formen von Wolken in mehreren Schichten, manchmal von Freiflächen unterbrochen; schon die zweite leichte Kurve, der Pilot ist hoffentlich keiner von Ussis Autofahrern: „sagen Sie mir 'mal wo ich hinwill", es gibt noch Tee; Küste mit vielen Buchten weiter hinten, mindestens eine Insel, lockere Bewölkung über dem Land, wieder Küste, Spitze Schottlands mit dem tiefen V-Ausschnitt sichtbar, erneut weiße und Schattenwolken auf glänzendem Wasser mit Dellen - fliegen ist gesund, meine Nase bzw. Kieferhöhle wird frei; muffiges Begleitpersonal, haben aber auch dauernd zu tun, laufen zwischendurch noch mit Wasserangebot herum, wieder Meer - heute Wackelmaschine, auf den kleinen Monitoren bisher Bilder der Landschaft Islands - ein Vorab-Wiedersehen, dann Wechsel nach Indonesien, das ist offensichtlich Sulawesi - bist ein Jähzorn, du hier drin brüllendes Baby, während auf der Leinwand ein Mandrill leise im Urwald spazierengeht; Wolkendecke hat sich immer mehr verdichtet, jetzt fast ganz geschlossen, oh oh, ich möchte in Reykjavik noch fotografieren! Die braten

Fledermäuse da auf dem Bildschirm, wie gemein, Vögel haben besonderes Gefieder, einer von ihnen tanzt; Tee gibt's keinen mehr - wurde zugesagt und nicht gebracht, klare Wolkengrenze darüber reines Blau, mühsames Notieren bei diesem Wackelkontakt, ‚Waschküche', absoluter Nichtraucherflug: kein Aschenbecher mehr in der Armlehne; Horizont fasert aus, Wolkenvorhang erneut komplett - Augen zu, Kontrollblick: ‚Waschküche', ich versäume nichts, ab 17.15 Uhr Landeanflug in den Dunst hinein, Ansagen in Deutsch - Schnellmerker! Stielaugen erfassen kurz durch Blickröhren Schaumkronen, häufen sich, Land in Sicht, erste Häuser und typisch: Kies, Steine, gelbe Moosflecken; alles grau in Grau, 17.40 Uhr da, minus 2 Stunden = Ortszeit, es regnet? Das tut es! Die erste To', alle rennen hin - ich nicht, den Kilometer bis zur Gepäckausgabe schaff' ich noch – hechel, hechel und nun zur To', wie gewohnt gute Idee, bis der Koffer kommt, die Gruppe vollzählig versammelt ist, hab' ich soo viel Zeit! Keine Passkontrolle, bin wieder mal die erste die sich bei den Abholern meldet, aller Anfang ist schwer - nein Rolf, ich will keinen neuen Koffer, meiner dient beim Warten als famose Sitzgelegenheit, werde angesprochen: „folgen Sie diesem Mann", ein junger trabt los ohne sich umzusehen und - ist weg, so frage ich mich mit dem Hotelnamen zum Zubringerbus durch, starker Wind peitscht Regen um die Ecke, absolut ungemütlich und kalt, Anorak im Handgepäck war kein schlechter Gedanke - angekommen in „Ultima Thule" = entferntester Norden, war die Bezeichnung für Island 325 v. Chr.; Bus fährt 16.30 Uhr los, Handy klingelt: eine alte Dame fehlt – zurück, eingefüllt und neuer Anlauf: silberne Birne links, dieses Alu-Denkmal ist neu, die breite Metallstrebe mit dreieckigen farbigen Glasstücken, die ich mag, ist zur Begrüßung noch da; raus aus dem Flughafengelände, durch das tischebene Land von **Keflavik** nach Reykjavik auf derselben Strecke wie das letzte Mal - Kunststück es gibt nur diese eine Straße; ab und zu Steinhügelwohnungen von „verborgenem Volk", den Elfen, Zwergen und Trollen, rechts zwei Schafe an windgeschützte Seite von Steinwall gepresst, Nässe ihnen wohl doch unangenehm! Autos ziehen Regenfahnen und fahren mit Licht - ach so hier fahren sie ja immer so, wie in Schweden, oft Markierungs-Steintürmchen, kein besonders weiter Horizont - bei den Mitreisenden anscheinend auch nicht, Gesprächsstoff: Herkunftsaustausch und Familiengeschichten; links hübsche Bucht, rechts wild zerklüftetes und hohes Lavagelände quer zur Straße, in und auf der Erde wird gewühlt um ein Gebäude in den Grund zu bauen und eine zweite Straße? Wird beiderseits hügeliger, Straßenlampen brennen, erste gefällige schmale Reihenhäuser inklusive Giebel; links Verladekran - klar am Meer, rechts Lagerhallen, neues Wohnviertel im Bau, nun links Ortschaft, ringsum Kräne und eine Menge Bagger sowie enorme Erdwälle, riesige ‚Maulwürfe' am Werk, 'KFC'-Niederlassung „Kentucky Fried Chicken" - die sind auch überall wie 'McDonald's'! „Hallgrimskirche" und „Perle" zu sehen, wo man hinguckt Baustellen hier Straßenverbreiterung, links tiefer Meereseinschnitt, „Perle" jetzt geradeaus - dran vorbei, die „Hallgrims" zum Greifen nah - Fahrer hat Sonnenbrille auf, wegen der Regentropfen? Erstes Hotel angesteuert - das wäre schön, nicht weit weg von den erwähnten Wunschpunkten - leider nicht meins, vielleicht am Ende der Reise? Wo fährt er uns denn hin - auch nicht schlecht, nur die „Perle" recht fern: Anmeldung ausfüllen, wann gibt's Abendessen? Gar nicht -

ich denke ich habe Halbpension gebucht, andere wissen, für die Rundreise wohl aber nicht für **Reykjavik**, na fein - und wann treffen wir einen Reiseleiter oder so etwas Ähnliches? Knabe an der Rezeption hat keine Ahnung, lässt sich dann zwar mühsam aber doch zum Telefonieren verleiten: morgen zwischen 8.30 Uhr und 9 Uhr, zu Beginn der Rundreise erscheine jemand, bequem muss man sich's machen - mir egal, nichts wie aufs Zimmer, Strickjacke an, Regenmantel überziehen und weg: Ströme von Regen und Nieseln wechseln ab, heftiger Wind - ob die Fotos etwas werden? Blasrichtung unterschiedlich, komme mal flotter vorwärts als gewollt, mal kaum dagegen an, Erkundungsgang als Ersatz für den Besuch des „Nationalmuseum", das noch oder schon wieder „wegen Renovierung geschlossen" ist und sowieso nur bis 17 Uhr auf, wie andere auch gemäß Auskunft an der Rezeption - um die Uhrzeit kamen wir erst im Hotel an; „Hágeiskirkja des Pastors Sveinsson", Handwerkerdenkmaltafel, Aussichtsplattform mit Blick zur „Perle" - alles oberhalb unseres Hotels zu finden, die „Hallgrimskirche" steht noch am gewohnten Platz und da - gegenüber in dem Lädchen bekomme ich sicher Kartoffelsalat und Crackers; gehe zurück ins Zimmer um Essen zu verzehren, Magnetkarte als Zimmerschlüssel funktioniert problemlos - kein Strom, Karte einstecken dafür? Nix! Rezeptionsmitteilung: „Main-Switch"-Schalter drücken - öfter mal was Neues, später, unterwegs, wurde die Sucherei perfekt, denn die Systeme änderten sich ständig, TV hier trotz ‚Saft' ohne Programm - na gut brauch' keins, aufräumen, duschen – grrr, wieder ohne Einfassung, brauche erneut Badetuch-Lösung sonst schwimmt die ganze Nasszelle bis morgen früh, warum - scheint ein neu gebautes Hotel zu sein es riecht nach frischem Holz; auch ein ‚Zwergenwaschbecken' vorhanden, Zimmer schön groß aber der Stauraum im Schrank für zwei Personen? Habe wieder allein ein Doppel- als Einzelzimmer, Hotel sehr hellhörig, glücklicherweise ziemlich leer, dafür direkt an der Straße - Ohropax der Ruhestifter! Wo ist dieses blöde Brillenetui, an der Rezeption liegengelassen bei einer der Nachfragen? Doch ‚behämmert' vom Flug, Mantel überziehen und holen gehen! - Anderntags: Herbstwetter, zwischen 13° und 14°C, Abfahrt gegen 9 Uhr, in langer Hose natürlich, Strümpfen, Pulli und Anorak, vorbei an der „Hageis" mit den vier Türmen, „Perle" und „Hallgrims" - das sind wirklich exponierte Punkte; wir sind eine 25er Gruppe, haben großen Bus, kann zwei Plätze belegen daher Handgepäck großzügig bemessen, vor allem bequem wegen Dauer-Wasserflasche und Regenmantel - Tür zu, es ist sehr kalt! Alle riechen bereits nach Schwefel denn jeder hat warmes Wasser benutzt, das kalte klare aus dem Wasserhahn ist ein Genuss, als Durstlöcher bestens geeignet und auch zum Zähneputzen - insofern kein teures Land; es regnet nicht, Bergkette am gegenüberliegenden Ufer deutlich und schön zu sehen, geschriebene Hinweise erinnern an Schweden, also oft gut verständlich, zum Regen meint der Reiseleiter: so bleiben wir kürzer draußen, kommen schneller von Ort zu Ort, das sei gut - für wen, uns? Warten im Bus, Reisebegleiter Gunnar erledigt Arbeiten im Büro gibt u. a. meinen Gutschein für den Westmänner-Ausflug ab, verteilt dann Island-Karte, in meine zeichnet er später die Route ein - na wenigstens etwas Positives; Vororte von Reykjavik weit verstreut - sie haben viel Platz, links Industrieviertel, im Hintergrund dunkle Berge mit grünem Überzug, Neubauten, kanalisiertes Wasser, leichter Regen, hügelig, Bergrücken in hellgrün rechts; Ortschaft **Mosfellsbaer,** links Reiterhof, Kamille blüht und wilde Löwenmäulchen, Heuballen, ‚Spielzeugkirche' mit grünen Wellblechdächern, die Bergketten geradeaus laufen ineinander, Schild „Alfafoss" - wo ist hier kein Wasserfall! Um die Häuser herum haben sie fleißig Bäume gepflanzt, zweiter Lachsfluss, vier Pferde hier, zwei da, Baukran, dunkelgraue Bergwand, nun drei Sorten Grün auch Nadelbäume, Boden in dunklem Braun, gelbliche Gräser; Säulenbasalt-Wand, Möwenschwarm über der Bucht, ab und zu Pferde, ein Gehöft; sind jetzt der Hauptstadt gegenüber: links Steinbuckel mit Findlingen obendrauf, ausgehöhlte sodengedeckte Erdwälle Nutz-(und Wohn-?)-raum rechts hügelig, links Berge, breiter Spalt im Boden erreichen unvermeidlichen ellenlangen Tunnel: Tankwagenkoloss vor uns, schleiche schleiche, es ver-/beklemmt einige - sind durch, Schafe, gekräuseltes leicht gischtiges Meer, Gunnar bedauert Walfangverbot, denn sie fräßen zu viele Fische weg (!) und „wir Isländer leben doch vom Fischfang" - welche Sorte meint er? Bartenwale ernähren sich doch von Krillkrebsen soviel ich weiß - keiner sagt etwas, Straße geht quer durch hohe Steinstreifen, riesige Bucht langgestreckt und breit, rechts laufen Bergketten zusammen, Alu-Fabrik - Himmel höher, fahren in eigenartige weiße Helligkeit hinein, erneut links ganz flach, Schlangenlinien-Straße, Unmenge Heuballen, es gäbe nur noch einen Bruchteil der Schafherden von früher, hätten zu viel Schaden angerichtet, Erosionskräfte verdarben den Rest; gleißendes Licht, weit vorne dunkler Bergrücken und weiße Wolken, rechts riegelt Kegelberg-Kette die Straße seitlich ab, es regnet wieder, Inselchen-Flecken im Wasser, geradeaus ‚Vorhang' zu, Windecke: Pkws werden von der Straße gefegt und umgeworfen, schwarzer Abhang, in schrägen Linien wachsen hellgelbe Pflanzen in Streifen hoch; vor uns nur noch Wasser, Brücke über Fjord, hellgrünes Nass sei Versammlungsstelle von Lachsen sagt ‚er'; 30 Minuten Raststätten-Pause: Kakao wärmt prima - muss es denn ständig träufeln, ich will doch knipsen! Auf der einen Seite Sonne pur der anderen massiv fast schwarze Wolken, Lichtverhältnisse wechseln sekundenschnell, deshalb Fotos absolut Glückssache - im Moment regnet es nicht und wir sind natürlich im Bus - noch nicht zu Ende notiert: Regen, das ändert sich so rasch! Blauer Fleck am Himmel, er ist also noch da, Ebene beiderseits rechts bergbegrenzt, ständig querlaufende Steinrücken mit und ohne Feldstein-Wegmarkierungstürmchen, Wollgrasflöckchen, Rinnen und Gräben, wassergefüllt oder trocken, links der Snaefellsjökull-Gletscher, rechts weit entfernt kleinere Zunge, verschiedene Lichtzonen Wolkenstreifen grau-weiß, da rechts muss die Sonne sein gemäß dem kurzen breiten Farbenband; Anwesen mit leuchtend grünen Dächern, grau-braune Berghänge, grüne Stellen obendrauf zu denen langsam grüne ‚Flammen' kriechen, links dichtes Buschwerk, rechts scharfkantige Lavabrocken teilweise überwachsen, dieser Bergring auf der linken Seite wirkt wie ein alter Krater, dunkel in grüner Landschaft – wunderschön, es regnet nicht wir rollen nur vorbei, viel Grünüberzug, Gehöft, Wohnanlage stets mit Kirchlein oder Kapelle, Blocklavafeld, da hinten ein rotbrauner ‚Buckel', dann zwei spitz zulaufende, ein Stückchen weiter einer mit zur Ebene schräger Steinwand, Bergkuppe in Wolken - alles rechts, links schon die ganze Zeit nur flach; nun Bergzug erreicht, fahren wieder einmal an der Wand entlang die Stufen hat und viel Grün, sonnige Glanzstreifen links, hab' ja ganz vergessen - natürlich regnet's erneut und der Wind bläst hörbar, das Gras liegt fast platt auf dem Boden; Pferde, die typisch isländischen - es soll fast so viele Pferde wie Einwohner geben, Bergrücken mit Spitze - unser heutiger Fahrer trägt auch eine Sonnenbrille - ah so, wegen plötzlichen Sonnenlichts auf irgendwelchem Wasser - verstanden, tanken, schnell dem Regen ein paar Fotos abtrotzen, man lebt ja von der Hoffnung; Fluss, Gewächshäuser für Tomaten, Gurken, Südfrüchte und mehr, eingerichtet wo Heißwasservorkommen besonders ergiebig, links Sund mit Sandbänken, bis dorthin eben, Adlerhorst auf Insel, Reittourgelände, fahren auf den „Snaefellsnes" zu: Jules Vernes Einstieg für 'Die Reise zum Mittelpunkt der Erde'; rechts bizarre Bergspitzen, Findlinge, mehrere Wasserläufe fließen in kurzen Abständen von den Bergen, Kühe, Brücken, überwiegend graue Wolkendecke, links lockere weiße Bänke sowie glänzendes Blau dazwischen, wir bewegen uns voll im Grau; schon wieder Kühe, schwarze, hellbraune und gefleckte – aha, hier kommt der Käse her, große Wasserflächen rechts, Berge mit nassen Rinnen wolkenverhangen, Bilder gleichen sich allmählich an, aber diese Variationen in Formen und Farben, die Vielfalt ist erneut überwältigend; langgestreckte Rücken in Ebene, jetzt Geröllabhang hellbraun, dann rotbraun, Stufenwasserfälle, die Straße verläuft wieder näher am Meer, Geröllschrägen hell- und dunkelgrau - da vorne ist der Gletscher hinter Bergen verschwunden, Höhlchen mit Hütteneingang, Blocklava-Wellenboden von gelbem Moos überzogen - plötzlich Fotopause, kannst de das nicht etwas früher sagen: Schreibzeug weg, einmummeln, Fotoapparat greifen - welcher ‚Stretch'! Unangenehm zu laufen hier draußen, man rutscht in die Lücken zwischen den überzogenen trotzdem glatten Steinbrocken - sieht aber sehr schön aus; weiter: Beerensträucher und Bäume beides in Kleinformat, Steilwand mit großen Spalten offenbar beliebte Vogelnistplätze, ‚Samtwellen' kräftiger und größere Brocken liegen blank obendrauf, am Meer Mittags-‚Futterstelle'? 12.40 Uhr – überfüllt, Vorbestellung erfolgte nicht, der 30-Minuten-Spaziergang werde vorgezogen heißt es: laufen durchs Vogelschutz-Brutgebiet bis ans Meer, eine aus der Gruppe weicht vom Weg ab und wird von Küstenseeschwalben die im Gras nisten angegriffen, Lavablock und -bogen in der See Nester von Raubmöwen in den Ritzen, Steinhaus das Wahrzeichen von **Arnarstapi**; war trockene (!) Wanderung von 1 1/2 Stunden, aber nun Sandwich und Tee, ersteres überteuert und total schmalbrüstig; erneut ‚auf Achse': Sonne scheint - nicht mehr, haben die Gletscher-Halbinsel fast umrundet, dicke Lavawälle hören weit vor der Küste auf denn die Lava floss langsam, zwei große hellbraune Felsen links und ein Leuchtturm, lange Strecke gezackte Lavasteine blank oder moosüberzogen, breiter hellbrauner Faltenhang rechts mit glatterem Grün dazwischen und wieder Lavasteine, ein bisschen Berg- und Talfahrt-Straße bei Sonne intensive Farbeffekte, Abstecher zum Meer - wie lange? „Gemäß elastischer isländischer Zeit" - diesbezüglich entwickelte sich unser Reisebegleiter zum Experten: einerseits dadurch keine Hektik, andererseits deshalb öfter Zeitverschwendung; stoßen beim Ausflug auf Teile eines gestrandeten Schiffes, finde hier erstmals Tangstücke am Ufer und da gibt's Kraft-Teststeine für Matrosenanwärter: wer sie heben konnte wurde angeheuert; dieselbe Strecke zurück auf die Hauptstraße: Ebene teilweise überwachsene Steinhaufen, obendraufgehäuft reichlich verstreute blanke Felsbrocken, links

Doppelkuppe mit rotbraunen Flecken - meistens sehr weite Sicht; Bergrücken rechts läuft aus, ein anderer schließt sich an, Rechteck-Klotz, Gletscher hinten immer noch zu sehen, links schroffer Riesenhügel hat Krone, Fluss, Straße erst im Aufbau? Offenbar, Caterpillars und massive Erdbewegungen, nun gute Aussicht auf die Goldstreifen von gelbem Moos zwischen schwarzem Lavabrockenfeld und grau-grünem Hügel-Horizont; wieder Richtung Meer unterwegs: links flach rechts Steinwälle wie bisher, hier ist die Bergkette weit zurückgefallen aber vorhanden, ‚Matterhorn' dunkel- bis hell-braun mit grünem Fuß, links Sendemast, diese 3000-jährigen erstarrten Lavaströme mit frei scharfkantig herausstehenden schwarzen Steinspitzen haben nur zum Teil hellen Moosüberzug, in großen oder kleinen, breiten oder schmalen Spitzen, ständig dasselbe und wirkt doch verschieden; erstes Tier-Bodengitter rasselt penetrant unter den Busrädern, Ankunft in **Hellisandur** der Übernachtungsstation 430 Einwohner stark, Abendessen: verpfefferte Tomatensuppe und an Hähnchenbrust zu viel Curry - das kann ja heiter werden! Foto-Spaziergang - Kamera liegt im Zimmer, Tasche ausgeräumt und Knipsmaschine nicht wieder hineingetan, zurück und holen - das wäre mir in früheren Jahren nicht passiert, also noch mehr konzentrieren, bei meistens einer Übernachtung pro Hotel nichts liegen lassen wichtig - jetzt aber los: zunächst nur im Wind, Sonne guckt selten durch Wolkenlücken, bis ich fotografierbereit bin ist sie schon wieder weg, sogar Regentropfen auf dem Apparat - woher? Verflixt wenn die Bilder überhaupt 'was werden dann mit Sonneneinfall oder Wasserschaden - ich hab's ehrlich versucht zu vermeiden; zwei nochmals unterteilbare Fußballplätze - spielen hier schon die Säuglinge (?) - siehe Einwohnerzahl, Hüttenhaus mit Skulptur von Vater und Sohn gesucht und gefunden, Nieselregen – nee, nun reicht's mir; fahre im Bett noch Bus, haben heute ca. 350 km zurückgelegt; morgen aufpassen beim Einpacken, bei diesen Strecken was weg ist ist da weg! - Abfahrt 7.30 Uhr, in einer Stunde geht die Fähre von **Stykkishólmur** nach Brjánslaekur über den sehr großen Meereseinschnitt; nahe Ortsende Pfarrhaus ohne Pfarrer, links über dem Meer die Sonne, wir fahren natürlich in den Wolken und es nieselt; im freien Gelände größte Küstenseeschwalben-Kolonie Islands, tote Junge liegen auf der Straße, rechts nach den Bergen zu zerklüftete Steilkanten, durchfahren **Olafsvik**: Steindämme sichern zum Meer hin, Sonnenbrille sinnvoll wegen des gleißenden Lichts auf nasser Straße und sonstigen Wasserstellen in Serie, Wasserfälle; Fahrbahn windet sich in vielen Bogen um Meeresbuchten herum, Berge flachen ab, laufen sanft aus; neue Erhebungen, Tal, Berg, Sonnen-Scheinwerferstrahl auf Haus am Meer und fünf Kühe, links ragt eine Landzunge in die See, rechts Berge nun geradeaus; hügelig, wieder ein Höhenzug, Stufenwasserfall, große Wasserlachen in Ebene, Basaltsäulen-Querstreifen im Hang, Gunnar scheucht schlafendes Schaf von der Straße; tiefe Fjorde von langen Bergrücken begrenzt wie Schiffsbuge endend, danach erneut wechselnde Landschaft: Höhen mit und ohne Wasserfälle, steile Abhänge und sanfte, stellenweise grün sonst blank, links taucht riesiger ‚Terrassenbuckel' auf, Tierschutzgitter, Fischerdorf, Sonne rechts - nach Biegung links Kühe und Ochsen, Bagger, tiefer Taleinschnitt, links Geröllhang in hell- und dunkelgrau, verschiedene Rottöne folgen die rechts von uns - nach ausgiebiger Kurve in schwarz übergehen, mit unten Gras oben Flechten und Moos; haben Buchten weiträumig umfahren, die Berge links von uns kennen wir schon, Wolkendecke zu, überqueren Damm, Felsberge nun schwarze ‚Schuttkegel' selten eine farbige Stelle, am Ufer brauner und rötlicher Tang – übrigens, es regnet nicht! Wolkenschwaden vor und zwischen Bergketten, Blocklava, auf beiden Seiten grünes Moos und gelbe Flechten, arktisches Weideröschen setzt rote Tupfer, Flachland reicht weit hinein, schwenken ein Richtung Meer, Sonne scheint, Gras- und Steinflächen sauber getrennt - erneut gemischt; Zielort erreicht, soll 1 300 Einwohner haben, jedenfalls gibt es eine originelle Kirche, dem Brückendeck eines Schiffs nachempfunden mit viereckiger Navigationszentrale obendrauf und ‚Seerohr-Schornstein' der wohl der Glockenturm ist - kann sie nicht fotografieren, von keinem Punkt des Hafens aus freie Sicht, wie schade; kleine Container werden auf die Fähre verladen, Autos fahren in den Zentral-Bauch, auch unser Bus – Verzögerung, denn ein kleiner roter Pkw bekommt Sonderplatz neben dem Frachtstapel auf dem Oberdeck, Auto vom Kapitän? Bisschen mickrig! Fähre hat kaum abgelegt fliegt mir der Sonnenbrillenaufsatz weg - kein Küstenfoto, bekomme aber das winduntaugliche Ding von Mitreisendem zurück, nur Wasser zu sehen, habe also nichts versäumt; „Erste Etage" unter Deck: Polstersessel-Kino und Holz-Aufenthaltsklasse, drei Treppen weiter unten: Toiletten sehr eng gemäß Erfahrung, Mini-Restaurant und Verzehrraum zweckmäßig und gemütlich - 10 Uhr, gut der Kakao; nachsehen ob's Wasser noch da ist: ‚Schwimmen' auf der Sonnenseite, Himmel trägt weiße Streifen, im Hintergrund leicht geballte Wolken, keine Möwen, Küste noch sehr entfernt; auf der ganzen Strecke über den Breidafjördur bisher nur eine Handvoll kleiner Inselchen, aber jetzt, nach zwei Stunden, Insel-Stop: Leute, Häuser, natürlich eine Kirche, Möwen und Gischt, dürfte „Flatey" sein; junges italienisches Pärchen auf Fähre sehr passend in Thermo-Kleidung gehüllt - war für mich Überraschung dass es in Island soo kalt ist: am ersten Reisetag hier war's schlimm mit dem ‚laufenden Kreis', schob mich nur überall hin, gestern ging's schon besser, bin sehr müde sonst inzwischen angepasst; Ankunft 12.15 Uhr nach durchweg sonniger und ruhiger Überfahrt, Lippen schmecken salzig, rein in den Bus: links Berge, rechts das Meer, Steintürmchen die besonders bei Nebel zur Orientierung dienen, hügelig bis bergig, Wasserflächen, flache Sommerhäuschen aus Holz etliche á la Schwarzwald mit Veranda, ‚Futterplatz': Suppe mit Butterbrot noch am preiswertesten für etwas Sättigung; eine Stunde später fahren wir durch Terrassen, danach über Flussdamm und durch Tal mit leicht schrägen teilbegrünten Hängen, links schroff zerklüfteter Fels, Geröllschrägen folgen, dann Steinwüste – Endmoränenland, rechts Schlucht, jetzt Wasserfall, Fluss, Hochebene aus uralter Plattenlava nach Eisrückgang in Eiszeit freigelegt; Reiseleiter sorgt für eine Enttäuschung: keine heißen Quellen im Norden, bohren aber Tiefenwasser an und heizen es auf, evtl. doch ein Whirlpool? Links See, große Kuppe, rechts kleinere – Steine, Steine, fast gar kein Grün, nur ‚drei Halme', schöner See, rechts noch einer, echte Schlucht 650 m. ü. M.; fahren erneut im Tal, links ein See und steile Geröllhänge - noch steiler, See rechts imponierend, Fünfstufen-Basaltsäulenberg ‚Bilderbuch'-Fjord links, rechts ab und zu Findlinge, massives Gestein, hier gabs mal Füchse die angeblich Fische wegfraßen und an Lämmer gingen - ursprünglich nicht einheimisch und Eingeschlepptes mag man nicht;

Hochebene mit Geröll, gelegentlich ein bemooster Findling, diesig, Grasgebiet, nächste Fjordbegrenzung sind Abhänge von hellerem Braun, nun große geborstene Steinplatten durchsetzt von kleineren und größeren Seen, darauf Schneise aus Sonnenstrahlen, weiter an Felsbrocken-Steilhängen vorbei von Mini-Strauchstreifchen unterbrochen, größere Sträucher und Wollgras, rechts Wasserfall, links Fjord-Ende; 30 Minuten Pause am „Kronleuchter-Wasserfall", in der Umgebung eine Menge Heidel- und Blaubeeren, herber Geschmack letzterer erinnert an den der Preiselbeeren, beide Arten nicht heimlich zu verzehren möglich, Fahrer hat auch genascht ‚er ist blau'; setzen die Tour rund um die Westfjorde fort am Wasser entlang: rechts zwei trockene Fälle da Wasser für Kraftwerk entzogen wird, tiefer Taleinschnitt, Rinnsal von oben, darüber eingebrochener Kessel, Steilkanten mäßigen sich etwas zum Ufer hin, Schafe klettern wie Gemsen herum - am Ende der riesigen Umrundung: links oberhalb der Bucht noch einmal der "Fjallfoss", Eiderentengebiet; schmal war und ist die Straße innerhalb vom ‚Schiffschaukelgelände', kahle Geröllabhänge, steiler Höhenzug mit Furchen, Gegenstück auf der anderen Seite läuft aus, zweiter Rücken, dahinter ein dritter ähnlich dem ersten aber oben glatter Plattenabschluss, rechts Hochweide mit Bergen im Hintergrund von Kegel durch Täler getrennt, haben ebenfalls völlig glatte Oberflächen, Sandplateau, Gras und wenig Steine, steile Schrägen - da ein bodenloser Krater rechts, links Zwillings-Kegel, nach breitem grünem Tal unterbrochene Stein-Riesendünen; erneut hinauf und da vorne hängt's schon wieder dunkelgrau, links tiefer u-förmiger Einschnitt in die Berge die Eisflecken haben, Blick auf neuen Fjord - atemberaubend schön, rechts Hänge mit sehr tiefen unten grün eingerahmten Rillen, Schafe rings umher - wie sind die denn über den breit und unergründlich tief eingeschnittenen Wasserlauf gekommen? Mutige Tiere! Wir sind unten in der Bucht, vor uns liegt die nächste Steigung, links ‚Löwenpranken'-Berg, Bodengitter, neuer Fjord und Ortschaft, intensiver Schwefelgeruch - was war eigentlich mit dem Grau, durchgefahren ohne Folgen - na so was! Kurzer Halt in **Bækur**: 340 Einwohner, Hafen, Straße läuft nahe am Wasser des Fjords entlang, Höhenzüge beiderseits, links mit Eisfeldern rechts wolkenverhangen, über Damm auf Gletscherzungenseite, aber nicht dorthin sondern nach enormem Bogen parallel zurück - Gegend bekannt nur seitenverkehrt; schöner großer ‚Buckel' vor uns dann scharfer Rechtsschwenk und Bucht im Rücken, Geröllhänge zum Teil mit Querbarrieren, ziemlich kahl nur unten etwas grün, ein spärlicher Wasserlauf, -rinne, flacher Gras- und Blumenwuchs quält sich zäh, Moos, fast ausgetrockneter See, Bächlein schlängelt sich, abgeplatteter grauer Höhenzug mit ‚Fenster', zweiter ein wenig niedriger in Braun schiebt sich davor, da hinten der schwarze hat wie Kirchenfensterbogen darin, Wasserrinne kommt von ganz oben in Stufen herunter; Spitzkegel gegenüber neuer Bucht ohne Wolken, diese hängen als Gardine in Fetzen am Ende des U-Einschnitts rechts, Biegung, Fjord umfahren, links tiefe Wolkendecke auf einheitlichem Niveau, nächster Ort den wir passieren war von Schneelawine verschüttet, es gab Tote, wollen darum Schutzgraben bauen - große Kurve und zurück; Spitzkegel-Freund von Wolken verschluckt - ach so, man sucht eine Tankstelle für eine t. P. = „technische Pause" zum Entwässern - er findet sie nicht, kurvt herum, na endlich, kann schon ohne Anorak aussteigen, Rheuma hält sich auch in Grenzen; weiter: gelbe Algen im und am Wasserrand, hellgrüne kurze Streifen im sonst dunkelgrünen Nass mit Sandbänken und Landzunge - die Landschaft wechselt so schnell dass ich mit den Notizen kaum nachkomme, jetzt aber, denn es geht auf demselben Weg zurück bis zum Damm mit kleiner Brückenverbindung am Ende: also markante Punkte nur im Seitenwechsel, dann Fortsetzung in alter Richtung, Bucht im Rücken, Tunnelröhre - da dunkel, Schreibpause, wieder draußen, die Röhre war zunächst einspurig mit Ausweichstellen nun zweibahnig, nächster Fjord und Blick auf **Isafjördur** von oben: 2 000 Einwohner, von denen sie gern erheblich mehr möchten, Ort ebenfalls lawinengefährdet; weitab geradeaus im Hintergrund Bergkette die Eisflecken hat, darunter ein ganz großes weißes ‚Badetuch' quer - Endstation Hotel für zwei Nächte, das Wochenende; erneut kleiner Aufzug, eine Fuhre fasst höchstens vier Personen und Gepäck, wer baut denn so? Zimmer passabel, Waschbecken größer, Dusche klein, Bett hart aber mit warmer Decke, wohlschmeckendes Essen sympathisch, kein interner Pool, Schwimmbad in der Nähe doch ohne Gutschein dafür vom Hotel; Rundgang und Bad-Suche: viele Häuser mit Steinsockel sonst ganz aus Wellblech, Dächer meistens sowieso; gelb, rot, blau, oft zwei Farben an einem Haus, dieser Eingangspfosten wurde mit Bändern aus verschiedenen Steinen verziert, in liebevoll hergerichtetem Vorgarten blühen Schlüsselblumen, Rosen, Rittersporn, woanders stehen drei typische Minihäuschen: weinrot mit weißen Fenster- und Dachrahmen, dazu ein Windmühlchen - mal ohne Meerschweinchen, netter Knabe zeigt mir Abkürzungsweg zum Schwimmbad „Sundhöll", hat morgen ab 17 Uhr geöffnet; Infrastruktur hier noch ungünstig, kein richtiger Lebensmittelladen nur Angebote an Getränken, Süßigkeiten, Fertigwaren zum Aufwärmen, -backen, jedoch mindestens noch vier Restaurants außerhalb des Hotels - wo war denn noch der Eingang zu unserem Etablissement? Lande im eleganten nebenan, stelle mich rasch wartend an die Seite denn gerade trifft Islands Präsident mit Gefolge ein, er schüttelt dem Empfangspagen und der -pagin die Hand, schleiche mich schnell wieder hinaus denn hier bin ich bestimmt falsch, aber - niemand hat mich etwas gefragt geschweige mich einer Kontrolle unterzogen – ah, das waren also er und seine Begleitung die vorhin im gleichen Raum wie wir in unserer Unterkunft speisten, wohl Hotelausgleich, sind vermutlich wegen des Sportfestes morgen da, es ist welcher Art? Wir werden sehen - frage an Rezeption: „nichts Besonderes", denke, sicher etwas mit Wasser – nein, Leichtathletik, Gunnar weiß es, die Stadt sei voller Menschen; ‚er' preist eine Extrainsel-Fahrt an ohne spezielle Angaben - interessiert mich deshalb nicht; habe Hotel-‚Kohlrübeneingang' hinten gefunden, ab ins Zimmer und hinein in die Nasszelle, darin klebt Vorhang vorn oder hinten und heraus kommt man nur mit Pfiffigkeit, was machen da richtig Dicke? Haut heute sehr ausgetrocknet bedingt durch die extrem windige Überfahrt, auch auf der Mittagsrast wehte man weg, lediglich am Wasserfall gab's ein paar ruhige Phasen zwischen den Böen, Gesicht brennt - von der Sonne? Sehe gar nicht danach aus, trotzdem über Nacht Sonnenmilch auftragen; es ist Freitag-Abend und ‚Halli-Galli' am Ufer vorm Hotel, Radau pur von derselben Musik verursacht wie zu Hause, Herberge hellhörig wie andere auch, Ohropax schaltet alles ab, Augenklappe entbehrlich wenn der Kopf am Fußende des Bettes liegt - kann trotzdem noch nicht einschlafen, soo viele Eindrücke und schaukle noch Schiff; Frühstück jetzt mit Müsli-Angebot, etliche herrliche Sorten zu mischen mit Joghurt aus Schüssel und/oder Milch aus Kanne, hält länger an als das komische Luftbrot in weiß oder hellbraun, die großen Cracker schmecken auch gut, mit immer - gesalzener Butter und Marmelade(n), auch Kuchen oder süße Teilchen fehlen nie, manchmal gibt es Orangen oder Äpfel, einen mitnehmen für zwischendurch gar nicht schlecht - träume mich damit in den Morgen. - 9 Uhr, zunächst Beginn der inklusiven Stadtrundfahrt und in die nahe Umgebung: Wolken hängen tief heben sich langsam auf einer Seite, Kreuzfahrtschiff im Anzug - also erst Museumsbesuch, Fahrdauer 15 Minuten: rechts Meer, Bergbegrenzungen sehr entfernt nur links näher, rechts Friedhof, Fischerdörfchen, alte Fisch-Trockenhütten aus offenen Latten, u. a. werden immer noch Kabeljau und Stockfisch salzluftgetrocknet wie bei den Wikingern, vom Fjord gehen breite Wasserarme ab die tief ins Land reichen - sind von enormen Ausmaßen! Flott ziehende Wolkendecke mit gelegentlich schmaler Öffnung in himmelblau und weiß, Straße gegen Schneelawinen mit Zementdächern überbaut, Kreuz am Wegrand, Wasser quillt aus Fels, große ‚unendliche' Wasserfläche, ein langgezogener Höhenrücken, Ortschaft, Museum in **Osvör**: zwei alte Hütten aus Grassoden, -fladen oder Torfsoden wie früher üblich, manche mit Feldsteinsockel, Material sehr schwer daher oft Einzeleinheiten durch überdachte Gänge verbunden - Häuser aus Holz leisteten sich Reiche, ließen Material aus Norwegen bringen, Island ist auf Treibholz angewiesen, hat selbst schon lange keins mehr; Trockenfisch-Schuppen: ein in Fischhaut-Ölzeug gekleideter Fischer erklärt uns Boot, Fanghaken und sonstiges Zubehör - diese Art des Fischfangs wurde bis 1940 praktiziert, dem Beginn der Trawler-Zeit; Muscheln und Schnecken, in einer Hütte: u. a. Schuhe: Schaftstiefel, Messerköcher aus Fischhaut, ein Paar Pelz-Hausschuhe mit Wollstrick-Einlage, gesalzene Lage von Fisch im Bottich, Lochsteine - leider fast Mühlräder, also kein Mitbringsel für Barbara dabei, wegen 20-kg Gepäckbeschränkung nicht möglich - vergeuden hier viel Zeit, eine ganze Stunde bei glaubhaft 12°C; zurück: Eiderenten-Siedlung, weiße Blumenflecken auf schwarz-braunem Grund, **Bolungarvik** erstreckt sich im Bogen am Fuß eines Berges, übliches rot-weißes ‚Spielzeug'-Kirchlein, „t. P.", alte Bauten, neue Häuser, Hafen - Steindamm weiß von Vögeln, machen furchtbaren Krach wir stören sie wohl - stehen schon wieder rum, aus 15 Minuten werden 25; dann gleiche Strecke, jetzt Grasland mit Kühen, Gehöft und Heuballen in den üblichen weißen Plastikhüllen, unterhalb des Berges erstmals mehrfach reichlich Netze gegen Steinschlag ausgelegt, Erdrutsch, Schneelawinen; Wolkenhöhe wechselt, trocken, übertrieben große weiße Wolke hängt über dem Meer zwischen zwei Erhebungen wie quergelegtes Riesensegel - schlüpft in die darüberliegende Decke und ist weg; diese Erosionsrinnen sehen aus wie Tannenbaumspitzen, übereinander geschichtet zum Gipfel hin, Geröllfurche unterbricht durchgehend, **Alt-Isafjördur** mit Wellblechhäusern russisches Schiff im Hafen vor Anker, Seemannsmuseum, schleichen weiter durchs Hafengebiet, Info-Zentrum - Stadt gar nicht so klein, am gegenüberliegenden Ufer zieht sich auch noch Wohngebiet entlang, Ausstieg am Hotel - heute fehlt doch was, ach ja, fast windstill, der ist auch noch müd' von gestern! In Pizzeria zwar Werbung für „Salad of the Day", es gibt ihn und nicht nur Pizza – nö, alles zu teuer, kaufe schräg gegenüber preiswert kleine Brotstange, Sandwich und eine Banane; gehe Fischerdenkmal suchen, laufe mit nachtwandlerischer Sicherheit in die falsche Richtung ein junger Mann korrigiert: bei der Kirche in beige - gefunden: modern, absolut Geschmacksache, nahebei Friedhof und Statuen, nehme an zum Gedenken an verunglückte Fischer, auch das Denkmal dort - und das da drüben: Berg, Mann mit Schwert über einem Drachen und Mädchen in den Armen, wohl Sagengestalt, sehr hübsch! Zwei Stunden fest geschlafen hat gut getan, draußen Boule-Bahn, ‚Remmi-Demmi' auf Juxplatz etwas weiter entfernt bei geschlossenem Fenster erträglich, in der Bucht ein paar Wasser-Scooter-Fahrer; auf zur ‚sündigen Hölle' die bestimmt nicht so heißt eher Gesundheitshalle: Schwimm-Wettbewerb war Grund für die Sperrung bis nachmittags? Egal scheint vorbei zu sein, habe Bahn für mich allein, Whirlpool ist da, Entspannung für Muskeln und Hirn; Badeanzug abtupfen, alles drüberziehen, Kleidungswechsel im nahen Hotel: lange Hose Rock und Pulli können trocknen über Nacht, heutiger Joghurt-Nachtisch erinnert an den der Griechen; Abendspaziergang: also dieser Berg vis-á-vis schräg gegenüber oberhalb vom Wasser ist wie eine große Liege geformt, Kopfteil dem Land zu - sieht ständig anders aus, je nach viel, wenig oder ohne Bewölkung Licht trüb, heller, hell, grell, im Moment nur Kopfteil sonnenbeschienen - toller Anblick, zehn Fotos von ihm wären zehn verschiedene, typisch Island! Erneut komische Kirche von vorhin, nun innen beleuchtet, dadurch strahlt Frontkreuz durchs Glas - das sieht schön aus; rothaarige Katze sucht ausdauernd Streicheleinheiten, auffallend viele 'Stubentiger' unterwegs und das da ist bereits der dritte Hund heute! „Katholische Kirche St. Johannes" gefunden in Wohnhaus mit Fernsehantenne am Schornstein, übrigens soll es hier sogar eine Firma geben die für deutsche Supermärkte 'Tiefkühl-Sushi' produziert - erneut lautes Samstags-Vergnügen; langsam stellt sich bei mir die alte ‚Ruth-ine' wieder ein, morgen geht's weiter: was jetzt schon einpacken, was morgen früh - klappt, Fenster verdunkeln, Ohren zustöpseln - Ruhe.

Heute wunderschöne Lichtspiegelungen auf dem Wasser, leider Fenster zu schmutzig und nicht zu öffnen, kann deshalb nicht knipsen, muss erst mal frühstücken: Kaffeekanne auf dem Tisch, Tee selbst machen, nur tassenweise möglich da Kännchen fehlen sowie Service - die ganze folgende Zeit; Koffer richten, jetzt Foto nachholen - von wegen: Sonne fort, nichts mehr mit Glanz, tiefe Wolkendecke - das war's, aber Wind schläft noch, ‚adele' Hauptort des Nordwestens am „Skutulsfjördur" einem Neben-Meeresarm, wir fahren los: Wasserflasche aus Hahn, wohlgefüllt mit oder ohne Brausetablette darin beste und billigste Versorgung, auch zu jedem Essen gibt es kostenlos Wasser, Eiswürfel darin abzufangen gelingt leider nicht immer; rechts Inland-Flughafen hat abenteuerliche Bahnen, Schafe klettern an abfallenden Hängen herum; bewegen uns über Steilküstenstraße am Fjord entlang auf abschließende Bergzunge zu, große Felsblöcke am Uferstreifen und gelber Tang, durchqueren Bogen aus schwarzem massivem Gestein, Abhang rechts fast senkrecht, Ort: mit 200 Einwohnern, Lawinenschutz nach Unglück gebaut und das Wohngebiet an etwas günstigere Stelle verlegt; nun Häuser versetzt hintereinander in leuchtendem Gelb, Weinrot, sattem Grün und Blau, es folgen Sommerhäuser, Berge mit Rutschhängen laufen sehr schräg aus, vor uns putziger Gletscher: verstreut Flecken auf langgezogenen Höhen hinter ‚Riesennase' am Fuß, hübsche kleine Bucht, Fjord-Ende, nach Kurve Eisfeld im Rücken - befahren Parallelstraße zu der bisherigen: rechts steile spärlich bewachsene Geröll- oder Felshalden, Schaufelbagger im Gelände - diese Strecken: Luftlinie 5 km 50 km Fahrweg! Es geht hinauf, nächste Bucht links, diese Einschnitte sind das ganze Jahr über durch den Golfstrom eisfrei, gelegentlich stört Treibeis von Grönland, an Fjorden gab es nie Hungersnot weil stets Fische, Schafe und Beeren vorhanden; im Begrenzungsniveau hebt sich breite hohe Kuppe ab - wir wieder unten und Endbogen erreicht, Straße steigt erneut an, sind auf Höhe - nicht mehr, geradeaus Wasser, fahren daran entlang, Bucht links, Wasserrinne in die es in Stufen herabsprudelt, ebenfalls an den Hängen der Gegenseite, die Eisfelder da vorne kennen wir schon, halten darauf zu, rechts üppig Beeren an hohen Sträuchern, Wassergraben oder -pfützen mit Unterbrechungen; Bogen gefahren - alles wie gehabt nur umgekehrt, Fahrer hupt ab und zu Schafe weg, Gipfel in Wolken Sonne findet Lücken, umgestülpte ‚Suppenschüssel' links ist Insel, Kurve - und die frontal gesichteten Eisflecken sind jetzt nebenan, rechts Kühe, drei Häuser, Lagerhalle und Heuballen: viel Gras in diesem Jahr, die Pferdehalter freuen sich über billiges Winterfutter; sehr schönes schwarzes sodengedecktes Häuschen hat kleinen passenden Anbau, Berge, Haus mit zwei Autos, dann ein Pkw und Haus, links Wasser dahinter sind Stufenrinnen im Gestein, vorne Küstenstraße, Stelle riesiger Felsbrocken, Sommerhütten an flachem Teich - rundum häufig Wollgras, längere Zeit regelrechte Absätze im ‚Treppenberg', ‚Schüssel'-Insel entpuppt sich als ‚Kasserolle' die ‚Landstiel' hat, Heimat vieler Vögel, auf gleicher Seite Eisplacken-Höhenzug; 10.10 Uhr Pausenplätzchen-Wohnhaus, Ausbau zur Raststätte geplant, Kinder spielen Fußball - Hund köpft hervorragend; Angebot von Waffeln und Kaffee - nicht für mich, hab' vom Vortag noch ein Sandwich und frisches Wasser in der Flasche, sehe mich um: da drüben sammelt einer alte Autos nur so zum Spaß, weiter oben Haus, Friedhof, Kapelle: darin ‚Loreley' auf Wal mit Spiegel in der Hand auf Ofentür gemalt - kalt ist der Wind, stinkender Schafstall, Fliegen; fahren wieder: nach zwei Linkskurven Gletscher, erneut eine gefächerte Bucht zu sehen, Hochebene rechts, etliche Wasserfinger links, in Rundung Gehöft mit Kühen, Sommerhäuschen, Beeren, Büsche, Heuballen, nun Säulenlava-Abbruchkante und Wasserlache; am Fjord entlang, Sonne brennt, dadurch im Bus zu warm, ein Auto kommt entgegen - immer ein Erlebnis: Bus bleibt stehen und lässt passieren wegen arg schmaler Fahrbahn; aufgegebene Raststätte, links Rinne in Stufen ergibt jeweils kleinen Wasserfall, zweimal über Damm und Brückchen, jetzt weg vom Wasser in die Berge: im Tal Schlangenlinienfluss, erstaunlich dichter Pflanzenteppich, ganz oben dann kahler, Heidekraut und Moränenlandschaft, hügelig mit größeren und kleineren Wasserstellen, Rettungshütte = Notunterkunft in Form von Miniest-Wohnwagen - hinunter, wir ‚serpentinen' uns dem Wasser zu, links häufig Einbruchlöcher rechts schräge Abhänge und nasse Felsen, erblicke schon wieder Wasserende mit Damm und Brückensteg, rechts tiefer Spalt im Gestein, Gischtwasser verschwindet auf halber Höhe im Berg, Haus mit grünem Dach; Nachricht: in Deutschland 32°C - schwer nachvollziehbar in langen Hosen und Pulli, hätte noch wärmere Sachen mitnehmen sollen, na mit Übereinanderziehen geht's auch so; fahren nun auf Gletscherseite, schöne gemäßigte Wasserstufen, sanfte Hochplateau-Abhänge, Tal - Fortsetzung in gleicher Weise: Hof mit Pferden, zwei Häuser, Schafe, Wasser blau mit Silberstreifen und -flächen, verfallenes Steinhäuschen hat kurzen viereckigen Zackenturm, nebenan Wellblechhütte, mittendrin einsames Kirchlein; Straßenbau, zwei Häuser - erneut lange kein Anwesen, Heide mit -kraut, Wasser in unserem Rücken, beiderseits leicht ansteigende Bodenwellen, nun mehr tiefe Einbrüche, ab und zu sprudelndes Wasser, Pflanzen, rechts ziemlich hoher schwarzer Bergrücken mit Eistupfen, zwei große Teiche links und alte Rettungshütte - biegen ab in Richtung vorheriger Schotterstraße, kurzer Blick auf lange Bergkette rechts mit viel Eis im Hintergrund - nach Kurve verschwunden, taucht wieder auf, große und kleine Wasserstellen kommen heran, Wegturm, Bagger, Erdhügelgelände; Auto und Haus, links See, Markierungstürmchen aus aufgeschichteten Steinen sich nach oben verjüngend, rechts Höhenzuglinien hintereinander Taleinschnitt erlaubt Blick aufs Meer, Viehgitter, nähern uns dem Rücken mit den merkwürdigen Felsresten obendrauf, exakt kreisrundes Wasserloch hat Moorrand, links See; Fjord rechts begrenzt von kantiger Schlucht links von einem ‚Backen'- und einem steilen ‚Zahn'; abwärts zum Wasser schleichen, völlig bizarr zerklüfteter Erdriss am Hang, einsam Beeren futternde Frau rechts – ah, da unten liegt faul dazugehöriger wohlbeleibter Mann; über Brückelchen zur linken Buchtseite, an ihr entlang, Erhebungen beiderseits nicht sehr hoch, Überlandleitung mit massivem Mast: auf Steininsel, großer Teich, Schaf-Sortierpferche; Restaurant - Unterbrechung: Zapfstelle für Benzin dabei Lädchen, Sonne brennt, kalter Wind - auch hier gutes Brot zur Suppe, wie oft abends verschiedene und tolle Sorten, morgens interessiert Brot anscheinend nicht, der Isländer isst Müsli, nette Idee. 1/4-Liter-Fläschchen angezogen mit Puppenkleidchen die geschlossene Ärmel haben, Fingerhandschuhabschluss im Angebot und die Röhrenunterhose besitzt einen Seilzug oben und unten - der Umrechnungskurs in Islandkronen ist günstig und bei den Preisen hier schlägt mancher wirklich zu; zwei alte Schlote, stehende kleine Gewässer in Einsenkungen mit Kleeblatträndern, Wasser rechts in das Landzunge unregelmäßig findlingbestückt hineinragt, ausgedehnte Grasflächen zwischen uns und dem Meeresarm; zwei ausgefranzte ‚Kirchturmspitzen' hellbraun und schwarz links, rechts lange Land-Ausläuferzunge bis zu ihr breite Wasserfläche, dazwischen ziehen sich Erdstege hin, dann Tiergitter, Brücke, sehr viele gelbe und grüne Algen, schon wieder zwei Bodengitter, ab und zu ein Haus, Schafe, Heuballen, auf die Berge zu: rechts gestaffelte Reihen hinterste mit Eis, hier alles grün überzogen außer den steilen Felskanten und blankgeputzten Schrägen, Gehöft, rechts Abhänge von grobem Lavasand, Flüsschen, Gruppe von zwei spitzen und zwei runden Kegeln wohl unterer Teil einer Kratermulde, Farbwechsel zu verschiedenen Brauntönen von dunkel bis rötlich-beige, links Hügelstreifen, erste ‚Buckelwiese': sieht aus wie mit vielen festgestampften Maulwurfshügeln übersät, danach steile grüne Schräge mit groben Geröllfeldern darin oder umgekehrt, jetzt auch links von schmalen gelegentlich sehr tiefen und breiten Erdrillen unterbrochen, rechts

durchweg Bewuchs, Fluss, Haus, Landmaschine, Ballen; Fjord vor - nach dem Rechtsabbiegen hinter uns, links Scheune, Brücke über Fluss, ein Haus, eine Hütte, Campingplatz am Hotel 15.45 Uhr - ungewöhnlich frühe Ankunft, wieder kein Gepäckträger und kein Lift, was zwei Treppen? Nee, Koffer und ich bleiben stehen, freundliches Mädchen löst schließlich das Problem, danke! „Main Switch"-Schalter - gelernt ist gelernt, echtes Einzelzimmer, es gibt also Steigerungen, diese Nasszelle ist noch kleiner - ach so nur im Sommer Hotel sonst Internat, sind alle Schüler derart schlank? Anbau mit Pool im Freien, nichts wie hinein, im Haus ist Heizung an, angenehm; Abendspaziergang: breites Flusstal - diese Weite, am Berg blüht es überall: weißer Klee, Arnika, Löwenmäulchen, ‚Traubenblumen' und welche in Kolbenform voller Sternchen - beide gelb; lila Kisschen, die roten sind arktische Weidenröschen, Butter- und Mini-Pusteblumen; da laufen kleine Hühnervögel hinauf - steige ihnen nach: Nest in Felshöhle, Mutter Alpenschneehuhn pfeift die Kleinen zurück die schon wieder ausschwärmen, Schluss - Bett, uih Sonnenbrand! - Abschied vom Hotel „Edda Laugar"
Budardalur und den Westfjorden: 8.30 Uhr kalt im Bus - das sind Abfahrtszeiten, meine Bio-Uhr macht Luft- aber nicht Freudensprünge! Fjord, vor uns Berge laufen zur Küste hin aus, Wasser jetzt rechts, Umrundung; Wolkendecke reißt langsam auf, Sonne produziert 'Spots', Elektrostation links, nach Ebene leicht gewellte Landschaft, ein Haus, zwei Autos sind parallel zum Wasser unterwegs auf der gegenüberliegenden Seite; wir kommen der Bergkette mit Eisstellen näher, kleiner Ort: Sämann an der Hauswand, Brücke über Fluss, Wollgras, Schafe, ein paar Gehöfte, auf Abstand Pferde, Rinder, Ballen, Bodengitter, wegen See erneut riesiger Umwegbogen, Baumrechteck, Brücke, über Fluss, biegen ab ins Land, Brücke, Fluss mit Angler; schon wieder neues Wasser vor und hinter uns, zwei braune Holz-Sommerhäuser an sanftem grünem Hang, wunderschön, als Begrenzung rechts ebenso, Wasserstellen, Totempfahl, „Museum für Erich den Roten": Rekonstruiertes ovales Wohnhaus vollständig aus sauber gestochenen Grasstücken errichtet, Umbau nach Erdrutsch: hinterm Eingang kleiner Vor- dann großer Hauptraum mit Feuerstelle in der Mitte und Vorratsecke, jeweils an den Längsseiten Sitzmäuerchen dahinter auf einer Seite Schlafplätze - betreuender Wikinger, der etwas erzählen soll/will, hat verschlafen, wir warten draußen auf ihn eine halbe Stunde bei den Info-Tafeln, Denkmal, Mücken plagen wenn kein Wind geht, oh oh, trüb und gelegentlich ein paar Tropfen, langstielige rot-lila Blüten fallen auf; nach 1 1/2 Stunden Aufenthalt endlich dieselbe Strecke zurück, danach tiefer neuer ausgefranzter Einbruch im Hang - Erfrischungstuchgestank! Bus begegnet Bus, noch größere Sache - es sei Feiertag (Montag); auf Hauptstraße in alter Richtung vorwärts, ‚Scheinwerfersonne', Wasser links und Siedlung am Ufer, Rechtsschwenk ins Land, weiter freier Blick: entfernt leichte Anhöhen, Wasserstellen, Pferde, ‚Buckelwiesen', Kühe, Heuballen-Stapel-Depot mehrfach irgendwo ein Hof dazu, Wollgras und Pfützen, überall Blumenteppich in gelb, es folgt viel Grün über steinigem Boden, eine ausgedehnte angelegte Rasenfläche, großes Gehöft; Höhen sind nähergerückt, rechts kleiner Wasserfall links -lauf, Rasselgitter, manchmal Baumaterial-Sandhaufen, Brücke, steigen auf leichte Hochebene, es wird entsprechend steiniger und karger; Bezeichnungen wie Berge und Hochland

erschienen mir anfangs kurios doch die rauhe Bodenstruktur gibt recht: Flora und Fauna entsprechen den Almen, die Alpen sind für Isländer folgerichtig sehr hohes Gebirge; See links, Schafe, Wasserlachen, Überlandleitungen, Wolkenbank vor uns in deren Ausläufer ab und zu die Sonne schlüpft; Brücke, dann durchweg Grünfläche, Pfützen erneut ‚Buckelwiesen', Schafe, Fjord frontal, parallel dazu biegen wir ein: „Reykjavik 175 km", Kurve ins Land hinein, Brücke, große Wasserstellen, hügelig, Berge im Hintergrund mit und ohne Eisflecken, an Raststätte vorbei wieder auf „Ringstraße 1", da richtig ausgebaut weniger Gerüttel; Bogen nach links, Brücke, Bucht kommt in Sicht, Handvoll Häuser und ‚Spielzeug'-Kirchlein, am Wasser hie und da Siedlungsplacken und die unvermeidlichen Schafe, Sonne scheint, Pkw-Fahrer hat Polizeiprobleme; großes Gehöft, Pferde, Örtchen links, Felsnase rechts, eine Handvoll Häuser am Wasser, Rasenmäh-Maschine und wieder ‚natürliche Mäher', letztere in Mengen und da oben zieht einer den Vorhang vor der Wolkendecke ständig auf und zu; auf Höhe sehr eben, kleine Hügel, Wollgras, Wasserlauf, Schafe - ach das Meer ist noch da gemäß Armausläufer links, fahren nach unten, aber nicht hin sondern nach Brücke rechts ab zum Heimatdorf unseres Fahrers: „Technische Pause" mit Klein-Einkaufsmöglichkeit: kein Kakao im Angebot nur Kaffee und Bett - Kaffee mag ich nicht, Bett darf ich nicht, hinterm Gebäude auf Rasen Zelt und Fahrrad; geradeaus geht's weiter, auch an der Kreuzung, tatsächlich erneut am Wasser entlang, Gestüt, fahren ins Land hinein, beiderseits Weite und Hügel, Pferdezuchtgebiet, verstreut Höfe mit viel Platz und Wasserstellen dazwischen; Straße belebt sich, auch mit Lkws, bewegen uns auf Bergrücken zu nach Schlenker zum Wasserstrich-Meerarm rechts und See, Säulenbasalthöhle, eine natürliche Festung mit Frischwasser darin, ehemals idealer Zufluchtsort; Brücke - auffällig dass viele Flüsse wenig Wasser führen, mehrfach kräftig geformte ‚Buckelwiesen', links Fjord, querab nächster Bergzug in Schattierungen zwischen braun, grau und schwarz; enormes Spitzhügelfeld alter Lava, fahren auf Bergsohle, immer wieder mal ein Acker, Rasenfläche, Hof, links tischeben bis ans Meer, Bergabschluss in Wellenlinien an dickem langem Wasserfinger; Häuseransammlung, davon ein großes in dunkelgrün mit weißen Fensterrahmen und silbermetalligem Dach, drei Bäume, übliches Zubehör an Tieren, Futtervorrat, Sortiergehege; bester Lachsfluss Islands rechts, zur Zeit 16°C Lufttemperatur das sind 20° weniger als in Deutschland - milchig weißer Gletscherfluss löst ab daran entlang bis **Blönduós,** 1 100 Einwohner stark, Hafen, Krankenhaus, preiswerte Futterstation die das beste Eis hat - davon verstehen sie etwas, essen es das ganze Jahr über, besuchen Kurzschnabelgänse am Fluss, weiter: liebliche Landschaft, sanfte Schwünge der Hügel, danach langgestreckte Höhen, runde Kuppe mit Sendemast, parallel zur farbigen Bergkette von vorhin große Wasserflächen, hier befinden sich imposante Anwesen, Kapellchen hat runde Turmhaube, ausgedehntes Aufforstungsgebiet rechts, links Berg, Tal, mehr Berge, erneut Tal, Wasser, nun auch rechts, Heuwendemaschine, Gletscherwassergraben läuft nebenher, jetzt enormes Areal von Landbänken zwischen den Wasserbereichen rechts, links Berg und Tal, Felder mit langem gelbem Gras - Strandroggen? Hügelstreifen rechts, davor Wasser und Kühe, Rüttelpiste geht hinauf ins Hochland wir bleiben im Tal: Kühe, Schafe, Wasser, große Halle, einige Häuser,

Kirchlein, Gebäude mit Saal und Vorbau; Bus klettert aufwärts, Überlandleitung, da unten stehen zwei Häuschen, Straße neigt sich in andere Richtung - Grabeneinschnitte rechts, vor uns großer See, Bus spuckt uns aus: vom Steindenkmal des Dichters Stefansson aus weiter Blick in Fjord und Gruppe von Tafelbergen geradeaus - einsteigen: Bergrücken in Schichten, meistens abgeplattet, Örtchen links, gelegentlich verstreut Häuser, links sanfter Hang und bisschen Tännchen - sind unten: großflächige Ebenen beiderseits, rechts Pferdekoppel und Sortier-Umzäunung, altes Gehöft, Glaumbærs in der Skagafjördur-Region ist Museum: ein Haupthaus, Nebenhäuser in Torf-Rasensoden-Bauweise, Friedhof: zwei Gräber mit hohen Steineinfassungen, eine wie Laufställchen, in der Kirche hübsches Altarbild: Jesus und die Sünderin, gemalte Kreuzstationen in länglichem Ikonenformat - ein Tummelplatz für Touristen: Italiener, Franzosen, der Mann in Tropenanzug und -hut ist natürlich aus Deutschland - war Abstecher, zurück: Landschaft wie gehabt aber mehr Sonne: Anblick genießen, rechts der Berg ähnelt Napoleons Hut, in Waldnähe Öl-Stop für Bus Nasch-Stop für mich: „Kókósbollar" = Kokosmohrenkopfrolle - sehr zu empfehlen! Also Gunnar, sprich bitte ein besseres Deutsch, spezielle Begriffe sind auch bei Nachbesserung nicht zu verstehen, bleiben eine Mischung aus Dänisch und Englisch; neue Route führt in breites Tal, groß angelegte gepflegte Grasflächen und Gerstenfelder, das Futter für Kühe und Schweine; Wasser, Grau- und Kurzschnabelgänse, Berge nähergerückt, Seitenstreifen am fast ausgetrockneten Flussbett zunehmend schmaler, schräge Hänge mit tiefen Furchen, wo Wasser herunterläuft sehr tief eingegraben, da oben rechts ist ein Eisfeld; nun grüne Stellen, Hof, Kühe, Schafe, Wende über Fluss per Brücke, Berge mit Eis und grüne Hänge wechseln ab; Zufluss zu Wasserlauf hat, rechts neben uns, Tal stark eingeschnitten, am Straßenrand hohe gelbe Stäbe zur Markierung des Verlaufs bei Schnee, vor uns gestaffelt Eisplacken-Berge, links wunderschöne Auswaschrille und da kommt Wasser als Gefälle herunter; gab hier viele Bauernhöfe die wegen zu starker Kälte aufgegeben wurden, nun rechts Fluss weg dafür links einer, danach grün und hügelig mit blanken Stellen vor Zackenformation die schwarz-braun wirkt ohne Sonne, rechts sanfte Hänge in dunklen bis beigen Brauntönen, vor uns quer in der Ferne Gletscherberge begrenzen Öxnadalur-Tal; erneut Eisstreifen auf Kuppen rechts, links grüne Hänge, Kühe, Wasser rinnt, Flussbett, noch mehr Kühe, Gehöft und Ballen, auslaufender Höhenrücken mit Bäumen darauf, der dahinter gleicher Art; Bergkette rechts geht nach hinten, ansteigende Grünflächen verbinden Höfe, links Berg an Talende; neuer Rücken vorne, beachtliche Ausdehnung der Waldanlage rechts, Frontberge nach vorne links gerutscht, Fjord davor, rechts keine Berge mehr Hochebenen-Landschaft, grüner Bogen rechts Höhenzug mit und ohne Eisflecken, einer da hinten hat keinen Gletscher, **Akureyri** erreicht: Gymnasium, neuerdings auch Universität, natürlich Hafen: „Isbudin", „Apotéka", „Bokhladen", „Nonnahús" Jón Sveinsson gewidmet, dem Dichter der auf deutsch schrieb, in Köln starb; Ankunft am Hotel 17 Uhr, Akureyrikirche, offensichtlich von dem Architekten der basaltenen „Hallgrims" Gudjón Samúelsson - leider bereits geschlossen, ihre Fenster mit Bildern aus der Geschichte Islands und einem Originalfenster aus der 'Kathedrale von Coventry' - das als einziges den zweiten Weltkrieg überstand, entgehen uns da, Öffnung morgen

10 Uhr und wir fahren 8.30 Uhr ab - bin echt ‚sauer' und sage das auch Gunnar: „Die Kirche ist zu? Die war doch immer auf" - unschuldiges Kindergesicht, er sei vor 20 Jahren das letzte Mal hiergewesen; kleines Einzel-Winkelzimmer, überhitzt durch Abfluss von Minibar, Reiseleiter kümmert sich nicht darum: „verständigen Sie die Rezeption" - alles sei belegt, erhalte Ventilator, bringt nichts, helfe mir selbst so ist's einigermaßen erträglich, ‚gesalzene' Preise: jeder Zimmerservice ca. 4,50 Euro Aufschlag, z. B. für Mini-Pizza die bereits 5,60 kostet - nur 73 Zimmer, muss sich wohl lohnen! Ansprechende Stadt mit originellen Gebäuden sowie netten Geschäften, kaufe Vogelbuch; Andenken-Runen oft in Schlangenmotiv eingebettet, Kaimauer am Hafen hübsch mit Seemotiven bemalt - so etwas sah ich auch in Isafjördur, sehr schön! Unser Begleiter pries den „Botanischen Garten" an, sie sind soo stolz auf diese Anlagen - kein dritter bitte denn sie sind sich gleich, verpasse Denkmal der Ausgestoßenen davor, sagen andere - zu spät; übrigens an der vor zwei Tagen angebotenen Inseltour nahmen acht von der Gruppe teil, erzählen: waren drei Stunden dorthin unterwegs, hatten zwei Stunden Aufenthalt für 45-minütigen Rundgang und - Zeit fürs Restaurant (!), alte Grassodenhäuser gab's zu sehen, auch Papageientaucher in Mengen - doch etwas versäumt, zu früh gegrinst? Heute Norden pur, die Westfjorde liegen längst hinter uns und doch wieder um eine Bucht herum, Akureyri befindet sich nun auf der anderen Seite vom Wasser, rechts schräge und grüne Hügelketten links begrenzen Berge mit Talfurchen, etliche Häuser und Kirche am Ufer so wie rechts der Straße, Landzungenküste; hinein in die Berge, Wasser im Rücken, grüne wellige Abhänge beiderseits mit tiefen Erdrinnen längs und quer, Eisfleck da oben vorne, Kurve - mehr Eiszonen, einzelne Gipfel, nach Biegung landen wir in einem Taleinschnitt, rechts verschiedentlich Baustellen, Regenrinnen-Abhang, Schräge mit Rillen links dann Wald, rechts Grasfelder, Gehöfte, See, Strauchwerk, auslaufender Höhenzug, der Fluss da strömt aus See mit Lavasandplacken, Blocklava mit und ohne Überzug, Brücke über Gletscherfluss, rechts ab: Gischt des „Godafoss" Götterwasserfalls bereits zu sehen: verschlang die hineingeworfenen heidnischen Götter folgenlos, was der Beweis für die größere Stärke des Christengottes war – Foto, Glück gehabt, Himmel zieht sich gerade zu; zurück auf Hauptstraße: überqueren Fluss auf Brücke, an Parallelbrücke rechts natürlicher viereckiger Felsturm – bergauf, oben flach auch unten eben, danach hügelig, Fluss, wir wenden nach rechts und fahren übers Gewässer, ‚Buckelwiesen' und schräge Hänge auf beiden Seiten, ein paar Häuser, ganzes Feld von Tannenbäumchen, wieder Fluss, Sträucher, Hochebene; hohes Gras und Felder, großes Anwesen, auf übernächstem Hügel noch eins, Ackerfläche, vor uns „Blauer Berg" (wegen Obsidian, dem Vulkanglas?), links See, Rüttel-schüttel-Straße, Bagger, Straßenausbau, Mückensee in Sicht den eine Bergkette mit unterschiedlicher hoher abgeplatteter Gipfelregion abschließt, Fluss, Baustelle, Straßenverbreiterungsabschnitt; Fluss rechts, Gehöft, Kragenenten, verstreut scharfkantige Steinklumpen, hinter Kuppe links Höhenzug Richtung Begrenzungsberge, Kurve auf See zu, da links senkrechte weiße Dampfsäule auf seinem Rand; kurze Pause bei Restaurant mit Laden, es ist warm erstes Mückengeschwader plagt, verkaufen eine Menge ‚Imkernetze' - einreiben mit Insektentuch aus meiner Handtasche tut den gleichen Dienst; noch ein Stück mit dem Bus und kurz aussteigen: der

„Mývatn" Mückensee ist 37 km² groß, wird von unterirdischen teilweise warmen Quellen gespeist, Berg, Himmel: weiße Wolken spiegeln sich im glänzend klaren Wasser, umgebendes großes Gelände aus grober blanker zum Teil hoch aufgetürmter Lava, Birkenwäldchen, graue Rinde der Bäume gewöhnungsbedürftig, Landzunge, hübsche kleine Bucht, rechts großer ovaler Explosionskrater - weiter im Terrain: rein schwarze Sandabhänge, Wäldchen, nähern uns durch Rechtsabbiegung der Rauchsäule aus einer Röhre: Kieselgurfabrik enttäuschend, blau-weißer See schließt sich an und rechts davon dampft's überall aus dem Boden, versteinerte ‚Dünen', Einriss in rotbraunem Hügel, Fumarolen, Schlamm- und Dampfquellen, fahren zum „Viti": normales Tal, Blocklava, Hügelrand oben kahl, Elektrizitätswerk nutzt Dampf, Schneise zum Abhang in gift-, hell- und dunkelgrünen Streifen - Sandfels liefert Farbenspiel in der Sonne: rot, gelb, beige, mittelbraun, es folgen kahle Flächen mit Abbruchkante - Ohren mal wieder zugefahren, Schlaglöcher-Geschaukel zu einem Parkplatz, nun Zeit für Spaziergang: schon beim ersten Haltepunkt stank es nach Schwefel an den Sole- und blubbernden Schlammlöchern jetzt erst recht hier, untendrunter Magma nah, die Pseudokrater-Region die wir vorhin passierten wird von hochkochendem Grundwasser erzeugt heißt es; laufe zu neuem Lavagebiet mit schroffen sperrigen Formen, rutsche aus und ritze mir die Hand auf an scharfer Kante beim Abfangen, lockeres Gestein gibt noch Wärme ab - schwitzen und Fliegen, tolle Kombination doch Tuch wirkt solange nicht-präparierte Mitwanderer vorhanden, treffen Italiener und Franzosen von gestern, auch Spanier hier; schaukeln zurück, Schildvulkan vor uns am Horizont, Ort mit Bootsverleih und Mittagsmahl - wieder raus: nochmals Explosionskrater links, gewaltige Wolkendecke aus verschiedenen Zonen, nehmen Seitenfahrbahn nach oben gehen, dann den „Littli Hringur"; 16.30 Uhr erneut mit Bus auf Hauptstraße unterwegs, hübsche Inseln im See aus Hügelverbindungen, nach Biegung Örtchen, sehr breites Tal Mückensee zu Ende; Blick zum Hausberg von **Húsavík** = Hausbucht, links ein Meeresarm rechts grüne sanfte Hänge, Kirche, Hafen, es riecht nach Fisch - Kurzinspektion und fotografieren, schade, runder Turm mit Spaßgesicht aufnehmen geht nicht wegen Straßenlaterne; nach dem Abendessen Walfahrt-Beginn, zwei Boote kommen erfolgreich zurück - die Leute sahen welche, hoffentlich sind sie noch da: Schiff ohne Unterdeck, gutes Tempo, eiskalt, fahren fast direkt auf die Berge mit Eisflächen zu; Sonne zeigt Beleuchtungsspiele, Húsavík im Abendlicht ein schöner Anblick, rechts hinten ist eine Sandbank? Eine Insel, gibt noch eine in der Nähe mit 100 Einwohnern, erzählt das Info-Mädchen am Mikrophon, Küstenseeschwalben und dicke wohlgenährte Möwen unterwegs, fliegen so dicht über dem Wasser dass die Flügel fast die Oberfläche berühren, sie fangen sich ihren Abend-Fisch; nach 21 Uhr, Sonne strahlt immer noch, ganz ruhige See, Insel mit Haus und Kirche erkennbar - also Wollmütze, Handschuhe und Pelzmantel wären jetzt passend, aber es geht auch so mit zusätzlicher Öljacke vom Schiff; Boot hinter sowie eins neben uns, eine Menge Quallen, sehe zwei schwarze Rücken am Ende vom Kielwasser alle schauen nach vorne - weg sind sie; Sonne erzeugt Glanzstraße auf Wasser, haben Rückkehrbogen eingeschlagen: da Delphine und kleine Wale, diese näher - jene ferner, eine ganze Schule, besuchen uns noch einmal, Sonnenuntergang 22.20 Uhr, helles Dämmerlicht, grauer Wolkenhimmel mit weißen und blauen Lücken nach rotgoldenem Leuchten; ein Teilchen und Tasse heißen Kakaos zum

Aufwärmen, Blick auf Städtchen im Lichterglanz, da hinten links ‚Buckel'-Insel und ein Leuchtturm blinkt – ach, da steht der am Küstenrand nach dem Ortsausgang, er löscht sein Licht um 23.30 Uhr! Alles klebt vom Salzwasser, versorgen - was für ein schönes Zimmer und normale Duschkabine - nur für eine Nacht nach der 3 1/2 Stunden-Tour mit „Björs Sör" - einpacken und mitnehmen! - Sind ‚2 cm' gefahren, einige wollen zur Bank oder zur Kirche, Nr. 1 brauch' ich nicht, Nr. 2 bin ich längst gewesen, na dann rasch zum ‚Gesichts-Turm' - warum rasch, erst nach 25 Minuten geht's weiter, hätte mich nicht zu eilen brauchen! Durch Ort Richtung Leuchtturm, also parallel zum Wasser: rechts Campingplatz und Sommerhäuschen, sehr dunstig heute, links kleine Bucht, nächste tiefer; der langgezogene Buckel bei gestriger Walfahrt gesehen ist Papageientaucher-Insel (!), über Flüsschen, Gehöft, Graslandschaft, rechts hügelig, Acker, Schafe, langstielige rötliche Gräser am Straßenrand, gewölbte Wiesen, Heidekraut, Erdeinbruch, Sortiergehege: Schafe, Schafe und Hof, weiterhin freier Blick auf Wollgras sowie morastige Tümpel, Gehöft, zwei Felsnasen im Wasser, Landzunge hat Steilküste, Straße folgt dem welligen Boden, auf und ab, Geröllhaufen rechts; Beginn des Polarkreises nahe der Nordspitze - leider nebelverhülltes Ende; Heideland, dazwischen große und breite Blößen grobklotziger Steinströme, auch viele Platten; Straßenbau, enorme Erdbewegungen - Haltepunkt wegen Papageientauchern, keine da nur Möwen, der weiße Strich hinten links soll Grönland sein – schade, 30 Minuten unnütz vertan es ist 10.15 Uhr; sind auf hoher Kante unterwegs: Silberstreifen auf Meer, rechts nahe Hügel später Gras, Beerensträucher mit Geröll davor, links großflächige Marschlandschaft, nun festes Land, dichter Nebel Bogen und - ab nach unten: rechts Sandgrube, gegenüber Fischernetze, am Wasserende einige Häuser, durchqueren Ebene, Heide, nackte Erdhaufen, Überlandleitung, verstreut Häuser, angelegter Rasen in tiefem Grün, ‚Buckelwiesen', kahle Felsstellen, links neuer Meeresarm, Kurve - weg; Marschgebiet, Ebene rechts bewachsen, links blank, Stein-Abbruchkante querab, danach gelbes und rotbraunes Gras auf schwarzem später dunkel- und hellgrauem Grund, äußerst links ein Grünstreifen; hufeisenförmiger Einschnitt von halbhohen zerklüfteten Felskanten umschlossen - diese werden höher, Nadelwald-Anpflanzung dann Mischwald, fahren im Flussbett, 19.45 Uhr Halt: Gang zum See in der Schlucht von Ásbyrge, sehen den Hufabdruck von „Odins achtbeinigem Pferd Sleipnir" gemäß der Sage, Sonne wärmt durch Wolkendecke, Waldpfad mit Blumen und Vögeln, schöne Lage des Sees in offenem Felsenrund mit Steilhängen, ein paar Mücken; Weiterfahrt: es stinkt nach Autan - raus aus dem Felsenkessel, Hochplateau, zwei Häuser, Raststätte rechts, setzen über Hängebrücke, darunter breiter schnell fließender Gletscherfluss der wohl die Hufeisen-Auswaschung geschaffen hat, am hübsch eingeschnittenen Bett von einem Fluss entlang, auf beiden Seiten stehen Büsche danach Sträucher, Bäumchen und da vorne staubt's! Bächlein schlängeln sich - die Straßen auch, ob ich die Notizen noch entziffern kann? Staubwolke weil mutiger Pkw überholte, unser Bus nimmt fast die ganze Fahrbahn ein, denn ausschließlich die einzig existierende Ringstraße 1974 fertiggestellt, ist zweispurig ausgebaut und hat einen Mittelstreifen, also diese hier nicht; übliche Wiesenart: Heide, Grobgras, gefolgt von mittelbrauner Kahlfläche mit hellbraunen Einstreustellen - natürlich überall Schafe im Einsatz; tiefschwarze

Lavasandhügel links mit rotem Höckerausläufer, niedriger Rücken in schwarz und rot hat sauberen Halbkreiseinbruch, Gelände aus Plattenlava und zackigen Brocken von Endmoränenstücken, geradeaus ganz fern Bergkette im Dunst, nun Felskante rechts, Gischtrand vom „Dettifoss" zu sehen - sind noch oben an bröseliger Steinwüste, rechts ab auf Parkplatz und haben nun 1 Stunde Zeit zum Hinunterklettern und Wiederaufsteigen auf hohen Stein-Stufen in unwegsamem Gelände - nur balancierend zu bewältigen, keine Stützmöglichkeit bei teilweise glatten oder schroffen Steinen, aber dann schönen Anblick auf Wasserfall-Umrundung etwas genießen, kalt weht der Wind! 13.10 Uhr im Bus: zurück durch Steinwüste, Begegnung mit anderem ‚Ungetüm', rechts der Fluss zum Wasserfall - weg, Wüste links geht in Grasland mit dünnen Halmen über, Wasserlauf nach Passieren vom Höhenhindernis breit und behäbig wieder da, langgestreckter Wall verdeckt danach zeitweise die Sicht, Bergkette folgt, vor uns sanfter Höhenzug mit zwei Kuppen; Gegenverkehr, Straßenbau - man tut etwas für den ausfindig gemachten Wirtschaftszweig Tourismus, Flussüberquerung, Bewuchs nimmt zu, Fahrbahn wechselt häufig die Richtung und ist wieder mal grauenhaft; roter Erdstrich im Gelände, Moor, Steinwüsten-Fleck über Flüsschen, links den Höhen nah sind diese jetzt hinter uns, setzen über zweites Gewässer Erhebungen nun frontal, nach noch einigen Verschiebungen „Königin der Berge" „Herdubreid", 1 500 m hoch, wie umgestülpter Tropenhelm mit Spitze, war in Eiszeit völlig von Eis bedeckt; Steinwüste in dunkel- statt hellbraun, Moorstreifen, Sandwüste schwarz und weinrot, rechts Quer-Rücken, Geröllabhang oder spärlicher Bewuchs im Wechsel, Hügel rundum die karg bis blank und wir im Tal dazwischen, wolkig, da vorne links vier wunderschöne ‚Pyramiden'-Berge: zwei gleichgroße, eine kleine, die kleinste oben abgerundet, Flüsschen rechts und „Königin" hinter der Steinbarriere, Straßenbau, rechts Wassergraben und -lauf; um erste ‚Pyramide' herum „Eiszeitstolz", zwischen den nächsten kreisrundes Moorwasserloch von senkrechten Grashalmen ‚bewacht', Bächlein, über Flüsschen, links Gletscher, Grashäuser, Kirchelchen, Bauernhof mit ‚Futterstelle' für uns: cremige Suppe ohne etwas drin und zwei Scheiben ‚Luft'-Brot, aber wenigstens nur 5°C draußen, 45 Minuten reichen auch noch für To-Gang und knipsen, also nach dem Essen nichts wie los - was renn' ich denn, wird doch sowieso wieder später, kann mich an den Leerlauf nicht gewöhnen, studiere also Campingplatz: Duschenbenutzung ist extra zu bezahlen, schöne Lupinen! Weiter: Flüsschen, noch eine kleine ‚Pyramide', an den Gletscher rechts schließt sich in Abständen ‚Mohrenkopfreihe' an, fahren zwischen Rundbuckel und gewelltem Rücken ins Land, allerdings nicht zu den Spitzkegeln weiter rechts, nun Sand und Geröll ringsum, Höhenzüge hintereinander links in Sonnen- 'Spots'; Foto-Halt für die „Straße im Nirgendwo", befahren sie nun: von Grasrücken zu schwarzen Hügeln, Kegeln, Mulden in grau-braun und Moos, schwarzes grobes Geröll schließt sich an, kiesfeiner Sand - alles ständig im Wechsel, komme beim Aufschreiben nicht mehr nach, auch andauernd rauf und runter, eine Menge Wegmarkierungen - immer noch unten, breites Tal und über Flüsschen wieder hinauf, Fluss, Pfützen, Wasserflächen rechts, nun beiderseits Wüste, dann Wasserlauf und grünes Steinfeld, nur der ‚Wal'-Felsbrocken da rechts ist kahl und glatt - plötzlich isolierter See, ein hellgrauer

Sandhaufen links, Überlandleitung, Schleife gefahren - falsche Richtung gehabt, zurück! Moorgelände mit vielen kleinen Tümpeln huscht vorbei, kahl und glatt vor Geröllrücken beiderseits, deshalb weite Sicht übers Land möglich, Kurve: Pfützen, große und kleine, Straße läuft wie Band durch Hochebene: Wasserrinne, Fluss, etliche Erdrutschkanten und schon einige Zeit Schafe, jetzt mit Aussicht auf Gletschertal mit typisch milchigem Fluss; wir sind in Ost-Island wo es Schweine und Rentiere gibt, für letztere auch eine Abschussquote da sie sonst überhandnehmen und angeblich verhungern würden - von Konkurrenz für Rinder und Schafe wird nichts gesagt; ein paar Häuser, steiles Geröllufer, zunächst ohne Bewuchs dann teilweise mit, wir überqueren Gletscherfluss auf Brücke, massives Steinufer-Stück, kommen zu angelegten Grasflächen, Heuballen, links fließt Wasser sehr gefällig über schräge Stufen, noch zwei schmalere Wasserfälle - die Berge mit den Eisflecken vor uns haben wir heute schon öfter gesehen, große Kahlstellen in verschiedenem Braun, richtiger Wasserfall und ein dünner, rechts Strom mit Zufluss, oben Höhleneinbruch, Wasserfällchen das in der Erde verschwindet hat trockene Rinnenverbindung zum Fluss, drei Häuser am Ufer, Schafe, ‚Bonsai'-Bäume, rechts schließt Wasserfall hellgraues Kuppelfeld mit grünen Verbindungsplatten zum Boden hin ab; Gletscherberge rücken links heran, rechts Teich, Scheune, Haus, Felder, Heuballen, überfahren Fluss und Viehgitter! Wollgras, ganze linke Seite Bergkette mit Eisplacken, dieses Schaf da oben - ist ein Stein, übrigens scheint die Sonne brennend durch die Scheibe, nach Biegung großer See rechts, Menge Straßenbaumaterial, ‚Kunst'-Sandhügel, Felsbrocken im Grün, Inselchen, Sommerhäuschen am Wasser, **Egilsstadir** nahe: mit Flughafen, Krankenhaus - und **Lagafjord** nicht weit: Fluss, die schwarzen Ballen sind „Schlafsäcke für Kühe", Teich rechts, Ankunft: Banken sind selbst im kleinsten Ort, Tankstelle und zwei Supermärkte ziemlich weit vom Hotel entfernt, also j. w. d., wenigstens Schwimmbad gegenüber, Zeit reicht noch, wollte dafür Morgenrock einpacken und ließ es sein, gut so, könnte ihn gar nicht benutzen - nirgends ein Föhn, muss an Rezeption 15 Minuten darauf warten, aber Essen umwerfend: Steakbrocken und Folienkartoffeln, hausgemachtes Eis; Zimmer primitiv, auch das Mobiliar, jedoch für Zwei, daher Platz besonders für meinen auseinander- und nicht aufklappbaren Koffer, auf Rundreisen wie zwei Schubladen zu gebrauchen, alles schön greifbar - sind in Bergregion? Auf der anderen Flussseite Höhen völlig verhangen, hier gibt's Erika und eine Art Berganemone, die ‚Pusteblume', außerdem wunderschöne blaue Glockenblumen in Mengen und rauhen kalten Wind - rein, nur noch schlafen hundemüd'!
- Ausflug zum Bauernhof an Flussmündung steht an: rechts Flughafen, ein Propellerflugzeug setzt zur Landung an; über Fluss - dieselbe Strecke wie gestern, fast Kollision mit Pkw weil Frau übers Stopschild hinweg einen Hang herunterschießt, Heißwasser-Pipeline, hier müssen Quellen sein, war schon klar beim Aufdrehen vom Hotel-Wasserhahn: Schwefelgeruch; braune und schwarze Pferde, Fluss, Wolken hingen heute Morgen noch tief langsam wird der Himmel höher, am Wasser entlang, rechts welches vom Gletscher, links leichtes Hügelland mal kahl mal grün und von dem rotbraunen Gras darauf - was für hübsche kleine Inselchen und eine Sandbank, Plätzchen mit niedrigen Birken, wieder kreisrunde Tümpel, Kühe, Schafe, ab und zu

Heideland, ‚Buckelwiesen', Endmoränen-Areal - oh dieses Quasselbedürfnis einiger, natürlich nicht über die Landschaft! Hier Singschwäne - am Mückensee hatten sie Urlaub, Rabenfamilie, Pferde, Steintürmchen als Wegmarkierung, zwei Gehöfte, Kirche in schwarz und rot; fahren in Nebel hinein, Bucht links mit Erdstelle goldgelb und dunkelbraun, erneut ‚Schiffschaukelfahrt', Wassergraben, Viehgitter, Schafe, Wollgrasgelände, Hof; Abstecher: sehen uns alte Grashütten-Kirche an: Bötchenform, aus Natursteinen aufgeschichtet mit Grasdecke obendrauf, hier wachsen Pilze und viel Schafgarbe in weiß und rot-lila; zurück, rüttel-schüttel vorbei an ausgedehnten Wasserlachen dann versandetem Fluss - wie viele Seehunde auf der Insel und wir halten nicht, „das bekommen wir nachher besser" heißt es, weiter geht's am Ufer des vielarmigen Gewässers entlang, durch Grasebene; Gunnar muss aussteigen um Hofgatter zu öffnen und wieder zu schließen, Drahtzäune im Gelände, zwei Häuser mit Stall und Scheune in dunkelblau, rote Dächer - unser Ziel Gestüt: Kuh mit ‚Büstenhalter' gegen Sonnenbrand und Kälbchen braun und weiß, Hühner und Hahn der uns sehr genau kontrolliert, man lässt hier Hühnereier von Tauben ausbrüten in moderner Leihmutterschaft; Isländer lebten früher von verschiedenen Grassorten da Vögel vielfältige Samen aus unterschiedlichen Ländern verbreitet hatten, sie verspeisen Seehundfleisch, Fische, Vögel und deren Eier; Treibholz-Sammelstelle, ein Bauer kämpft um gepachtetes untergehendes Land, hat Probleme weil durch die Versandung Wasserspiegel angehoben wird; auf dem Rückweg: Seehundbänke aus schwarzem Lavasand - da lagen ein paar die jetzt herumschwimmen und uns mit neugierigem Gucken und Tauchen foppen, das ist alles (s. o.); erneut am Wasser entlang: Ufer mit Erdrutsch-Abbruchkanten, dort rechts noch einmal die alte Kirche in **Geirstadir**, über große Brücke, Kraftwerk links, Bodengitter, ‚Buckelwiese', Häuser, eben bis hügeliges Grasland, Fluss nun links, ganz in der Ferne der Bauernhof; zwei Häuser, zwei Bagger am Straßenrand, Hof, rechts geht's nach Elgisstadir fahren entgegengesetzt, drei Häuser links, Hof - länger nichts, dann Haus und Scheune, jetzt beiderseits Moorpfützen, Teich rechts, große Wasserstellen links, überqueren wieder vorhandenen Fluss, Brückenpfeilerstümpfe rechts und es geht hinauf in den Bergzug der bisher vor uns lag: kleiner Wasserfall, grobes Gestein, kahle Stellen, Hochebene und - hinein in den Nebel; Wasserrinne rechts, kaum noch etwas erkennbar, offenbar karg hauptsächlich Geröll, rechts stürzt Wasser herunter - nur mit Stielaugen auszumachen, Bus tastet sich nach unten langsam wird's lichter und grüner, Stein-Moos-Placken, Wasserlauf in Mäandern - und die Straße schlängelt sich weiter und weiter, das zieht sich; ausgetrocknetes Flussbett, ‚Bärentatzen', rechts nun Geröllhänge, links Fjordende begrenzt von Bergrücken in verschiedenen Brauntönen, beige beginnend, steiler Fels und teilweise bewachsene Schutthalden wechseln ab oder tun sich unten mit ‚Bröseln' zusammen; 13.30 Uhr Fischerdorf in Sicht, Höhen treten zurück, sehr breites Tal, hochgezogene Wolken - die Berge wirken farblich schön in den braunen Farbtönen mit grünen Füßen und Placken, in Ortschaft angekommen; nach völlig überteuerter Suppen-Mahlzeit für 900 ISK (100 Islandkronen = 1,25 Euro) Erkundungsgang: Totems aus Treibholz deren Farben mir nicht gefallen, Vogelbeobachtungsstation zu weit weg, Ausstellung von modernem

Maler reizt mich nicht - am Hafen gehen zwei Buben zum Angeln, genieße dort wenigstens ein paar schöne Ausblicke, kehre zum Restaurant zurück: Bus fort, Leute ebenfalls - wohin? Begleiter hat wieder mal nur einige in weiteres Vorhaben eingeweiht und die anderen liefen mit - frage mich auf der Straße durch, vermute Gruppe fiel auf, tat sie, finde nach strammem Marsch ohne Garantie alle beim „Steinsammlungs-Haus", Besuch der sich wegen schöner Stücke lohnt erfolgt gemeinsam, fahren danach zum Ortsende und Buchtbogen am Fuß des Höhenzuges entlang, zierlicher Buckel hat kleinen giftgrünen Krater, Hafen-Stop: lauter Papageientaucher!? Ich sehe nur Möwen und dieser - ist bestimmt eine Ente, 86 Holztreppenstufen wieder runter, da sitzt nun wirklich einer fotogen über seiner Bruthöhle - man eilt herbei, bis ich mit der Kamera soweit bin fliegt er fort, dafür probt Möwen-‚Modell' verschiedene Positionen - sie ist großartig; Abfahrt: Bergkette mit Eisfeldern schließt sich an einen -rücken an, dieselbe Strecke zurück: flockige Wolkenwand mit sauberer Oberkante über dem Meer, steile Stein- oder Geröllküste manchmal sind Lavabrocken vorgelagert, Schaf steht auf Mini-Vorsprung wie Gämse! Abbruchstelle am Berg, tiefe Auswaschungen, an Kreuzung geradeaus nun Richtung **Egilsstadir**, herrlicher Blick auf Ostfjord-Bucht mit Höhenzügen beiderseits in mindestens fünf Arten von Braun; bergauf und -ab, oben ‚Waschküche', unten freiere Sicht, überqueren Fluss, passieren Birken- und Nadelwäldchen - lasse mich bei den Supermärkten absetzen um einen Weg zu sparen: alles im Angebot wie daheim und zu vernünftigen Preisen, sichere Mittagessen für morgen und kaufe Film nach - konnte mich beim Knipsen wieder nicht bremsen; Schild auf Hauptstraße: „Nach Höfn 247 km, nach Akureyri 266 km" Interessantes muss festgehalten werden, im Hotel ulkige Gäste-Typen, flotter Service beim Menue, brauchen keine 1 1/2 Stunden wie sonst; Spaziergang: hinter dem Haus hinauf Sicht aufs Wasser mit ‚Zwillingswellen'-Landzunge, Rückseite vom Begrenzungs-Bergrücken hat schräg rechts zwei Kuppen bedeckte Eisfelder, dahinter fließen schmale Wasserläufe stufig herunter - toller Anblick! Wohnviertel mit Bäumen die den Namen verdienen - hiesige Birken oder Nadelbäume, die ersteren mit weiß-brauner Rinde erreichen normalerweise in Island nur Strauchhöhe, Vorgärten; Pilze, erneut ein so schöner Sonnenuntergang: goldenschimmerndes Wasser und glänzende Ränder an grau-weißen Wolken wirken atemberaubend, ca. 21.30 Uhr weiterhin fast durchgehend taghell, graduell etwas schwächer gegen Mitte der Nacht hier zwischen 2 und 3 Uhr. - Erneut auf Tour: Sonne scheint, Lämmerwölkchen, rechts Schafe unterwegs, Wasser rinnen hüben und drüben, verursachen tiefe Furchen, kahle Schneisen zwischen Kurzgras und Moos, Felsfläche links: schwarz-grüne Kombination oder schwarz mit Eiseinlage, Nebelschwaden – dicht, ‚Blindflug', Wand reißt plötzlich auf vor Hofgut sehr breites Tal, Wasserarm zweigt ab, kleiner Ort; über Fluss, links Fjord, wir fahren parallel zu ihm, Kurzgras, danach Felswände in Stufen mit Wasserfall, Steilkante, Doppelstufen-Wasserfall - hier fließt und sprudelt es überall auf und aus den Steinen, Drainagerohre liegen unter der Straße, es folgen überwiegend Fels, Moos, Geröll, ausgewaschene Felsen als ‚Spitzturm-Versammlung', ein viereckiger steht auf Sockel, nackte Steilkante, nun Moos, Stein; Schiff links, breiter Silberstreifen am Horizont auf dem Wasser, rechts tiefer Einschnitt und Flüsschen eingehüllte Kuppen, Höhenzug tritt zurück, Hof, Ortschaft: von Franzosen gegründet, Datum heute hier Feiertag, es gibt „Rue"s und hübsche Wandmalereien, verlängerte Halle der Kirche erkennbar am Doppeldach, Schiff liegt im Hafen vor Anker, am Ortsende „technische Pause": Warteschlange an To - warum nicht in Mitte aussteigen lassen und kurzes Stück laufen, Gruppenleute unterschiedlich schnell keine Schlange und Gelegenheit für sehr schöne Fotomotive – verpasst, schade dass so unflexibel! Wieder große Kamillenblüten, Arnika, Lupinen; nächster Fluss, fahren weiter am Fjord entlang, Stein-Moos-Hänge rechts, Wasserlauf mal breit mal schmal, leichte Berg- und Talbahn-Straße, Flussmündung in Fjord, drei Häuser, neue weite und enge Wasserläufe, Nebel, Rinne, Grashang mit Steinen und ohne, Felsbrocken, zwei Häuser, Wasserrille, langstielige Blumen mit dicken weißen Dolden, Holzgalerie - für Reben? Nadelwäldchen, kleine Siedlung, Flüsschen, Kirche in hellblau, liebevoll gestaltete Vorgärten darunter „Steinmuseum von Petru" jetzt 80 Jahre alt, Familie wurde anfangs ausgelacht als sie 40 Jahre lang sammelte - Ergebnis umwerfend: Steine in allen Schattierungen von Farben und Formen, rund und eckig, von sehr groß bis winzig, mit rauer oder glatter Oberfläche, zum Teil ganze Landschaftsbilder aus farbigen Schichten im Gartengelände gestaltet, dazwischen stehen viele Sorten kräftig duftender Blumenstauden und Zwerg- oder Tierfiguren, Mini-Dorf in Nischen - noch reichlich Ausstellungsstücke im Haus z. B. hoher schmaler Stein wie Pistazieneis, herrliche Bergkristalle und Obsidian - manches erwerbbar; umrunden jetzt die Bucht und überqueren Fluss, Wasserfall rechts Fjord nun links, Wasserfall und ‚Klötze', Schafe, Nebel - im Bus wieder mal eiskalte Zugluft, Ventile lassen sich nicht abstellen deshalb einmummeln, beiderseits schwarze ebene Sandflächen, über Damm zwischen zwei Meeresarmen hindurch; Himmel höher, Sonne kommt, Wasserrinne rechts weil hügelig, Moos und Felsbrocken, Sonne weg ‚Waschküche', steiler Schräghang grün und steinig dann Lavasand, Felskante erneut Abhänge wie zuvor pur oder gemischt, ständig wechselnd, Wassergraben, Schafe und - wieder Scheibenwischer in Betrieb, sehen von den Ostfjorden nichts mehr; großes Steinfeld, Grasflächen, Wasserlauf, Schafe und Haus, häufig Wasserstellen, -rinnen enden in Lachen: Wasserläufe zählen 4+1+1, Küstenschwalbe fliegt zum Meer + 1, Gehöft +1+1, Pflasterstein'-Feld +1+1, +1+1 Haus, Straßenlaterne brennt +1+1, fahren in ausgetrocknetem Flussbett +1+1, quer vorab alles voller Heuballen und ein Haus, Fluss links, Geröllhalden-Streifen zwischen dem gelb-grünen Moosbezug mit und ohne Felsbrocken, +1 klein und fein mit Gefälle; massive Stufenfelskante, Damm über Fjordarm benutzt, weiter: links Wasser, rechts Berge, hoher Fels und sehr schräge Steinhalden, enorme Brocken darunter - wenn da etwas ins Rutschen käme hätte man keine Chance! Wasserfällchen über einen Fluss - gestern vergessen Getränkeersatz-Lutschbonbons ‚nachzuladen', an was man alles denken soll, Vorrat im Koffer den ganzen Tag unserem Zugriff entzogen; etliche Flüsse speisen die Fjorde, ‚Buckelwiese' hier aus wunderschönem seidigem ‚Haar' Wasserschlangenlinie, darin Moorwasserlöcher, biegen links ab zu einem Dorf, Hotel: wieder dieses teure Suppenangebot wie gestern, mit mir nicht mehr: „Mitgebrachtes kann man hier nirgends verzehren", meint ‚er' - suche mir windgeschützte Ecke auf Terrasse und wickele mich ein um Kartoffelsalat mit Lammfleisch aus dem Supermarkt zu essen zum halben Preis der Suppe, entdecke anschließend in Tankstelle weiter oben gibt's heißen Kakao und Möglichkeit zur Abfallbeseitigung, hätte außerdem dort problemlos mein Vorgekauftes im Warmen verzehren können - kümmert niemand, bieten dort außerdem kleine preiswerte Gerichte an und haben Einkaufsecke, hier verpflegen sich also die Einheimischen die ich an unseren Essensplätzen immer vermisste trotz Sommer-Ferienzeit, wir treffen stets nur auf andere Touristen - werden bewusst ‚Felle über die Ohren gezogen'? Reiseleiter sagte nachher, über die Tankstelle sei er nicht informiert gewesen; alte Kirche angesehen, Geld eingewechselt - den Italienern tun die vielen Nullen sicher gut, sie erinnern lebhaft an Lire-Scheine; nein nicht schon wieder einen Hafen fotografieren trotz Stilllebens: kleines Segelbötchen in stiller Bucht - in Bus einsteigen, zurück auf die Hauptstraße: Wasserlauf rechts, Fjord links, schwarzer Sand mit lila Blütenkisschen steiler Geröllhang, zerklüftete Felsen mit grünem Überzug dann Wasserader, ‚Felsturm' auf halber Höhe, begrünte Stufenfelsen nun Wasserflächen links, Fjord rechts mit Ausläufer in größeres Flachland; Gunnar singt Reiterlied - haben keinerlei Kassetten, Geröll- und Steinstufenhänge wechseln - was ist denn das: Wasser rinnt in Absätzen aus dem Fels! Schafe, große Kegel, ‚liegender Riese', Platz mit runden Einzelklötzen aber auch ‚Zuckerhüten', Straßenbaustelle, mehrfach Wasserrillen und -fall, Glanzstreifen auf dem Meer und da drüben auf dem Begrenzungsrücken leuchtet es grün – Kurve, benutzen Brücke über Fjord-Ausläufer und fahren jetzt auf der Sonnenseite, Himmel etwas höher, zwei Häuser rechts, drei links - erschrecke immer noch beim Überfahren der scheußlich rasselnden Bodengitter; Damm, oben in dem Einschnitt ‚kochen' (nicht die Hasen) Rentiere, weißer Rauch füllt die ganze Breite, steigt bis zum Wolkendeckenrand, ein paar seltsame Steingebilde in der Ebene, Berge weg Straße verläuft durch breiten Flachlandstreifen am Wasser entlang, Hügelkette - rückt ab, wunderschön das grün-gelbe Moos, Geröll- und Schuttabhänge, Straße war oft verschüttet aber langsam kriecht Grün hinauf; dieser große Wal ist ein Felsen, Uferfoto mit Lavasand in dessen Randkanten Möwen hausen, diese Steilhänge: Geröll mit Felsbrocken obendrauf - bleibt bloß liegen! Aus Spalten der Schräge schießt Gischtwasser, schwarzer Sand, rötlicher weiter oben, danach riesiger Brocken wie Kokoshut, noch einmal - Schwäne auf Fjordwasser links, überqueren zwei Arme, oben Fels, Absatz – Sand, unten Geröll, giftgrüne Tupfer auf schwarzem Sand - das gibt's? Unglaublich! Jetzt alles braun, sauberer Trennstrich jeweils zwischen beiger Stufe und brauner, oben schwarzer, sehr breite Talöffnung gegenüber Tafelberg in grau und schwarz mit Grün, Sommerhäuschen und Wäldchen, setzen über klaren Fluss, ab und zu Anwesen oder ein Haus, danach Flachland von sanften Hügeln eingeschlossen, Brücke über großes Becken mit wenig Gletscherwasser, Flussbett überhaupt ziemlich trocken und wieder Berge mit schwarzen Schutthalden, links karge Ebene, Fjord weiter weg, auf Berg drei ‚Zinnen' nur durch Einkerbungen getrennt: spitz, dick, rund und mit Beule, gefolgt von sauber geformten Kegeln, Einschnitt mit Wasser, schwarze Sandberge, grüne Flecken, Stufenwasserfall - endlich Schluss mit dem ständigen Gebläse von Kaltluft denn eine Lehrerin und ich stopfen die Busventile mit Papiertaschentuchfetzen zu, Protest von hinten: „das muss raus, riecht brenzlig" „bleibt drin oder wir tauschen die Plätze" -

Ruhe; kein Gletscherblick wegen Wolkenwand aber Hinweistafel zu sehen, es regnet, hellgelbe Blütenkissen auf schwarzem Sand, Moos, ‚Buckelwiesen', jetzt Grasflächen wie üblich, Wegweiser: **Höfn** - endlich mal früher ins Hotel? Überzogene Felsstücke auch -brocken im Gelände, gelegentlich geht eine Schotterpiste ab, keine Häuser - Hotel mitten in der ‚Pampa', nie ein Kofferträger da, Arbeitslosenquote 2,5%, ist das der Grund? Habe großes Doppelzimmer im Flachbau nebenan, schön geräumig doch ‚Handtuchwall'-Dusche, schade und - immer nur Seifenspender sonst nichts, gestern schnell Haare gewaschen weil privat geliehener Föhn vom Vortag noch in Besitz - gut so, wär' hier nichts geworden, stets verschiedene Schließsysteme in den Unterkünften, sowohl an den Türen als auch der Stromzufuhr und unterschiedliche Wasserarmaturen machen Stress, eiskalt hier drin, 12°C Außentemperatur, bin arg müde und schlafe 1 1/2 Stunden fest – oh, da sind ja Elektro-Heizkörper, auch im Bad, von Siemens und funktionieren sogar, es wird schnell warm, duschen, draußen regnet's immer noch, essen gehen: scharfe Tomatensuppe, aber wieder gutes Brot und gesalzene Butter die man gestern einsparte, Curry-Hühnerbrust, ebenfalls zu stark gewürzt und der Rhabarber-Nachtisch mit Schafskäse bleibt bei vielen stehen - gewöhnungsbedürftig, gemischt verrührt schmeckt er mir; Hotel 5 km von Ortschaft entfernt, keinerlei Pendelangebot, Jüngeren zu langweilig, ich mache Regenmantel-Abendspaziergang, mit tropfender Brille bis ans Viehgitter vor der Hauptstraße – aha, diese bestehen also aus zehn ‚Eisenbahnschienen' über die ganze Wegbreite gelegt, unten durch schmale Längsstreben verbunden mit Abständen dazwischen, Fuß kann durchrutschen nicht nur Hufe, da durch Regen glatt kein Akrobatik-Versuch meinerseits, sehr viel Arnika und von diesen rötlichen Gräsern - hier wird es richtig dunkel, Gletscher bedinge schlechtes Wetter. - Nächste Etappe: Regen und oben alles zu, querverlaufender Bach, Fluss, kleine und große Wasserflächen - Gletscherabflüsse, langgezogener See der gar nicht aufhört, ein ganz kleiner und ein ausgedehnter Fjord-Wasserarm, die nach Vulkanausbruch von der Schlammflut weggeschwemmte Brücke wurde neu gebaut - drüber, Grasland und Wasserstellen wechseln ab, Hügelkette, Lavasandstrich, Felsenstufen mit Säulenkante, Ebene aus Gras und Wasserflecken wie zuvor, Unmengen weißer Heuballen auf dem Grün; einige üben Reiterlied von gestern, ich will gucken und nicht lesen interessant nur: die Isländer haben etwa 30 Wörter für Pferd, sind stolz auf deren Zähigkeit, durchschwimmen angeblich jeden Fluss, Export von ihnen sowie Fischprodukten, etwas Industrie und landwirtschaftliche Erzeugnisse machen ca. 80% der Wirtschaft aus, Tourismus inzwischen 20%, keine Einfuhr von Molkereiprodukten; Flachland, Himmel höher dadurch sehr hell, gurgelnder Gletscherfluss, Wolken, zwei Hände voll Häuser, Pfützen und Lachen zum Teil sehr große, überqueren milchweißen Fluss mit vielen schwarzen Sandbänken und ebensolchem Ufer; später rechts begrünte Abhänge mit Zungen aus kahlen schwarzen Steinen, angepflanzte Tännchen, tiefe schwarze Furchen beiderseits und Wasser, Wasser in Streifen, Gräben dazwischen nun in Teich- oder Seegröße, anschließend karges Steine-Moosgebiet, riesiges Terrain aus Stein-Dünen, manche schwarz stellenweise grün überzogen - wie schön! Neben der Straße breites Band aus Lavageröll, -sand, -geröll, -sand, Schar Küstenschwalben, große Brücke lassen wir links liegen - Lagune erreicht mit Kaffee- und sonstigem - Häuschen, Gletscherzunge „Jökulsarlon" des größten Gletschers Europas des „Vatnajökul", Bootstour zwischen den bizarren Eisbergen in wärmendem Regenmantel und Schwimmweste: Schlauchboot voraus hat 'Yamaha'-Motor, Abbruchkante des Gletschers leider nicht zu sehen, es nieselt - nicht mehr, Lagune 200 m tief, Wassertemperatur ständig -5°C, 70 Jahre alt bestückt mit Forellen und Lachsen, Eisberge, auch die wir sehen haben 10% Anteil über und 90% unter Wasser, Sandsteinteilchen und Asche färben etliche, außerdem kann sich durch Ablagerungen der Schwerpunkt verschieben, sie zum Kippen bringen und dann erscheint oben durchsichtiges Hellblau - unwirklich schön! Nach 40 Minuten Fahrt noch halbe Stunde Zeit: rauf auf den Berg Fotos machen, runter, ein Kakao zum Erwärmen, Postkarten- und Souvenirangebot durchsehen, To' da ‚Wasser zieht', Bus nimmt uns auf: Wetter wechselt ständig, Nebel geht etwas auf und wieder zu, sind parallel zum Fluss mit hellgrünem Wasser unterwegs - laufen zum Meer, zwei Seehunde geben Vorstellung in den Wellen, zum Fahrzeug zurück im Regen, jetzt weiter über Brücke, Muster-Augenfoto: hinten Eisberge, vorne Fluss mit Stromschnellen und verschiedenen Formen von Eisstücken darauf, danach karger Hügel, weite Ebene, einsamer Mensch auf Fahrrad unterwegs, sehr breiter Wasserarm, ein zweiter, Schafe, Geröllfelder von Wasserstellen durchsetzt, Grasflächen, Geröll, rein schwarze Zungen im Grün fallen auf, Moos, letztere wechseln rasch nebeneinander, ‚Kakaomilch'-Fluss; Schafe hier auch braun und einige schwarz, nicht nur weiß – Hunger, Abhilfe durch Plätzchen und Wasserlimo, inzwischen zwei Flüsse überfahren mit großen schwarzen Sandbänken darin, drei Schuttkegel im Gelände, vorne Höhenzug - diesen erreicht, am Hang ein paar Häuser, Wasserfall, soweit Sicht reicht ähnliche Landschaft wie vorhin; nach Flussüberquerung Grasland mit Steinbrocken und -wällen Bergkette zu erahnen, Moos, Moor rechts, links schwarzes Geröll, Brücke vor uns die gestern von Überschwemmung zerstörte über Nacht repariert, niedrige Stegqualität; hohes Gras, Moos und Steine, Fluss, Eistal, Flüsschen bilden Seen, Häuseransammlung am Hang links, Grün und Pferde, rechts kommen große Gletscher näher, Kurve - über Wasserläufe in schwarzem Geröll, vorbei an gelb-grünen Moosplacken darin lila Heidekrauttupfer, graue Dünen mit gelb-grünen Streifen oder schwarzen, ab und zu Endmoränen, aussteigen: an den Erdrand begeben, ausschließlich auf glatten Steinplatten? Es regnet heftig - das unterlass' ich lieber ob ohne oder mit Zeitdruck, ah, frischgewaschene Blaubeeren schmecken prima! Es hört auf zu regnen, sind erneut unterwegs, Zufahrt ist Abfahrt, Gletscher hat etliche Auslauf-Arme, dazwischen Felszüge, Ströme formen sich; im Informations-Zentrum eines Nationalparks läuft ein Video über den großen Vulkanausbruch unterm Eis 1996: Spalt von 8 km Länge und 300 m Breite tat sich auf, Aschenfontäne mit Blitzen zu sehen, gigantische Wassermassen von 40 000 m³ pro Sekunde wälzten sich unter dem Gletscher hervor, Eisabbrüche, Blöcke von 100 Tonnen Gewicht wurden wie Fußbälle transportiert, die ungeheure Wucht hinterließ Schleifspuren auf dem Fels, Wassermengen ergossen sich kilometerweit, im Gletscher blieben eine Schlucht und ein Vulkankegel zurück; 3.15 Uhr Mittagessen besorgen: „Table Water" steht auf der Packung Kekse sind drin, herrlichen Shrimpssalat dazu: „Rækju"-salat (mit dem am a ‚angeklebten' e) zu dem mir ein junger Verkäufer verhilft - übrigens sind Junge zu Alten hier sehr nett und freundlich, tut gut! Futtern während wir mit Ausnahmegenehmigung in den „Nationalpark Skaftafell" hineinfahren dürfen: wenigstens halbhoch der Wald hier - es geht steil hinauf, langhaariges Gras, große Schafgarbenblüten, im Tal überwiegend enorme Sandfläche, bis zum Horizont ohne Ende; Wanderung zum Wasserfall über Steg bergauf - und noch mehr Gekraxel? Der da oben im Halbrundkessel ist aber nichts Besonderes, der unten in der Ecke an dem wir vorbeigelaufen sind sieht doch viel schöner aus - weiterzugehen erspar' ich mir, zurück und in Ruhe fotografieren, wieder rein in den Bus - natürlich hört der Regen jetzt auf, sehen verbogene Eisenteile der zweiten zerstörten Brücke, beeindruckend: 'Tand, Tand ist das Gebilde von Menschenhand', Gedichtzeile fällt mir ein; benutzen eine neue Brücke mit Ausweichbuchten, nun Strecken von tief schwarzem Sand mit und ohne Moos - im Hotel sei ein Pool sagt unser Begleiter, freu' mich drauf, heute wäre Durchwärmen angenehm - da ist nur noch schwarzer Sand und Wasser, wo bleibt die Abwechslung, wir sind verwöhnt! Wieder neue Brücke, von der alten steht nur noch ein Pfeiler, gelegentlich Grasbüschel, -hälmchen, größere oder kleinere Wasserflächen unterbrechen, Brücke, wenig Grün und ausschließlich an den Berghängen; 15.20 Uhr nächster Halt, an altem Gebäude in ‚Notverpackung' aussteigen da durchgeweichter Anorak noch nicht getrocknet: Doppel-Wasserfall-Foto - dafür bin ich jetzt durchs Gras gelaufen, hab' mir nasse Schuhe geholt, aber zweifache Sockenschicht hält warm bis zum Hotel, sie waren Vorsorge für die ‚eisige' Amphibien-Bootsfahrt - haben nur noch 40 km zurückzulegen, zerklüftete Lavafelder, dicke Moospolster darauf wie Samtüberzug, Geröll, Gras, Wasserlauf unterbricht erneut; Gras, Wasser, Kühe, Haus, links weniger Bewuchs, rechts Fluss, grüne Matten an Bergbegrenzung, hoher Wasserfall, Nadelbaumbepflanzung den Hang hinauf; schmalster, schmaler - und noch ein Wasserfall, links Grasebene, Dammabschluss, steile Gischtwasserrinne, Leute kehren vom Ausritt zurück aufs Gestüt, Ferienhäuser in lieblichem Gebiet: weich geformte Berge deren Oberkante und Spalten begrünt, so wie die sanften Hänge, Brücke - es regnet und regnet! Laubbaumstreifen, im Grasland schwarze Erde ab und zu sichtbar, Hotel: wieder ein Teil der Gruppe in den billigeren Anbau abgeschoben, ich auch, Zimmer nicht fertig um 17 Uhr - hatten wir schon öfter, Personal wuselt herum, also unterwegs richtig vermutet dass manche Stops ‚künstlich' waren, Heizung funktioniert nicht - später doch, war wohl komplett abgestellt, vorheizen damit man nass und verfroren ins Warme kommen kann gibt's nicht, „Welcome and Relax"-Plakate sind geduldig! Enges Doppelzimmer aber Glas-Duschkabine, bekomme sie nur von innen fast nicht mehr auf; Schwimmbad außerhalb kostet 399 ISK Eintritt und - wer suchet der findet: Eingangsschild zeigt in die falsche Richtung - das müsst' ich eigentlich endlich wissen: Auskünfte sind hier immer umgekehrt, wieso sollten da Schilder eine Ausnahme machen? Nur ein Planschbecken und ein Whirlpool existieren, na wenigstens letzterer brauchbar, kein Föhn wie üblich; hier oft kurze massive Schauer, werde auf dem Rückweg nochmals patschnass, im Hotel auch kein Haartrockner: durchgeweichte Schuhe auf Heizkörper trocknen, mit Badeanzug etwas Probleme doch Inges bewährte Wring-Technik hilft (in trockenem Handtuch ausdrücken); Essen: Vorspeise Lachspastete – exzellent, anderes ebenfalls sehr gut und ganz rascher Service, Dauer nur eine Stunde trotz einer Tasse Tee extra! Trockener (!!) Tagesabschlussspaziergang in **Kirkjubæjarklaustur**: Wasserfall ähnlich „Mutters Halskette" und das Denkmal für Geächtete bzw. Verstoßene deren Geister in den Bergen herumirren und die man fürchtet.

Weiter geht's: aus Ort hinaus, lauter Wasserrinnen links am Bergrücken, es schüttet die Pferde werden sehr nass, über Brücke auf Straße von gestern weiter vorwärts an der „Halskette" vorbei, zwei neue Wasserfälle, rechts hügelig; riesige seit über 200 Jahren übermooste Blocklava-Fläche, kurze Trockenphase erlaubt ein Foto, Pseudo-Krater, jetzt Kegel oder Kugeln, Dammlinien quer zur Straße, mächtiger Rücken rechts hat einige Wasserrillen, dann flacheres Gelände von Gräben und Pfützen unterbrochen, Grasbuckel, obendrauf Steinstreusel verschiedener Dicke, Fluss, Ebene mit Markierungstürmchen, Sonne produziert Spots fahren in Regenwand hinein - links irgendwo müsste das Meer sein ... Damm, Brücke, zerklüftete Brockenlandschaft läuft in Plateau aus, mittendrin Kegel der Unmenge spitzer kleiner ‚Hütchen' trägt, zwei Hände voll davon sind um den Fuß herumgestreut; Pseudokrater-Gebiet, passieren schwarzen Sand mit großen und kleinen langstieligen Graskissen, rote Grasstreifen, mehr Bewuchs wechselt mit Kahlstellen - Regenbogen! Halbinsel vor uns wie Kliff: Drama für Sklaven, lebensrettend für Schiffbrüchige, nun Lavasandgegend durch Grasanpflanzungen verändert um Sandstürme abzumildern, Kurve - vor dem Landfinger steiler am Ende ‚Backenzahn' mit Haus darauf und Kühen, überqueren weiträumigen Wasserarm, Bergzug rechts, teilbegrünte Steilkanten, Wasserrinnsale, langgestreckte große Höhle gefolgt von Wasser in Stufen, viele Vögel nisten in den Felsspalten, Wasserfällchen, links Grasebene; **Vik,** das kleine feine mit der Kirche auf dem Hügel, halten diesmal an der Tankstelle dadurch Gelegenheit ‚Felsendom' zu fotografieren - kurz vor neuem Regenguss und mit dem Cape war ich auch schneller! Fahren: Flüsschen schlängelt sich durchs Tal, beiderseits Hügelkette, links schroff, rechts abgerundet und überzogen, Bergabfahrt zunächst grünes Flachland, nun hügelig, Höfe, Querstraßen-Abstecher - vier Cracker und zwei Apfelschnitze gegen den Stress, Sonne scheint zum Nieselregen, Bus schaukelt uns auf den Vogelfelsen „Dyrholaey": Grasland mit Steinen ringsum, es wird noch karger - langsam 'Stop' wegen Gegenverkehr, oben plumper hässlicher Leuchtturm aber die Felsenklötze im Meer imponieren, das Ergebnis von Unterwasser-Vulkanausbrüchen, Möwenbegleitung, Sonne auf der anderen Seite, vom ‚Dom' schönes Bild - knipsen, wird nichts mehr, Regen ruck-zuck da, komme gerade noch halbwegs trocken zum Bus; unten: Insel im Meer über langen Damm erreichbar, ausgedehntes Schichterdefeld wie braun-weiße Austernschalen, jetzt mit Türmchen und Bodenkessel, rechts hinten großer Felsbrocken, ebensolche Höhle, rotbraune Erhebung hat grünen Fuß, schwenken zu ihm ein, Hügelkette, Ort und Kirche; Zwillingskuppen rechts und breiter Vorhügel, Klippe links davor, ‚Pfefferminzhut', Brücke, Pferde, Bergspalt, dahinter Gletscher zu sehen noch, zwei tiefe Einschnitte, Berge treten zurück, hügelig; reines

Lavasandgebiet auf beiden Seiten, rechts vom Bergrücken begrenzt dort auch Gletscherzunge und Fluss, ab und zu schwarze Schuttkegel, Lavasand, dann Hügel braun von Grün umschlossen und oben abgeplattet; starker Wind heute bläst teilweise Wasser aus dem Fels zur Seite, sprüht diesen Wasserfall massiv aufwärts, Kühe weiden Hänge ab und klettern dabei, mehrfach Höhlen mit kleinem Hauseingang-Vorbau, fahren Skoga-Abzweigung zum Mittagessen: „Fish and Chips" mit im Angebot, einmal möchte ich das hier essen, also jetzt - wenig teurer als die ‚Nepp-Suppe' und sehr gut; Fortsetzungsfahrt: Grasland, Täler, Berge, rechts dabei Geröllstreifen im und ums Wasser herum, Hütten, zerklüftete wuchtige Blöcke, Erdhöhle, Wasserfall, Steilkanten, Geröllhänge, eine Erdrutschschräge, Fluss; links ist die Küste der Grasebene gewichen, Halme erst spärlich dann mit langen Stielen, Abstand zwischen Bergzug und Straße wechselt, Häuser am Fuß eines Berges erscheinen, Wasserläufe haben Doppelzacken, mittendrin Abhänge grün oder mit Geröll, Wasser quillt heraus, Wind reißt Bogen in den Wasserfall; Abstecher zum „Seljlandsfoss" den man zu Fuß fast umrunden kann, Gischt sprüht über den einzig möglichen Steinweg und macht ihn glatt - danke nee, arbeite mich lieber 40 Bodenstufen und eine ‚Hühnertreppe' hoch um ihn besser zu sehen, aber wegen des Windes der sein Wasser verpustet kein Foto von hier oben möglich; mit Bus wieder auf die Hauptstraße zurück, 'Westmänner-Inseln' zum Greifen nah, wirken mit vielen spitzen Gipfeln rau und unwirtlich; etliche Höfe im Grasland rechts, dann nach Moos ebenfalls Gras, riesiges Plateau war von Vulkanausbruch unterm Gletscher meterhoch überflutet, Bauern hier leben von der Hoffnung - und den staatlichen Subventionen für Gemüse; Pferdeexport soll ausgebaut werden, Hauptabnehmer z. Zt. Dänemark und Deutschland, zwischen Feldern manchmal karg oder Gras, es werden vor allem Kohl und Kartoffeln produziert, letztere mag man sehr fest, was für uns ungewohnt ist, natürlich Schafe und Kühe, gepflanzte Buschreihen beim Haus, rechts der schwarze Berg in der dritten Reihe hat weiße Wolkenmütze auf, Pferde, Kühe, Dorf: „t. P." also „technische" und Eis-Pause; gleiche Landschaft, von kargem Boden oder Steinreihen unterbrochen mit dieser typischen scharfgezackten Oberfläche, Fluss, Streifen mit Pseudo-Kratern, links schwarzer Sandgraben, „Hekla", die „Kapuzenträgerin" der unberechenbare Spaltvulkan, „Hella", Fluss, danach Glaskugelhaus: Mosaikfront aus verschiedenfarbigem Glas, Rückwand und Seitenteile Grassoden, sieht Fliegerhaube ähnlich; Gras, -ballen, Wassergraben, viel (Schafs-) ‚Verwandtschaft' unterwegs, Pferdehof; Straße schaukelt uns wieder, weitläufige Täler mit und ohne verstreute Anwesen, rechts ist der Horizont extrem weit fort, lediglich von schwachen Bergkonturen begrenzt, schokoladenbraune Erdkante zur Straße hin, Brücke über Islands größten Fluss aus Gletscherwasser, den „Pjórsá" (phon.), zweigen rechts ab, der Weg führt quer durch – nein Kurve, in die bereits erwähnte große Ebene: Milchwirtschaftsgebiet, in „Selfoss" Molkerei, Hekla-Höhenzug mit viel Eis obendrauf rückt ins Blickfeld, Fluss, Grashügelland darin drei ‚Elefantenfüße' und ein ‚spitzer Zahn', Sonne bescheint schwarz-grünen Abhang, Ankunft in **Fludir**: zeitig genug, eine Stunde Schlaf möglich - nichts geht mehr! Größtes Doppelzimmer der Reise, großzügig Platz nur - wieder ‚Zwergen'-Waschbecken; Futter besorgen für Reykjavik, in der Umgebung nichts

Besonderes außer modernem Denkmal „Welle der Zeiten": stehende ‚Loreley' mit zurückgeworfenem langem Haar, schwimmende Menschen um und auf ihrem Körper - alles in fließender Bewegung, ganz interessant, die Sonne steht ‚freundlicherweise' falsch fürs knipsen; unbeeindruckendes letztes gemeinsames Abendessen, auch jetzt kein Buffet das es normalerweise am Beginn oder Ende einer Reise gibt, auffällig zudem: die Preise für Essen und Getränke betragen das Doppelte im Vergleich zu vor vier Jahren, außer in kleinen Einkaufsecken oder Supermärkten - wohl ungerechtfertigt, denn das Anlegen von Gewächshäusern hat ungeheuer zugenommen, zum Üblichen wie Gurken und Tomaten gibt's nun - gerade hier, Erdbeeren- und die größte Champignon-Erzeugung des Landes, nur Einfuhr von Besonderheiten im Winter noch nötig, Energie ist kostenlos lediglich die Erstinvestition schlägt finanziell zu Buch; Abendspaziergang auf Seitenstraße, zwischen ihr und dem Fluss Kohlrabifeld und - Gewächshäuser, es dampft aus dem Boden von heißen Quellen die das Hotelpersonal ableugnet und wieder soo schöne Steine, porös oder glänzend wie Speckstein, in fast allen Farben und Formen liegen sie da massenweise wie an einem Meeresufer nur - weder Lochsteine für Sammlerin Barbara noch Bernstein, Arnika blühen. - Dieser Tag beginnt wolkenverhangen es nieselt, Gras-Hügelland mit Hütten und Wasserstellen, Pferde, Haus und drei Bäume, später rechts Gehöfte, links ebenso mit viel Abstand dazwischen - wie immer, Pferdegruppe liegt herum, Felder; man erzählt: in Deutschland weiterhin um die 38°C heiß und die Franzosen müssten Strom sparen wegen Abkühlungsproblemen der Atomkraftwerke; das ist wieder so eine „Schüttelfrost'"-Straße, aufwärts geht's in Stein und Moos, großer Wasserfall rechts und Gebäude, nun ab ins karge Tal, Gras- und Geröllstellen - Linksschwenk, rechts der weiße Fluss hat viele Strudel und liefert das Wasser für den „Gullfoss", Baumaschinen, sehr viele neu angelegte Straßen; Halt bci klcincr Schlucht: Heidekrautteppich und Flachsstauden, Sträucher leider keine Beeren, nicht ausschließlich 'Erika' auch Blütenkissen-Sternchen in rot, wohl „Arktisches Weideröschen" - weiter: Gedenkkreuz für Ertrunkenen, über Brücke, Viehgitter, Kühe, Höfe und Arbeiter beim Straßenbau - wann begann denn dieses Hochplateau, jedenfalls fahren wir jetzt bergab, links Geysir-Terrain, über Bach gewackelt, nun parallel dazu Bogen - Gehöft links dann vier bis fünf Ferienhäuschen, Streifen ‚Tennisball-Buckelwiese', erneut aber in Mooskissengröße, wie gewohnt ein paar Häuser in Grasland, da rechts muss ein Canyon sein der obere Abschluss Grün gegen Grün lässt es vermuten, vor uns die ‚Blauen Berge' oberhalb vom „Gullfoss" dem „Goldenen Wasserfall", so genannt wegen des Regenbogens am Nachmittag: neuerdings zwei Hütten errichtet und Toiletten, von Plattform über hohe Treppe mit Absätzen Zugang zum unteren Aussichtspunkt geschaffen den ich noch kenne, bis zum Felsvorsprung am ersten Gefälle inzwischen bequemen Weg von Seil eingegrenzt angelegt, allerdings gischtbesprüht wie das letzte Mal - war ja schon da bleibe lieber trocken, setze mich in den Bus zum Kraftsparen für die Hauptstadt, auch Notizen ergänzen sowie ‚Augenpflege' - und der plötzliche heftige Regenschauer bleibt mir erspart! Wir fahren: Hügel, Grasland, zweimalige Flussüberquerung, sind im Geysir-Gebiet verändert durch Ziegelsteinwege und Absperrungen, mindestens ein neuer großer ‚Topf' brodelt - ‚Alter, du rauchst und spuckst ja wieder', er hat offenbar dem „Strokkur" Wasser abgegraben, der schießt zwar auch noch seine senkrechte Fontäne jedoch nicht pünktlich im Fünfminutentakt wie früher, raucht mehr, etliche kleine ‚Blubberlöcher'; Tankstellen-Imbiss: dieser 'hot chocolate' ist wirklich heiß, verbrenne mir wieder mal die Zunge, Tasseninhalt nur Hälfte, teuer und - nachfassen nicht mehr gratis, Verkaufshalle ausgebaut, Zeit für Besuch zu knapp, muss Fotos machen, auch eins vom 'Buggy'; wieder los: rechts Bergrücken und grünes Vorland, Häuser, Pferde, nur noch Gras auf beiden Seiten, dazwischen manchmal Büsche und kleine Bäume, Fluss - und drüber, ausgedehnter ‚Liliput'-Wald, ‚Buckelwiesen' und Heuballen, Schafe, Pferde, Häuser, links Fluss in Mäandern, sanft gerundete Ufer, rechts Wasserfall, eine Menge Häuser, Tiere, Ballen - erneut Fluss überquert, weitläufige Ferienhäuser-Anlage: Campingplatz, Restaurant, Nadelwald, ein großer durch heiße Quellen temperierter See, rechts Berge; hinauf, hinauf und - hinein in den Regen, schlipp, schlapp, Schluss; Heide, es geht nach unten, hohe schwarz-grüne Berge frontal davor, einzelne flachere Erhebungen - bei der Straßenqualität gibt's heute wieder ‚Gehirnerschütterung'! Flüsschen läuft nebenher, wird überfahren, Reitergruppe rechts, dort oben Felsenhöhle in der noch im 20. Jahrhundert eine Frau mit zwei Männern lebte - die zwei Männer scheinen Gunnar sehr wichtig zu sein; fahren am schwarz-braunen Bergrücken entlang, steile Geröllhänge mit Flecken und Flammenstreifen in gelb und grün - da muss ein großer Pinsel am Werk gewesen sein, Heide schließt sich an, rechts schwarzer Buckel mit rötlichem Fuß, geradeaus des Landes größter See, ein Kratersee, eiskaltes Wasser, darin Forellen, hat meistens starke Dünung da hier oft heftige Stürme - fahren zu ihm hinunter, an ihm entlang, rechts befindet sich ein Einbruchgraben, es folgt dichtbewachsene Gegend mit Sträuchern dann Bäumchen und Fichtenwald; Eurasienplatten, Felskante hat neuerdings Wasserfall, inzwischen Bereich hier „Nationalpark", überall Straßen, alles wurde gut zugänglich gemacht - da ist viel geschehen, ebenso wurden Gebäude errichtet: Info-Zentrum, Restaurants und Toiletten; waren unter See-Niveau, wieder hinauf, über Fluss - aussteigen: Zeit für Spaltengang, es regnet (noch) nicht habe aber Cape dabei, an Thingstätte Treppen, Galerie und Tribüne aus Holz gefertigt, über drei Brücken anderer Parkplatz erreichbar; Bus schon da - Regen war schneller, nein Herr Reiseleiter für mich kein Abmagerungstag, gestern Fladenbrot und Heringssalat für heute Abend gekauft schmeckt auch mittags - auf nach Reykjavik: Heidelandschaft, wunderschöner See mit grünem hohem Kegel darin und ein paar kleineren Inseln - ein breiter Silberstreifen am Horizont, es wird karger, wieder bewachsen, karger mit den unvermeidlichen kreisrunden oder ovalen badetuch- sowie handtuchgroßen Wasserstellen, Schafe, Berge zeitweise sehr im Hintergrund, links Pferde, ein See, Straße läuft über Fluss, rechts haben braune Säulenkuppen Geröllhänge, Pferde, größeres Anwesen, Fahrt durch Tal, kleinerer Ort, grau-weiße Kirche, größere Geröllhänge gelb-grün bestückt, Blick auf Bucht, Kurve - die Stadt, sind erneut auf der Hauptstraße wie am Beginn der Rundreise, der Kreis schließt sich nach ca. 2 820 Kilometern; erfreulicherweise war es eine disziplinierte Gruppe: zwei ‚offendialektisch' aus Sachsen stammende Ehepaare, eines davon bescheiden und nett, ihn traf ich öfter bei besonderen Fotomotiven; einen ausgeprägten ‚Machomann', seine Frau äußerst zurückhaltend und scheu, ein liebes Wort tat ihr gut; drei Lehrerinnen, ein hilfsbereites Ehepaar, zusammen Flaxen machte Spaß; zwei aus Baden, eine deprimiert eine munter, eine Pfälzerin die sich in meine Englisch-Gespräche mit „kommen Sie zurecht" einmischte, das Problem war dass sie deutsch dazwischenredete; 1,48 m große Rheinländerin, ohne Gehhilfe nach zwei Hüftoperationen unterwegs, unauffällig lieb und mutig machte sie fast alles mit; Ungarin mit Rumänen verheiratet in einem Reihenhaus in München daheim, liebe und warmherzige Leute, die mir am Abendbrottisch oft einen Platz freihielten, besonders mit ihr Gespräche über Gesehenes sowie Steine Islands; Künstlerin die immer alles besser wusste, manchmal im Bus blieb weil sie ‚vor Kraft' nicht zu laufen vermochte und ihre Weltgewandtheit zur Schau tragende Freundin; Ältere mit Stock - der öfter vergessen und hinterhergetragen wurde, mit großem Redebedürfnis, kraxelte überall hinauf mit schattengleicher Cousine; zwei befreundete Ehepaare aus Bremen, eine merkwürdige Mischung - über Kreuz hätten sie viel besser zusammengepasst; ein Mann, angeblich mit drei Bypässen am Herzen versehen - war nicht zu merken; eine völlig krummgezogene Alleinreisende die sich vor allem für Pflanzen interessierte; einzelner junger Mann, sehr still und schüchtern, der sich über jede nette Bemerkung freute und zwei ‚mittelalterliche' Freundinnen die ihn offensichtlich gut kannten - diese Drei waren sich meistens selbst genug; intensivere Berührungen mit allen Gruppenmitgliedern blieben durch die Mahlzeiten nicht aus wegen des häufigen Leerlaufs zwischen den Gängen, leider darum auch nicht ‚Allerweltsgespräche'; vor dem Hotel nahe der „Perle" angekommen verabschiedet sich der Reisebegleiter von den Damen mit Küsschen, „ich will kein Küsschen, möchte meinen Flugschein für die Westmänner-Inseln", er fragt mich „haben Sie gebucht?" „Am Ankunftstag nahmen Sie den Gutschein dafür aus meinem Heft" - „ich? Dann ist das Ticket, wenn Sie Glück haben, an der Rezeption wenn nicht - hier eine Telefonnummer", reicht sie mir und verschwindet! Hotelpersonal mit Ankunft von uns 25 Leuten auf einmal völlig überfordert, Namen werden nicht gefunden - wir haben Gutscheine für hier? Ach ja, 12 Tage her, großes Theater, nichts telefonisch oder per Computer zu regeln, heutzutage soll doch speziell Letzteres alles einfacher machen - oder? Master- oder Visacard deklarieren wegen diverser Angebote im Zimmer - hat von uns niemand was Naserümpfen erzeugt - mein Flugschein natürlich nicht da, wegwerfende Handbewegung zum Reisebüroschalter drüben, hinten - dort zuckt Mann die Achseln, habe Gutschein-Kopie und lasse ihn telefonieren: Ticket käme an die Rezeption; mein Zimmer wieder einmal ‚jenseits des Ganges' und sehr schlecht zu finden, nach dem 45-minütigen Anfangszirkus endlich 16.30 Uhr da und junge Frau beim Saubermachen: „nur langsam, ich warte", brauche Sitzgelegenheit sonst nichts mehr! Dann Doppelzimmer, nicht umwerfend aber anständige Dusche, die wichtig - was ist denn das? Der Inlandflughafen direkt vor meinem Fenster für all die lieben Propellermaschinen, wie fein - wo die uns so hinstopfen! Raus, überlege: später zu Fuß zur „Perle", zunächst mit Taxi ins Zentrum da Bushaltestelle wer weiß wo und der Zeitverlust durch Sucherei lohnt nicht; Fußgängerzone: also die Filzstoffjacken junger

Touristen mögen ja warmhalten aber sie den ganzen Tag über tragen - auch eine Gruppe Amerikaner unterwegs, „Hallgrims"-Kirche hat 'Westminster'-Schlag, Hafen - übrigens nahmen die Isländer gegen Skorbut besonders sauren Joghurt mit und Beeren, auch getrocknete; Straße wird repariert, hier kein Taxi am Standplatz? Kneipenwirt telefoniert umständlich für mich und lässt sich's bezahlen, Frage an Taxifahrer weshalb nicht an gewohnter Stelle? Sie seien keine Tiere, müssten auch mal essen oder schlafen - abends um 20 Uhr denke ich, beschwichtige aber „ist ja gut"; war drei Stunden unterwegs eigentlich reicht's, Flugschein da? Er ist: Hinflug 7.50 Uhr 12.45 Uhr zurück - kein ganzer Tag? „Kann ich das ändern", „no not possible", nimm's oder lass es bleiben! Auf zur „Perle" Rundblick genießen: nichts mehr mit ‚billiger Futterecke', jetzt richtiges Restaurant ganz oben und teuer, Galerierundgang wenigstens (noch) kostenlos; dann ab ins Bett und Ohropax in die Ohren denn erst ab 23 Uhr etwa kein Flugbetrieb mehr. - Erster Kontrollblick aus dem Fenster zeigt Wolkendecke, Frühstücksbuffet ab 5 Uhr Armutszeugnis: keinerlei Müsli, kein Obst, unabgeräumte Tische so weit das Auge reicht, Stühle mit abwischbaren Polstern, deshalb nicht so verfleckt wie im Zimmer; Ausflugspaket besagte: „Deutsche Reiseleitung von ... bis Hotel" - kein Mensch da, Rezeption: „wie komme ich zur Abflughalle bitte?" „Mit dem Taxi, übers Rollfeld zu laufen ist verboten" auch wenn's vorm Hinterausgang liegt, „und ich muss bezahlen?" „Natürlich" - kostet mich meinen letzten Tausender ISK mit dem ich mir ein Abschiedsessen in der „Perle" erlauben wollte; Wolken lockern langsam auf, Maschine echter ‚Grashüpfer' mit 19 Sitzen, großer kräftiger Pilot braucht ‚Schuhlöffel' für Passagiere, beim Ein- und Aussteigen Kopf bis zu den Knien einzuziehen empfehlenswert; Abflug 8 Uhr - doch hier ist ja alles nicht so genau, aber nun zieht der ‚Flieger' ziemlich steil nach oben: blicken auf Einzel- Reihenhäuser, Hallen, rechts einen See - Mist: Propeller neben mir, aber er dreht sich noch und dröhnt, Ohren pieksen; Heideland und Berge von oben wunderschön, Wolken-, Wackelwand' und ‚Schlagsahne'-Türme, nach Linkskurve ‚Milchsuppe', Lavagebiet mit und ohne grüne Tupfer, Küste, das Meer leicht gewellt ohne Schaumkronen - gehen ganz allmählich tiefer, rechts Inselchen und ‚Daumennagel'- Felsspitze Gischtstellen von unterseeischen Klippen, Vogelschwarm, ein paar hingestreute Stein-Klötze, -spitzen, grünes Land, Handvoll grober Steine, Häuser - wir sind da; Bus suchen, junger Mann Fahrer und Führer in Personalunion sammelt ca. acht ‚Schäfchen' ein für Kleinbus, spricht und versteht nur Englisch: er werde alle Fragen beantworten, wenn er etwas nicht wisse lüge er - was an seinem Handzeichen erkennbar sei; ich habe gelesen: von den 15 Westmänner-Inseln sei nur die größte „Heimaey" bewohnt, besitze bedeutendstes Fischereizentrum und besten Übersee-Hafen, Name stammt von irischen Sklaven: 'westmen', war für sie erster Zufluchtsort nach ihrem Entkommen von Island, Anfangssiedler gewesen; etliche Vogelfelsen, Golfplatz in altem Vulkankrater, Nationalsport ist „Felsschaukeln" an Seilen; Naturgewalten unmittelbar zu spüren, durch submarinen Vulkanausbruch entstand 1963 - 1967 die neue Insel Surtsey und am 23.01.1973 kam es zum „Eldfell"-Ausbruch hier auf der Hauptinsel - Dauer fünf Monate, glücklicherweise floss die Lava langsam sodass die völlige Evakuierung ins Mutterland Island gelang, 360 Häuser gingen verloren, Hafeneinfahrt wurde gerettet, Insel wuchs um 20%! Alle Mitfahrer da, Abfahrt: rechts die ‚Ratte mit dem langen Schwanz' ist „Surtsey", Berge, Grasebene, Pferde, Schafe, links entwickelt sich braune Spitze zu einem Bergrücken, rechts schwarze Hügel, Hafen: ein Haken von Bruchkantenklötzen schirmt ihn ab, sicheres Einfahrt-Schlupfloch - was ist diese eisbedeckte Insel so nah, angeblich Grönland; „es riecht nach Gletscher- und Seewasser" sagt Olaf, wir halten am Eldfell-Krater im Berg gleichen Namens, steiler Anstieg für Blick tiefer hinein - nein den Krater durchquere ich nicht, für die Steilwand auf der Gegenseite brauche ich mindestens einen Tag, Österreicherin neben mir sieht das genauso ‚reinschauen reicht uns; zurück und in den Bus, sehen nun Lücke zwischen den Bergrücken welche die Fähre nutzt, nehmen junge Spaziergänger mit; der Fahrer erzählt: nach Vulkanausbruch mussten die Einwohner entscheiden die Stadt zu erhalten oder den Hafen, da ohne Hafen keine Stadt - also klar, Lava bildete oft Wand, ständig mit Wasser gekühlt brach sie zusammen, mutigen Männern gelang es mit Mühe den Glutstrom wunschgemäß zu lenken, der Boden veränderte sich positiv, Klippen verschwanden - jetzt sicherster und tiefster Hafen Islands; Wallfahrtskreuz in den Bergen errichtet zum Dank dafür dass keiner umkam, rot-schwarzer Kraterrand rechts, Erhebung Querbarriere; Grenzsteine aus Kalk markieren das neue Land, Rückkehrwillige seinerzeit damit gelockt dass sie sich davon so viel nehmen durften wie sie wollten; etliche Kilometer karge Flächen, dann Blocklava stark von Moos überzogen, das wachse gern im Dunkeln, hier deshalb schneller weil bei ihnen die Winter-Dunkelheit acht bis neun Monate dauert statt drei wie in Island; weiche Lava, Meer nagt daran - besuchen zauberhaften Garten mit einer Unmenge Blumensorten, Achtzigjährige bekam das mit Trick zustande: zuerst Mutterboden und Tuff mischen und auf alten Fischernetzen zähe Pflanzen ziehen, meistens Gräser, abschneiden Grundlage für Wunschanpflanzung - Ergebnis wunderschön! „Hafenwächter-Halbinsel", danach Bucht, Dreiecksberg, Hafen, Bau mit Rest von Wassertank links, Loch mit Blocklava - da soll das Schwimmbad gewesen sein, fahren über alte Stadt am Rand der neuen: Teil eines Hauses sieht aus der Lava heraus, Deckschichten betragen teilweise bis zu fünf Meter, brauchten ca. drei Jahre um herzurichten was man ausgraben konnte - Bitte um Foto-Stop abgelehnt, auch am Friedhofstor das mich interessiert, weil mir das Bild von seinerzeit in unseren Fernseh-Nachrichten noch gut in Erinnerung ist: die schwarze aufgetürmte Lava höher als das weiße Eingangstor mit Kreuz obendrauf, hatten damals beim Ausgraben Helfer aus aller Welt heißt es; rechts wieder „Welle der Zeiten" und Kirche mit Seemanns-Denkmal, kurven durch langhaariges Grasland, wenige Lavabrocken - er fährt und fährt und hält da wo er denkt das sei eine optimale Fotografier-Stelle, schade, doch - herrlichen Tag erwischt, hell und mild bei guter Weitsicht, angeblich hier windigster Platz in Europa; Hauptstraße wirklich prima glatt, nur Seitenstraßen schwierig - das ist nichts Neues, Engstelle der Insel, rechts und links das Meer, fahren hoch hinauf, oben Funkstation: Knotenpunkt für alle 'E-mails' von Europa nach USA und umgekehrt; da sind erneut die vorgelagerten dicken Drillinge die „The Three Rocks" heißen, aus Rücksicht auf die Fremdenführer meint ‚er', noch ein paar spitze Felsen - aussteigen: Gras zwar nass und schräge Kante - egal dort unten sitzen Vögel, eine ganze Kolonie Papageientaucher (puffins), Reue darüber anderen Inselbesuch nicht mitgemacht zu haben nun unnötig: sie leben in Höhlen, geschaffen mit scharfem Schnabel und

Krallen an ihren Füßen, Röhren bis zu 1 m Länge, Regeln für ihren Fang u. a. Alter, Brutzeitschonung, lange Leine benutzen damit sie nicht zu scheu werden, auch Eierverzehr noch üblich; Begegnung mit Frau seines Chefs im Pkw ist Anlass für eine Plauderei von Fahrzeug zu Fahrzeug, tiefschwarze Rutschhänge zur See hin, Klippenabschluss, ‚Austernschalen'-Oberfläche, Gegend mit eingeschleppten Hasen, hoffen auf geringe Ausbreitung wegen Futtermangels; links Grotteneingang an Bergende im Wasser wie Elefantenkopf - kein Anhalten, das Herz eines ‚Knipsers' blutet bei solchem Motiv! Golf- und Fußballplatz, andere Hafenseite Fahrtende: Olaf demonstriert „Felsschaukeln" - sieht verwegen aus; nun Angebot von Bootsfahrt zu den ‚Drillingen', zum Nachbuchen für die Österreicherin und mich da alle anderen sie haben, entscheide mich für Fotografieren und Museumsbesuch in den 1 1/2 Stunden: zum ‚Pilzhut'-Haus mit runden und dreieckigen Fenstern - „Aquarium" öffnet erst um 11 Uhr, halbe Stunde nicht vergeuden, wo ist der Friedhof? Im Schnellimbiss gibt mir nette junge Frau Erklärung und schenkt mir Stadtplänchen: erst geradeaus, dann am blauen Haus links ab, gefunden - klick klick und rasch zurück, bis zum ‚Elefantenkopf' reicht die Zeit nicht, etwas näher ran bringt nichts, schnell noch 20 Minuten für „Aquarium" und „Naturhistorisches Museum", im Erstgenannten lebende Fische: Kabeljau, Schellfisch, Seewolf, blauer Katfisch, Scholle, außerdem Hummer, Languste, Seeigel, -anemonen und kleine Gesteinsabteilung: mineralhaltiges Wasser fällt sie aus temperaturabhängig unterschiedlich, die meisten werden in den ältesten Teilen von Island gefunden, manche Felsen repräsentieren ein Alter von 14 bis 16 Millionen Jahren; im Museum an Vögeln vorhanden: Sommer-, Winter- und verirrte Gäste, isländische Brutvögel als Attrappen oder ausgestopft; 12 Uhr Treffpunkt: Hafen, nicht schwer zu finden, dachte ich - stehe vor Wasser und muss zurück; ah ein Hinweis, die nächste links - wieder Wasser, da war doch eine Kaffee-Bar nahe der Boots-Anlegestelle, frage den Arbeiter in einer Lagerhalle danach, er weiß: am großen Tank vorbei da wär' ich richtig - danke; punkt 12 Uhr bin ich da, Österreicherin wartet schon verzweifelt, Busfahrer begrüßt erst noch Personal vom Boot dann - nur wir zwei zum Flughafen? Offensichtlich, Flugplatz mit kurzer Piste knapp 10 Minuten von Stadt entfernt, Pilotin fliegt fast pünktlich ab: ganz nah nochmals ‚Elefanteneingang', „The Three Rocks" mit den seitlichen Felsspitzen die in Gischtstellen auslaufen; rechts wieder Islands grüne und schwarze Küste mit enorm breitem Delta von einem Gletscherfluss, lange keine Wasservermischung nur genaue seitliche Trennlinien; Wasser wechselt Farbe von blau zu grün, in den Wasserflächen an Land ebenfalls grüner Mittelpunkt, Heide und braune Wasserstellen folgen, Grasland, neuer Gletscherfluss, Gras, Hügelland, Heide, ein nasses ‚Auge', Wolken schütteln uns; Höhenzüge, die braunen schwarz betupft, die hellbraunen grün und gelb, Flüsschen schlängelt sich, drei Seen – groß, größer, am größten, noch zwei in durchweg grünem Flachland, Fjorde und vorgelagerte grüne (Insel-?)Flecken, **Reykjavik**: auch nicht ganz eben, Hotel zum Greifen nah - tatsächlich keine Wegverbindung zum Flughafen, nicht zu fassen - vielleicht morgens kein Pendelbus aber jetzt einer? Nein, lediglich Taxiverbindung und keinerlei Alternative, habe lediglich noch einen 50 Euro-Schein anzubieten, „bitte nicht das ganze Wechselgeld in Islandkronen und mit Münzen kann ich nichts mehr anfangen", freundlicher junger Lars erbarmt sich, gibt mir die Hälfte in

Dollars heraus Rest in ISK; Zimmer nicht gemacht, suche Zimmermädchen, finde Asiatin hier wohl die ‚Neger': „bitte heute nichts machen, morgen" - einverstanden, im Zimmer riecht es nach Abgasen, hatte Fenster aufgelassen unter dem große Ausflugbusse stehen mit Motoren im Leerlauf, die spinnen! Als Mittagessen Schinkenkekse - da ist tatsächlich eine Lage Schinken dazwischen, anschließend von 14.30 bis 16 Uhr tief und fest geschlafen - war nötig, mein rechtes Knie kann ich sowieso wegwerfen; Notizen ergänzen Plätzchen ‚einwerfen' und endlich mehr trinken; Sonne scheint zum Abschiedsspaziergang: lande in nahem Wald auf Trimmpfad, Kinder lachen mich an, Möwe lacht mich aus, Zugang zu wilden Klettersteinen, Mulch-Produktionsstelle - in „Petru' s Steingarten" lag davon, tschüß „Hallgrims"! Zimmertür geht nicht auf, Stoffel an Rezeption erneuert notgedrungen Magnetismus an Karte - man grüßt nie und zeigt sich stets von Anliegen belästigt, übrigens existiert hier im Haus nicht nur ein „Pool" sondern auch ein „Fitness-Center", Benutzung 10 Dollar auf Zimmerrechnung - morgen bade ich daheim billiger; Koffer vorrichten, langsam erst das restliche Fladenbrot und den preiswerten herrlichen Shrimpssalat aus dem Supermarkt vertilgen danach duschen und Haare waschen, Festhalteföhn - hab' morgen platten Daumen aber Todeckel hält Sitzgewicht aus, nur nicht anlehnen sonst ‚berauscht' die Spültaste - Bett. – 4.30 Uhr aufstehen um 5 Uhr geht der Bus nach **Keflavik,** eine Stunde früher als nötig frühstücken, deshalb nicht möglich; habe Kofferschlüssel im Zimmer liegengelassen - ‚mer werd halt aald', holen, Magnetkarte abgeben, rein in den Bus und los: ein großer weißer Mondball und Nebel fungieren als Begleitung, es zieht wie ‚Hechtsuppe', Sonne steigt hinter uns auf sorgt für klare Sicht: wir kommen dem Meer näher, Blocklava ringsum und gespenstische Bodennebel links unterm Mond, Schwaden besonders stark, rechts See frei davon; gläsernes Wahrzeichen des Flughafens in Sicht sind gemütlich in einer Stunde hierhergezuckelt; Menschenmassen 'catch as catch can', Rucksackgewedel haut mir Brille von der Nase, stecke 'Augengläser' besser ein, Glück mit der Warteschlange, Formalitäten alle schnell und problemlos abgewickelt, nun noch eine volle Stunde Zwischenzeit, habe Reste: zwei Plätzchen und eine Banane, anschließend tägliche Tabletteneinnahme möglich - das ist die Hauptsache; Angebote in den Läden nur noch ‚Ramsch' nichts Besonderes mehr, wie beim ersten Besuch, geschweige denn 'Swarovski'; ‚sie' gab mir einen schönen Fensterplatz auf der rechten Seite ohne Düse - herrlich! Nichtraucherflug-Start nicht 7.25 Uhr sondern 10 Minuten später, die Stewardessen tragen Käppis wegen der zugigen Klimaanlage - das ist des Rätsels Lösung; großer See, Blocklava, Heide, kleiner See, hinten das Meer, einige hohe Querbarrieren mit schwarzen Gipfeln, Küste jetzt nur noch ruhiges Meer und ein paar Lämmerwölkchen, Fluss taucht auf und mündet in blaues Wasser mit verstreuten Felsen dazwischen – da, ganz klare Sicht auf „Heimaey", neues rot-braunes Land vom alten grünen mühelos zu unterscheiden - wunderschöner Anblick! Damit verlassen wir das von mir geliebte in der Touristenbranche ungastlich gewordene Land; ‚Lämmerherden' auf blauem Untergrund, mehren sich, werden dickfelliger, bilden Fläche, ‚Sahneberg' im Blau, unten verstreut ‚Rasenmäher' unterwegs, wieder Ebene und - die Sonne scheint, weiße Wolkeninseln mit und ohne verschieden geformte Höhen im blauen ‚Himmelsmeer', nun deckt ‚Watte' alles zu, dann festere Streifen dazwischen, jetzt Schichtenbildung dadurch Entstehung von breiten Wolkentürmen, Lücken mit Bändern darin - oh Bordansage der Chef-Stewardess, auch in Deutsch! Imbiss gibt's, guter rascher Service: Omelett mit Schinken, ein paar Bohnen und Kartoffelwürfel, Butterbrötchen, Saft und Tee - mal sehen was mein Magen dazu meint, na ja hab' ja schon etwas gegessen, soll er denken es ist Mittag; so ein Sportfilm über Leichtathletik und Pferderennen lief doch schon auf den Schirmen im Flughafen, haben sie nur eine Sorte? Wolken locker, flockig gestreut, diese zwei sehen aus wie Kekse, rechts Land ,Fäustlings'-Halbinsel bildet zauberhafte Bucht, es schließt sich uns zugewandte Steilküsten-,Kralle' an mit langgezogener Rundung und Sandstrand, vorgelagerte Insel, überfliegen Schottland? Schade - der Pilot sagt nichts, Karte gibt's auch nicht zu sehen; ,Sahnehäufchen' und große Lücken, unten im Meer schäumt's, ,Sahne' oben klumpt und wird zur Wand, aus - wieder frei, Meerwasser sehr bewegt, meine Schulter an der Wand eiskalt, zum Anorak noch Schal drüber; langer ,Wolkenfisch' in Grätenmuster, Meer glatter; Parallelreihen weißer duftiger ,Schneebälle' in gleißendem Sonnenschein, Meer ganz eben, ,Streusel' mit ,Watte'-Oberschicht am Himmel, Drehung - dem Durst hilft mein immer gefülltes Wasserfläschchen ab; auf dem Bildschirm wird nun gekocht zuvor gab's dort 'Longdrinks'; ,Knubbelburg' unter uns, der riesige ,Streuselkuchen' rechts läuft in ,Popcorn' aus, großzügig aufgeplusterte weiße Kleckse, ganz freie Sicht auf Schaumkronen; zeigen uns Bilder von Vogelschwärmen und Greifvögeln auf der Jagd, eine sehr schöne BBC-Sendung, erstaunlich diese Krallen, hauen wie kleine Sicheln in einen Hasen, packen Schildkröte und lassen sie aus der Höhe herunterfallen wie eine Muschel - das ist nicht zu überleben, Transport zum Horst erfolgt um Junge zu füttern; See war allmählich glatter geworden nun ganz eben, Wolkenkrater, Schleierschicht die sich verdickt - schwenken ein wenig nach rechts ein, jetzt links: Wolken-,Landzunge' zwischen metallig-blauem und silbrigem ,Himmelsteich'; drei Wolkenschichten: oberste zieht wie ein Folienblatt mit; da ist ein Dampfschiff unterwegs und eins mit Takelage, ab und zu ein einsamer Felsen, ,Raupen'-Inselchen, Himmel frei; inzwischen total vernebelt, nur noch Dunst da draußen mit einem Flockenteppich darunter durch den etwas glänzt - wohl Fensterscheiben, aha Land unter uns erkennbar mit bearbeiteten Flächen und Häusern, Damm, Brückenverbindung zu großer Halb-(ganzer?)Insel, erneut glänzende Punkte, schlammiger Baggersee, eingezwängter Fluss verläuft in Schlangenlinien – Linkskurve, danach großer und kleiner See, Waldflecken nehmen zu, stark zersiedeltes Land; Drosselung des Antriebs der Maschine um 10.20 Uhr, hat die Anfangsverspätung aufgeholt, ein hellgrünes See-Dreieck, noch drei kleinere Seen mit dunklen Rändern - Anflugsansage: offenbar leicht bewölkt, 23°C, das wäre entgegenkommend, Spitzen der Hochhäuser von Frankfurt zu erkennen und nun das übliche Geschleiche wie ,die Katze um den heißen Airport-Brei', 'ever the same old soup' dieser unnötige Kerosinverbrauch und Krach! Der dunkle Ring um die Seen sind Bäume, Autobahnkreuz Main, da fährt ein Zug - sind große Schleife geflogen, Fluss wieder da, zwei hübsche Teiche im Wald, offenbar frisst sich das Wohngebiet immer mehr im den Wald hinein, sind 25 Minuten gekreist, wenig sanfte Landung um

10.55 Uhr = 12.55 Uhr Ortszeit, ungünstig für hilfsbereiten Nachbarn also: Rolltreppen, Verbindungszug zu Halle 1, Rolltreppen - höre auf sie zu zählen, Temperaturziffern wohl eher umgekehrt, mindestens 32°C; auf Zug-Heimfahrt Fahrscheinkontrolle: „dieser Gutschein gilt nicht für einen IC" - „ich weiß, ich bezahle den Zuschlag", mein letzter 50-Euro-Schein ist ihr zu groß! In Mainz Aufzug-‚Zirkus', endlich am Ausgang, da riecht es nach Laugen-Croissants - nun weiß ich warum ich zurückgekommen bin.

Amerika - Westreise (ab Mitte Juli 2004)

Sophie acht bis zehn Tage in Las Vegas besuchen, Zugfahrt durch das Land hab'
ich noch nie gemacht, könnte ich mal wollen und eine Woche in Louisville verbringen -
war geplant und die Flüge gebucht: die Klima-Anlage im Haus arbeite schlecht,
sagt Sophie und ihr sei es im Sommer in Las Vegas zu heiß sie setze sich ab,
"komm' doch im September" - kann nicht, da sind keine Schulferien, habe Schüler
für Hausaufgabenhilfe, außerdem - Lance und Kathy freuen sich bereits auf das
Wiedersehen und ich auch; da fehlt mir doch noch der Yellowstone-Park der mich
schon immer interessierte, lässt sich das verbinden? Auskunft Reisebüro: "Best of the
West" bietet Optimales an, ab San Francisco bei Hinflug in eigener Regie 14 Tage-
Rundreise mit vier Nationalparks, in San Francisco endend, Rückflug über Cincinnati
mit Unterbrechung für eine Woche - ohne Aufpreis, „Delta" macht's möglich;
eintägige Lücke in S. F., die beiden in Louisville kommen vom Irland-Urlaub erst am
28.07. zurück - passt, Privatbuchung für mich in dem Rundreise-Ausgangspunkt-Hotel
funktioniert, es kann losgehen, einmal will ich noch eine große lange Reise wagen,
‚Ruth-ine' (Routine) steh' mir bei! - Montag: Flur-Nachbar fährt zu früh zur Arbeit, der
im Haus gegenüber wohnende bringt mich freundlich und kostenlos zum Flughafen es
ist kurz nach 9 Uhr – danke, denn diesmal ist der Koffer voll, das Handgepäck auch
nicht leichter, wegen der Hawaii-Dias für die Freunde, die ich mitzubringen versprach
und bis zuletzt saß ich an der Übersetzung des dazugehörenden Reiseberichts als
Geschenk, „that's love" - nie mehr! Tasche hat vier Möglichkeiten, das Motto meiner
Schwester trifft wieder zu: ‚ein Griff und die Sucherei geht los', kramte herum,
Fingernagel abgebrochen Feile in Aktion, schließen lässt sich die Tasche auch nicht,
schon wegen der Wasserflasche, man ist nett, darf sie in ein Transportkörbchen
stellen, fahren im Flugzeug zur Startbahn – aha, daher der Name Rollfeld, Pilot
kennt die Abmessungen sehr genau, streift mit den langen schmalen Flügeln kein
parkendes Luftgefährt - hier war's aber knapp! Abflug nach Atlanta 20 Minuten
später, erst um 11.45 Uhr, Fensterplatz nutzt nicht viel – diesig, wackeln hinauf in die
Sonne, Futterplan - doch mehr als das zugesagte Mittagessen? Salzstängchen gibt's,
andere Extras wohl gegen Bezahlung, Wasser und Leuchtturm, ‚Schäfchenwolken',
manchmal ‚Watte'-Inseln auf abgestuftem blauem Untergrund, ganz unten das Meer,
nach Überfliegen von Brest an Frankreichs Küste in ruhiger Bewegung am unteren
Landteil von Irland vorbei Richtung New York, zarte Schleierwolken-Decke; endlich -
gegen 14 Uhr warme Hähnchenteilchen auf Nudeln und Salat, ein Brötchen, Butter
und Käse, na ja satt geworden, Mouss'chen zum Nachtisch versöhnt etwas; einige
Zeit blendend weiße ‚Schleierwellen', glatte geschlossene Wand unter uns darüber
hübsches Blau mit gelegentlichen lichten Schwaden, hinein in das Weiß -
Anschnallzeichen! Herausgefunden wie ich Angaben zum Flug auf dem Monitor der
Rückenlehne des Vordermannes erhalte, schade diese verschiedenen Systeme: sind
also zur Zeit über der Labrador-See in Flughöhe 10 972 m Grundgeschwindigkeit,
822 km/h Wind 83 - Gegenwind 75 km/h, Außentemperatur 52°C; längere Zeit unten
Land, Wasser reicht als breiter langer Finger weit hinein, durchgehende Fläche mit

Küstenstreifen driftet von uns weg, taucht neu auf unserer Seite auf - dürfte die Hudson-Straße sein, nur noch Wasser; der Wind ließ ganz erheblich nach, Werte 33 und 35 km/h; nun vorgelagerte Inseln, fliegen über Erde mit unregelmäßiger Küste, Landzungen und kleine Inseln davor da - zwei Hände voll ins Wasser gestreut, sehr zerstückeltes Ufer, vermutlich der Labrador-Halbinsel, Landzunge schmal und lang hat schöne Bucht in der Mitte, fast bis zum Wasserrand rundes Sandgebiet und Felsriegel, noch größere Sandfläche, kleine Felsregionen dazwischen, ein breiter Wasserarm schließt Vegetations-Küstenteil ab, längliches Sandgebiet, Insel verbreitert sich, Ufer zu Ende; haben Halifax überflogen, weiter, über die große Insel Neuschottland, dunstig im Moment, Konturen nur schemenhaft erkennbar, länglicher sowie ein riesiger halbkreisförmiger Einschnitt zu sehen; Insel durchsetzt von größeren und kleineren Seen, dann nur Wasser und Schleierwolken-Schichten, das Blau ist nach oben gerutscht, im Maine-Golf gleichmäßige Wolkendecke mit grauen breiten Streifen und langgezogenen Flecken im hellen Weiß, Eiskristalle an der Scheibe; ein „S" auf der Landkarte und wir sind etwas hinuntergeflogen, wieder höhergezogen und geradeaus - nähern uns Cape Cod benannt nach dem „Cod"-Fisch im Atlantik; Wind jetzt 150 zu 130 km/h Flug öfter etwas unruhig, Horizontlinie ganz hoch wir knapp über der Wolkenwand, Boston, nun Richtung Connecticut River, fliegen langgezogenen Bogen nach unten auf Allentown und Philadelphia zu; nach ‚Schäfchen'- und leichter aufgelockerter Bewölkung größere Ballungen mit reichlich Lücken, an den Appalachen entlang, vor den Smoky Mountains fast klare Sicht - auf der Landkarte erfolgt der Flug beinahe senkrecht nach unten; sehr schnell Wechsel zu Wolkenfetzen, geschlossener Decke – aufgelockert, breite ‚Sahne'-Wolkentürme säumen ‚Inseln und Brücken' die sich im ‚Himmelssee' spiegeln, Wolkenwand - durch, kurzer freier Blick und wieder hinein in ‚Türme', sind neben ihnen; Landeanflug auf den Internationalen Airport von **Atlanta** „Hartsfield Jackson" zehn Meilen von der Stadt entfernt, Sandfläche darin ein großes und ein kleines Rechteck mit hellgrünem Gewässer - da hängt ein Gewitter, es beginnt zu regnen, wir landen um 21.25 Uhr (Ortszeit 15.25 Uhr) nach einer Flugdauer von fast zehn Stunden, es ist schwül zum Zerfließen! Einreiseformalitäten unproblematisch aber lange Schlangen, eile um 16 Uhr ans Band, Koffer braucht noch 15 Minuten, Zoll-‚Lindwurm', hinüber zum Nationalen Flughafen ‚wetz-wetz-keusch-keusch' - spüre deutlich der ‚geölte Blitz' der ich einmal war ist langsamer geworden, Koffer erneut aufgeben, die Maschine nach San Francisco geht um 16.36 Uhr, bin 16.25 Uhr am Gate - da läuft ein Informationsband: „Eine Stunde Verspätung" die Freude ist überwältigend! Bin total verschwitzt, lösche mit Orangensaft brennenden Durst außerdem tröstet er, bringe den Schwung auf zum Frischmachen, die Zeit reicht ja dafür - warten; 17.45 Uhr sind alle eingestiegen: Sitze einfacher gepolstert, in der Rückenlehne des Vordermannnes hier ein „Airfone", große Leinwand in der Mitte und eine vorn, mittlere wird abgebaut nach Fluginfos, auch in Spanisch (erfahre später Taktik von Mr. Bush die Wählerstimmen dieser Einwanderer zu gewinnen), Abflug 18 Uhr - für mich ist Mitternacht, das Gewitter hat sich verzogen, zwar heller Himmel Wolkendecke aber nicht ganz geschlossen - ah dort sind die grauen Wolken hingezogen, links haben sie sich angesammelt; überfliegen zersiedelte

Landschaft mit vielen kleinen Seen - eiskalt die Luft es zieht furchtbar, Kopftuch auf und in einen Schal wickeln, Stewardess hat Pilot schon Bescheid gegeben? Hoffentlich! Wolkendichte wechselt - endlich Beinfreiheit, nicht wie vorhin das linke nur angewinkelt abzustellen wegen Befestigungspfosten; der große Fluss da unten führt viel Wasser, läuft in Nebenarme mit toten Enden aus - auf der nachfolgenden Tour erklärt dann Joe unser Reisebegleiter dass in der „Great Basin", der größten Wüste Nordamerikas, die Ströme „Humboldt" und „Truckee" versickern; rein in die ‚Waschküche' und Gewackel, nun lassen weiße sonnenüberglänzte Wolkenberge ‚Walhall' entstehen und dort hinten eine Menge ‚weißer Salzsäulen' unterschiedlicher Größe in schemenhaft blauer ‚See', unten Kumuluswolken, leichte Nebelschicht darüber - hinein, langsam löst sie sich wieder auf, ein ‚Eisberg' und ‚Schneeballwolken' schweben im Blau; Fluss verläuft in großen Mäandern, ist schmal und sehr lang - Kopfhörer gegen Bezahlung kann ich entbehren, eine Stunde nach Abflug noch nichts zu trinken, bitte um Wasser, muss 20 Minuten warten, bekomme es hingeknallt, Decken und Kissen ebenfalls nur auf Anfrage - Service, lieber sehen was sich draußen tut: Wolken klumpen zusammen bilden ‚Bänke', vereinzeln sich zu phantastischen Gebilden, lösen sich auf; Leinwand wieder aufgehängt wozu? Fliegen über grünes Land mit dunkelgrünen Waldflecken und gelegentlichen Siedlungen, leichter Dunst liegt darüber, langgestreckter See in Echsenform, noch ein kürzerer, versickerte Nebenarme vom darauffolgenden schmalen Fluss der in einem breiten Doppel-S endet; ab und zu und hier erneut diese quer verlaufenden Straßen, ausgedehnter See mit zwei großen Inseln und ‚Zungen'-Ufer, verschnörkelter See und ein kleiner mit Ausläufern, Fluss bildet saubere Form von enormem Doppelbogen, ist noch einmal zu sehen aber die Ränder sind nun ausgefranst - er kommt aus einem riesigen Becken! Felder, Wiesen, Stellen mit Bäumen wechseln sich ab, interessant die Schatten der Wolken auf dem Boden, da die große Wasserfläche in dunklem Grau, an zwei Seiten umgeben von großem hellbeigem Terrain, ist ein Salzsee? Von der Richtung her stimmt die Vermutung, da schlängelt sich schon wieder etwas, sieht aber sehr trocken aus, hier sind sowieso etliche braune Flecken auf dem stark gefalteten Grün, dann hellbeige Stellen davor, zwei Rechtecke mit hellgrünem Wasser, nun trockene ‚Sandschlange', regelmäßig zerschnittenes Land, naturbelassen nur um kleinen Höhenzug oder die Berge herum, grüne Falten braun aufgesprungen, breiter Bergrücken davor, lauter geometrische Formen meistens Kreise - erfahre später dass es sich dabei um Bewässerungsäcker handelt, Form entspricht den Sprühmaschinen: die Geradeausbewässerung erzeugt rechteckige Felder, sich drehende runde Sprüher Kreise, überfliegen ein großes Gebiet bereits seit mindestens 20 Minuten, nun größeres Wasser, dem folgen zusammenhängende helle Grünflächen durchsetzt mit unregelmäßigen dunklen Felsstreifen auf den Horizont zu, direkt unter uns kombinierte Sand- und Felslandschaft, grüner Höhenzug hat zum Teil braune Kahlstellen, riesige Fläche helles Grün mit inzwischen auch bewachsenem eingeschnittenem Flussbett und verästelten Seitenarmen, immer wieder mal ein Felsstreifen oder Bergzug in der weiten Öde; Wolkenklumpen werden zur Decke - Pause: ausführliche Essens-Verkaufsgespräche und erstes offizielles Getränk - nach mehr als

2 1/2 Stunden Flug, meine Wasserflasche ist bereits leer. lohnte sich und hatte noch etwas zum Knabbern; wieder diese grünen Kreise, Gebirge parallel mit bewohnten Tälern, Wolkenwand hat sich entwickelt - erneut freie Sicht, querab schwarzes schroffes Felsengebirge wird abgelöst von Lehm-Höhenfläche, erst hell-beige dann rot, braun und dunkelbraun, mit Schluchten und Tafelplateaus, nimmt das ganze Blickfeld ein und hält an bis es in dunkelgrüne flachere Landschaft übergeht; quer wieder ein Gebirge mit rötlich-braunen Kahlstellen an den Hängen, Kreisfelder langer braun-beiger Hügelstreifen wie Zunge, kahles Land mit Furchen und tiefem Taleinschnitt, Berge haben abgerutschte Hänge von hellem Sand - weiter in dieser Art faszinierend besonders die Farben, kleines Faltengebirge mit feingeäderten kahlen Ausläufern die manchmal breite Becken umgeben, in weiter Ebene wieder so ein hellbeiges Rechteck in entsprechender Dimension, Faltengebirge vor Wüstengebiet in braun geht über zu blassem Gelb und wird von dunklen großen bis kleinen Felsrücken unterbrochen; ein paar grüne Punkte da hinten jetzt nur Sand mit großen fast weißen Stellen darin und Spuren - von ‚Außerirdischen', auch kleinere helle Flecke, unweit davon stehen ein paar Häuser, nun überall helle Stellen, unter uns ein großer Platz, Linien nahe beigem Fladen - und da ist offenbar einer in Segmente aufgeteilt, mit hellgrünem Fleck am Rand, in braunem und dunkelgrünem Wasserbereich, zwischen den Bergen grüne Punkte im flachen Sand und das dort sind offenbar Schnee- oder Eisreste; ein See liegt vor einer hohen breiten Gebirgskette mit reichlich Schneestreifen und -placken, Ausläufer hügelig, dann Ebene gefolgt von gemischten Sand- und Grünflächen, sehr großes Wüstengebiet (Nevada?), grüne Kreise, danach gegliedertes Areal; Landeanflug beginnt, noch breite Sandstreifen besonders vor den Bergen, die sich nach und nach höher aufbauen, Becken und Tal zwischen den Höhen, zunehmend Dünen-Landschaft, große eingedeichte Flächen, Wasser in verschiedenen Farbschattierungen, grün und blau, weinrot, beige, rot-braun, beige, orange, rostrot wieder grün - wohl Landgewinnungsprojekte, daneben Neubaugelände; Landung 22.20 Uhr (Ortszeit 19.20 Uhr) nochmals minus drei Stunden, es ist immer noch Montag für mich, nun früher Abend, ich rechne nicht mehr um - bin seit 20 Stunden unterwegs, Flugzeit Atlanta - **San Francisco** knapp 5 Stunden; suche den Pendelbus zum Hotel, kostenlos gibt's den nicht mehr, Erwerbszweig geworden; frage nach dem „Downtown Courtyard" Fahrer spricht vom „Marriott", am Hotel klärt sich das ‚Missverständnis' auf: er benutzte die Bezeichnung die in der Stadt üblich ist, nämlich den Namen des Besitzers - jedenfalls ist es das richtige Haus und ein wunderschönes Bett das nicht wackelt steht bereit, es war das letzte Mal so eine Strecke - „never more!" - Dienstag: Rundreise beginnt mit dem Frühstück der einzigen Inklusivkost, weder Wurst noch Käse - brauch' ich nicht, frisches Obst in Fülle und ziemlich braunes Toastbrot, na fein! Bin 15 Minuten zu früh vorm Eingang, laufe ein Stück, finde auf Anhieb die „Mexikanische Botschaft", suchte eigentlich ein Geschäft das Essbares anbietet für Mittag und Abend; Bus steht da, Reiseleiter Joe zählt ‚die Häupter seiner Lieben' und siehe es sind 24; kühl und neblig so sei hier der Sommer, Lufttemperaturen bis 26°C, Mark Twain habe einmal gesagt, der kälteste Winter den er jemals erlebt habe sei ein Sommer in S. F. gewesen; war schon zweimal hier und kenne die Stadt,

denkste - „Italienerviertel", „Angel-Island", „Trans American Pyramide" mit 48 Stockwerken und hohler Spitze sind alte Bekannte aber, es gab auch ein „Russisches Viertel" mit Friedhof der inzwischen bebaut wurde, ein „Holländisches", jetzt „Europäisches", in besonders von Nebel betroffenem Gebiet - das wusste ich noch nicht, weiter: hier stehen eine Menge dieser runden vorgebauten Erker an den Häusern, ein Oktogon-Gebäude mit schönem Torbogen am Eingang und Lampengirlande im Baum davor, 1906 zerstörte ein durch Erdbeben entstandenes Dreitage-Feuer fast ganz „Downtown"; in diesem Jahr Idee überall auf Plätzen große Herzen aufzustellen, aus verschiedenem Material und bunt, manchmal ganz nett - Filme und Schauspieler erwähnt Joe ständig, nicht mehr zu zählen, Bus hat getönte Scheiben, so trüb ist's doch gar nicht - verrücktes Haus ein Stilsammsurium: Fensterüberbau klassisch in Kleinformat, Schornstein wie Vogelhäuschen - jedem sein ‚Kinkerlitzchen'; antikes Theater an Teich nahe der „Golden Gate Bridge" wird für Freilichtaufführungen genutzt; haben Glück, normalerweise nur zwischen 13 und 15 Uhr etwas Sicht, für uns ist's erträglich diesig, Wassertemperatur ständig zwischen 14 und 16°C - was für ein Rummel an der Brücke: Mautstation davor, großer Parkplatz mit Tunnelzufahrt, Flachbau-Café, Treppe hoch zum Souvenirpavillon, dort unsinnig teures meist kitschiges Angebot - wo sind die hübschen Blumenrabatten geblieben und da, nun drei Golfplätze - aber keinen Raum mehr für den „Russischen Friedhof" gehabt! Das „California of Honors" - Museum erinnert mich lebhaft an das Vaterlandsdenkmal in Rom, kein Fotostop: „sie können mit dem 15-ner Bus für 1 $ oder dem Cable Car für 1,25 $ hierherkommen und ..." andere Sehenswürdigkeiten werden aufgezählt, das lerne ich nicht mehr: im Ausland, in einer fremden Stadt öffentliche Verkehrsmittel zu benutzen, habe Sorge die Orientierung zu verlieren und das mag ich nicht; „Sealrocks" ohne Seehunde aber voller 'Guano', „Cliff House", breiter Sandstrand, verhältnismäßig ruhiger Pazifik, weiße Haie kämen gelegentlich vorbei, Windmühle; weg vom Ufer zum „Golden Gate Park", abseits gelegen, erst eingerichtet als die Stadt schon zugebaut war: Bisons im Gehege, „Spreckels-See" auf dem Regatten ausgetragen werden, Picknick-Fläche, Rasen darf überall betreten und benutzt werden, zum Lagern und zum Spielen, im Sommer dort häufig kostenlose Konzerte von Bands; fahren auf dem John F. Kennedy Drive, Samstag - Sonntag Straße geschlossen für Jogger, Rad- und Roller-Blades-Fahrer, auch Wanderer - das verträgt sich? Altes Museum 1989 beim Erdbeben zerstört, Wiederaufbau noch im Gange, herrliche alte Bäume teilweise mit Oberflächenwurzeln, Rosengarten; „Haus der Blumen", auch welche drumherum, die folgenden Häuser am Hang in Stufen gebaut, hinauf zu den „Twin-Peaks" - dieser Nebel! So sah ich die Anhöhe - der Turm ist weg - und die Stadt noch nie, es zieht sich immer mehr zu; Holzschindelhäuser, runde Palmen ohne Früchte - zu kalt, Homosexuellen-Viertel, einer von ihnen war einmal Bürgermeister von S. F. wurde ermordet, sei trotzdem die toleranteste Stadt mit ihren Stadtteilfesten an denen viele teilnehmen, jedenfalls bestehe ein Antidiskriminierungsgesetz, aber Aeroflot und El Al dürfen hier nicht landen (?); Häuser in viktorianischem Stil, Rundbau der „Baptist Church", Kuppelbau: Rathaus nahe dabei „Bosarstil"-Häuser, Stadtbücherei, Asiatisches Kunstmuseum und mehr; wie war das: eine französische Firma aus Paris hat öffentliche Toiletten gebaut mit

Vollreinigung auch der Wände, geruchfrei - hier nicht unauffällige sondern breite Eingänge ebenso für Rollstuhlfahrer, 25 Cent für 20 Minuten - ich weiß es gibt auch einfache die nichts kosten, muss nicht jeweils „vollgereinigt" werden, sind wohl sehr stolz auf diese neue Errungenschaft; großes Opernhaus hat Form wie ein Odeon, „The Great Seal of the State California", 'Eureka' im runden Wappen mit Umschrift und Ornamenten, Gebäude von Bären flankiert; Hochhäuser haben beigen Außenanstrich, schwarze Balkongitter und Fensterrahmen wirken schmal und fein, gar nicht hoch, „St. Brigid Church" mit herrlichem Portal, „Cannery": großer roter Backsteinbau hat durchbrochene Galerie und prachtvollen Bougainvilleabewuchs, „Fisherman's Wharf" - ich erkenne fast gar nichts mehr: ein großes Restaurantgebäude versperrt die Sicht auf das Meer, die weite freie Fläche davor hat man zum Parkplatz umfunktioniert und ein riesiges Metallgerüst aufgestellt, an einem Verlade-Peer großer Torbogen, Station und Kiosk zum Kartenerwerb für Fähren und Buchungsmöglichkeiten um per Schiff Rund- oder Kreuzfahrten zu machen, Läden in Flachbauten - der ganze schöne Strandstreifen ist zugebaut, keinerlei Gaukler mehr! Nur noch schmale Lücke für kurzen Blick auf „Alcatraz", ein Aquarium, siebenstöckiges Schiff das vor Anker liegt und die dreistöckige „S. F. Spirit", wohl ein Restaurant - große Peergebäude und Uhrturm, scheußliches Pfeil- und Bogenmonument, vor wiederaufgebauter Oakland-Bridge in zwei Etagen, mit Verkehr in jeweils einer Richtung; Harrison rechts ab hinauf zum Hotel in der „Second Street", Rest des Tages zur freien Verfügung: Essen suchen, da gibt's 'Sushi', habe einen ‚Bärenhunger': Nudelsüppchen und Sushi „to go", angenehm gefüllt schlafe ich fest zwei Stunden, jetzt bummeln gehen, mal sehen was die Füße hergeben - es werden drei Stunden, allerdings mit Tee- und Kakaopause, außerdem hatte Rolf recht hier ist eine „American Express", kann die Dollar-Reiseschecks problemlos einlösen; „Chinatown" - Chinesen zum Bau der Eisenbahn ins Land geholt, von ihnen harte risikoreiche Arbeit bedingungslos akzeptiert, übrigens zeigen Amerikaner Fingerzahlen ähnlich an wie sie - beginnen bei 1 mit dem Zeigefinger, 2 = Zeige- und Mittelfinger, Daumen und Zeigefinger = Revolver (nicht 8 wie bei den Chinesen), Zahlen-Schreibweise unterschiedlich: gedruckt 1 + 7 handschriftlich I + 7; Fotos gemacht, Schuhe gekauft, weil 70% Rabatt reizten ausgediente zu ersetzen; angenehm auffallend die gemischten Paare auf der Straße - Schwarz und Weiß Asiatin und Weißer, habe auch sonst den Eindruck hier bestehen keine Berührungsängste mehr - das ist schon viel, da hat sich etwas geändert; abends noch Swimming- mit Whirlpool, Pizza - so könnte es weitergehen! - Mittwoch, Rundreise beginnt richtig: schon wieder ein Fingernagel abgebrochen, sind doch kurzgefeilt und aus Hunger daran gekaut hab' ich auch nicht; Wolken hängen tief bei Blick auf die Küste von S. F., in **Sausalito** gegenüber scheint die Sonne, Wasser leicht gewellt, nun Gebirge, anschließend Ebene danach hügelig, links stark besiedelt bis zum Meer, beeindruckender Höhenzug doch Blick zum Wasser frei, rechts Erhebungen weit weggerückt, querverlaufende Landhöhen, links, riesige Fabrikanlagen, kahl, trockenes Gras, ab und zu ein paar Büsche und Bäume anschließend Buschland, rechts Zuckerfabrik, fahren über Sacramento-River, links viele auch hohle Bäume, karger Boden rechts, nur Gras, Siedlung, Nebel mit gelbem Gras überzogene Hügel auf beiden Seiten, vereinzelt Bäume Wolken hängen tief, lange flache Höhenzüge hintereinander von niedrigen Bäumen bewachsen, grüne Hütte in Pilzform auf braun-gelbem Grund, Greifvogel unterwegs, rechts ein See und Ebene wie gegenüber, viele Häuser, Elektrizitätswerk und grüne Felder! Oleanderstreifen zwischen den Fahrbahnen halte Blendlicht fern und wildlebende Tiere da giftig, wachse wie Unkraut und gedeihe mit Abgasen besser; wieder ein Raubvogel - 'Doppeldecker' saust direkt über uns hinweg, sind im „St. Joaquin Valley" Kalifornien spanischen Ursprungs, Schwerpunkt Landwirtschaft: hauptsächlich Getreide und Obst aller Art, auch Südfrüchte und Trauben! Bahnlinie, rechts Ackerflächen soweit das Auge reicht, hier Reisfelder; jetzt links ebenfalls bebautes Land, Wasserlauf quer hindurch; Siedlung und Industriegelände, ein paar üppige Essigbäume, hohe Palmen, Blick auf die Stadt **Sacramento,** Hauptstadt des Bundesstaates, meistens „Dritt-Städte" um die Eifersucht der großen zu umgehen: gelbe Pyramide am Flussufer dominiert, fahren über die Brücke, links alter Hafen mit Schaufelraddampfern hat auch Tiefsee-Hafen, „Sacramento-River" für Ozeanschiffe geeignet entsprechend florierender Handel; schöne Allee, an ihr entlang Holzschindelhäuser - „Museum", viktorianisch die Villa später ebenfalls, etliche Glasbauten einer mit schräger Seite, Gebäude mit wuchtigen Säulen, querverlaufende Alleen - sind am „Capitol": innen imposant die wunderschön gestaltete Kuppel mit Stuck- und Girlandenstreifen, Bärenköpfe (es ist der „Bären-Flaggen-Staat"), hübscher Mosaikboden, erneut eine 'Eureka' dabei - die erfundene Muse für Erfolg, ansonsten schwarz-weißes Schachbrett-Muster, im ersten Stock Sternformen in unterschiedlichen Farben, auffallend dass auf der Abgeordnetentafel etliche deutsche Namen stehen, im Anbau einige Gemälde von einheimischem Künstler: die Beziehung zwischen Weißen und Indianern darstellend, Szene aus dem Bergbau, ein Cowboy, Indianer-Jäger; Eichhörnchen hüpft unbekümmert durch den Veteranen-Park hinter dem „Capitol" - es ist heiß, weißer- und Sommerflieder stehen hier, Bambus rosa und lila „Blütentraubenbüschelbaum" sowie gefüllter Flieder in rosa - wunderschön; zwei aus unserer Gruppe werden vermisst, dann vor dem Gebäude aufgelesen, rein in den Bus - kalt; Haus mit typischer Säulenveranda, Stadttheater ist sehr wuchtiger Ziegelbau aus schmalen Steinen, Rathaus und Park mit Bauernmarkt - enorm diese großen robusten Magnolien überall mit Blüten in doppelter Handtellergröße; zwei Stunden Mittagspausen-Aufenthalt, Ort wirkt kleinstädtisch, Charter-‚Nussschale' flitzt zum Anlegeplatz, Raddampfer-Hotel hat vier Etagen, Motorboot auf dem Wasser, dunkelgraue Tauben und Spatzen, aber keine Möwen zu sehen, „Eisenbahnmuseum", „Postkutschen-Denkmal", frage nach dem merkwürdigen Pyramidenbau - Freude über das Interesse, Verkäuferin der Postkarten erzählt mir die Geschichte dazu: sollte als Hotel genutzt werden, Konkurrenz erwirkte Verbot, Erbauer machte Büroräume seiner Firma daraus und ging bankrott - Gegenseite schadenfroh, aber die Pyramide existiert und ist zu einem Wahrzeichen geworden; Weiterfahrt: es geht hinauf in die Berge, überqueren American River, erreichen die „Sierra Nevada" welche mit der Fortsetzung dem Kaskadengebirge die innere Zone der Nordamerikanischen „Kordilleren" bildet; eben, dann viel lichte Laub- und Nadelbäume auch Zypressen, wieder das ‚verdorrte' Gras als Untergrund, **Newcastle:** Capitol in Kleinformat nach Markthinweisschild, schon Mittelgebirgslandschaft, nach 45 Minuten erste Blockhütte, Ohren knacken, bei **Applegate** ein Vogelhorst, **Haether Glen,** Tankstelle - wir fahren auf dem „Canyon Way", ein „McDonald's", hohe Nadelbäume, ein paar Häuser nahe **Colfax**, Steilhang und Kahlstellen im Wechsel mit Taleinschnitten, drei abgestufte Erdwälle hintereinander, querab Höhenzug, passieren „Rest Area", ganz helle Erde hat oben rot-braune Schicht, nun hauptsächlich „Ponderosa-Kiefern", **Christal Springs**: Reno 73 Meilen entfernt, **Baxter** - haben uns in die Höhe geschraubt, rechts ab zum „Blue Canyon", links tiefer Einschnitt, kahle Berge oder Teilbewuchs auf Gipfeln in niedrigem Grün, hie und da zwischen den Bäumen riesige Felsbrocken, Granit-Monolithe, Felshang mit Geröll, „Cisco Grove", danach Schiefer- nun Grasabhang mit Tännchen, grauer Felsrücken ohne Bewuchs, Alm-Landschaft und Geröll, jetzt enorme Felsstücke im Wald und gelegentlich kahle Stellen, Donner-Pass ist Skigebiet: „Castle Peak" hat ringsum Skihänge in ca. 2 500 m Höhe, Donner-Summit mit Schneeresten, unten gleichnamiger See; da gibt's ein paar Häuser aus dunkelbraunem Holz grün lackiert, in Alpenstil: Motels und Lodges, rechts ab zum „Lake Tahoe"; der Höhenzug wechselt die Seite, Bahnlinie geht über Humboldt-Fluss nun auch die Straße und wir darauf, mehrere Sportflugzeuge, vermutlich Flugplatz in der Nähe, kleiner Teich, Salbei in Mengen, normales Waldgebiet mit niedrigem Gestrüpp, Unterholz und Beerensträuchern, Laubwaldstreifen parallel zur Straße, „Ponderosa", großes Blockhaus und viele Ferienhäuser, der See hat eine Fläche von 500 km², ist extrem tief und friert nie zu, 2/3 gehören zu Kalifornien, 1/3 zu Nevada, er liegt vor uns begrenzt von schneebedeckter Bergkette, Gleitschirmflieger über dem Wasser das eine wunderschön abgestufte flaschengrüne Farbe hat, „King's Beach", Möwen - wollen über den „Mt. Rose" nach Reno, **Tahoe City**: Blockhütten und Bootsverkauf; in Nevada angekommen dem Silber- und Salbeistaat, Haupteinkommensquelle das Glücksspiel, aber auch Bergbau (Kupfer), Vieh- und Forstwirtschaft, Hauptstadt Carson City; Holzhäuser, rechts immer noch der See (s. o.), gewaltige und kleinere Felsbrocken unterbrechen den Bergwald, Steinmäuerchen in Stufen zur Abhangstabilisierung, Baumbewuchs reicht bis nach unten, Bergkette vor uns - fahren hinein, von Mäuerchen abgestützt hinauf und vor uns liegt der See in voller Größe mit etwas in Dunst gehüllten Schneebergen im Hintergrund - welch ein Anblick! Geröllhänge, tiefes Tal in das die Bäume hinunterwandern, es bleibt steinig, Steilhänge wie Zementboden, „Mount Rose" überquert, serpentinen zwischen steilen Höhen hinab, Steine und Gestrüpp wechseln, rechts See-Ende; hohe völlig kahle Sandbergzüge hintereinander, immer noch von Gebirge umgeben gelegentlich ein Tal dazwischen, unter Bäumen Häuser, vorgelagerte Ebene mit Gestrüpp, ein paar Bauten in dieser hässlichen Umgebung, Anhöhen links nach hinten gerückt, werden flacher und sandiger, nun restlos kahl, Sandberge rundum, breite Senke, Wüste Nevadas, **Reno**: Zentrum für Viehmarkt und Rodeos, letzteres sieht man an den vielen Männern mit markanten Cowboyhüten; gab hier „Chicken Ranch" - Bordell in dem die Bauern mit Hühnern bezahlten, daraus entwickelte sich Eierhandel; ‚Klein Las Vegas' für mich: haben auch „Circus-Circus", „Phoenix" und ein „River Shuffel Boat"; mindestens 35°C, gehe zum Humboldtfluss, werde unterwegs gefragt – nein, leider weiß ich nicht wo das „Golden Nugget" ist, suche mir noch die Kirche „St. Thomas von Aquin" - dieser starke Wind überall, komme heute kaum dagegen an; ‚Irrgarten-Hotel': Magnetkartenschlüsselproblem und Frühstücksraum-Suche - nur an Automaten spielen könnte man ständig! Joe klärt über Essensgewohnheiten der Amerikaner auf: abends zum Essen stets Brot (sind mit den Italienern verwandt?), Alptraum warmes Bier - es muss eiskalt und ohne Schaum sein, die linke Hand vom Tisch - bei uns unfein wenn sie nicht da liegt, Fleisch wird vorgeschnitten und dann alles mit der Gabel verzehrt (praktisch), Hauptmahlzeiten: Frühstück und Abendessen, mittags wenig essen damit man zum Weiterarbeiten nicht zu müde wird; Bedienungen leben vom Trinkgeld: „tip" = to its proper service das in die Steuerkalkulation eingerechnet wird, Stundenlohn 5,40 $ brutto und 1 freies Essen; wie kommen wir an Geld: über Deutsche Bank-Konten und American Express gebührenfrei, mit EC-Karte entstehen Kosten. - <u>Donnerstag</u>: sind dieselbe Strecke durch das Becken zurückgefahren, Morgenlicht verändert die Farben der Höhenzüge, macht sie sanfter und heller, das Gelb der Felsen und rote Erdflecken leuchten intensiv in der Sonne; wir winden uns hinauf, Straßenschild: Vorsicht Pferde, ‚Schweizer-Käse'-Berg der „Mt. Davidsen" mit Silber- und Goldadern tief darin, kurz auf Hochplateau, in Schlangenlinien wieder hinunter, Erhebungen in Wellenform gelegentlich Felssäule, kahle Stellen und Sandhalden vom Schürfen, Abfahrt Dayton, **Virginia City**: altes Zentrum der Silbersucher aus der Zeit des -rausches, natürlich mit Glücksspielangeboten, hier erst Schürfrechte erwerben, nicht wie damals in Kalifornien im Tagebau jedem Goldsucher erlaubt; Gerichtsgebäude in kleinformatigem Renaissance-Stil, Mitte ziert eine 'Justitia' zwischen zwei Säulchen, „Forth Ward"- und „Middle School", Holzkirche „St. Paul's Episcopal Church" mit Rahmen in gelb und beige, „St. Mary's in the Mountains" hat Sockel aus grauen Bausteinen, sonst rote Backsteine und am Hintereingang Holzvorbau der in den Glockenturm übergeht; Gehsteige wie in Sacramento: durchgängig Bohlenbretter, nach der Straße zu hoher Steinrand, deshalb Zu- und Abgänge abgeflacht für Rollstuhlfahrer und keine Stufen - alte 'Yamaha'-Geländemaschine unterwegs; teuer, finde keinen Kakao, kaufe Schokobällchen – süß, ist hier sehr süß, wie in Italien, trinke Wasser aus meiner ständigen Begleiterflasche; erneut im Bus, unser Fahrer macht schöne „Country"-Musik, Sand und Geröll, die Höhen links haben sehr schräge Hänge, rechts weites karges Hügelland, Weg zum „Great Basin" der größten Wüste Nordamerikas, zwischen zwei Bergzügen gelegen, aus Halbwüste und Wüstenteilen bestehend; es geht bergab, Hügelketten hintereinander, Abschlussbergzug mit Firn weit weg; Straße verläuft zwischen Hügeln, einem mit Felskrone, Sand-Schürfgrund hat Förderanlagen und Feldschuppen, Ebene vorgelagert, verstreut einzelne Büsche, Fläche übersät mit kleinen Sträuchern, dann durchwühlter Hügel auf dunklem Grund, hell und beige zweimal im Wechsel, breite hellgraue, mittel- dann dunkelbraune Schicht darin helle Linien, große helle abgeplattete Kuppe - sieht wundervoll aus! Wie bisher Ebenen, haben beiderseits Bergzugbegrenzung, Lastwagen erzeugt Sandfahnen; mittendrin Gefängnis: „hingegangen um Nummernschilder herzustellen" = Knast, diese kahlen Sandberge sind schön, überwiegend rotbraun, dunkle Felssprenkel obendrauf oder am Hang, kurze manchmal lange beige Querstreifen, darin auch Flecken oder Placken - am Himmel glitzert ein

Flugzeug, Stein-Büschellinien, schwarzer Kiesuntergrund, nun eintönig heller Sand und grau-grünes Gestrüpp, Autoansammlung um Silo herum, Industriegelände; erfahren dass Gewerkschaften fast gar keinen Einfluss mehr haben: 'schwarze Schafe' trugen Geld in Casinos und Mr. Reagans Verfügung 1980 streikende Lotsen zu entlassen war endgültiger 'Dolchstoß'; schnurgerade Straße bis zum Sportflugzeug-Airport, „Home of Vaqueros", „Sierra Vista"-Schild, „Friendly Nevada", überall, sogar hier im kleinen Ort „Bank of America", viel freies Gelände auch zwischen den Häusern, Shell-Tankstelle, „Manpower", „Jack in The Box", Flachbau-Imbiss - mit unvermeidbarem Casino aber ebenso phantastischem 'Lasagne', zu viel und preiswert außerdem Baguettestück und Butter zum Mitnehmen, weiter: überqueren Bergrücken, unten ganz hell, mittelbraun und braun darauf wie Samt, rechts riesige Senke, erste Salzseen, Berg oben dunkel in den Falten hell, der nächste dunkelbraun, vorne Gestrüpp und Salz = verschiedene Salze, Mineralien und Gips, jetzt Steppenwüste, Salzseen ohne Begrenzung, auf denen mit Raketen-Autos Wettbewerbe ausgetragen werden; große Hügel von weiträumigen Ebenen unterbrochen, danach Bergkette am Horizont die wie viele andere aus der Eiszeit stammt - weit weg; Salzmieten, helle und dunkle Sandberge wechseln ab, große Salzflächen, Steinbrocken und -‚türmchen', Hügel hell und dunkel in Pyramidenform, es ebnet sich auf beiden Seiten ein, Gestrüpp, Siedlung und offenbar angelegte Felder - noch 198 Meilen bis Elko; langgezogener tiefer sandiger Einschnitt, links „Humboldt"-Strom mit komischer Wasserfarbe, einem hellen blau-grün, er verliert sich in einem Salzsee über dem eine weiße Wolke schwebt - wie ein wunderschöner leichter Florentinerhut mit Bandeinschnitt; jetzt kurzes Gras oder purer Sand, anschließend kleine Grünstellen wohl durch restliche Flussfeuchte bedingt, kleiner Baumtreffpunkt, Salbeisträuchlein - im Salbei sei viermal so viel Eiweiß wie in Gras, ist Nahrung wilder Tiere im Winter; wüste Wüste - aber diese Hügelfarben, auch wenn es ‚nur' braun ist! Begegnen Transporteisenbahn mit ca. 70 Anhängerwaggons - Schienen sahen wir schon öfter, dunkler Berg zwischen hellen Hügeln, ein „Wal-Mart", **Winnemoucca,** am Fuß des Sandbergrückens in Fernfahrer-Tankstelle Kaffe-Pause, sie haben dort Duschmöglichkeit, es ist windig und trocken heiß; auf der Weiterfahrt etwas Gras, breiter Grünstreifen mit Salz, Güterzug-‚Bandwurm' in Gegenrichtung - Länge scheint hier üblich zu sein, ein Baum an der Straße, Örtchen, verdorrte Büschel, helle Steinkuppen in beige-gelb zu sehen - rechts geht's nach einer Meile zum „Golconda Summit", kleine Steinabbruchkante links, Landschaft in lieblichen Schichtwellen mit Pocken-Büschlein oder ein paar Steinen garniert; „Pumpernickel Valley", etliche Salzflecken darin und kleine Büsche, Grenzbergkette in gemischten Brauntönen Ende des Salzgebiets; da links blinken Signallampen von zwei Fabrikschloten, rechts Hallen, Schuppen, „Pick Up"-Parkplatz, Bergbaugelände, **Valmy**: noch 89 Meilen bis Elko - eine dieser Endlos-Straßen, völlig gerade durch gleichartige Ebene mit Bergen voraus, die mehr zurückweichen als näherkommen; „West Battle Mountain" rechts, links Industrie und „Viking Enterprises", Arbeitsgelände verstreut Häuser, Sandberg-Höhenzug erreicht, Bahnlinie begleitet uns; Truckee-Fluss links, wir fahren zwischen den Erhebungen, **Argenta**, gefällige Schichthügelwellen, gegenüber Ebene mit dichtem Gestrüpp, ab

und zu einem Baum, großer Parkplatz voller Autos, dahinter Grün- und Sandstreifen, sattgrüne Stellen folgen, wassergefüllte Becken, ab und zu höhere Gräser und Büsche, links kahl, „Beowawe Crescent Valley": ‚Noppenhügel' beiderseits, haben weite Sicht auf Highway, Fahrer treibt Überholspielchen mit einem Truck, Hügel flacher? Nein - wir höher, der Hintergrund dunstet langsam zu - vom Band läuft Jackson-Song mit Frank Sinatra und die 'Mary Ann', **Palisade** nahe, vor uns noch mehr dieser Höhenzüge hintereinander, der letzte voll im Sonnenlicht, nun hat sich eine Wolkendecke aus weißer ‚Watte' mit zerzausten Rändern gebildet; unterhalb vom Sandberg-Faltenzug zwei Hügelstreifen deren Furchen dazwischen manchmal zu wuchtigen Gebilden verschmelzen, Fluss rechts, links Hochschule für Feuerwehrleute, Berge rücken zusammen - hinein in den Tunnel und durch, ungeheurer Wind drückt den Bus schon eine ganze Weile, Felsenburg und ein paar -‚türme' - merkwürdig diese kuriosen Teilabschnitte, ein kurzes Stück und dann nichts mehr davon; wieder wie vorhin spärlicher Bewuchs und einige niedrige Bäume, etwas üppiger, Gebirgsketten flacher, Stadt in Sicht, Flughafen auch für Kanadier, **Elko** hat Goldminen, Schürfer fallen auf, zwei teilen sich ein Zimmer, arbeiten und schlafen umschichtig; es gibt hier mehr Regen und bewässerte Felder für Rinder, Höhe ca. 1 500 m; „Shilo-Inn": geräumiges Zimmer mit Esstisch und zwei Sesseln, nur zu warm - andere sagen sie hätten gefroren, Swimming- und Whirlpool nutzen, noch Hähnchensalat aus dem Supermarkt und Baguette von heute Mittag, sowie frische Scheiben herrlicher Ananas, verzehren, Einschlafprobleme durchs Schwimmen und Haarewaschen. - Wecker unerbittlich
<u>Freitag:</u> 6 Uhr aufstehen, in 30 Minuten Koffer raus, 7.30 Uhr Abfahrt - dabei bleibt es: hoher Himmel mit Strichwolken, fahren wieder zwischen Sandberg-Höhen und Schienenstrang, es staubt, da geht es nach „Ryndon Devil's Gate", Joe verliest die Nachrichten täglich, mir entbehrlich - Salt Lake City 216 Meilen das interessiert; gleiche Landschaft wie gestern dann höheres Gestrüpp und weite Ebenen, „River Ranch", Rinderherden auf beiden Seiten, **Beverly Hills** - ich finde es sehr verwirrend dass in diesem Land Ortsbezeichnungen zwei- oder noch mehrfach existieren, hier gibt's „Doggy-bags" aus Alufolie in Tierform, sagt Joe - nicht für uns, sind dran vorbei, karge Berge rücken näher, **Wells**, beiderseits Mischwäldchen halbhoher Bäume, Höhen wechseln die Seite, Bäume schrumpfen, Salbei und andere Büschel, „Independence Valley": Pflanzen mal niedriger mal höher, in den Bergen links abgestufte hellgraue Felswände, rechts Netz gegen Steinschlag, Steilkante wie zusammengepresste Säulen, **Pequoq**, gewelltes Hochplateau, lichte halbhohe Bäume, riesige Ebene, Abfahrt nach Oasis und Montello, Salbei und Bäume verschwunden vorne Berge, Hochstraße auf ‚Stelzen', hügelig, helle Sandplacken und gelbes Gras auf beiden Seiten; „Pilot Peak", kurz Steinwüste, verdorrte Büsche, rechts und links Felsbergabschluss, vor uns ausgedehntes Salzseengebiet; in **Wendover,** Utah, angekommen dem Mormonenstaat, „Deseret" = Honigbiene, Symbol für Fleiß und Energie; der Westen der Great Basin und die Wasatch-Berge, Teil der Rocky Mountains, ein beliebtes Skigebiet bestimmen die Landschaft, Bergzeit: Uhr eine Stunde vorstellen - es gibt vier Zeitzonen in den USA, manche haben zusätzlich Sommerzeit - und der Wochenbeginn ist am Sonntag; riesiger Felsbrocken, zerklüftete

Berge oft spitze Kegel begeben sich langsam in den Hintergrund, Straße verläuft im Salzbereich, Autobahn-Kontrollpunkt, beliebte Rennstrecke auf ca. 1 300 m, Fotostop am „Bonneville Salt Flats International Speedway", Salzablagerungen vor braunen Bergen - war Abzweigung, zurück zur Hauptstraße, Pause an Trucker-Tankstelle: heißer Kakao, nicht immer zu haben aber hier für 1,05 $, sogar ein großer Becher! Kerzengerade weiter durch Salzflächen bei weißer Flockenbewölkung, am Rand Berge, ein paar vorwitzige Hügel mit Trockengebiet dazwischen, **Grantsville**: Fabrik der bekanntesten Salzgesellschaft links, Emblem Mädchen mit Regenschirm; Highway Patrol winkt uns durch, großer See von heller Farbe - Wasserhöhe habe zugenommen und gefährde Flugplatz; Salz- und Wasserflächen wechseln ab, manchmal Schaum am Rand oder Flocken darauf, halbhohes Schilf, Ententeich; Berge im Bogen zurückgekommen, grauer Stein, flaschengrüner Teich mit Schilfrand wirkt sehr normal und hübsch, Freizeitgebiet schließt sich an: links großer Salzsee mit Insel-Park darauf, Bootshafen, rechts Fabrik mit Schornstein wie Riesenfinger, gegenüber ‚Zwiebeltürme' auf Minipalast der orientalisch aussieht, hinter langgestrecktem Sand-Salz-Damm sprühen Wasserfontänen, nun Buschland, „Airport", überqueren Gewässer - „Mormonenschlucht", großes U am Hang, **Salt Lake City,** Hauptstadt Utahs, des u. a. Raumfahrtstaates, Lage zwischen Bergen und Salzseen, zuerst wurden Staudämme errichtet und Getreide gesät dann die Stadt gebaut, unvermeidlich überall die Wolkenkratzer - hier geht's noch - und „Wells Fargo", Rathaus, Stadtbücherei, „Tesoro"-Tankstelle, Mittagessen im „Chuck-A-Rama": sehr großes Buffet, kann damit schlecht umgehen, zu unübersichtlich für mich, gut und preiswert; gewitterschwül, die Luft steht, Stadtrundfahrt: Sportstadion, sehr große Universität mit entsprechenden Forschungseinrichtungen: Imageverlust durch 'Flop' mit künstlichen Organen, Dolmetscherausbildung für alle Sprachen, wegen des zweijährigen Missionsauftrags der jungen Männer, aber immerhin dafür angesehen; viele Bäume in der Stadt bis hinauf an die Berge, Heritage Park: erste Siedler kamen aus dem „Evergreen Canyon" blickten ins Tal: „this is the place"; zu Fuß „Freilichtmuseum" erkunden: „Old Deseret", Zoo dabei, Wind kühlt hier oben angenehm, mit Denkmalumrundung Referenz erwiesen, außerdem Stadtplan gekauft - weiter: schöne Häuser, viele aus Stein, Plattenzugang im Vorgartenrasen mit kleinen Blumenbeeten, Bürgersteige - alles sehr sauber und gepflegt, Freimaurertempel, Gouverneurs-Haus, Villa hat wuchtigen Säulenvorbau, Sandsteinkirche der Presbyterianer, graue katholische Steinkirche; „Zwei-Tonnen-Adlertor" - grüße dich zum zweiten Mal, Musikpark rechts, „Indianerdenkmal" vor Capitol auch noch da, Stadtpark, Bahnhöfe „Rio Grande" und „Junion Pacific", Gebäude vom Olympischen Dorf, „Biaggi's Ristorante Italiana", „Salt Palace" ist Messezentrum, Möwen auf Straßenbahnunterstand in Lebensgröße abgebildet als Dank für die Beseitigung der damaligen Heuschreckenplage; öffentliche Verkehrsmittel sind kostenfrei - übrigens 'Marriott' ist Mormone mit Hotelkette (siehe San Francisco); „Mormonen-Temple"-Square mit Führung - erneut, ich weiß: die Mitglieder der „Kirche Jesu Christi der Heiligen der letzten Tage" rauchen nicht und trinken weder Alkohol noch Coffeinhaltiges, geben 10% des Einkommens an die Kirche ab, haben eigenes

Wohlfahrtssystem mit Lebensmitteln und „Secondhand"-Kleidung, keine Bettler in der Stadt, Tempel aus Utah-Granit an dem man 40 Jahre gebaut habe, in ihm Heirat für die Ewigkeit, auf Zeit außerhalb; „Engel Moroni" auf Turmspitze 4 m große vergoldete Metallfigur auch noch nicht heruntergeflogen, Ersatz-Taufe für Tote, führen die größte genealogische Ahnentafel der Welt; „Tabernakel" = Versammlung, der ca. 360 Personen starke Chor singt wunderbar, Akustik erlaubt herrliche Aufnahmen wie bekannt; aufdringliche Werbung in einem Raum: blaues Halbrund mit Sternen und überlebensgroßer Christusstatue aus Gips (?), Mädchen reden und „Jesus", anschließend Filmvorführung, Austeilung von Animierkarten, jeder wird von jemandem angesprochen und ‚begleitet' – penetrant, ‚unser' Hotel liegt am Stadtrand, hat Restaurant und Bar - das ist nicht meine Preislage, Zimmer: eine Seite Aufzug, andere unten der Swimmingpool voll junger Leute - entsprechend laut, drei Monate Sommerferien ab Juni, ursprünglich wegen Mithilfe in der Landwirtschaft, man probiert nun Zyklen aus; Kartenschlüssel-Problem, suche Supermarkt, Mexikanerin versteht nur Gestik, strahlt: „McDonald's", das wollte ich eigentlich nicht aber da ist sonst nichts! Es tröpfelt, Gewitterwolken kommen von den Bergen, ziehen weiter, erinnern an tropische Regenzeit - das sei hier im Sommer so; Getränke: heißes verbrennt die Zunge kaltes ist eisig, mitnehmen hilft in beiden Fällen, „Essen mild, nicht scharf gewürzt bitte" „not hot" wird versichert - Feuer in meiner Kehle, was bezeichnen sie als mild gewürzt ‚Flammenwerfer'? Bei Portionen aufpassen riesige üblich, z. B. große Pizza hat Kanaldeckelgröße. - Samstag: immer Obst zum Frühstück, fein für mich - „again let's go": erdfarbene Berge und weinrot oder gelb, beige, grau, wieder braun mit grünem Überzug und ‚verdorrtes' Gras, Bäume, Centerville danach Kaysville: schmale zweistöckige Häuserzeilen sehen ein bisschen wie Spielzeug aus, „Snake River", berühmt durch Wildwasserfahrten, entspringt im „Grand Teton-Yellowstone National Park", dem jüngsten Gebirgszug der Rocky Mountains, landwirtschaftliche Nutzflächen beginnen bei Layton, „Red Roof Inns"; Syracuse, Clearfield, Interstate = innerstaatlicher Highway, um 20 cm höher als der umgebende Boden, bedeckter Himmel, fahren in die aufgelockerte Helligkeit über dunklen Bergen zwischen zwei Höhenzügen, nahem und fernem im Dunst, die Häuser meist einstöckig, Pferd, zum „Ogden Canyon" rechts ab, links noch ein Stück vom großen Salzsee zu sehen, Güterzug, Exit: Willard, besprühte Felder, Weideflächen in üppigem natürlichem Grün und mit hohem gelbem Gras, Unmenge Rinder darin, Berge wechseln bei unterschiedlichem Licht Farben und Konturen, Äcker, über Fluss, „Mobile-Home"-Transport in flotter Geschwindigkeit, gefällige Hügel in braun-grün, Tremonton, Gegend sanft gewellt, Fläche rapsgelber Blüten auf kurzen Stielen, Getreidehügel hat Sandmulden, grau-grüne Sträucher auf hellem Gras, Woodruff Samaria, verschiedenfarbige Hügelkette mit Sonnenflecken, niedriger Baumbewuchs, bewässerte runde und rechteckige Felder, manchmal mit komischen Ausläufern gemäß den Systemen, rechts enorme Sandhaufen - noch keine Rast? Liebliches Tal mit aufgelockerter Bebauung, Parklandschaft „Denie Creek Reservoir": See und Campingplatz, schöne Rasenflächen, ein Schimmel und ein Brauner, große Tiefebene, vor nächstem Gebirgszug wieder Gestrüpp, Downey, Preston,

Virginia, abwechslungsreiche Landschaft in Grüntönen, Pferd, gemähte Wiese, gelegentlich Gehöfte, Motorradfahrer unterwegs - ah ja, Wochenende! Dichtes Buschwerk, Siedlung in Einschnitten, hellgrüne Matten zwischen braunen Hügeln mit dunkelgrünen Bäumchen, Bergbauanlage, vorne Faltenberg mit Schattentälern, darin Alm zwischen dunklen Wäldchen, gelbe Ringelblumen am Straßenrand; Grenze zu Idaho überschritten (Hauptstadt Boise), Schlangenfluss durchzieht das Land, Berg, Ackerbau besonders von Kartoffeln und Obst - neuerdings erhebliche Dinosaurier-Funde, Museum in **Malad City** versucht Exponate zu halten, Kurzrast: Ladeninhaberin raucht draußen, „soll ich meine Tasche hierlassen?" „Sie sehen nicht so aus als würden Sie etwas mitnehmen", na das freut denn auch, schaue mich im Geschäft um und gehe wieder hinaus „thank you, bye"; **Pocatello,** Wohnort der Mormon-Fundamentalisten (z. B. erlaubte Vielehe) mit drei Kirchen, eine kleine Gemeinde überschau- und kontrollierbar; „Chubbuck-Airport" links in Ebene, rechts hügelig und Bergbegrenzung, Gras, Büsche, wilde Ringelblumen im Mittelstreifen, Senkengebiet wie Gebirge in Kleinformat; ‚unser' Fahrer, Tim der mich an den freundlichen Fernseh-Seehund vom NDR erinnert aufgrund seiner Körperfülle und dem weißen Schnauzbart, macht „Tennessee" - Musik, Flugzeuge schweben herein, Äcker, Buschgelände, Wiesen und Felder vor **Blackfoot**; Erholungs-Area am Fluss den wir gerade überquerten, sehr schöner Golfplatz mit See, nochmals Wasserstelle und darin Insel, Campingmöglichkeit, Pferde, Felder; „Idaho Falls": ein Tisch, zwei Bänke und ein aus beigem Holz geschnitzter Indianer-Oberkörper mit hohem Federschmuck, über breites Flussbett Blick auf ‚Sahnezipfel'-Gebäude; „Chuck-A-Rama" - nicht für uns, „Wendy's" - auch nicht, die „Heiße Theke" im „Fred Meyer" - Supermarkt hat im Angebot: geröstete Kartoffelschnitze und süß-saures Schweinefleisch - mag ich, noch ein großer Kasten Zimtstangen für irgendwann, kleine gibt's nicht und männerfaustgroße Nektarinen - alles für knapp 10 $ - einverstanden, Obst ist gewaschen, kann sofort verzehrt werden, jedes Essen wird selbstverständlich in Plastiktüte verpackt, Serviette und Besteck gibt es dazu und sogar der tropische Fruchtsalat für 1,50 $ enthält ein Gäbelchen - alles ohne Aufpreis, Getränke erhält man meistens in 3/4 l-Bechern, immer mit Deckel und Strohhalm - der Besteck-Haushalt wächst und die Sammlung von Plastikbeuteln welche Mitbringsel polstern; wieder weiter: langgezogene grassodengedeckte Schuppen, nun eben hüben und drüben, Äcker, Kartoffelfelder blühen, Anwesen von Bäumen umgeben, im Kreis oder in Quadratform, zwei Höhenzüge hintereinander vor uns, rechts gemusterter Grasgrund in allen Abstufungen von gelb und grün - so etwas Schönes! Straßenschild warnt vor Hirschen, „Snake River" parallel zur Straße, Felskanten säumen das Ufer, Landschaft wirkt alpin; Berge zurückgewichen, Hochebene mit grün-gelben Matten, Felder und Grünfutteranbau, fahren zwischen Gebirgszügen, die immer wieder Einschnitte als Durchlass haben, hinab: Fluss wieder da mit Beerensträuchern und Gestrüpp, an manchen Stellen hohe Bäume, danach auch bewaldete Berge, überqueren das flaschengrüne Gewässer in dem Angler stehen, wilder blühender Salbei am Straßenrand, an Kreuzung nach links auf die Höhen zu ein paar Häuser zwischen Strohballen-Feld und Silos, große Scheunen und Gehöft, Zitterpappel-Wäldchen -

dachte es seien Birken, haben aber silbergraue Rinde und schwarze Astlöcher; Schlucht rechts, überall Nadelbäume, Hochplateau „Targhee National Forest", Schotterstraße - da repariert einer sein Auto, links unterbricht blanker hellgrauer steiler Fels schroff und steil den Bewuchs, Geröllhalde; liebliche ‚Alpen', wenn Tännchen dann karg, sonst große schlanke Nadelbäume, Laubbäume säumen die Straße, hohe Büsche am sich schlängelnden Wasserlauf, gelegentlich Blumenabschnitte, gelb und helllila herrschen vor - hinauf: Abhänge bewachsen, Schlucht voller Bäume, es regnet aus grauen Wolken über uns, kurzer Blick auf die Rückseite der Teton-Berge, den mittleren Höhenzug der Rocky Mountains, wilde Lupinen! Drei Gebirgszüge hintereinander, der letzte in grau mit Schneeflecken, die anderen braun-grün überzogen; sind wieder unten: Ebene, Viehkoppel, Heupakete auf der Wiese, bewässerte Äcker, fahren durch einen Ort - leider immer ohne Eingangsschild, die Häuser stehen in großen Abständen, „Sotheby's" hat Elch-Emblem, Bootsverkauf; dunkle Bäume auf hellem Grün des Grases oder dem Braun eines Gipfels leuchten im Sonnenschein, Rad- und eine Menge Motorradfahrer unterwegs, z. B. mit „Golden Wing"; Wyoming erreicht, den Staat der Cowboys und Trapper, Wahrzeichen der Bison, Verkehrsader ist die „Union Pacific"-Bahn, Hauptstadt Cheyenne; Plateau von Gebirgen durchzogen, harte Winter, geringst besiedelt, wir erfahren: Bildungssystem ist Sache der Bundesstaaten und die Festlegung der Höchstgeschwindigkeitsgrenze, allgemein gilt alle fünf Jahre Führerschein erneuern - mehr Formsache; steile Lehmhänge wohl durch Straßenbau entstanden, mit Netzen versehen, in der Höhe Blick auf Bergketten, quer davor breites langes „Swan Valley" mit „Snake River" der vom Yellowstone kommt, nun sehr steile ‚Almen', oft mit einem Blumenteppich, verschieden geformte Bergeinschnitte, Mulden wuchtig und doch gefällig, Vieh und Pferde, trockene Wasserarme von Bergen umgeben - wollen nach Jackson dem Ausgangspunkt für Bootstouren und Ski-Ort, Wyoming war Indianer-Lebensraum, ihr Mittelpunkt der Bison - Englisch „buffalo" von 'boeff' wie ihn französische Pelzjäger nannten, Indianer nutzten von ihm alles, die Häute auch für 'Tipis', der Rest aufgekocht zu Leim ergab eine Art Harz, hilfreich auch beim Heizen; Wapiti-Wild-Reservat rechts mit Ententeich und „Huckleberries", einer kleinen harten Art Heidelbeeren, nachgebautes Fort links, überwachsener Fels zu Ende; Bergzüge teilweise gletscherbedeckt seien noch aus der Eiszeit, befänden sich aber ständig in Auflösung, deshalb bald verschwunden, hartes Gestein ist Bergsteiger-‚Dorado' - befinden uns auf knapp 2 000 m Höhe, es nieselt; riesige Salbeiflächen, dann erneut steile Hänge, links etwas gemäßigter, Häuser auf einem Zwischendamm, es wird flacher, Flughafen, **Jackson Hole** - Pause: 43°C, Hirschgeweih-Tor am Eingang zum Park, kleines feines Museum darin u. a. ausgestopfter Bison „Big Horn Cheep" und „Mule Dear"; die Sonne brennt und weiter geht's: Gewitterwolken über den Bergen, gefaltete Sandhügel mit grünem Hauch, Sani-Wagen bei Motorradgruppe auf Parkplatz, Eingang vom „Teton-National-Park": hohes Gras, Salbei und Blumen - Blumen! Passieren Brücke, zwei graue Kegelspitzen voraus über den Bäumen, bewegen uns auf Gletscherbergkette zu mit hohen teilweise wuchtigen Gipfeln, Fluss wieder in ganzer Breite, Elchmutter mit Kind gesichtet? Zu weit weg -

gelegentlich Espenwäldchen-lein, Berge weggerückt, üppige Almwiesen bis zur Straße, Nadelbäume unterschiedlicher Höhe, auch wieder Drehkiefern dabei deren Zapfen sich nur durch Feuer öffnen; über fast völlig ausgetrocknetes Flussbett zum „Jackson Lake" - bitte wo ist der See? Hübsche Erholungsanlagen mit Informationszentrum, Toiletten, Wasch- und Duschräumen, kurze Rast und ein äsender Hirsch, gegenseitiges Angucken - wir interessieren nicht; Glocken- und viele Wiesenblümchen, hier besonders in blau und rot - überall in Massen nur nicht da wo wir halten, Picknick-Areal, jetzt sehr großer See mit Wasser parallel zur Straße, Greifvogel, dichtes Gestrüpp, Wiesenboden in lichtem Wald, Campingplatz; sehr großes Gebiet abgestorbener Bäume vom letzten Waldbrand, längst wieder Hochebene und Felshänge - sind in ein riesiges Tal hinuntergefahren, Brücke über Fluss, **Flagg Ranch Village** links, Straßenerneuerung – grausam, kann meine Notizen nicht entziffern, Flussschleife Eingang „Yellowstone National Park": knapp 9 000 km² groß, nicht ganz die Hälfte von Rheinland-Pfalz, weite Teile unspektakulär, 1988 vereinigten sich kleine lokale Brände zu Feuersturm der völlig außer Kontrolle geriet, Fluss in Schlucht hat Stromschnellenstufen, Felswände, Baumufer folgt, nun völlig ruhiges Wasser lichter Wald und Brandschäden mit natürlichem Nachwuchs - schon 20 Minuten lang dieser Anblick, Gras; Regen und Sonne wechseln ab, der Strich da vorne sei der „Yellowstone-See", rechts sieht man ihn jetzt richtig, hübscher Vogel mit gelben Federn und ein ‚Jakob' (Krähe), Polizeiauto winkt uns langsamer fahren - sind doch so spät dran! Ohren knacken, nicht zum ersten Mal heute, Landrover hat zwei Fahrräder obendrauf und eins vor dem Kühler - würde unsere Polizei eine Freude haben, kümmert hier niemand; da ein Sandhang, Straßenrand übersät mit blauen Blüten, gelbe kommen dazu, Stein- und Sandhänge folgen in weiß, beige, rosa, grauer Fels ringsum wechselt zu gelb und rot, danach dichter Baumbestand, meist Drehkiefern, hin und wieder ein kahler Hang, Moortümpel; Angestellten-Unterkünfte, Hotel, Service-Center, Lodges - wann springt der „Old Faithful"? Wenn sich die Menschen dort ansammeln; es dampft und brodelt überall wie in Island, nur ist die Fläche viel größer; einmal zwei Nächte in derselben Unterkunft, etwas mehr auspacken lohnt ‚Koffer-Haushalt' aufräumen und erneut - wo ist welcher Lichtschalter, welche Wasserhähne sind das, in Duschkabine Kalt- und Heiß-Wasserknöpfe umgekehrt - kann noch springen! Bett nach Straße zu, Ohropax nötig wie so oft, verdunkeln kann man kaum - alles egal soo müde, gutes Essen in preiswertem nahem Restaurant und Schluss! - Sonntag: Ganztagstour durch den Park: eine Menge Dampflöcher, ab und zu morastige Stellen oder kleine Bäche die sich schlängeln, über Fluss mit steilen Felsufern Teil einer großen Caldera erreicht, oben Brand-‚Besenstiele' in allen Größen zwischen Nadelbäumen, unten Gras und Blümchen, Hänge aus gelbem oder rotem Fels dann glatte weiße Schräge; kontinentale Wasserscheide: Flüsse müssen sich entscheiden ob sie in Richtung Pazifik oder Atlantik wollen, länglicher Teich mit Wasserrosen auf 2 100 m Höhe, Wasserexplosion schuf Becken von acht Pools, Blumen gelb und blau; Antilopen seien hier am häufigsten, Schwarzbären und Grizzlys gibt es die an der Farbe nicht zu unterscheiden sind, da auch zimtfarbene Schwarzbären und schwarze Grizzlys existieren - konnten nicht überprüfen, weil keine gesehen, Trompetenschwäne überwintern hier; Geröllhang, Radfahrer mit Bärenglöckchen bergauf unterwegs, kurvenreiche Strecke - viel Spaß! Auf dem See breite Sonnenglanzstreifen, dahinter Berge, am Ufer dampft es, Pelikan und Enten, Ein-Mann-Boote verstreut, eins weit draußen, kleine Inselzunge mit Baum - nach zehn Minuten Umrundung das See-Ende erreicht: lange schmale Sandbank darauf Büsche und ein paar Bäumchen, bewaldete kleine Insel wie Igelrücken; „Hamlock"-Tannen schlank wie die anderen, haben aber seitlich abgebogene Spitze, da sind struppige und welche mit glatten Stämmen erst weit oben Zweigbüschel - ungewohnt; fahren über Seearm des größten Park-Sees von Amerika, 32 km lang und 23 km breit bis 119 m tief, Temperatur konstant 4°C, fischreich, besonders Heimat des „cutthroat trout" im Volksmund „red cut", einer Forellenart, Besucheranlage und Pause: großer gelber verirrter Tigerfalter stößt sich den Kopf an meiner Handtasche, Berge im Dunst, breiter Yellowstone-Fluss, Schnaken, Sonne brennt, kaum Wind, Stirn knallrot - heute bestimmt immer Hut darüber, Atmen fällt schwer, bin sehr müde, acht Stunden Schlaf für mich nicht genug; Laden bietet nette Ideen an wie: Bär im Boot oder Sessellift, leider alles völlig überteuert, in kleinem Museum u. a. Obsidian ausgestellt, hinein in den Bus: flacher Fluss, schnell fließend umkräuselt er Steine, Seitenarm tiefer und ruhiger, Anglerplätze, halten an ‚Brodelküche' wo es nach Schwefel riecht, rechts zum „Drachenmaul", Bison wälzt sich im Staub, geht spazieren und blockiert Toiletten-Ausgang für eine Frau - beide überrascht setzt er sich schließlich ab; weiter: Wasserarme, -stellen, Bisonherde und ‚Junggesellen'-Einzelgänger, nächste Herde: Tiere grasen schwänzelnd bis zur Straße, laufen darüber - Stau wegen Blockierung durch sie, Massiger, der vorhin den Fluss durchschwamm und zunächst weiterbadete, läuft an unserem Bus vorbei behend den Hang hinauf - nehmen auch ausgiebig Sandbäder mit anschließendem Abschütteln, Vorsicht - wie weht der Wind? Ranger regeln Verkehr da an beiden Flussufern jetzt Herden verschiedener Altersstufen, riesiger Bulle dabei und Kälbchen; auf anderer Straßenseite weites Tal dem sich bewaldete Abhänge anschließen, vor uns abgeplattete Kuppe, grüne Pflanzenstellen im Fluss, Stromschnellen - überquert, rechts Wapiti-Kuh und Bison, am Aussichtspunkt viele Autos - es ist Sonntag; rosa blühender Klee, Löwenzahn, leuchtend gelb eine Art Leberblümchen, kleine Schafgarben und mehr; Canyon beginnt, Rhyolith aus Ergussgestein: Quarz und Kalifeldspat, häufig gelb gefärbt vom Schwefel, nächster Halt beim imposanten „Tower Fall" ca. 230 m hoch - diese Hitze, den fast senkrechten Hang nach unten erspare ich mir; Fahrt quer durch den Park auf die andere Seite: wunderschöne Wiese, Hochplateau erinnert stellenweise an die Vogesen, allerdings Salbei wegdenken; Hügelkette vor uns, biegen ab in ‚Besenstielgebiet', Jungwald, einige übriggebliebene Bäume auf Sandboden, Teiche links Schneeberge, rechts Wapitis, kleine Gruppe grauer Höhen, da vorne einsamer Kegel kompakter heller Fels - heute Berg- und Talbahn; machen ausgiebigen Spaziergang im „Mammoth Hot Springs" Gelände: Säure löst den Kalk und das Wasser lagert ihn als Sinter ab, Terrassen würden sich häufig verändern - jedenfalls bekannte Fotos davon großartiger, am Ende Berglandschaft mit Faltenhängen, Almen weit voraus; wir wandern ins Tal, Mittagspause: ein Brocken gegrillter Fisch und Chips sowie kleiner ‚Eimer' „decaf-coffee" - ein paar von uns haben ziemlich spitze Ellbogen und zwei der Männer sind unangenehm großmäulig, aber da gibt es auch das nette Ehepaar aus Thüringen, ‚sie' ist voll Freude nach einem Telefonat bei dem ihre zweite Tochter berichtet, sie habe auf der Hochzeit der Freundin den Brautstrauß gefangen; ‚Aprilwetter', kleine Schauer und Sonnenschein wechseln ständig, wir steigen wieder mal ein, es regnet: Hirsche, See, zurück - auf- und wieder abwärts, Wasser sprudelt über dunkle Felsstufen, Wapitis halten 'siesta'; Fluss schmal und langsam, Ränder total bewachsen mit Büschen, Gras und Blumen, sehr harmonisches Bild, Stau-Stop - ein Elch? Dieser war ein Autounfall, junger Wald, umgestürzte tote Baumstämme - fahren wieder lange daran vorbei, rechts dampft's ein bisschen Wasser in Ausbuchtung tief dunkelgrün, gut genährte Hirschkühe ähnlich kräftigem Dammwild äsen, in der großen Pfütze kocht es richtig, Teich, See, Sand- und Lehmboden unter den Bäumen, Blick ins Tal mit Fluss, bewegen uns nach unten, wieder alles grün rechts dampft's erneut, liebliche Wiesen; an flachem Gibbon-Fluss entlang, ab und zu mit Gefälle, öfter ragen Geweihe aus dem Gras, Fumarolenkette, Wasserfall, nun zwei langgestreckte Felsbrockenwände mit Wäldchen dazwischen; Traubenzucker aus meinem Koffer schmeckt nach Seifen-Parfum - Wasserfläche mit Sinterrand, Bergzug oben dicht bewaldet, Stromschnellen, Felsblock im Wasser und Leute die darin herumstapfen auf der Jagd nach Tier-Fotos; mittleres Beckengebiet erreicht, sehen uns ‚Grießbrei-Topf' an, kleinere Geysire und Schlammlöcher - der ocker-gelb-braune Bereich sind für Menschen schädliche Bakterien; Gruppe ist Masse, jeder sich selbst der Nächste, immer unpünktlicher, ab zum „Excelsior": Caldera ehemaligen Geysirs mit heißem Wasser, 1880 explodiert; hügelig - sonst wie vorhin, Wapiti-Kühe im Gras, Thermenfelder, Fischadler (?) in der Luft, das gelegentliche Gerumpel sind Belagsverdickungs-Gitter auf dem Boden gegen Wildwechsel - angekommen: Vom Excelsior fließt Wasser über Sinterflächen mit teilweise dunkelbraunen oder schwarzen Rändern zum „Giant" dem ‚Kochwassertopf', brodelt weiter an verschiedenen Stellen Wasser ergießt sich schließlich über meist gelb- oder ockerfarbige Kanten in Fluss; bei den Lodges Info-Material vom Besucherzentrum und ‚Futter' besorgen, Fingernägel feilen, frisch lackieren, Ordnung muss sein - leider hier keinerlei Badeangebot. - Montag: Umweg zum Hotel fürs Frühstück wegen Fotos: Zwei Bisons machen ruhig ihren Morgenspaziergang, Vögel fliegen nicht weg - Szenerie wirkt paradiesisch; Abfahrt: letzter Blick zurück aufs Geysirfeld, Weg an heißen Becken von gestern vorbei, es dampft mächtig in der kühlen Luft, heute Nacht war ein Gewitter, große graue Wolkendecke hängt ziemlich tief und es regnet heftig, im Bus ist's arg kalt - falsch angezogen weil ich gestern ‚zerflossen' bin! Bergabhänge felsiger, sonst die übliche Landschaft im Wechsel, Wapiti-Herde, Weißkopf-Seeadlernest im Baum; Grenze zu Montana = Berg überfahren, „Tresure State"-Grenze, Großteil in Privatbesitz, Holzreichtum, Viehherden, nahezu unerschöpfliche Erzminen, zwei Personen leben auf einem km²; Regen hat aufgehört, Bergzüge rundum dicht bewaldet, Fluss, gelber Felshügel, Streifen von Felsbrocken an den Abhängen oder Geröll wechseln, querziehende Nebelschwaden über dunkelgrünen Nadelbäumen, dabei einige mit Kronen wie Laubbäume, ziehen sich von den Holzhäusern unten bis oben hinauf, ähnlich wie im Schwarzwald; rotbraune Erde und Flecken auf Fels, Steinwände, Wiesenblüten in gelb und lila, wieder Salbei, Ortschaft, Berge rücken nach hinten, Ebene, Pferdekoppel, verstreut Häuser, Heuballen und Raps, Bergen vorgelagert Hügel mit Gras und Bäumen, zwischen ihnen ein Fluss, fast durchweg Steilhänge, Blockhütten Rastplatz mit zwei ‚Tipis', Campingplatz am munteren Fluss mit Fels - dann Baumufer, Abbruchkante, Geröllhalden, es regnet leicht; breiter mächtiger Berg aus gelbem und grauem Stein hat hellgraue Krone, hie und da ein Baum, riesiger zerklüfteter kahler Felsbrocken, hügelig, auf Ebenen Wiesen, jetzt Himmel höher und heller, Felder mit und ohne Bewässerungsanlagen, Pferde, „Broken Heart Ranch", Tiergitter, ab und zu ein Herrenhaus in der ausgedehnten Weite, einige Reihenhäuser, Ackerbau, Pferde und Rinderherden grasen; Autobahnkontrollstelle gegenüber Tierklinik - sind in die Sonne gefahren, Strohballen, Glockenblumen- fläche, Industriegebiet, Wiesen, Felder, anschließend breite freie Naturfläche, **Belgrade:** Straßendorf, viel Raum zwischen Flachbauten und Häusern, Zufluss zum „Missouri" Gebirge dieses Namens; „Three Forks", auch hier Dino-Funde und - forschung ebenso bezgl. der Historie: Tipi-Ringe gefunden und Todesklippen für Bisons = „buffalo jumps", war Jagdmethode der Indianer als sie noch waffenlos waren; über breiten Fluss, Wellen an Bergen etwas näher, Gras - und Brachlandareal, Steinhügel und Bäumchen unterbricht gleichmäßige Präriefläche mit gelblichem Gras, Wolkendecke breitet sich aus; Joe zitiert aus der Rede eines Indianerhäuptlings bei Verhandlungen mit Weißen: Er sei ein Wilder verstehe die Welt der Weißen nicht, sie wollten sich alles untertan machen - die Erde gehöre dem Menschen nicht, aber der Mensch der Erde: Mutter Erde, Bruder Fluss, Tiere Schwestern und Brüder, alle heilig, auch die Luft, die Städte seien viel zu laut, man könne dem Wind und den Vögeln nicht lauschen, Himmel und Erde würden nur ausgeplündert; überqueren „Missouri- River" = Schlammfluss, hübsche Hügelkette, niedrige Berge im Hintergrund mit Sonnenlicht - kommen näher, Straße parallel zum sehr breiten Fluss mit Seitenarm, Zitterpappelwäldchen, ausgeprägte Schlucht; Helena, die Hauptstadt Montanas nicht mehr weit, Silos; etwa die Hälfte des Bundestaates Prärieland zwischen Gebirgen, landwirtschaftliche Nutzung voll im Gange; **Helena** war Goldgräberstadt, Handelsverbindung mit dem Osten besteht durch Missouri zum Mississippi, Bisons können im Winter in einer Höhe von 1 300 m gefrorene Schneeschicht für Futter durchbrechen, Rinder sind dazu nicht fähig ihre ‚Barone' gingen anfangs bankrott, Erzgewinnung, Industrieviertel, Besichtigungen: „Capitol" ein Sandsteinbau hat Flügelanbauten aus Granit und „Göttin der Freiheit" auf Kupferkuppel, die innen schön verziert mit Längsgirlanden und vier Medaillons vor dem Querbalkenabschluss, am Treppenabsatz unter buntem Halbbogen Glasmosaikfenster: „Letzter Nagel"- Szene beim Eisenbahnbau; Kathedrale mit zwei Türmen in gotischem Stil darin ungewöhnlich für Amerika wunderbare farbige Glasfenster auf zwei Etagen in den Seitenschiffen, unten Themen aus der Bibel wie „Die Vertreibung aus dem Paradies", „Opferung des Schafs anstelle von Isaak", „Bekehrung des Saulus", „Schlüsselübergabe an Petrus", „Jesu Himmelfahrt" - darüber lokalhistorische Ereignisse: Audienz eines Indianerhäuptlings bei einem Gouverneur (?),

Zusammenkunft kirchlicher Würdenträger etc.; hübsches Muster im Altarfenster - schlimm nirgends Postkarten zu bekommen in dem uns zugestandenen Radius! Diese weiten Ebenen zwischen den Bergketten, kaum Häuser, weißes Kapellchen in **Wolf Creek**; Berge, durch gelbe Steilwand und kleine Schlucht nochmals hinaus in die Prärie unter der überall Mittelstreckenraketen lagern, Hügel aus grünem Samt manchmal ein paar Steine obendrauf oder Grasbüschel sonst einheitlicher Überzug - wirkt sehr harmonisch; schönes ‚Augenfoto': weite Ebene, zwei Hügel auf Abstand, darüber dicke ‚Wattebauschwolken' in reinem Weiß und deren Schattenbilder auf dem Präriegras - wir wackeln vorbei, viele haben Digital- oder Film-Kameras und fotografieren, mit meinem alten Apparat wird das nichts, aber die Ausgabe für einen neuen lohnt sich für mich nicht mehr - noch ein Grund für 'das letzte Mal' einer solchen Reise; kaum Rinder, drei Kühe, Moraststelle, danach Mischung aus welligem Land und Ebene ab und zu von hohen Hügeln unterbrochen - die Musik aus Western-Filmen passt dazu: ‚er reitet einsam und entschlossen seinem Ziel entgegen' - letzteres wir auch; passieren große Viehherde auf entsprechendem Gelände, ebensolches Tränkebecken, es folgt ca. eine Stunde nur Weite, ein Gehöft, kleiner Ort, bewässerte Grasflächen in fast giftigem Grün, üppige Baumstreifen an Flussufern, jetzt beinahe tischeben querverlaufender Damm rechts Fluss dahinter, kleiner Salzplacken, vereinzelt eine Ranch und ein paar Bäume, wo Tierherden sind Zäune mit unvorstellbar viel Raum dazwischen; Berge wieder da, Erhebung hat Felsenring, Kurzrast in **Choteau**: Holzhäuser, Kirchlein, Schwimmbad, vorm „Old Trail Museum" die sehr guten restlichen Zimtstangen verzehren und Tasche entkrümeln, bedanke mich bei Tim für die Musik - hat noch mehr davon, sehr schön! Ist mein ‚guter Geist' geworden, wacht mit hilfreicher ‚Pfannkuchen'-Hand stets darüber dass ich gefahrlos aus dem Bus steigen kann, nun aber hinein und weiter: mehr Felder und Bäume, verstreut Gehöfte oder Häuser, Dino-Museum in Örtchen, auch hier Funde - noch 72 Meilen bis zum „Glacier National Park"; sehr große Herde Vieh, fast ausschließlich schwarz-weiß und Schäferhüttchen im Gelände, Gehöft, natürliche Wasserstelle, am Himmel Federwolken wie fliegender Kranich! **Bonanza**: Erdgasförderung, Kohleabbau, liegt an kleinem ruhigem Fluss, da ein Tümpel mit sehr blauem Wasser, eingesunkener Boden, einige gelb-weiße Kühe, klare Wasserstelle; Himmel hat sich einheitlich zugezogen, Pferde, karg, viel sandfarbenes Gras, ‚Schwarzwaldhaus', es erfolgt Endlosfahrt auf schnurgerader Straße, nun vorne im Dunst Berge die eher zum Zielpunkt passen, draußen weht offenbar heftiger Wind der den Bus wegdrückt, auch Loses herumwirbelt, **Browning**: „Museum of the Plain Indians", Holzhäuser, wirkt atmosphärisch anders – aha, Indianer-Siedlung, links Reihe weißer Zelte, „Glacier National Park" amerikanische Bezeichnung, Waterton N. P. die kanadische, Rotary-Club erreichte gemeinsame Verwaltung: Gebirge in Eiszeit entstanden, typische U-Täler häufig, Berge durch inzwischen erheblich abgeschmolzene Gletscher geformt, etliche Dreitausender, Park 100 km lang, für die Indianer: Wirbelsäule der Welt und Entstehungsort der Menschen; es regnet, Blumen sogar im Straßengraben! Hier gibt's einen Berg mit von Gletschern abgeschliffenem ‚Horn', dichte Espenwälder auf beiden Seiten, **Kiowa**; hinunter in ausgedehntes Hochplateau-Tal mit Baumstreifen, buschbewachsener Höhenrand - wunderschön; Gewitter, zwischendurch trocken und heller gewesen schüttet es jetzt und stürmt - noch weiter nach oben: Talblick leicht verschleiert, links großer Kegelberg auf dem benachbarten Eisreste, ‚Schiffschaukelroute', rotbraune Erde am Berg - diese Kette hat viele weiße Einlagen, hier oben ausschließlich Nadelwald, vom Gipfel bis hinunter breite Gletschermulde und wieder Mischwald, **Snowgoose**; „St. Mary-See", diese herrlichen ‚Majestäten' in unmittelbarer Umgebung, zwei Berge da hinten sehen mit Wolkenfahnen wie dampfende Vulkane aus - daran vorbei; Hotel, schon wieder 18.30 Uhr bis alles abgewickelt ist, Spaziergang bringt leider nicht viel außer Bewegung, denn die schönsten Motive sind viel zu weit weg. - <u>Dienstag</u>: In speziellen Shuttlebus einsteigen da Straße für normalen Bus ungeeignet, „St. Mary's" total von Bergen umschlossen ist sechs Monate jeweils zugefroren; es regnete die ganze Nacht, das sei gut als Vorbeugung gegen Waldbrände, Feuer werden ignoriert solange weder Menschen noch Gebäude in Gefahr sind; Gestein grau, gelb, rot ‚Burgruinenberg' hat alle Farben, zum Loganpass Hinweisschild: Sun Point-Wanderweg, stürmischer Wind, Straßen von Mai bis Oktober geschlossen und manchmal nach Gletscherrutsch oder heftigem Regen, wenn Felsbrocken blockieren, dadurch der Lauf eines Gewässers verändert wurde, hauptsächlich Wanderer-Park, Bergsteiger im Sommer und Winter unterwegs, gefährlich wegen des bröseligen Kalksteins und der Grizzlys; am „Piegan-Pass" ‚Matterhorn' und Schlucht Tal mit Schneeresten, viele sehr süße „Huckleberries", hier darum oft eine Menge Bären - im Moment nicht, „Rattle Falls", „Lunch Creek Falls", „braunäugige Susanne" (hier nicht 'schwarzäugig'), Tunnel, Service-Center mit beiden Flaggen auf ca. 2 000 m, herrlicher Talblick, wunderschönes Licht- und Wolkenschattenspiel; Wander-Paar mit Bärenglöckchen unterwegs - Leute in Montana böse auf Mr. Bush wegen momentaner Schwierigkeiten mit Kanada; nach Serpentinenrundung ‚Bilderbuch'- Almlandschaft, Bächlein fließt hindurch, Bergziegen schlafen noch, es gibt außerdem Elche und „Rocky Mountains Dickhornschafe", keine Schlangen; an Firnresten vorbei, hier ist's sehr kalt, Wasserscheide zum Pazifik andere Flüsse gehen zur Hudson Bay; breite Spalte mit Gletscherresten die sich nach unten bewegen, Kaskaden-Wasserfall „Weeping Wall" mit hellgrünem Wasser, es folgt „Garten" so genannt wegen Pflanzen in Klippenspalten, Bergahorn, Farne; Sonne auf den Bergen, Wolkenschatten, „Mc. Donald Valley", Creek und See, verschiedene Blumen, besonders herrlich mit roten lockeren Kolben oder die lila Pferdeminze, Glocken- und Sonnenblumenart, Johanniskraut, Wasser rieselt rechts an Steilhängen hinab, links ein Tal; Blick zum „Heaven's Peak" ca. 2 500 m hoch, Gipfel in Wolken - zurück: sehr hohe Berge und entsprechend tiefe Täler, See, heiliger Platz der „Blackfoot"-Indianer für Sonnen-Tänze, Strudel im Fluss wechseln mit Strom- und Wildwasserschnellen, ‚Walrücken' darin; eine Menge Gänseblümchen die typisch für Montana seien, Zedern und Hamlock-Tannen brauchen viel Wasser und sind winterfest, Straßenschild: Vorsicht Reiter! Picknick- und Campingplatz - raus aus rotem kleinen Shuttlebus hinein in ‚unseren': am See entlang, man hat Fische eingesetzt für die Angler, Garnelen als deren Futter die den Grund zerstört haben - Folgen: Lachse ausgestorben, auch keine Weißkopf-Seeadler mehr da, es läuft der Versuch alles wieder rückgängig zu machen; es regnet, Waldufer, Berge, dahinter der Park-Ausgang, Auto-Parkplatz und Service-Gebäude, Palisaden-Fort als Kinderspielplatz, Lodges;

trocken, Berge verhangen, fahren durch breites Tal, Ranger Station „Hungry Horse", Blockhäuser im Wald, „Lawn Ferm", Casino, Tal verbreitert sich, stark besiedelt, Muster-Blockhäuser am Straßenrand, Angebot verschiedenartiger „mobile-homes", Ackergelände um Orte herum, Viehgitter, viele Quellwolken aber die Sonne scheint ungestört, **Kalispell**: Mittagspause, sehr heiß, „One-Dollar"-Laden: Postkarten nicht so billig, schade was will ich mit Pilzen in der Dose oder Sauerkraut (steht drauf!), leider nichts Ansprechendes, Kitsch, Nippes, Haushaltswaren, Weiterfahrt: „Western Outdor" mit Pferdekutsche auf Zwischendach, Kirche aus hellen Ziegelsteinen, kleine Grünflächen lockern auf, unvermeidliche Allee auch hier mehr schlecht als recht - oft wird unpassende Baumart zum Wachsen gezwungen nach dem Motto 'alles ist machbar', von wegen! Flugplatz für einmotorige Maschinen, Verkauf von Booten, Autoanhängern aller Art, auch Wohnwagen; Berge näher, hat dicht bewaldete Hügelkette dazwischen, ab und zu ein Casino, links noch einmal der See, umrunden das Ende mit Halbinselzungen, Nadelbäume, überall große Almhäuser und welche in undefinierbarem Stil, Appartement-Bücherei, der Ebene folgt absolut leeres Hügelland mit verfallenen Scheunen und Hütten, Bergabhänge haben stellenweise schwarzes Geröll oder Flecken sonst grünen Überzug, verstreut Bäume, nun dichter Wald, Äcker, Rinderherden, ein paar Pferde, rechts großes Wasser, links Berge wieder da, öfter sehr steile Geröllschneisen, man glaubt die Steine schon rutschen zu sehen! „Diamond Ranch", Felsbrocken wechseln mit Almen, Abzweigung „Sandpoint", großer Fluss mit Seitenarmen, helle Felswände und Geröllbahnen, -halden, Fluss überquert; Güterzug lässt uns über die Gleise, hat drei Loks hintendran - ‚Meterware', gelegentlich Holzhüttchen, schräg gefalteter Fels, Straße und Fluss parallel mit ruhigem Wasser, dann Stromschnellen, Paddler unterwegs, Tal weitet sich, Grasmatten, Gras und Buschwerk unter meistens Nadelbäumen, gelber Fels, viele schöne Pferde, Reisezentrum: endlich Schokomilch die schmeckt - aber natürlich kalt, im „Shop" sehenswert: sitzender, fast lebensgroßer Stoff-Elch und das Aquarium mit den Fischen neben ihm; Autobahnabfahrt Paradise, wir nehmen die nach Missoulna/Spokane: zwischen den Bergen sehr viele verdorrte Bäume, vereinzelt ‚Spargel', kleiner Teich, „Silver Dollar"-Geschäft, Motel, Tankstelle, Schieferplattenstück - nicht das erste heute, Landschaft wechselt zu schnell, komme nicht nach: sehr hohe Bäume, schlanke Drehkiefern; Pass, auf 1 390 m Kontrolle und Übergang zum „immergrünen" Staat Washington - hier allerdings Skigebiet, geprägt vom Columbia-River der in Kanada entspringt, mehrere Staudämme liefern Löwenanteil des Energiebedarfs für den Westen, Fischdezimierung durch die Turbinen, Hauptstadt „Olympia": Weizen und Äpfel, Boeing-Montagewerke und Microsoft (Bill Gates); Ausfahrten nach Osburn/Wallace, ausgetrocknetes Flussbett, kleiner Flughafen, ab und zu Kiesgruben, Laubbäume im Tal; durch Herumrücksystem im Bus für mich heute mühsam Schilder zu entziffern - über Fluss, Spokane noch 57 Meilen? Ist doch schon 17 Uhr - ach so, Ortszeit 16 Uhr, wieder „Pacifictime", darum werden wir noch herumgeschaukelt! Vorgelagerte hübsche bunte Wiesen, große Morastflächen, häufig Fels- und Lehm-Steilkanten - unmerklich haben wir uns hinaufgeschlichen, Exit für „Pass 4. Juli", Felshänge in Stufen, gelbes Gras und Steine, Lodge-Distrikt, **Harrison**; das zugebaute Ufer dieses Sees befindet sich fast ganz in Privatbesitz, Hotels, Bootsstege, dicht bewachsene gefällige Strände - sehr schön, **Coer d'Alene,** bei Wassersportfreunden beliebte größere Stadt und **Moskow**; „You simply must see this hotel", diese Werbung ist nichts Besonderes aber oft fällt ihnen wirklich Witziges zum Schmunzeln ein, meist zeichnerisch; es wird in der Erde gewühlt, links Samen-Herstellungsfirma, fahren über Spokane-Fluss, Stadt liegt am Rande einer Halbwüste, **Spokane**: Name eines Indianerstammes, Partnerstadt Lübeck, 'Bing Crosby' ist hier geboren, heiße Sommer und sehr kalte Winter, Luftwaffenstützpunkt in der Nähe, passieren Riverfront-Park mit Uferpromenade und Wasserfall, „Lincoln"-Denkmal, sehr schöne Kirche aus schmalen Ziegeln - ‚unser' Hotel zu weit ab für genaueren Besuch, gesehen zu haben muss genügen. - <u>Mittwoch</u>: wunderbare sehr hohe Bogenbrücke aus grauem Stein, „Geiger-Field", Flachland, Äcker und natürliche Grasflächen, Viehherde, klare Wasserstellen, See hat Hügelbegrenzung, Wald, lichter Seerosenteich „Medical Lake", Wald, ‚dürres' Gras; **Cheney**: bin heute weitergerückt, kann Schilder besser verfolgen: noch 258 Meilen bis Seattle - schon wieder Nachrichten, warum Joe, ist doch immer dasselbe! Breite Ebenen, gelbes Gras und Salbeibüsche, See, halbhohes Schilf, Zitterpappeln, Teich; **Stague**: Columbia Plateau, Industriegelände, Bodenmulde mit Einbruchrändern, Teich dahinter ein großer See, Haus an lieblicher Rundung, eingestreute Basaltsäulen-Felsmäuerchen, wieder eben, karg, kaum Salbei und erneut ein ‚Bandwurm'-Güterzug; **Tokio**: große Silos, Vieh, Gehöfte, Felder, **Ritzville:** Straßen in zwei Etagen und Schienen auf Stelzen; Exit Odessa, Sprüh-Flugzeug in Aktion, nur noch Salbei dann gelbes Gras, Steinhäufchen, Grünfutterfeld mit hübschem regelmäßigem Zackenrand, bewässerte Äcker mit Mais, eine Handvoll Bäume - Passagiermaschine im Anflug, Verkauf von Campingwagen „Moses Lake" und Ort; Othello ist nah und Ephrata; fahren über den sehr breiten großen See in Bodensee-Format mit Insel darin, nun Salbei und Bäume danach Heuballenmieten, weinrotes Schindeldach auf Haus sieht hübsch aus in dem Grün rundum - gestern im Nadelwald gab's das auch schon; vor uns im Dunst als kleine weiße Spitze „Mount Rainier" - alles noch sehr fern; Ausläufer der Kaskadenberge kommen näher, helle- und dunkelbraune Falten, deutlich erkennbar im Sonnenlicht, Salbeirandstreifen, Felder, **Quincy**: weiß-braun gefleckte Pferde, See, Erdmulden mit Einbruchrändern - häufig dieser rasche Wechsel von Landschaftsabschnitten; unmittelbar vorm Gebirge Columbia-Fluss in tiefem Einschnitt, völlig glatte Oberfläche, Tank-Lkw hat vorne zwei hinten drei Achsen, sowie eine Ersatzachse aufgebockt daran - Ungetüm! Über Stahlbrücke in die braunen Bergrücken die teilweise grüne ‚Dreiecktücher' obendrauf haben, wieder Gegend wie zuvor auf höherer Ebene, dazwischen Felskanten, Salbeischrägen und -gräben, ab und zu mit Steinrändern, jetzt ständig Geröll danach Salbei und gelbes Gras im Wechsel, Rückseite vom „Mt. Rainier" gut zu sehen, Halt in „Rest-Area"; „Stevens-Pass", wunderschöner Berg mit drei Spitzen, breitem Eisfeld und -streifen; **Kittitas**: Dickwurz-Äcker (?), See, Vieh, rechts hinter Höhenzug ganz hohe Kegelspitze, Gipfel daneben mit Firn- oder Eisfeldern, links gewellte Höhen in warmem Braun, erneut so ein klarer spiegelglatter See, **Wenatchee**: Heuhalle und -mieten, Fluss überquert, Gehöftgebäude, sein giftgrünes Dach hebt sich scheußlich ab gegen die Bäume, hohe Hügelränder ziehen beiderseits der

Straße entlang, sandfarbenes Gras, Wald dahinter, eben, nun hügelig, „Shiloh-Ranch"; zauberhaft schöne Almen, der Talblick ist herrlich, doppelter Gebirgszug folgt, schneeige Rücken und Gipfel-Hinunterfahrt, etliche Seen, Flussüberquerungen, **Roslyn**, suche etwas in meiner ‚unergründlichen' Tasche - Joe's Version von Ussis Ausspruch ‚ein Griff und die Sucherei geht los' ist „Murphy's Gesetz": Was man braucht findet man zu allerletzt an unvermutetem Platz - und im Supermarkt steht man immer an der falschen Kassenschlange ...; wir serpentinen hinauf, Fels- und Waldabhänge wechseln ab, überqueren den „Snoqualmie-Pass": an einem langen Seeufer häufig Baumstümpfe wie hier, Tunnel, Stein-Steilhänge mit Netzen, Fels, Bäume bis hinab gegen See-Ende, bewaldete Insel und Fläche voller Stümpfe auf Sandbänken im Wasser, Panorama direkt vor den bekannten steilen Höhen, „Summit Inn" und ein paar Holzgebäude mehr, alle mit giftgrünen Dächern; an höchster Erhebung entlang - sind abgebogen, einsame Felssäule, überwiegend Mischwald, Geröll, Sinterterrassen in Steinstück, nächster bewaldeter Höhenzug, der dahinter kahl, „North Bend"; **Snoqualmie** und gleichnamige Wasserfälle, an Auburn vorbei und Tacoma auf High-Point-Way durch Hochebene, rechts „Preston Lake" zu sehen, „Engel Moroni" auf weißer Gipskirche mit spitzem ‚Tortenstufen'-Turm, Blick auf Seattle, fahren über „Lake Washington" wo die ‚Ärmsten' ihre Villen haben, Skip-Road auf Stelzen, Bettlerviertel - da sind weiße Möwen überall, zweite Brücke, aber nicht die schwimmende zur Universität, **Seattle**: Name eines Indianerhäuptlings, u. a. Maschinen- und Schiffsbau, Sitz von Unternehmen der Alaska-Fischerei und -Schiffahrt, links Baseball- rechts „Seahawks-Stadion", Pendelzüge nach Tacoma - natürlich auch „Amtrak" bis Dakota, Glacier National und San Diego, ein Wolkenkratzerviertel schwarzer Glasturm darunter, zum „Pike Place Market" führt sehr langer überdachter Gang: Symbol lebensgroßes Sparschwein vorm Fischstand, seine Fußabdrücke führen weiter - wenn man sie sieht, vor „Kunstmuseum" mobiles Monument: Metallriese der Hammer bewegt, Konzerthalle; Opernhaus, inszenieren hier regelmäßig den ganzen Wagner-Zyklus, Uhrenturm, „Union Station" am Seeufer entlang, doppelstöckige Stadt-Autobahn, „Aquarium"; Mittagspause im Markt, es gibt wirklich alles: Blumen, Obst, Heißes und Kaltes zu essen und zu trinken in allen nur denkbaren Geschmacksrichtungen, Kleidung, Geschenkartikel - sogar „Body Bags" mit Zielkreuz auf den Gesichtern von 'Saddam Hussein' und 'Bin Laden', für mich bitte Thailändische Nudeln, Maultaschen, Gemüse und Soße, nachher von nebenan einen Cappuccino „to go" - da hat jemand ein Bärenglöckchen am Gabelstapler; Kuh die auf Milchkanne Saxophon spielt wirbt vor Geschäft für Milchprodukte bieten aber auch Gänseeier an, 'Schweinsohren' sind hier Palmblätter und werden mit Papier zum Anfassen verpackt, jede Verkäuferin trägt sowieso Einweg-Handschuhe - interessant dieser Markt, leider Aufenthalt nur so kurz, Treffpunkt und Bus: Asiatisches Viertel oder „International District" überwiegend von Chinesen, Japanern, Koreanern bewohnt, Stadtgang: Memorial für Feuerwehrmänner, ein großer und ein kleiner 'Totempfahl' ähnlich hawaiischen Figuren und Frau steht Wolf gegenüber, unterirdische Arkaden mit Bildern von Old-Seattle: Geschäften, Modelleuren an Drehscheiben; auffällig die Zunahme an dicken Amerikanern, aus etlichen Frauen könnte man zwei bis drei mit guter Figur machen, sind unbekümmert, laufen teilweise ohne Büstenhalter und in

Shorts herum, Männer häufig mit Bauch, ‚Baumstamm'-Oberschenkel bei ihnen selten, Weiterfahrt: Stadtbibliothek ist moderner Glasbau in Längsstufen, gegenüber der höchste in dunkel: „American Express", Musikladen für CDs und mehr, größtes Schuhkaufhaus von Washington, zwei Wohntürme, Wahrzeichen: Weltraum-Nadel mit Drehrestaurant; vor uns die „Olympic Mountains" die vermutlich im Sommer Regenwolken fernhalten, steile Straßen wie in San Francisco größtenteils entschärft, Stadt sei auf sieben Hügeln erbaut (?!), tolle weiße Villa im Südstaaten-Stil, wieder die großen Magnolienblüten, oben von Aussichtsplattform „Mount Rainier" in voller Schönheit zu sehen der 4 392 m hohe Vulkan mit Gletschern - es ist erst knapp 15.30 Uhr, noch viel zu früh fürs Hotel, also nochmals los: „Queen Ann Hill", Gegend norwegischer Einwanderer, Blockbauten aus Holz oder Stein, auch hübsche kleine Häuser individueller Art, nun scheinen Wohnblocks vorzuherrschen, hier Dächer und Fensterrahmen in weinrot, Großhändler-Fischmarkt folgt rechts und Hafen: „Lake Union" Schiffe und Boote; Fahrt zur Schleuse: Industriegebiet, Schuppen und Lagerhallen, aussteigen: vor Schleusenbrücke Brillenaufsatz festziehen, Tasche über Schal auf Schulter, Hand an Hut, Mund zu wegen Gebiss - damit nichts verlorengeht bei dem strammen Wind, auf Yacht freundlicher Hund, Lachse tun sich offensichtlich schwer mit der künstlichen Sprungtreppe, vor der Brücke kleine Bassins von Fischaquarien; zurück durch belassenes Waldstück als Park, blaue und rote Beeren, Hagebutten wie Cherry-Tomaten, hübsche kleine Fuchsien, vermute Korea-Tanne, erneut gepflegte Einfamilien-Holzhäuser, sogar hin und wieder ein Backsteinbau, Villen, Fahrtunterbrechung: wieder der Berg umgeben von den Olympics, gleichnamiger Fluss davor, schönes Fotomotiv aber viel zu weit weg, mich beeindruckt der über und über mit Beeren bedeckte Ebereschenbaum, auf dem Weg nach unten Häuser in Leichtbauweise, Buchten großzügiger und schöner geschwungen - ständiger Vergleich mit San Francisco: wenn schon, so ist die Markt-Galerie einsame Spitze, „Fisherman's Wharf" in S. F., auf Meeresfrüchte eingestellt kann da nicht mithalten und die Stadt S. F. selbst wirkt sogar bei Nacht provinzieller - tatsächlich am Hotel angekommen! Suche spazierend nach dem rosa Elefanten den ich vorhin sah – gefunden, schnell ein Foto für Nadia, am „Tilicum Place" (?) unschöne Indianerfigur, German Motor Service: „Fat City" für 'Porsche, VW, Audi, BMW, Mercedes Benz'; brauche noch ein Nachtessen, also anderer Weg zurück - da drüben ist das Hotel und dazwischen die Stadtautobahn, na prima, „haben Sie Ihre Gruppe verloren, suchen Sie Ihr Hotel" fragt eine freundliche Stimme, erkläre dem ‚mittelalterlichen' Herrn das Problem und bedanke mich für seinen Hinweis auf den Übergang, marsch, marsch; im Hotel vom Pool zurück, wo ist ein Aufzug? Zwei Männer kommen mir intensiv redend entgegen: „kann ich Ihnen helfen" der eine, „bitte ich suche den Aufzug", „ich bringe Sie", „aber ich will doch ihr Gespräch nicht stören", er begleitet mich völlig selbstverständlich - ich staune; bis Koffer da, Essen besorgt, alle Nach- und Vorbereitungen erledigt sind, ich geduscht bin oder geschwommen habe, wird's immer 22 Uhr! - Donnerstag: hier heiße ich Demobwski - hieß auch schon Dembowhisky, Frühstück „Deluxe" wegen Angebots von gekochtem Ei und etwas Müsli, kein Toastbrot nur halbe ‚Gummiringe', aber schönes Gemälde im Raum: weißer Wasserfall über altem schwarzem Lavastrom;

einsteigen: einige waren für 13 $ pro Nase auf der „Needle", sei ein schöner Rundblick von dort oben, kann's mir vorstellen; rechts Boeing-Landebahnen und Luftfahrt-Museum, Fluss „Olympics" zum letzten Mal, Supermarkt „Gottschalks", Verkauf von Wohnwagenanhängern, „Foxhole"-Laden, „Les Schwab Tires" (Kette), „Kentucky Fried Chicken", große Stadt spezialisiert auf „Oakwood Homes", Video-Laden „Hollywood", **Meridian**: Picknick-Einkauf im wieder mal Supermarkt „Fred Meyer" - zum Totlaufen, 30 Minuten Zeit: man fühlt sich heimisch bei der gleichen Musik wie zu Hause, melodischer allerdings, nicht nur ‚Holzhammergeklopfe' - mir fehlt ein Suppenangebot, das gab's lediglich einmal, Kaffee ist überall zu haben; vorbei an „Mis Tres Amigos" kommen wir dem Vulkan „Mt. Rainier" immer näher, er ist einfach imponierend mit eingekerbter Spitze wie Backenzahn, durch Eruption hat er angeblich 2 000 m an Höhe verloren, 26 aktive Gletscher verändern sein Aussehen ständig, besonders die Farben, sei vor 2000 Jahren zum letzten Mal ausgebrochen, verursacht ab und zu kleine Erdbeben, sonst ist er ruhig, auch von Anfängern zu besteigen aber als über Viertausender nicht unproblematisch; fahren durch Wald, Siedlung aus Holz-Flachbauten, von Hochplateau hinunter, immer noch Häuser, Verkauf von allem Möglichen, z. B. Heu und Propangas; weiter auf Hochebene, Baum hat nur Blätter an den oberen Enden der Äste, die Rinde hängt in Fetzen herunter, über Fluss Gebiet eisenhaltiger heißer Quellen, daher interessante Farben, gelegentlich ein Haus im Wald - höher hinauf, links dicht bewaldeter Hang mit Douglas-Tannen und Western-Zedern, rechts im tiefen Tal wachsen Erlen und Gelbkiefern, See umgeben von Staumauer und Baumstumpfufer schließt sich an, hat hellgrünes Gletscherwasser, Angeln ohne Angelschein erlaubt, viele Mücken hier; Handvoll Häuser, Gleisanlagen für Besichtigungsfahrten mit Dampf-Lok, zum Wohnen umfunktionierte Waggons und ein Restaurant, Brücke über Fluss zum See, Holzhäuser z. T. Mischwald, Eingang des Nationalparks mit 5 500 km² Größe, mehr als doppeltes Saarland; sehr breite Ebene voll großer Steine und liegender Baumstämme, Felswände, kleine Schlucht, Brücke über schmalen Wasserlauf, sonnbeschienene Gletscherfelder und sanft abfallender Fels in grau und rot zum Greifen nah, Wasserfall über Lava - herrlich! Besucher-Zentrum am Fuß des „Mt. Rainier" in seinem Anblick mitgebrachtes Essen verzehren - ihr Streifenhörnchen könnt davon nichts abhaben! Gegenüber mindestens fünf Gebirgszüge hintereinander, wunderschöne stark zerklüftete Berge, Blumen in rot, gelb, helllila Heidekraut und blaue Lupinen, auf hohem Stengel ‚Schneebälle' mit grünem Dreieck als Abschluss; auf gleicher Straße zurück, irgendwann bauen sie die noch bis zum Gipfel und asphaltieren die Wanderwege – ah, diese Nektarine ist eine rote Pflaume, schmeckt trotzdem sehr gut; Margeriten, Pferde, „Mt. Rainier" hat einige kleinere Brüder z. B. den „St. Helens", Abstecher zu ihm: schöner Anblick für Foto, jedoch viel zu weit, hat Leben im Umkreis von 800 km² nach Eruption ausgelöscht und mit Asche bedeckt; erneut auf Hauptstraße: See baumbewachsen bis ans Ufer, Felssteilhang an den sich in Spalten Büsche und Gras krallen, sogar kleine Bäume, im Flachland Pferde und Rinder, über Fluss, Ortschaft, Felder, Teich, Straße führt über großes Gewässer, Farbe wie Fluss ein sattes Grün, einige Häuser von gepflegt bis ‚Schuppen', Nutztiere, Vorratshallen; auf Hochebene weiter, Pause an Tankstelle -

noch 74 Meilen bis Portland, wird sich hinziehen wegen „rush hour"? „We will see" **Toledo**: Bäume, besonders am Straßenrand, Wiesen, Pferde, Felder, erneut ein Fluss, zum Überqueren hier üblich Brücken mit einem filigranen Metallbogen, oft vor Häusern die amerikanische Flagge, auf Mittelstreifen gelbes Gras; ab Longview an der Grenze zu Oregon entlang, **Kalama**: sehr große Industrie-Uferanlagen auch Tanksilos, Unmengen von Baumstämmen, eben, Felder, Laubwäldchen, Berge weit hinten; Bahnstrecke, hügelig, Mischwald, über breiten Columbia-Fluss mit vielen Armen, Ridgefield, „Battle Ground", Abfahrt zur Hauptstadt <u>Salem</u> wird genommen - ging doch geradeaus nach Portland! Hinten herum sei günstiger um diese Uhrzeit, ah so, Vancouver und ein Stück weiter sind wir in „Oregon", dem „Biberstaat", bekannt sein „Amerikanisches Frühstück für Holzfäller und Trapper", im Osten von gigantischer Schlucht des „Snake River" begrenzt, im Norden teilweise vom „Columbia" an dessen „Bonneville-Dam" reichlich Elektrizität produziert wird, Holzindustrie, Lachse und Tourismus sind Einkommensquellen; „Portland-Airport", „Willamette" mündet in den „Columbia River", **Portland** = Schiff das mit Gold vom Yukon hier ankam und Rausch auslöste, gemäßigtes Klima, dreimal so groß wie Seattle; setzen über breiten „Willamette"-Fluss, links davon Hausberg „Mount Hood" ca. 3 500 m hoher Vulkan mit heißen Quellen, letzter Ausbruch vor 10 000 Jahren, gehört zu den Kaskadenbergen, entlang der Küste Skigebiet; 18.10 Uhr im Hotel - bin sehr müde, suche keinen Pool auch sonst nichts mehr, dusche sogar nicht, es sind so viele Eindrücke zu verarbeiten, Erinnerungslücken machen sich bemerkbar, Schluss für heute - nur noch Bett! - <u>Freitag</u>: Stadtrundfahrt mit ‚örtlicher' Frankfurterin: vieles sei hier ähnlich: Glastürme und Wahrzeichen Messezentrum; keine Verkaufssteuer, öffentliche Verkehrsmittel: S-Bahn, Straßenbahn und Busse kostenlos, einzige Stadt die Müll wiederverwendet, 80 km Wanderwege im <u>großen Stadtpark</u> der kleinste dieser Anlagen besteht aus einer 60 cm großen Anpflanzung mit Steinumrandung, Autobahn wurde abgerissen für den Park am Flussufer; Buchladen hat fast eine Million Bücher, Café angeschlossen wo man ‚schmökern' darf, Schindel-Holzkirche, „Nike" und „Adidas", Bankgebäude aus rötlichem Stein in Stufen, Kegelaufsatz; „Wells Fargo" im Elfenbeinturm: Rechtecke in weiß Fensterglas schwarz, in Unibauten besonders Fremdsprachenstudium, auch Deutsch, hübscher Uhrturm und hellgraue gotische Kirche, „Museum" mit zwei Gemälden von lebensgroßen Figuren in grau-weiß, hübsches buntes Drachen-Emblem; „Wohnzimmer": kleiner Park mit Frauen- und Männerseite, Hirschdenkmal; Kolossalbüste von Frau, Neptun und Dreizack am „Portland-Building", doppelstöckige Autobahnbrücke, Ufer-Spaziergang: Wandmalerei Elefantenkopf und Rosen, „Pearl-District", „Union Station", Park mit Ulmen und Ahorn - und Korbballfeld; begegnen einer Gruppe Kanada-Gänse - die unsere zu groß, Vögel laufen weg, kleiner Stufenpyramiden-Wasserfallbrunnen, Düsen verändern zeitweise sein Aussehen, Yachthafen, unterirdische Gänge zum Ufer früher übliche „Seemann-Werbung": betrunken machen und zum Schiff bringen; vom Bus aus zu sehen Zeltanlage am Ufer, heute Bierfest - Portland ist Stadt der meistens Mikro-Brauereien, mit Ausschank im Eingangsbereich, ein Besitzer stiftete als Alternative die kostenlosen Trinkbrunnen die überall stehen; Feuerwehr, Trainingsplatz, altviktorianisches Haus, Asiatisches (Japanisches) Viertel: Chinatown, Industrie- und Lagerhallen-Bezirk zum Teil umfunktioniert in z. B. ein Fitness-Center, ältestes Brauereigebäude efeubewachsen; vom Aussichtspunkt, dem Gelände einer großen Villa aus, die Berge „Rainier", „Hood", „Adams", „St. Helens" zu sehen, Almenblumen im Wald; „Burnside Street" teilt die Stadt in ‚betucht' und weniger, je höher gelegen desto teurer, im Slum seien gelegentlich in der Nacht Revolverschüsse zu hören und als vor einigen Jahren Schneeschmelze und starke Regenfälle zusammenkamen rutschten bei großer Überschwemmung Häuser ab; ‚Fleißige Lieschen'-Blümchen, Denkmal für eine Indianerin mit Baby auf dem Rücken die den Weißen behilflich war, ältester Rosenzuchtgarten - groß und schön, hoch gelegen ermöglicht er freien Ausblick, bekommen etwas Zeit ihn zu genießen, Japanischer und Chinesischer Teegarten daneben kosten Eintritt - erspart; Landschloss mitten im Wald hat ovale Räume und Parkett - fahren daran vorbei, Mittagspause im „Food Court" der Restaurant Mal: Chinesen fehlen als Anbieter, wieder Thailänder da, Mexikaner und Italiener; „bye,bye Portland": es geht am „Willamette" entlang, Eugene 107 Meilen, passieren Mormonen-Tempel in hellstem Weiß und mit echtem Gold glänzenden „Engel Moroni", über Fluss, „Mt. Hood" begleitet uns die ganze Zeit aus der Ferne, zäher Freitagsverkehr; **Aurora**: „Sunnyside Turner", „Enchanted Forest", danach riesiges Industriegebiet, an Salem vorbei, links Berge rechts eben; wackelnde Köpfe und Schultern hindern am Schilderlesen - da gibt's eine Abfahrt nach Albany/Lebanon/Sweet Home, Felder, Ackermaschine staubt; Scheiben spiegeln stark - schon wieder 1 1/2 Stunden unterwegs, Staubwirbel, Exit Halsey/Junction City, Hügelkette links ist nähergerückt, sumpfige Stellen, Flecken mit klarem Wasser, **Coburg**: kleiner Zeppelin-Ballon macht auf Wohnwagenverkauf aufmerksam, über „Willamette River" - Hotel erreicht, **Eugene**: Bummel im nahen Einkaufszentrum das ein Dach hat wie die Kirche in Guadalupe/Mexiko, Disney-Shop, Verpflegung besorgen, am Flussufer verspeisen, duschen, fertig! - <u>Samstag:</u> suche Frühstücksraum, die Mädchen an der Rezeption sind mit sich selbst beschäftigt, das dort putzt weiß es auch und freut sich gefragt zu werden, amerikanisches Frühstück fertig auf Tellern serviert: Rührei, gebratener Speck, Bratkartoffeln - mein Magen schlägt beim Hinsehen schon Purzelbäume, frage nach Toastbrot - hätten keins, das und Muffins oder süße Teilchen gehören eigentlich auch dazu - „möchten Sie Obst", na das ist ein Angebot, wundervoll und reichlich, gibt's darauf neidisch schräge Blicke? Abfahrt nach Westen zur für Stürme bekannten berüchtigten Küste, zunächst durch Eugene: Flachbauten, viele Industriehallen, Terrakotta- und Metallfiguren für den Garten, „Duck Fan Club", "Rent a car", „Meyer's-Supermarkt", „Everything 1 Dollar" = „Dollar Tree", „Pizza Hut", „Jack in the Box" - bis Florence 33 Meilen; hügelig, Wälder und bergab, Nebel folgt, nach unten, Felder, Wiesen, Büsche, Laubwald über Brücke, hinter Flussbett rechts riesige Wasserfläche mit halbhohem Schilf auf Inseln, Veneta links, Elmira rechts, wir fahren geradeaus, Mischwald, Wasserfläche links mit Baumstümpfen, ein Tümpel, Himmel völlig bedeckt, hier gibt's ‚kochende' - nein keine ‚Hasen', Eichhörnchen! Hänge fast vollständig von dichtem Wald bedeckt sonst Gras, breite Schneise abgestorbener Bäume, Tunnel zwischen Hügeln hindurch über Fluss, Wolken hängen tief, Swisshome rechts ab, Florence links noch 14 Meilen, Fluss, zwei Kahlkopfhügel mit Baumresten die wie Zahnstümpfe aussehen, links hinter Fluss breitet sich Ebene aus, nass gesprenkelte Busscheiben, überqueren Wasserfläche die dann die ganze Ebene einnimmt mit Baumstümpfen darin, **Florence**: überfahren erwähnten Fluss, erste „Oregon Dünen", sehr feucht hier; erneut über Gewässer, dann kurzer Halt in dem größten und höchsten Dünengebiet Nordamerikas, 70 km lang bis 200 m hoch, 12°C, dampfe restliche Hitze aus; Wasserlauf rechts, Industriegebiet links und Ansammlung von Gebäuden, durch Hügelkette über Brücke, Siedlung: ein Bau hat indonesisches Dach ansonsten das Übliche, auch an Firmennamen und „McDonald's", Pizzeria, Mexikanisches Retaurant, „Salty Seagull", Straßenbandwerbung fürs „Dunefeast"; Ort - sitze heute noch weiter hinten, Hinweise huschen vorbei, jedenfalls bewegen wir uns an der Küste entlang, enormer See mit Halb-(?)Inseln, kleine Talkerbe und zwei Hüttchen, Wasser, Dünen haben kleine Tannen obendrauf, Seerosen-Bucht, Wohnort mit „Myrtlewood-Gifts" - einem arg großen Laden, parallel zur Straße kleiner Wasserlauf, ab und zu Dünen mit und ohne Bäumchenbewuchs, unten Grasflecken; Pacific Bay: Dämme, Brücken über Wasser, eine davon hat bewegliches Segment, zum Schließen für Autoverkehr und Öffnen für Schiffe zur Vorbeifahrt an beiden Seiten; „Pancake Mill", ein Casino am Hang, neben Holzhaus üppiger Rhododendron-Busch in weiß, hell- und dunkelblau, der hinunterwächst wie Hängepflanze, nun gewohnte Firmen- und Banken-Ketten, dazu „Antique and Auction House", „Sun Wah" Restaurant, Motel wirbt mit Hafenblick - große Stadt: wie meistens Gebäude entlang der Straße etwas Hinterlanderweiterung und verstreute Häuser im Wald, rechts ab nach Roseburg/Coquille, Wasser und Dämme - fahren darüber, rechts Waldstreifen hat kahle Äste, 'Spanisches Moos', hügelig, Höhen wechseln, jetzt Nebel, ‚dürres' Gras unterbricht Wald; viel Schwemmholz am Strand, über Brücke, zwei größere Holzhäuser mit ‚Daumennagel'-Türmchen obendrauf, eines weinrot das andere satt grün, Dachdecker in Aktion, danach abgestellte „mobile homes" und richtig langgestreckte schöne Häuser, zwei Pavillons, dahinter Wiese; Industriehallen mit erneut Häusern dazwischen, Grasebene, rechteckige Heupakete, Rinder, künstliche Preiselbeer-Sümpfe folgen, „Myrtle Wood Factory", etliche Greifvögel unterwegs, Ödlandstelle, jetzt hie und da ein Wohngebäude, einseitig beästete Bäume und wieder ‚verdorrtes' Gras, Ortschaft; fahren immer noch in Regenwolken aber trocken, über Siele - in unserer Zielrichtung wird's heller, der Mann an den Dünen meinte es werde ein sonniger Tag, könnten wir für die Bootsfahrt brauchen! Teich, Feuchtwiese, Caterpillars - beim Straßenbau rigoroses Vorgehen üblich; in Sonne Aussichtspunkt „Port Oxford", Fotostop am abgeplatteten „Battle Rock": war Kampfplatz zwischen Einheimischen und Schiffbrüchigen, rundum steile Felszähne, Wasser immer kalt, Inlandluft warm = Nebel; noch mehr Meer mit Felsbrocken darin, Nebelwandabschluss, wunderschöne Buchten, z. T. Lagunen mit Riff-Schaumkämmen - Wale kämen zum Gebären hierher; wieder hinein in hügeligen Wald und Nebel, manchmal überraschender Ausblick auf riesige Felsblöcke, -zacken oder kleinen Berg - die Schotterstraße gefällt meinem Magen nicht! Nach unten und wieder am Ufer entlang: bewachsene Dünen und Sandstrand, ein paar Häuser, dichtes Beerengestrüpp und Bäume, Felder, Vieh, vor uns Mündung des „Rogue River", Unmenge von Angler- und Ausflugsbooten, fahren noch ein Stück weiter, nahe „Gold

Beach" steigen wir um in das Ausflugsboot „Jerry's Rogue Jet": weiße Möwen mit grauen Jungen leben hier, Kormorane, ein paar Kanadagänse, bewaldete Hügel, auf einem kahlen dunkelbraune Holzhäuser, ein Fischadler-Nest in dem die Jungen fiepen, aber sonst ‚niemand zu Hause', auf Baumspitzen sitzt alles mögliche, z. B. ein Seeadler, weißköpfig mit braunen Schwingen, ganz fotogen - jetzt hat er genug, fliegt weg; rechts steiniges Ufer, Damm, dahinter hohe gelb blühende Gräser, ein Seehund foppt die Fotografen - wir kurven wegen Untiefen, das große Haus vor Halbrund-Abbruchkante (Sandabbau gewesen?) ist ein 5-Sterne-Hotel, daneben Berg mit kahlen Stellen und Fels, ein Baum auf blankem Rücken, Seitenarm, Kies- dann Geröll-Ufer, nun Steilhänge von Straße unterbrochen und Zufahrt, Campingwagen parkt zwischen Steinen, geduldiger Angler auf Stuhl, Felsbrocken mit Schwalbennestern nahe an Bachzufluss, rechts Büsche-Ufer, Kies und Wald, links Fels; Rückweg entsprechend: Stein- und Kies-Ufer, ein Felsberg bedeckt von Laub- und Nadelbäumen, Grasbüschel in den Falten, Raubvögel in der Luft, Gänse- und Entenkolonien; Sonne hat mir die schreibenden Hände ‚verbrutzelt' und - wie aus dem Boot steigen mit Handtasche, Kamera und Lunchpaket bei einem Bodenabstand von ca. 50 cm und Geschaukel? Tim ist da und eine ‚Gruppen-Dame' - Dank' euch, das hätte ich nicht alleine geschafft! Bus-Weiterfahrt: Pfeiler auf Brücke in Kirchturmform, auf Quadratabschluss Doppeltürmchen mit Spitze, an Hotels vorbei, etwas erhöht Strand entlang mit viel Treibholz, gegenüber Felsblöcke zwischen den Bäumen, letzter Blick auf Oregon-Küste: riesige Sandbank parallel zum Ufer, dazwischen gekräuseltes Meerwasser, lückenhafte gerade Felslinie von Gruppen verschiedener Formen oder ‚Einzelgängern', um sie teilweise heftig schäumende Wellen; Wiese umgeben von Hügeln mit Bäumen, „Whaleshead Lodge", es wird sehr diesig; **Brookings**: Straßenspruchband wegen „Coury County Fair and Rodeo" sonst nichts Neues - doch da hinten qualmts bestialisch aus mehreren Schloten! Hübsche kleine einstöckige Reihenhäuschen mit blauen Doldenblumen vor der Tür, Hafen, Flohmarkt, „Dollar Tree", „Jacuzzi Suits available", langgezogenes Abschluss-Haus mit etlichen Erkervorbauten und zwei Türmchen darauf; links eben, rechts Ufer - wieder unten, Blumenfeld in blau und rosa, was da mit genau nach hinten ausgestreckten Beinen herumfliegt dürfte ein Fischreiher sein! Zurück in Kalifornien: Felder, ein Bach, Rinderherden ab und zu, noch Baumreste, **Crescent City**: nebligste Stadt im Staat, „Penny Saver Inn", „Ocean World", Hafen, "Light House Inn", am Strand hüpfen Leute in den Brandungswellen - noch 83 Meilen bis Eureka; Anfang des „Redwood National Parks" von dem nur noch 5% der ursprünglichen Fläche übrig sind, Mammutbäume wurden z. B. nach Argentinien verkauft für Eisenbahnschwellen und an andere Länder Südamerikas als Bauholz, da es Feuerameisen fernhält durch natürliche Pestizide in der Rinde; keine Insekten, kaum Vögel im Wald, Bäume brauchen Nebel, kommerzialisierte Höfe wie „Trees of Mystery", Vieh, Campingplatz, zwei Bärenfiguren; über Fluss links bewaldete Bergzüge hintereinander und geschlossene Täler da wo der Mensch den Wald in Ruhe lässt; rechts ab, Eingang zum „Praerie Creek Redwoods State Park": Bäume sind noch höher und dicker als die bei Sausalito, passen absolut nicht in meine Kamera, sind antibakteriell und gegen normales Feuer resistent, Schäden durch Blitzschlag oder große Brände werden selbsttätig zu reparieren versucht, zäher Lebenswille, ältester Baum ca. 3000 Jahre alt, „Big Tree" 304 m hoch, „Familienbäume" sind als Ring zusammengewachsen, pflanzen sich durch neue Triebe aus ihren Wurzeln fort oder durch Samen von kleinen Zapfen, sowie eine Art ‚Krebsgeschwüre' die am Stamm wachsen und abfallen - gemeinsamer Spaziergang von einer Stunde? Ohne mich, bin stets die Letzte - allerdings nicht beim Einsteigen, zum Treffpunkt „Visitor Center" fährt der Bus sowieso und Bäume sind überall; zwei Hirschkühe äsen auf der Lichtung - da vorne war ein Schild dass man sich dem Wild nicht zu sehr nähern soll, gehe weiter spazieren; Gruppe hat sich verzettelt, Bus sammelt ein - Mitreisende sagen mir, ich möge nächstens doch wieder mitlaufen, Joe sei gerannt, man habe gar keine Zeit zum Fotografieren gehabt, zudem wäre die Umweg-Klettertour bergauf zu anstrengend gewesen weil ein Unwetter die Fußgängerbrücke zerstört hatte, nein, das war nichts – na, meine ‚gute Nase', Glück gehabt; Weiterfahrt: ganze Herde Wapiti, Totempfahl vor einem Haus, Holzwurzeln werden zum Verfeuern angeboten - dafür viel zu schön; der Nebel war zunächst an den Baumspitzen, reicht nun fast bis hinunter, Küstenlandschaft mit Sand und Gras oder -polster dann Baumstreifen, wir fahren aufwärts: Waldhänge - werden lichter, wieder nach unten, Nebel, höher Grünflächen, Wasser wenig gekräuselt; erneut hinauf in leicht benebelte dichte Waldabhänge zum Meer hin, Bäume, Büsche, Schilf, auch auf abgestorbenen Bäumen 'Spanisch Moos', wieder nach unten, hier ‚kochen' sogar die Fische! **Trinidad:** in weiter Bucht darin dicht überwachsene Schilfinseln, recht gleichmäßiges Dünengebiet, **Arcata:** Airport, Gestrüpp und kleine Sträucher, Wald oder ‚dürres' Gras, an gleicher Bucht über Fluss, Viehherden, weiße Reiher spazieren im Ufergras, Häuser auf Holzklotz-Stelzen, Industrie-Areal, Schienenstrang direkt am Wasser, daneben Autobahn durch breiten Grünstreifen getrennt; **Eureka**, Erkundungsgang: nur Restaurants, keine Läden für Postkarten oder Ähnliches, historische Altstadt hat ganz hübsche Holzhäuser, z. T. mit Schindeln oder Fransenplättchen verkleidet, Kuriosum die große Villa: Seiten verschieden, ein glattes Mittelstück, zwei Erkertürmchen und zwei Dächer in Stufen - darüber Dachterrasse, nochmals Türmchen sowie über dem Ganzen Aufsatz in Form der alten Wassertürme bei uns - Foto? Luft zu nebelfeucht und schon dämmrig - nö; endlich ein Steak essen, bei „Sizzler" gäb's das - schlechtestes das ich jemals aß und dicke Kartoffel wässrig, das Geld nicht wert, hatte mich soo darauf gefreut nun will ich nur noch ins Bett - habe aber nicht vor eine Bergbesteigung zu machen, statt doppelter Matratzen auf Kasten wie sonst, heute vier, wer da rausfällt merkt's!

Sonntag: Netteste Bedienung beim Frühstück, wohl Mexikanerin, fröhlich und lieb, hat meinen Tee vergessen - nur nichts dem Chef sagen sonst muss sie spülen und das hasst sie, im Speiseraum Galerieband mit Landschaftsbildern an der eine kleine Eisenbahn vorbeifährt, Aufbruch: feuchter Nebel, völlig bedeckter Himmel, 14°C, fahren durch Eureka: Kirche in grau, schöner Turm mit verzierten drei weißen Ecken an der Spitze, breiter Erkerturm, sei Holzindustrie-Stadt; bewaldete Hügel, Grasflächen, Ranch, benutzen „Redwood Highway", rechts „Fortuna" links „Pacific Lumber Company", nach San Francisco 245 Meilen; riesige Herden brauner und schwarz-weißer Kühe, etliche kleine Orte nacheinander, enorm großes Sägewerk, erneute Flussüberquerung, zwischen Waldhügeln „Avenue of the Giants Pepperwood", die „Straße der Riesen": Baumumfang drei bis vier Spannweiten, „Kaminbaum" hat wirklich oben runde Öffnung aber auch an der Seite langen ovalen Einschnitt, ein Baum, noch ca. 40 m höher als der „Big Tree"- ein umgestürzter, echtes Verkehrshindernis bei ca. 4 m Höhe sowie einer Länge von mindestens 120 m und dieser Stamm mit Spalt zum Boden ist breit genug für die Durchfahrt großer Pkws; Wasserbezug erfolgt aus der Luft und dem Boden bei bis zu 9 m auslaufenden allerdings flachen Wurzeln, deshalb fallen die Bäume durch ihr Gewicht irgendwann um, sehen uns ‚Wurzelgärtchen' in umgestürztem Riesen an, aus verschiedenen Pflanzen, Gräsern, Farn und Moos; denselben Weg zurück: **Williams Grove**, zwei Häuser am Straßenrand in altem Westernstil, im Türsturz des „Market" gemalte Gesichter mit historischen Mützen, Hüten, Kappen; Fluss rechts in großem trockenem teilweise verlandetem Kiesbett, ein paar Häuser links, Oleanderbäumchen davor in weiß und rosa wie kleine Apfelbäume, zwischen Hügelbergen an sanften Hängen und auf manchen Kuppen ausgedehnte Flächen oder Flecken von trockenem Gras; **Garberville**, schöner Blick in breites Tal und zum Fluss mit viel Wasser, dichter Wald: „The Legend of Bigfoot": Totempfahl, Holzfiguren, Hütte und Lodges; „Hartsook Inn", Tankstelle, **Mendocino**; Abstecher-Fahrt: Kiesbett-Fluss, Bergabhänge mit und ohne Netze - mich begeistern immer wieder diese Farben wie am Felssteilhang links: dunkelgrüne Nadelbäume auf gelbem Gras, Flüsse mäandern, Greifvögel aktiv, Confusion Hill: Totempfahl, langgestreckter Holzbau - anscheinend so kleine Erholungsoase wo es etwas zu trinken gibt und „restrooms", die man bei Bus- oder Autogewackel nach jeweils zwei Stunden benötigt, „Clear Lake"; nach ca. drei Stunden Fahrt immer noch Mammutbäume, „Drive Through Tree" darunter, Picknick-Platz für Lunch-Kartoffelsalat und Sesamcrackers am See (?) - nur entfernt zu sehen, stattdessen Tische und Bänke an staubigem Parkplatz, fast 30°C aber - im Laden verwendbare Bärenglöckchen gefunden, kein Souveniersymbol; ‚Halber-Fußball'-Haus wie bei den 'Westmännern', Dach aus rötlichem Holz, Waldhügel und Gras am Flussufer, manchmal steile Felskanten - lieber Tim, dieses Überholmanöver war riskant - ach so, hier in den Bergen geht's oft nur einspurig weiter so wie im Moment, na ja gut; auf Hochebene zurück, Richtung Willis, „Geiger's Market Mercantile", ein paar Hütten und Häuser, Vieh, sehr großen Ort erreicht: „Casino" und „Bingo", „Heart of Mendocino Country", Asiatische Restaurants wie so häufig und Mexikanische „Tako Bell"; herrlicher Essigbaum, ein gelber Fliederkerzen-Baum - überall fast nur Laubbäume, eine einsame schwarze Ziege, kleiner See; höher hinauf, ab und zu hat hier an der Strecke jemand im Gras einen Felsbrocken verloren, auch in dreifachem 'Hinkelstein'-Format, Ohren knacken, wir sind fast ganz oben, **Ukiah**: großes Sägewerk - das sind zwar riesige Wälder, aber wenn sie weiter so abholzen um teilweise nur Zahnstocher daraus zu machen! Teich, braune Raubvogel-Versammlung um felsigen Gigantenfuß herum, rechts Berge, links tiefes Tal mit schmalem Fluss - hinunter, Abfahrt Boonville, Rebenfelder mit Versuch Qualitätswein zu produzieren, etwas höher gelegen als Meeresspiegel, tagsüber warm z. B. im Moment 35°C, nachts kühlt's ab, feuchte Luft;

allgemeines Schnapsbrennen verboten, eigene Herstellung sei in Grenzen erlaubt und man kann Destillieranlagen zur Filterung von Wasser kaufen (!); Hauptanbau von Reben im „St. Joaquin-Tal", aber nur Tafelwein da stark zuckerhaltig durch gleichmäßige Hitze, zur Ernte kommen Mexikanische Landarbeiter; Handel mit Import-Weinen, z. B. aus Frankreich, in Eichenfässern oder Alu-Silos gelagert, konkurrenzlos; ein paar sehr hohe Palmen um Parkplatz herum - der kalifornische Baum ist doch eigentlich die Lorbeer-Myrthe, haben auch einen Geysir hier in der Nähe, aber unzuverlässig; diese Wasser dürften Bewässerungsbassins für die Reben sein, Bergzüge begrenzen Gelände auf beiden Seiten, wenig Platz für Felder, **Healdsburg** - schon wieder zwei Stunden unterwegs, Kaffepause? Joe kann Gedanken lesen! Anschließend begleitet uns der „Russian River" ein Stück, San Francisco noch 60 Meilen, im blauen Himmel ‚silberne Vögel', da sind echte Greifer, **Petaluma**, große Sheraton-Hotelanlage - der schräg stehende zunehmende Mond befindet sich schon am Himmel, manchmal ulkige Bäume: breite, weit ausladende Äste, mit Blattwerk als hätte man ausgedrückten Spinat darübergestreut, links tischeben, Herden, Hallen, vereinzelt Häuser, nun rechts hügelig, Feuchtgebiet, Exit Vallejo, interessantes Gebäude in Hockeyschlägerform, Arkaden-Galerie-Komplex in beige hat hellblaue Dächer, dünner ‚Nadelturm' - elegantes Viertel; „Richmond-Bridge" im nördlichen Teil von **San Francisco** auch zweistöckig, Blick auf „Alcatraz" und Hausberg die „Twin Peaks"; **Sausalito**'s zwei- oder dreistöckige Hausboot-Kolonie - wir kommen von der Festlandseite: wunderschöne Buchten „Angel-Island", überall Segelboote unterwegs, zwei Kreuzfahrtschiffe begegnen sich unter der „Golden Gate", längst weg bei Foto-Halt an Brücke nur windig, kalt und neblig, bringt gar nichts - ‚wehe wenn sie losgelassen' kommen die Anderen in diesem Jahr noch mal wieder? Über die „Golden Gate Bridge" zurück ins Ausgangs-Hotel: freue mich auf Japanische Nudelsuppe die letztes Mal so gut schmeckte, habe noch Crackers - die Japanerin hat zu, der teure Italiener an der Ecke auch und etliche mehr, was ist los? Am Schnellimbiss ein Schild: Mo. - Fr. 10 - 19, So. - 10 -18 Uhr, es ist doch erst 18.30 Uhr? Heute ist Sonntag! Oh weh - laufe ein bisschen in andere Richtung, weg von der „Market Street" - der Inder hat auf: lediglich Massives oder Sandwich im Angebot, außerdem teuer, nebenan in kleinem Laden wunderbare Theke mit ein paar Fertiggerichten: Maultaschenart, dazu Soße mikroerhitzt und etwas gemischten Salat preiswert mitnehmen - Glück gehabt, schmeckt besten,s zu dem ‚freundlichen Knaben' gehe ich noch mal; endlich den Koffer richtig aus- und umpacken dürfen tut gut - das Eindrückesammeln und Herumfahren reicht nach fast 6000 km Gesamtstrecke durch acht Bundesstaaten - Joe's Stolz. - <u>Montag</u> absoluter Pausentag: länger schlafen, treffe einige aus der Gruppe beim Frühstück die sich sehr nett verabschieden, Bilanz: es ging nichts verloren durch Liegenlassen oder Vergessen, habe aber Fehler gemacht in der Planung und dadurch Zeit vertan, eilen ist nichts mehr für ein ‚altes Mensch' und täglich Kofferpacken auch nicht - es war die letzte Tour dieser Art; schwimmen um die Mittagszeit ideal, habe Pool und Yakutsi für mich allein, Haare waschen, Nudelsuppe - na endlich! Großes Kaufhaus mühsam gefunden, war weit weg, Gebäudekomplex mit zehn Etagen: Fress-„Mal" ähnlich wie im Seattle-Markt, darüber Kleidung, Schuhe, Schmuck, Kosmetika, ein Schreibwaren- und ein Buchladen, keine Lebensmittelabteilung, Sportartikel im Souterrain; schlanker älterer schwarzer Mann sitzt am Straßenrand und trommelt mit Stöcken auf - umgestülpte Plastikeimer, davon zwei mit Metallkappen, klingt gut hell und dumpf zusammen, viele ‚abgerissene' Gestalten unterwegs, manche betteln; eine Runde schlafen, abends locken im „Asiatischen Restaurant" die Shrimps, angenehm - sobald man Platz genommen hat bringt jemand eine Kanne Tee, eine Weiße allein, die dann noch mit Stäbchen isst, kann nirgends geborgener sein, war nicht billig aber entsprach dem Gegenwert! Glückskeks: „Erinnere dich der Vergangenheit, das hilft dir in der Zukunft" - hoffentlich finde ich auf diese Weise morgen die kürzeste Verbindung zu „Fisherman's Wharf"! - Dienstag: dem Glückskeks sei Dank und dem Stadtplan, bleibt nur das Problem der Entfernung, die Strecke zieht sich, trinke ‚Blümchen'-Kaffee auf Bank in kleinem Park, offenbar Japaner-Treffpunkt; der überdachte Gang an der Seite eines langen Gebäudes an „Fisherman's Wharf" noch da, nicht mehr die Fischer die in großen Kesseln Krebse sieden oder aus frischem Fang Zubereitetes anbieten, sondern Stände mit Personal und entsprechenden Preisen, kaufe trotzdem Krebsfleisch und Pommes und nun - wohin? Jetzt runder Imbisspavillon und öffentlicher Parkplatz wo früher kleine runde Steintische standen mit -sitzklötzen um sie herum, hocke schließlich auf Steinkante mit Blick auf mehrstöckiges Restaurant, Schuhe stehen in Pfütze, Möwen und Tauben umflattern bettelnd - sehr ungemütlich! Stelle dann fest: Richtung "Golden Gate" nach gewisser Strecke noch Strand, berittene Polizei sorgt für Ordnung - nach der anderen Seite zur „Oakland-Bridge" hin ist die ganze Uferpromenade verschwunden, auf „Alcatraz" nur kurzer Durchblick möglich, altehrwürdiges erstes Handels-Segelschiff kaum zu sehen - hatte es bewußt gesucht; einstöckige Geschäfte und überall dasselbe Zeug im Angebot, schön nur die beiden halbhohen Metallelefanten vor einem Eingang, leider zu schwer zum Mitnehmen; gegenüber zwischen den Läden Anlegestelle für Fähre und Rundfahrtboote, dazu Karten-Verkaufsbude auch für Kreuzfahrten - Kommerz hat alles „zugeklotzt", kein Clown mehr da, keine Jongleure oder Luftballon-Verkäufer und Musiker umgeben von fröhlichen Menschen, lachenden Kindern - San Francisco du hast deinen Charme verloren, jetzt ist es eine Stadt wie jede andere, mit ein paar Besonderheiten die es überall gibt; Parkplatz, schräg gegenüber an alter Stelle das „Wax-Museum", eingeklemmt zwischen eine „Glaub's oder Glaub's-nicht" Kitsch-Attraktion und der Offerte einer ‚Gummi-Viecher-Horror'-Show; das „Wax-Museum" wurde vergrößert, erheblich verteuert nicht verbessert, die neuen Gesichter sind schlecht gemacht, zum Erkennen Schilder meistens sehr nötig, nur das bei Eddi Murphy nicht, Aktualisierung interessierte mich – erfolgte, sogar 'Saddam' und 'Bush' bereits dabei; über Chinatown zurück: was für ein hektisches Menschengewühl Abfertigungsmanier, weiche aus zu den Italienern: einen 'Kaffe latte' für mich, im „Pomodoro" kann man essen und „Toni" hat immer noch seinen Frisiersalon, Asiaten erobern langsam auch dieses Viertel - ist das die Rache der Japaner an den Amerikanern: Überschwemmung als Einwanderer und Touristen, so wie offensichtliche Motorrad-Dominanz durch 'Yamaha' und 'Kawasaki'? Asiaten sind aber oft noch die ‚Neger', manche schaffen es mit Zähigkeit, ebenso Schwarze, an gute Jobs zu kommen; zufällig Saftladen gefunden, erwerbe frisch gepressten aus Orangen, bester den ich jemals getrunken habe und billig; heute Abend gibt's vom ‚netten Knaben' Spaghetti und prima Salat, nach kurzem Schlaf und Schwimmen - morgen bin ich noch einmal faul. - <u>Mittwoch:</u> spaziere die Straße nach oben, nicht hinunter: Riesenbohrer auf Raupentransporter, Autoreifen davor- und dahinter geworfen, vermutlich um die Straße nicht zu demolieren, Bahnstation Kinderspielplatz am Ufer von Yachthafen, Metallstuhlreihe mit Blick auf die Boote; Mobiliar der Restaurants bleibt über Nacht ein wenig zusammengeräumt stehen, ohne Kette oder sonstige Sicherung - beeindruckend, man fühlt sich überhaupt auf den Straßen und in den Kaufhäusern sehr sicher, die Gefängnisse sind allerdings unmenschlich, der Vollzug sehr hart wie ich vom Beruf her weiß, Angst ist doch ein gutes Abschreckungsmittel? Wenn ich mich recht erinnere gilt hier das Landesgesetz: wer das dritte Mal auffällt bekommt lebenslänglich und sei es durch erneuten Ladendiebstahl von zwei Milchflaschen; mein Bein will ins Zimmer, war nicht ganz so weit weg der „South Beach", aber es reicht - nicht ganz, nochmals Orangensaft besorgen und 'Sushi', schwarzer junger Mann und ich schauen das Fertigangebot an und er meint „ich weiß nicht wie ich mich entscheiden soll", „nach Hunger oder nach Farben", er lacht „das mache ich"! In den „Yerba Buena Gardens" mit mehr künstlichem als künstlerischem Wasserfall wird verzehrt - Pause: schlafen, schwimmen; muss noch auf die „Market" einkaufen da es im Flugzeug auf der ca. 4 1/2 Stunden-Strecke nur gegen Bargeld etwas gibt, diese Preise zu bezahlen sehe ich nicht ein - da sitzt wieder der Trommler, Ecke „Kearny Street" höre ihn bevor ich ihn sehe - pfiffige Idee! Noch einmal die hervorragenden Prawns? Gönne ich mir, sie freuen sich richtig mich wiederzusehen, allerdings feiert im „Canton Restaurant" anscheinend immer jemand Geburtstag - entsprechend geräuschvoll. - <u>Donnerstag:</u> kurz vor 9 Uhr mit Shuttle-Bus zum Flughafen, 10.45 Uhr geht die Maschine nach Cincinnati; laut Wetterkarte ist Las Vegas einer der heißesten Orte, Temperatur in Louisville ähnlich wie hier, aber ohne den starken Wind hoffe ich - was der Lautsprecher verkündet, betrifft das mich? Ja tatsächlich, Abflug an anderem Gate, nicht viel weiter zu laufen; ziemlich pünktlich los „good bye" San Francisco: Blick auf Bucht und viel Pazifik, dann hüllt uns Nebel ein – Wüste, Flüsse versickern, viele große Seen unterbrechen bewaldete Bergzüge der Rockys mit Schnee, auch ein großer und ein kleiner See, absolutes Ödland löst ab; Berge unten hell- oben dunkelgrau, die Felder sind beige mit weißen Flecken oder Flächen, erneut runde grüne Kreise mitten im Sand, Gebirge läuft in breite Ebenen aus, Schwenk nach links, überfliegen von Wolken überschattete Berge, Parzelleneinteilung von hellbraunem Boden in grüne Kreise und Rechtecke - ‚Vorhang' zu, entsprechend wird der Nudelsalat im Magen geschüttelt; Ebene, ‚Sahnetupfer'-Wolkenberge backen zu einer Decke zusammen, zwar locker aber immerhin, jetzt einheitliches Weiß, ab und zu ein kleiner grauer Hügel, nun blütenreine Schicht - wir fliegen im Blau, Sonne scheint, Brillenaufsatz nötig das Weiß gleißt – Linksschwenk, es lichtet sich, durchsichtige Schleier lassen Bodensicht zu: flaches Land, Straße, Felder, Quellwölkchen schwimmen herum, plustern sich auf, produzieren Striche, darüber ziehen Nebelschwaden, sind das Wolkenschatten da unten oder

Wald? ,Wattebauschdecke' über und unter uns - zerfließt; Anflugbeginn sagt eine ,sie' und jetzt gibt's für uns Trinkwasser!? Hinein in die ,dicke Suppe' und durch, wieder klare Sicht auf besiedeltes Gebiet mit Waldtupfern, Fluss und Atommeiler (?) daran, Linkskurve und nochmals großer Flussbogen, wohl des „Ohio", viel Wald, wenig Häuser, da erzeugt ein Schornstein eine Menge weißen Rauch, Wasserbogen nun rechts, Ortschaften, drei künstliche Teiche - Ankunft nach vier Stunden Flugzeit um 17.50 Uhr Ortszeit = für mich 14.50 Uhr, ,mer sin ja flexibel'! Flughafen **Cincinnati** geteilt in „Ohio" - und „Kentucky"-Anteilchen, bis zum Gepäckausgabeband halbe Weltreise, dazu schlecht beschildert und das zu Fuß bei der Hitze ... da vertrautes Lance-Gesicht in alter Frische - keine Probleme mehr: er weiß wo es Koffer gibt, nehmen dann doch meinen, nach knapper Stunde Autofahrt sind wir zu Hause in **Louisville**: drei Tage teilen wir Mittag- und Abendessen - stimmt dass sie Brot dazu essen, ist mir früher nie aufgefallen, im übrigen schlafen wir bzw. sind wir umschichtig wach, die beiden kommen von Irland, ihre Zeitverschiebung beträgt minus sechs Stunden, meine plus drei, das passt schlecht zusammen, daran hatte keiner von uns vorher gedacht! Kathy sagt später, sie habe in diesen Tagen gar nicht gemerkt dass ich da bin; glücklicherweise Katzentest durch die drei „girls" bestens bestanden, bin kein Störfaktor, sie mögen mich; „ohne große Karte vom Westen der USA gelingt es mir nicht diese umfangreiche Reise zu rekonstruieren, Lance, kannst du mir so etwas verschaffen? Und die Filme würde ich auch gerne entwickeln lassen, Joe hat gesagt sie hätten für die Gepäckkontrolle die Dosis der Röntgenstrahlen verdoppelt", wir fahren zur Problemlösung in die Stadt, danke! Sehe Kirchen gemischten Stils, z. B. mit Wasserburgtürmen an zwei Seiten, daneben supermodernes Gebäude das Dreieck-Haubendach hat, Kirchen-Haus mit Kamin- und Glockenturm - diesmal sind überall bunte Pferde aufgestellt, verschiedenen Materials und für jeden Geschmack; alter Wasserturm als Kunstmuseum mit Restauration für besondere Ereignisse wie Alice's Hochzeit mit Robert; es gibt die Möglichkeit sich in einer High-School-Klasse Fragen der Schüler über Deutschland zu stellen, mache ich gern, die Antwort auf das Erörtern meiner Nazivergangenheit möchte mir der Lehrer ersparen, aber sie ist doch ganz einfach: „als Hitler den Krieg anfing war ich fünf Jahre alt, für mich gilt also das was die Politiker als 'Gnade der späten Geburt' bezeichnen", erhalte am Ende der Stunde vom Sohn des Bürgermeisters der zur Klasse gehört die Urkunde über meine Ehrenbürgerschaft der Stadt; danach ein herzliches Wiedersehen mit noch weiteren lieben Menschen, Besuch des „Tausend-Völker"-Streifens am Ohio-Ufer vom Zoo mit u. a. großartigem 'Silberrücken-Gorilla' und dem Schmetterlingshaus, wo meine gelbe Bluse die Falter magisch anzieht, gehen zum „Bernheim-Park" und in das neu eingerichtete „Glassworks"- (Haus) wo man Kunst-Glasbläsern und -Schmelzern bei der Arbeit zuschauen kann - das alles bei tropischem Regenzeitklima mit Gewittern abends und nachts! Essen im „Outback" hervorragende Steaks - „Sizzler" ist als ungut bekannt, mir inzwischen auch, kaufe Stoff-'Wombat' der keiner ist sondern ein 'Wallaby', lerne kleinstes Buch der Welt ist ein japanisches, im 'Gutenbergmuseum Mainz' gibt's das kleinste gedruckte; die Zeitung wird vom Wahlkampf beherrscht, „television" als Kaugummi für die Augen bezeichnet, dort läuft aber auch ein Appell

mehr auf die Gesundheit zu achten, wegen erheblicher Zunahme an Gewichtigen! -
Wieder Anfahrt zum Flughafen, Kofferaufgabe - ich habe Übergewicht sagt die Dame
am „desk", woher weiß sie dass ich wegen zu wenig Bewegung zugenommen habe?
Ach so, der Koffer - die Lady ist tolerant, danke! Nein, kein Aquarium mehr besichtigen,
nicht mehr zurück in die Stadt - Abschied, ausklingen lassen; noch viel Zeit bis zum
Start, bisschen herumbummeln und etwas trinken - keine Sitzgelegenheit gefunden
außer Terrassen-Restaurant, wage es - junger Mann ich möchte nichts bestellen, ich
habe etwas, darf ich trotzdem bleiben? Ich darf! Abflug 1/2 Stunde später als
vorgesehen: Cincinnati scheint einen 'DHL-Airport' zu haben wie Louisville für 'UPS',
nach Kurve schöner Blick auf den „Ohio" und die Stadt, Höhe von 10 000 Fuß erreicht;
schade - habe Flugzeugflügel neben der Nase der die Sicht versperrt, aber ich kann
sein Vorhandensein kontrollieren; Lämmerwolken mit großen Partien Blau
dazwischen, später umgekehrt, der Horizont verschwimmt in hellem Nebel ohne
Begrenzung, Wolkengebirge mit Sonnenglanz auf ‚eisigen Gipfeln'; es wird schneller
Abend als ich erwartet habe, denn wir fliegen zur Sonne und nicht weg von ihr, jetzt
Himmel wie nach einem Schneesturm der sich zum Rand zurückgezogen hat,
eine Menge Schnee hinterließ durchzogen von blanken Landstreifen, oberer Rand
nun gelb, darunter herrliches Rosarot unten dunkles Blau, in intensiven Farben -
verblassen; durchsichtige rote Fläche breit und lang hat dunkelblauen Untergrund auf
weißem Wolkenfeld; das habe ich noch nie gesehen: dieses wunderschöne Erdbeerrot
über den ganzen Horizont in zunehmend aufhellendem Blau bis es in Weiß übergeht,
ganz langsam mischen sich die Farben zu hellem Lila - faszinierend! So viele Kinder
an Bord, muss man auf der Leinwand eine Geburt zeigen? Mini-Brezeln und Wasser
zum Ärger runterspülen, dem realen Baby ist's offenbar ungemütlich, es brüllt fast
ständig zornig ‚es passt mir nicht, es passt mir überhaupt nicht'; Himmel hat weiße
Stellen im blauen See, bald gibt's Essbares, es riecht nach etwas Warmem - Ergebnis
armselig, aber sie gehen wenigstens mehrfach mit Wasser herum; Route? Pilot sagt
nichts, Leinwand zeigt nichts - stattdessen Werbung für Memphis/Tennessee und
Warschau, also Bilder von ausgewählten Städten, was soll ich damit? Dann ein Film
mit aneinandergereihten Gags die meisten sind ziemlich krampfhaft - zum zweiten Mal,
davon werden sie auch nicht besser! Draußen: über milchigem Weiß ausgefranztes
Hellblau, links davon heller Horizont; Filme laufen die ganze Nacht, der z. Zt. von
der Antarktis ist sehr schön: Gletscher, Eisberge, Seehunde, Pinguine – uah, da
schwimmt ein Mensch in Badehose! Die Helligkeit nimmt zu und das Baby schreit
wieder, das vorübergehend ruhig war, die Vier-Stunden-Nacht ist vorüber, diesmal
war es nichts mit Schlafen, wir fliegen über geschlossener Wolkendecke, -‚fahnen'
schräg nach oben erinnern an den „Yellowstone-Park" und die dortige Landschaft,
welliger geworden, Oberkanten reflektieren hellen Schein, darüber lichtestes Blau; auf
der Schaukarte die jetzt gezeigt wird befinden wir uns immer noch in Cincinnati - kann
ja wohl nicht wahr sein! Das Weiß im Sonnenglanz, aufgelockerte Wolkenflocken in
zwei Schichten: Balken, darunter Knopf- und gedrehte Kordel‚nudeln' verdichten sich
langsam zu Schleiermasse; vorhin wurde zuerst Tee angeboten, danach Kaffee, nun
nur noch Kaffee - also manchmal sind Überlegungen, falls welche angestellt werden,

schwer nachvollziehbar; ‚Eisberge mit schroffen Spitzen' unter heller Schicht, weiße ‚Insel im Himmelsmeer', wogende Schleier, ‚Schnee-Ebene' gleißend im Sonnenlicht, bei Linkskurve fliegen wir schräg daran entlang, wieder geradeaus haben wir uns voll ins Blau hineinbewegt, drei ‚Tuffkegel' ragen über das Plateau, wir werden geschaukelt; auf dem Monitor läuft eine Episode der beliebten Amerikanischen Serie „Friends" – ah, meine TV-Bildung macht sich bemerkbar, Apparat lief natürlich immer in Louisville wenn wir zu Hause waren; da hinten produziert ein anderes Flugzeug einen Kondensstreifen, Reklame für Griechenland: Olympiade - Frühstück: ‚Gummihörnchen', etwas zum Draufstreichen, Banane, Schokoriegel - man glaubt es kaum, tatsächlich ein zweites Essen und Tee! Wolkengebilde sehen aus wie Sahneburg mit Gletschervorbau, Hügelansammlung folgt, Krater, Gletscherwand am Horizont, daneben viele Eisberge, ‚Pyramiden', ‚Drachenturm', riesiger ‚Schlagsahne'-Berg, Schwenk nach links und die sanfte Faltendecke geht in Wattebäusche über; Sinkflug beginnt, wieder eiskalt und draußen grau, gedrosselte Motoren - das Herumkreisen fängt an das ich so hasse;   Temperatur-Voraussage: 23°C - wäre ja angenehm, voluminöses aufgeplustertes Wolkengebirge, Linkskurve, kreisen - auch über Mainz und keinen Fallschirm für mich und den Koffer, ‚Geduld ist wenn man trotzdem platzt', wir sind 30 Minuten zu früh – nein, oh Wunder dürfen landen, um 9.05 Uhr für mich 3.05 Uhr; Nachbar ist da, Hellseher geworden, bin dankbar, froh und ganz schnell daheim - bei der Hitze, Temperaturzahlen dürften umgekehrt zutreffen, hatten wohl Probleme mit dem Celsius; duschen, Haare waschen, schlafen - denkste, komme nicht zur Ruhe, brauche mindestens zwei Wochen bis sich der Körper der hiesigen Zeitordnung wieder angepasst hat - das ist halt die ‚Jugend'; schwer fällt auch die Umstellung auf die hier übliche Unfreundlichkeit, vielleicht hat die Redewendung „can I help you" statt unserem „Sie wünschen" eine gewisse psychologische Wirkung, ebenso „welcome" als Entgegnung auf „thank you", außerdem - in Amerika darf eine Frau fast alles, eine alte Frau alles.

Nachwort

Auf Wunsch einiger lieber Menschen, die aus gesundheitlichen Gründen auf Fernreisen verzichteten, begann ich die Berichte zu schreiben.

Die meisten Ausführungen über die Geschichte eines fremden Landes, Leute, Gewohnheiten sind oft die Wiedergabe von Informationen der jeweiligen Reisebegleiter/-innen deren Namen andere waren - dies zur Erklärung falls sich vielleicht ein paar kleine Unkorrektheiten ‚eingeschlichen' haben sollten. Das Meiste in, für mich ungewohnten Sprachen, ist phonetisch angegeben.

Da die Einzelheiten meiner Reisewege, dachte ich, recht gut beschrieben sind, bot ich die Berichte kostenlos dem „Blindenverein" zur Verwendung an, man lehnte ab.

Auf allen meinen Touren hatte ich nie ernsthafte Schwierigkeiten oder eine gefährliche Situation zu überstehen. Vorsicht ist, auch bei uns, in größeren Städten geboten, es gibt aber m. E. in fremdem Land keinen Grund für Überängstlichkeit - ein bisschen Glück braucht man sicher auch.

Meine Horizonterweiterung, tatsächlicher und geistiger Art, brachte mich außerdem zu folgender Überlegung: Ich verstehe nicht warum Menschen ihre Zeit nicht dafür nutzen sich gegenseitig zu besuchen, um die Besonderheiten der Natur, die es in jedem Land gibt, zu bestaunen, Freude daran zu haben. Zudem ist es bereichernd unterschiedliche Lebensweisen und die Kultur anderer kennenzulernen - sehr viel interessanter und wichtiger als sich gegenseitig die Köpfe einzuschlagen! Denken Sie auch so? Setzen Sie sich dafür ein!

Inhaltsvorstellung der zwei weiteren Bücher

Zauberwort Reisen Teil 1:
ISBN 978-3-7519-5307-8

- Zweimal Schweden
- Mexiko (1980)
- Über Jordanien nach Ägypten (1981)
- Israel-Reise (1982)
- USA-Rundreise (1983)
- Indonesien (Java, Sulawesi, Bali 1984)
- China-Reise (1986)
- Erneuter Anlauf die USA aufzusuchen (Frühjahr 1987)
- Amerika-Südreise (Herbst 1987)
- Reise in die UdSSR (1988)
- Indien-Studienreise (1989)
- Ein Wort zur Planung
- USA-Reise (1993)
- Russlandreise mit Schwerpunkt Moskau und St. Petersburg (Sommer 1995)

Zauberwort Reisen Teil 2:
ISBN: 978-3-7519-5322-1

- Zusammenfassung früherer Reisen
- Sylt (1996)
- Berlinreise (1996)
- Provence und Camargue (Oktober 1996)
- Hollandreise (April 1998)
- Island-Reise (September 1999)
- Rom-Besuch (November 1999)
- China-Reise (Anfang 2000)
- Tour nach Bregenz zu den See-Festspielen (2000)
- Busfahrt nach Rügen (2000)